陳旭昇

資料分析的統計學基礎
使用 R 語言
– 第1版 –

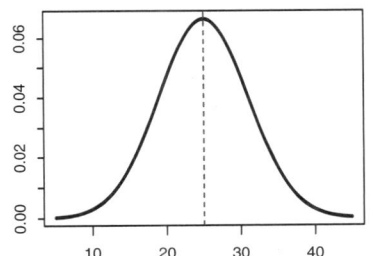
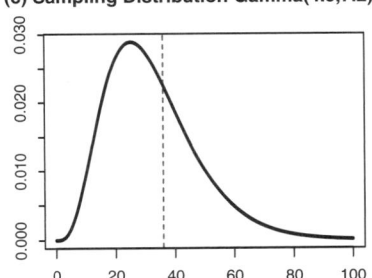
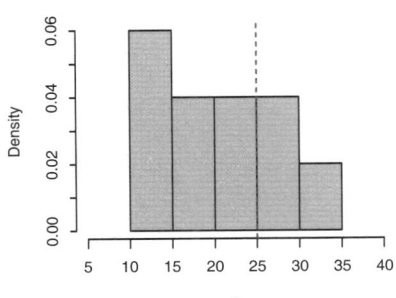
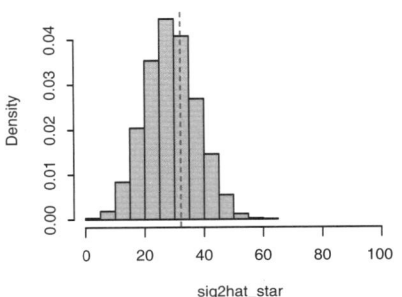

東華書局

國家圖書館出版品預行編目資料

資料分析的統計學基礎：使用 R 語言/陳旭昇著. -- 1 版.
-- 臺北市：臺灣東華書局股份有限公司, 2024.01

440 面；19x26 公分

ISBN 978-626-7130-81-0 (平裝)

1.CST: 統計學　2.CST: 電腦程式語言

510　　　　　　　　　　　　　　112022032

資料分析的統計學基礎—使用 R 語言

著　　者	陳旭昇
發 行 人	謝振環
出 版 者	臺灣東華書局股份有限公司
地　　址	臺北市重慶南路一段一四七號三樓
電　　話	(02) 2311-4027
傳　　眞	(02) 2311-6615
劃撥帳號	00064813
網　　址	www.tunghua.com.tw
讀者服務	service@tunghua.com.tw

2028 27 26 25 24　YF　9 8 7 6 5 4 3 2 1

ISBN　978-626-7130-81-0

版權所有　‧　翻印必究

©2024, 陳旭昇
內文排版設計：吳聰敏 ‧ 陳旭昇

I have no data yet. It is a capital mistake to theorise before one has data. Insensibly one begins to twist facts to suit theories, instead of theories to suit facts.

— Sir Arthur Conan Doyle, *A Scandal in Bohemia*

序言

為什麼要再寫一本統計學教科書? 在之前出版的《統計學應用與進階》中, 第 1 版 (2007) 與第 2 版 (2012) 都只包含統計理論的說明, 直到第 3 版 (2015), 我才簡單介紹 R 語言。第 3 版中的 R 語言有著非常低的存在感, 只有在若干應用 (如中央極限定理) 時才如點綴般地出場。這三個版本太過注重理論的說明與推演, 部分讀者似乎難以消化 (參見圖 1)。

之後我將《統計學應用與進階》改寫成《機率與統計推論: R 語言的應用》(第 1 版, 2019), 一如書名所示, 我盡可能在各個章節中, 說明電腦以及 R 語言如何在機率與統計推論上, 發揮其功用。尤其是增加了蒙地卡羅模擬與 Bootstrap 樣本重抽法的介紹, 期待讀者對於如何以電腦運算能力輔助統計推論能有一較為深入的認識。

在《機率與統計推論: R 語言的應用》一書問世後, 2019 年我受當時的系主任吳世傑教授與老同學王俊傑教授的邀請, 到中山政經系分享我的統計教學經驗。除了政經系的老師之外, 政治所劉正山教授, 以及亞太所陳珮芬教授亦熱情參與。在討論的過程中, 許多老師都十分熱切地希望知道如何增加學生的資訊能力, 以及如何重新設計統計學課程。

由於台大與台大經濟系提供了有力的支援, 讓我在講授課程時, 可以全心專注

圖 1: 網路上對《統計學應用與進階》的評論

國立政治大學

統計學推薦書籍

政治大學 · 2018年10月28日 11:02

想問一下有推薦的統計學課本嗎, 目前教授指定讀的是"統計學-應用與進階 陳旭昇著", 只是這本只有公式推導, 幾乎沒有例題, 有點難理解, 想請問有沒有推薦有例題且好理解的課本, 謝謝!

在統計理論，而 R 語言與相關程式撰寫，就交由助教去介紹。因此，我可以輕鬆地以《機率與統計推論: R 語言的應用》作為課程用書。

然而，在中山大學的座談中，我發現並不是所有學校都能如同台大一般擁有充沛的助教資源，同時，有些社會科學系所的統計學課程其實不必講授太多的理論，反倒是，訓練學生熟悉統計程式語言，與熟悉統計學理論一樣重要。在這樣的需求下，《機率與統計推論: R 語言的應用》一書的理論比重就顯得太高，當時我就萌生再寫一本新書的想法，期待能夠在統計理論與 R 程式語言應用之間達到平衡。

這本書於為誕生。如果說《機率與統計推論: R 語言的應用》一書中，統計理論是獨唱歌手的主旋律，而 R 語言應用就只是鋼琴伴奏。相對地，這本《資料分析的統計學基礎: 使用 R 語言》就像是小提琴與鋼琴二重奏，讓統計理論與 R 語言應用如同小提琴與鋼琴一樣相互對話與交流。

本書特色

1. 除了告訴讀者統計學是什麼以及有何應用，本書也注重讓讀者認知到，為什麼要學這些統計理論的理由與動機。

2. 對於統計理論的介紹，講求其背後直覺以及應用。

3. 每一章節都專注在回答一個問題，讓讀者能夠迅速掌握學習重點。

4. 著重模擬與數值計算，減少繁雜的理論證明細節。對於證明的細節，有興趣學習更多的讀者可進一步參考《機率與統計推論: R 語言的應用》(第 2 版，2023)。

5. 每一章均有 R 程式習題，或是理論與程式的混合題，讓讀者從 R 程式的撰寫中，驗證相關理論，俾使更為深入了解機率與統計學。

6. 對於 bootstrap 樣本重抽法與貝氏統計推論提供更加細膩的討論。

本書從 R 語言的介紹開始，最後以貝氏統計推論作為結束，本書不討論迴歸分析。理由在於，迴歸分析在經濟商管領域已經被進一步延伸為計量經濟學，與其在本書中略述皮毛，不如另起爐灶，期待在下一本著作中再深入討論。

作者簡介

陳旭昇, 台北市人。台大會計系 (1990–1994), 台大經研所 (1994–1996), 美國威斯康辛大學麥迪遜校區 (University of Wisconsin-Madison) 經濟學博士 (1999–2004)。曾任台大經濟系助理教授 (2004–2007), 台大經濟系副教授 (2007–2010), 現任台大經濟系教授 (2010–迄今)。

他的研究興趣為總體與貨幣經濟學, 國際金融, 能源經濟學以及應用計量經濟學。曾獲學術與教學榮譽包括: 國立台灣大學特聘教授 (2018–迄今), 連震東先生紀念講座 (2016), 中央研究院年輕學者研究著作獎 (2008), 行政院國科會吳大猷先生紀念獎 (2007), 行政院國科會優秀年輕學者研究計畫 (2011–2013, 2013–2016), 國立台灣大學教學優良獎 (2006, 2007, 2008, 2016, 2019, 2020, 2021, 2022) 以及蔣經國學術交流基金會博士論文獎學金 (2003)。

現任與曾任的期刊編輯工作包括: Associate Editor, Pacific Economic Review (2006–present), Editorial Advisory Council, Pacific Economic Review, Hong Kong Office (2008–2013), 《臺灣經濟預測與政策》編輯委員 (2011–2020, 2021–2025), 《經濟研究》編輯委員 (2012–2024), 《經濟論文叢刊》編輯委員 (2012–2014, 2018–2022), 《經濟論文叢刊》主編 (2014–2018)。

致謝

吳聰敏教授提供免費而好用的 cwTeX 排版軟體, 一直以來不厭其煩地解決我排版上的諸多問題。許多先進協助閱讀本書部分初稿, 並提供有用的建議, 包括張勝凱教授, 謝志昇教授, 以及林馨怡教授。此外, 鍾旻錡先生協助校對習題, 鄭仲語先生仔細閱讀並提供修改建議, 對於以上諸位的協助, 謹致上萬分感謝。

目錄

作者簡介與序言　4

目錄　7

1　資料分析與 R 語言　16
   1.1　什麼是資料　16
   1.2　什麼是資料分析　19
   1.3　如何初步整理與分析資料　20
   1.4　什麼是 R 語言　22
       RStudio　22
       認識 R 指令　24
       基本物件與運算 I: 向量　26
       基本物件與運算 II: 矩陣　30
       常用內建函數　31
       自定函數　39
       基本程式設計語法　40
   1.5　如何利用 R 讀取資料與進行初步分析　43
       清空工作空間　43
       設定執行 R 程式的檔案夾目錄　43
       使用套件　44
       讀取資料　45
       次數分配　46
       將字串轉成數字　47
       繪圖　48
       能不能畫出更好看的圖　54
   1.6　為什麼資料分析需要統計學基礎　57

2 機率理論與應用 64

2.1 為什麼要學機率理論 64
什麼是狀態空間 66
什麼是事件 66
為何需要事件的集合運算 67

2.2 什麼是機率 69
古典觀點 70
頻率觀點 71
主觀機率 72

2.3 為什麼需要機率模型 72
2.4 什麼是機率模型 73
2.5 什麼是條件機率 77
2.6 什麼是獨立事件 77
2.7 獨立事件與互斥事件有何不同 78
2.8 什麼是貝氏定理 79
2.9 如何利用 R 模擬隨機試驗 82
2.10 如何以 R 模擬貝氏定理 85

3 隨機變數與離散隨機變數 90

3.1 什麼是隨機變數 90
3.2 如何描述離散隨機變數的機率分配 93
3.3 有哪些重要的離散隨機變數 95
Bernoulli 隨機變數 95
二項隨機變數 96
幾何隨機變數 97
Poisson 分配 98

3.4 如何透過 R 探討隨機變數 100
離散隨機變數與 R 程式 100
如何製造出隨機變數實現值？ 102

4 連續隨機變數 108

4.1 連續隨機變數的機率分配有何不同 108

  4.2 如何描述連續隨機變數的機率分配 109

  4.3 有哪些重要的連續隨機變數 115

    均勻隨機變數 115

    指數隨機變數 118

5 分配函數與分量 124

  5.1 什麼是分配函數 124

  5.2 離散型與連續型的分配函數有何不同 126

    離散隨機變數的分配函數 126

    連續隨機變數的分配函數 126

  5.3 什麼是分量 129

  5.4 如何以 R 程式計算機率值與找出分量 132

6 隨機變數的函數 136

  6.1 為什麼要考慮隨機變數之函數 136

  6.2 如果是離散隨機變數該怎麼做 137

  6.3 如果是連續隨機變數該怎麼做 137

  6.4 什麼是 DF 法 138

  6.5 什麼是轉換法 139

  6.6 隨機變數的函數有什麼應用 142

  6.7 怎麼處理不是「一對一」對應的函數關係 144

7 期望值與變異數 150

  7.1 為什麼要認識期望值與變異數 150

  7.2 什麼是期望值 151

  7.3 期望值有什麼重要功能 155

  7.4 什麼是變異數 156

  7.5 變異數在衡量什麼 157

  7.6 如果求不出期望值時該怎麼辦 160

8 動差與動差生成函數 164

  8.1 什麼是動差 164

  8.2 為什麼要認識動差 166

- 8.3 如何以 R 程式計算動差 168
- 8.4 什麼是動差生成函數 169
- 8.5 動差生成函數有什麼重要功能 171

9 常態分配及其相關分配 178

- 9.1 什麼是常態分配 178
  - 常態隨機變數 180
  - 標準常態隨機變數 181
- 9.2 常態隨機變數有哪些重要性質 185
- 9.3 如何計算常態隨機變數的機率值與分量 186
- 9.4 如何利用 R 製造常態隨機變數的實現值 188
- 9.5 有哪些與常態分配有關的重要分配 189
  - 卡方分配 189
  - 學生 t 分配 192
  - F 分配 194

10 多變量隨機變數 200

- 10.1 什麼是聯合分配函數 200
- 10.2 如何描述雙變量離散隨機變數 202
- 10.3 什麼是邊際機率分配 203
- 10.4 如何刻劃雙變量連續隨機變數 204
  - 如何以 R 繪製聯合機率密度函數 207
- 10.5 如何描述 n 變量隨機變數 208
  - 離散隨機變數 209
  - 連續隨機變數 210
- 10.6 什麼是共變數與相關係數 211

11 條件機率分配 220

- 11.1 如何計算條件機率值 220
- 11.2 什麼是條件期望值 223
- 11.3 與條件期望值相關的性質有哪些 224
- 11.4 什麼是條件變異數 228

11.5 與條件變異數相關的性質有哪些　229

12 獨立隨機變數與轉換　234

12.1 什麼是獨立的隨機變數　234
12.2 什麼是 I.I.D. 隨機變數　237
12.3 獨立與相關有何不同　238
12.4 如何探討獨立隨機變數的加總或平均　239

13 隨機樣本與抽樣分配　244

13.1 什麼是隨機樣本　244
13.2 如何系統性地整理資料　246
　　次數分配　248
　　實證分配函數　250
　　統計量　252
13.3 什麼是抽樣分配　256
13.4 如何模擬抽樣分配　258
13.5 來自常態母體的統計量有哪些性質　259

14 漸近理論與漸近分配　266

14.1 為什麼要認識漸近理論　266
14.2 什麼是收斂與隨機收斂　267
　　實數序列與收斂　267
　　機率收斂　268
　　分配收斂　269
14.3 什麼是弱大數法則　271
14.4 什麼是中央極限定理　273
14.5 如何模擬中央極限定理　275
14.6 有哪些與隨機收斂相關之重要定理　278
14.7 如何處理隨機變數的函數　280

15 點估計　284

15.1 什麼是統計推論　284
15.2 什麼是點估計　286

15.3 什麼是類比原則 288

15.4 什麼是動差法 289

15.5 什麼是最大概似法 291

    最大概似估計式 292

    MLE 不變性 296

15.6 如何利用數值計算找出最大概似估計值 296

15.7 如何評判點估計式的良莠 298

    不偏性 299

    有效性 300

    一致性 304

15.8 如何證明一致性 304

15.9 估計式與估計值有何不同 306

16 區間估計 310

16.1 什麼是區間估計 310

    區間估計的定義與概論 310

16.2 如何將區間估計式建構程序予以一般化 316

16.3 樞紐量有什麼用處 317

16.4 如果樞紐量的抽樣分配未知該怎麼辦 319

16.5 區間估計式一定是含上下界的區間嗎 321

17 假設檢定 326

17.1 什麼是假設 326

17.2 什麼是虛無假設與對立假設 327

17.3 如何執行假設檢定 327

17.4 如何以樞紐量進行假設檢定 332

    假設檢定程序 333

    以樞紐量進行檢定 335

    另一個樞紐量 336

    實際檢定 337

17.5 什麼是 p-值 339

17.6 什麼是誤差機率與檢定力 340

17.7 假設檢定與區間估計有何關聯性　343

18　Gamma 分配　350

18.1 什麼是 Gamma 隨機變數　350

18.2 有哪些特殊的 Gamma 隨機變數　356

　　指數隨機變數　356

　　χ^2 隨機變數　357

19　The Bootstrap　362

19.1 什麼是樣本重抽　362

19.2 什麼是 Bootstrap　363

　　回想一下什麼是抽樣分配　364

　　代入原則 (選讀)　365

　　模擬 Bootstrap 分配　365

　　無母數 Bootstrap 的實際執行方式　367

19.3 Bootstrap 分配的應用有哪些?　369

19.4 如何建構 Bootstrap 偏誤　373

19.5 如何建構 Bootstrap 標準誤　374

19.6 如何建構 Bootstrap 信賴區間　376

19.7 如何執行 Bootstrap 檢定　379

　　單尾檢定　379

　　雙尾檢定　380

19.8 如何重抽成對的 bootstrap 樣本　384

19.9 應用 Bootstrap 時該注意什麼　386

20　貝氏統計推論　392

20.1 客觀機率與主觀機率有何不同　392

20.2 什麼是貝氏統計學　396

20.3 如何以連續隨機變數來刻劃信念　402

20.4 主觀機率與客觀機率有何關連　407

　　敞開心胸的信念　408

　　貝氏極限定理　408

20.5 貝氏統計的適用時機為何　409

A　機率分配與統計相關的 R 函數　414

    A.1　有哪些與機率相關的 R 函數　414

    A.2　有哪些統計相關的 R 函數　418

B　機率分配表　420

    索引與英漢名詞對照　430

    參考文獻　436

1 資料分析與 R 語言

1.1 什麼是資料
1.2 什麼是資料分析
1.3 如何初步整理與分析資料
1.4 什麼是 R 語言
1.5 如何利用 R 讀取資料與進行初步分析
1.6 為什麼資料分析需要統計學基礎

本章介紹資料與資料分析,並提供統計軟體 R 語言以及若干基本指令的簡介,目的在於讓讀者對 R 語言有一個初步的認識。

1.1 什麼是資料

人們往往仰賴觀察到的現象或結果來認識特定事物的特性,而資料 (data) 就是對於觀察到的現象或結果所做出的原始記錄。舉例來說,如果我們想要了解台灣整年的下雨狀況,就把一年當中每天的雨量記錄下來,這就是一組可以提供我們認識台灣氣候變化的資料。對於總體經濟學家而言,我們時常接觸的資料包括國內生產毛額 (GDP), 消費, 投資, 失業率, 消費者物價, 股票價格, 房屋價格, 利率與匯率等。至於個體經濟學家處理的資料則包含有學歷, 性別, 人口, 家戶所得, 企業營業收入, 醫療支出, 犯罪率, 收視率, 臉書按讚次數, 以及在校學習成績等資料。

例 1.1 (期中考成績). 底下為一組 166 名學生的統計學期中考成績資料:

69, 5, 66, 88, 73, 96, 88, 92, 67, 79, 74, 72, 73, 63, 66, 73, 60, 78, 50, 86, 64, 69, 40, 59, 71, 32, 74, 72, 87, 83, 71, 87, 90, 79, 57, 84, 67, 78, 71, 80, 51, 70, 56, 99, 61, 31, 46, 96, 87, 73, 72, 81, 72, 84, 77, 75, 38, 91, 82, 15, 69, 75, 49, 62, 13, 58, 74, 79, 44, 72, 84, 70, 68, 37, 57, 61, 43, 71, 71, 36, 48, 36, 35, 65, 83, 69, 63, 59, 46, 79, 58, 82, 81, 68, 50, 88, 35, 55, 80, 71, 59, 76, 87, 71, 50, 65, 76, 29, 37, 68, 40, 72, 47, 39, 84, 58, 49, 43, 83, 55, 44, 73, 54, 53, 56, 54, 59, 79, 61, 98, 69, 84, 82, 74, 59, 85, 64, 70, 85, 78, 84, 78, 63, 59, 85, 57, 25, 80, 69, 63, 45, 84, 87, 97, 98, 86, 100, 100, 79, 56, 91, 69, 78, 72, 71, 77

這是大學生最常見也是最關心的資料 (之一?)。[1] 當我們看到這麼一堆數字, 自然會想到該如何整理以及有系統地呈現這些數字, 把資料轉換成有用的資訊 (information)。

當然, 我們有時候會有質性 (qualitative) 而非數量 (quantitative) 的資料, 所謂的質性資料係指以非數字記錄下來的統計資料。舉例來說, 許多大學的期末成績已經改用等第制, 而上述的 166 位學生的統計期末等第成績如例 1.2 所示。

例 1.2 (期中考成績). 底下為 166 名學生的統計學期末成績資料:

B+, F, B+, A, A-, A+, A, A+, A-, A-, A-, A-, A-, B+, B+, A-, B+, A-, B-, A, B+, B+, B-, B, A-, C+, A-, A-, A+, A, A-, A, A, A-, B, A, B+, A-, A-, A-, B, A-, B, A+, B+, C, B-, A+, A, A-, A, A, A-, A-, A-, C+, A, A, C-, B+, A-, B-, A-, C-, B, A-, A-, B, A-, A, A-, B+, C-, B+, B+, B, A-, A-, C, B-, C+, C+, B+, A, B+, B+, B, B-, A-, B, B+, A, B+, B-, A, B-, B, A, A-, B-, A, A-, B+, A-, A, C, C+, B+, B-, A-, B+, C+, A, B, B-, B-, A, B, B-, A-, B, B-, A-, A-, B+, A+, B, A, A-, B+, A, B+, A-, A-, A, A-, B+, B, A-, B, C, A, B+, B+, B-, A, A+, A+, A+, A, A+, A+, B+, B, A, B+, A, A-, A-, A-

統計上為了處理這種質性資料, 我們可以透過若干轉換, 將質性資料轉為數量資料。舉例來說, 我們可以設定 $A+ = 9$, $A = 8$, $A- = 7$,..., 依此類推, $C- = 1$, 以及 $F = 0$, 則例 1.2 的資料就可以轉換成以下數字:

---

[1] 或許沒有之一。大學生關心的事情很多, 友誼, 感情, 社團或是美食。不過會以資料的形式呈現的, 應該只有成績。

表 1.1: 各國證券市場股價指數 2022/10–2023/5, 資料來源: 台灣主計總處。

日期	臺灣加權指數	美國道瓊工業指數	日本日經225	倫敦金融時報
Oct-22	12949.75	32732.95	27587.46	7094.53
Nov-22	14879.55	34589.77	27968.99	7573.05
Dec-22	14137.69	33147.25	26094.5	7451.74
Jan-23	15265.2	34086.04	27327.11	7771.7
Feb-23	15503.79	32656.7	27445.56	7876.28
Mar-23	15868.06	33274.15	28041.48	7631.74
Apr-23	15579.18	34098.16	28856.44	7870.57
May-23	16578.96	32908.27	30887.88	7446.14

6, 0, 6, 8, 7, 9, 8, 9, 7, 7, 7, 7, 7, 6, 6, 7, 6, 7, 4, 8, 6, 6, 4, 5, 7,
3, 7, 7, 9, 8, 7, 8, 8, 7, 5, 8, 6, 7, 7, 7, 5, 7, 5, 9, 6, 2, 4, 9, 8, 7,
7, 8, 7, 7, 7, 7, 3, 8, 8, 1, 6, 7, 4, 7, 1, 5, 7, 7, 5, 7, 8, 7, 6, 1, 6,
6, 5, 7, 7, 2, 4, 3, 3, 6, 8, 6, 6, 5, 4, 7, 5, 6, 8, 6, 4, 8, 4, 5, 8, 7,
4, 7, 8, 7, 4, 6, 7, 2, 3, 6, 4, 7, 6, 3, 8, 5, 4, 4, 8, 5, 4, 7, 5, 5, 5,
4, 5, 7, 6, 9, 6, 8, 8, 7, 6, 8, 6, 7, 8, 7, 8, 7, 6, 5, 7, 5, 2, 8, 6, 6,
4, 8, 9, 9, 9, 8, 9, 9, 6, 5, 8, 6, 8, 7, 7, 7

藉以進行統計分析。將質性資料轉換成數量資料在經濟學的實證分析中很常見,譬如說,「男性=0,女性=1」,或是「已開發國家=0,開發中國家=1」。

有的資料是在不同的時間點發生與記錄,譬如說,股票價格。

例 1.3 (各國證券市場股價指數). 表 1.1 為各國證券市場股價指數。這樣的資料稱為「時間序列」,是總體經濟學或是財務經濟學常見的資料形式。

以上的資料為單一個體的個別資料,然而,有時候我們也會有來自同一個體的一組資料。

例 1.4 (各國外匯存底與 GDP). 表 1.2 為 2019 年各國外匯存底與 2018 年 GDP 的資料,就是每個國家的一組資料。根據此資料,我們可以進一步分析諸如各國外匯存底排名,各國外匯存底佔 GDP 比率排名,以及是否所得越高的國家,外匯存底也較高等議題。

表1.2: 各國外匯存底與 GDP (單位: 百萬美元), 資料來源: IMF, World Bank, 台灣主計總處。

國家	外匯存底 (2019)	GDP (2018)
香港	441,217.00	362,682
瑞士	798,088.93	705,140
台灣	478,126.00	608,186
新加坡	276,968.70	364,157
沙烏地阿拉伯	488,245.19	786,522
泰國	214,573.20	504,993
俄羅斯	433,296.60	1,657,555
日本	1,255,903.00	4,971,323
南韓	397,876.08	1,619,424
中國	3,107,924.00	13,608,152
巴西	346,489.78	1,868,626
印度	426,879.60	2,718,732
英國	137,539.03	2,855,297
法國	51,733.69	2,777,535
德國	35,993.74	3,947,620

1.2 什麼是資料分析

在上一節中, 我們看到一些不同的原始資料, 包括單一個體的個別資料 (每一位學生的期中考成績), 單一個體的跨時資料 (每個國家在不同時間點的股票價格指數), 以及同一個體的一組資料 (每個國家的外匯存底與 GDP)。

對於這些原始資料, 我們必須透過系統性的方式理出一個頭緒, 才能得到有用的資訊。譬如說, 當我們獲得如例 1.2 的期末成績資料, 我們就可以透過進一步的資料分析, 了解過去修課學生的期末成績狀況, 藉以提供我們是否要修這門統計學的決策參考。什麼是有用的資訊? 例如說, 我們會想要知道這門課有多少學生被當掉的比例, 亦或是有多少比例的學生能夠拿到 A+。

學習統計學的目的在於了解如何收集 (collect), 分析 (analyze), 呈現 (present) 以及詮釋 (interpret) 資料。嚴謹的統計學訓練對於經濟學家而言至為重要。唯有透過與資料的對話，經濟學研究才有其意義。資料一方面可以提供我們驗證經濟理論，另一方面，資料亦可指引經濟理論的建構。在柯南道爾爵士 (Sir Arthur Conan Doyle) 所著的福爾摩斯探案中，有一段文字頗值得玩味：[2]

> "I have no data yet. It is a capital mistake to theorise before one has data. Insensibly one begins to twists facts to suit theories, instead of theories to suit facts."

任何經濟理論的建構，如果沒有資料的分析結果作為研究動機，則該理論只是一件藝術品，或許可以怡情養性，充實我們的心智能力，但對於經濟現象的了解與解釋，並無助益。

1.3 如何初步整理與分析資料

圖 1.1 為作者 1991 年在台大會計系修習統計學時的筆記，當時的教授是在黑板上以手寫「正」字的方式告訴學生如何整理資料。

隨著科技進步，我們現在已經進入到電腦世紀，如果還有哪一位教授在課堂上畫「正」字來介紹資料整理，恐怕就會被說是薪水小偷了。目前有許多電腦軟體能夠幫助我們做資料的整理與分析，進而繪製相關統計圖表。

微軟 (Microsoft) 的試算表 EXCEL 應該是一般學生最耳熟能詳的軟體，它也能夠執行許多初步的數學與統計分析，不過如果我們想要進行較為進階的統計分析，EXCEL 就顯得心有餘而力不足。此外，在操作 EXCEL 時，容易出現遺漏的錯誤。舉例來說，在一篇著名的研究 "Growth in a Time of Debt" (參見 Reinhart and Rogoff, 2010) 中，哈佛大學教授 Carmen Reinhart 與 Kenneth Rogoff 發現，當一國的債務達到其 GDP 的 90%，經濟成長率會下降 0.1%。2007–2008 年的全球金融危機之後，歐洲許多國家為了提振景氣，大量舉債以支應政府支出。在債台高築的情

---

[2] A Scandal in Bohemia.

圖 1.1: 1991 年的統計學筆記

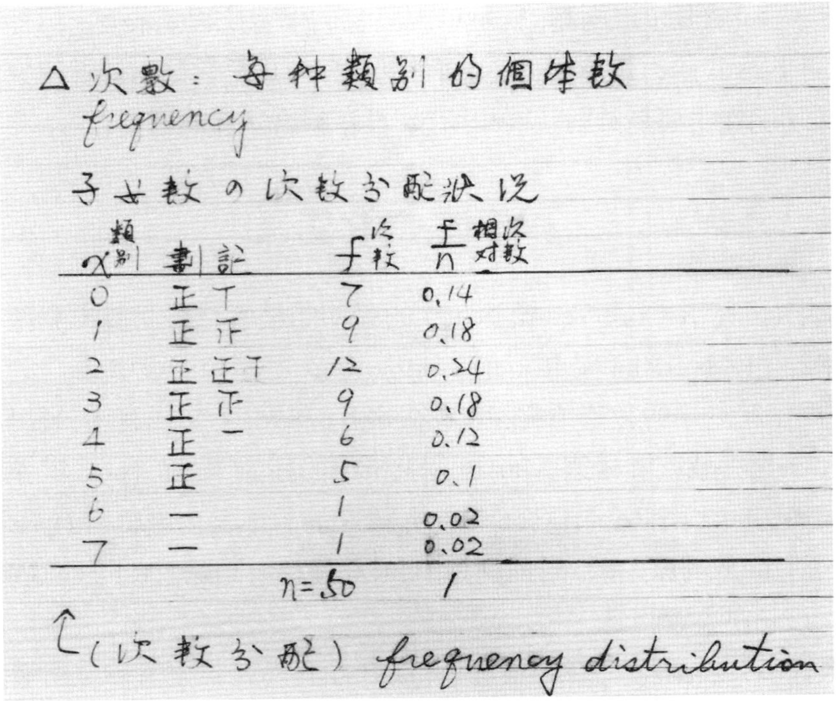

況下, 政治人物開始提倡縮減政府支出的撙節政策。因此, Reinhart and Rogoff (2010) 的 90% 關鍵比率就廣為撙節政策支持者所引用。

然而, 2013 年麻州大學的博士生 Thomas Herndon 以及兩位教授 Michael Ash 與 Robert Pollin 在檢視 Reinhart and Rogoff (2010) 的資料後, 發現因為 Reinhart 與 Rogoff 在使用 EXCEL 下拉複製公式時發生遺漏, 導致 Reinhart and Rogoff (2010) 的實證結果有誤。事後 Reinhart 與 Rogoff 在修正錯誤後, 宣稱其主要結果並沒有顯著不同, 同時也否認他們曾經強調 90% 的關鍵比率, 並認為他們的研究發現被政治人物所錯誤詮釋與誤用。無論如何, Reinhart 與 Rogoff 的 EXCEL 錯誤給了研究者一個很好的啟發, 從事研究工作應盡量避免使用 EXCEL 或其他統計軟體的圖形使用者介面, 以減少操作上的錯誤。

在本書中, 我們將使用網路上可以免費下載的一種自由軟體程式語言與操作環境: R 語言。R 為一原始碼開放 (Open Source) 的程式語言,主要用於統計分析、繪圖、資料探勘。該程式語言的優點眾多，然而光是「免費」與「實用」這兩點，就足以說服我們學習此程式語言。另外一個受歡迎的程式語言是 Python，然而相較之下，R 語言是由統計學家所開發，其功能性主要是針對統計學所設計，較符合本書的需要。

1.4 什麼是 R 語言

R 語言 (參見 R Core Team, 2017) 的最初開發者為紐西蘭奧克蘭大學統計學家 Ross Ihaka 與 Robert Gentleman。一開始開發 R 語言的目的就是為了統計學的教學所需。大致在 1993 年左右，R 語言被公諸於世。嗣後，在另一位統計學家 Martin Mächler 的建議下，從 1995 年 6 月開始，Ross Ihaka 與 Robert Gentleman 讓 R 語言成為自由軟體 (free software)，並開放其原始碼。目前則是由「R 開發核心團隊」(R Development Core Team) 負責開發。

R 語言是 S 語言的後繼者之一，而 S 語言乃是貝爾實驗室所發展出來的付費軟體 (其後繼的付費軟體為 S-PLUS 語言)。因此，R 語言的免費性質可說是 S 語言的"劫富濟貧"版。R 語言的命名一方面來自兩名原始開發者名字的第一個英文字母，另一方面也算是在開一下 S 語言的玩笑，以英文字母順序隱含 R 語言優於 S 語言 (leap ahead of S)。

我們可以在 R 的官方網站 (http://www.r-project.org/) 下載安裝程式。在本書修改之時，最新的版本為 R version 4.3.1。安裝後啟動，就會看到如圖 1.2 的視窗。這是 R 語言的使用者介面 (GUI)，我們建議可以進一步安裝 RStudio。

1.4.1 RStudio

RStudio 是 R 專屬的整合開發環境 (Integrated Development Environment)，可以協助使用者方便地撰寫 R 的程式。RStudio 提供免付費的自由軟體版本及收費的專業版本，讀者可以自行到 https://posit.co/download/rstudio-desktop/ 下載，目前最新的免付費版本為 RStudio-2023.06.0-421，安裝啟動後如圖 1.3 所示。

圖1.2: R 使用者介面

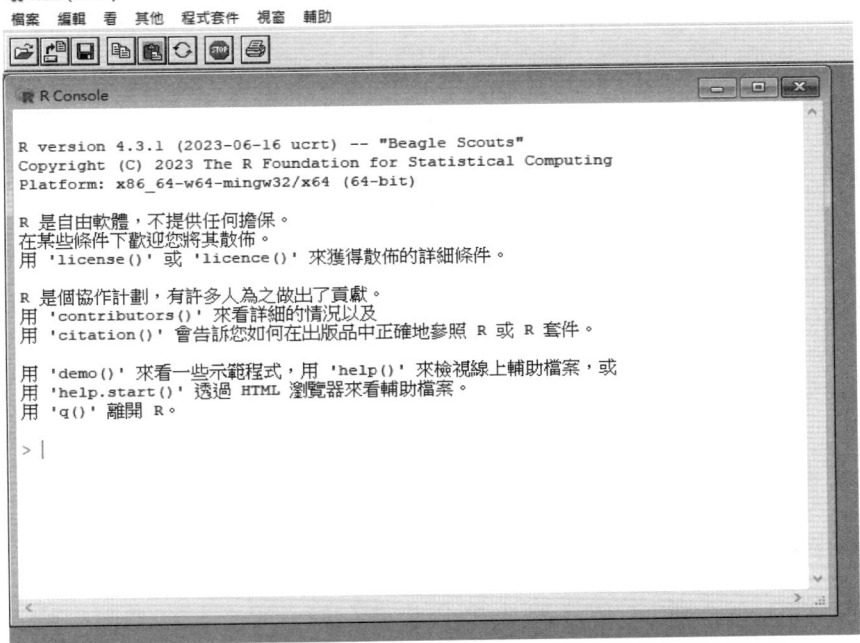

圖1.3: RStudio

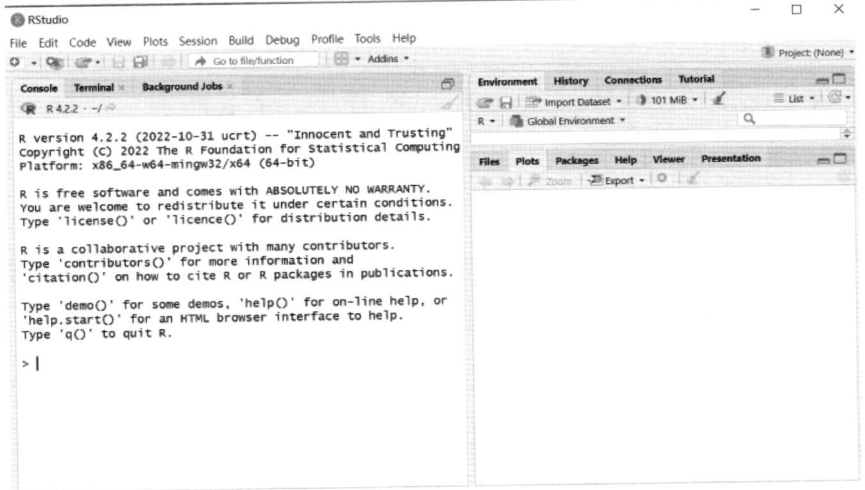

圖 1.4: 執行 R 程式

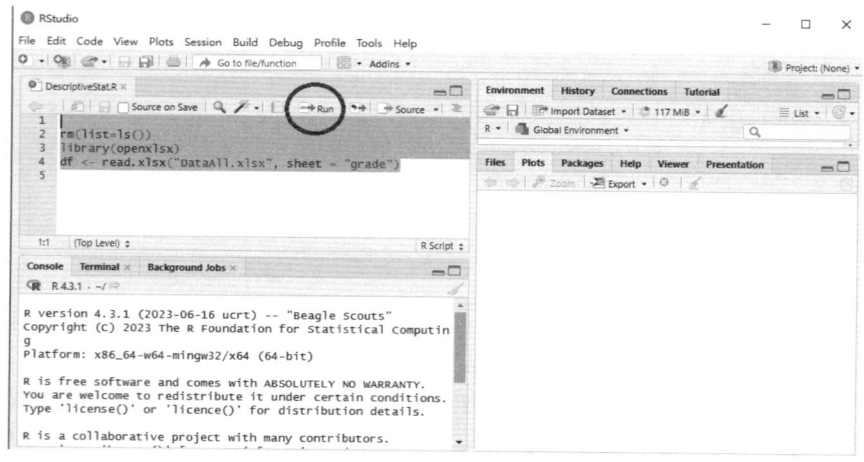

要編輯新的 R 程式檔, 只要點選

　　File>New File>R Script

即可。如圖 1.5 所示, 建議輸入指令前先存檔。讀者可將本書中的 R 程式輸入, 或是將程式編寫進一個新的 R 命令檔, 亦即, 編寫並儲存至 *.R 檔 (R script file) 後再執行即可。如果要執行特定列的程式, 就將該列程式反白後點選 Run, 如圖 1.4 所示。

1.4.2　認識 R 指令

做為暖身, 我們先介紹幾個基本 R 指令, 認識一下 R 語言。

註解

我們在 R 程式中, 敘述或指令前加上一個或一個以上的 # 後, 就可以把該行指令轉成註解 (comment out), R 並不會執行該行指令。

R 程式 1.1 (註解).

```
# R 並不會執行此行指令
# 你可以寫廢話
# R 不會理你
```

圖1.5: 建立新的命令稿

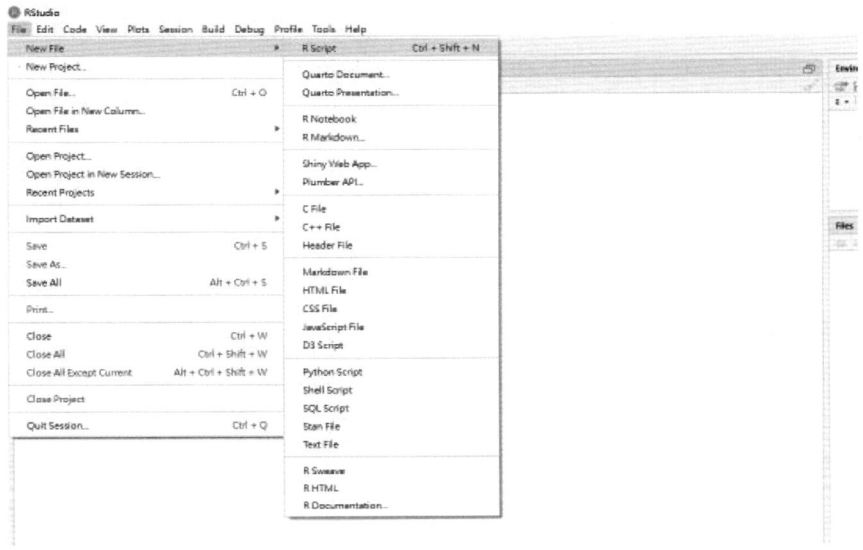

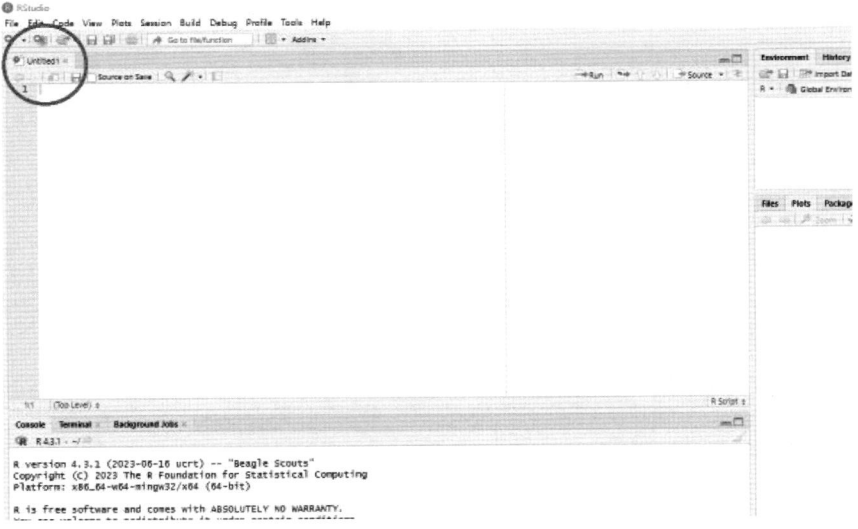

1.4.3　基本物件與運算 I: 向量

向量

向量是 R 最基本的物件,向量的產生最常用做法是使用函數 c(),可以將若干個數值或字串組合為一個向量,也可以將若干向量重新組成一個新向量。c() 函數的 c 代表的就是 combine 的意思。舉例來說,以下程式建構

$$x = \begin{pmatrix} 1 & 7 & 5 \end{pmatrix}$$
$$y = \begin{pmatrix} 8 & 9 & 10 & 11 & 12 \end{pmatrix}$$

R 程式 1.2 (向量物件).

```
x = c(1,7,5)
y = c(8:12)
x[2]
```

執行後可得:

```
> x
[1] 1 7 5
> y
[1]  8  9 10 11 12
> x[2]
[1] 7
```

其中 x[2] 代表 x 向量中第 2 個元素,而 8:12 代表建構 8 到 12,公差為 1 的數列 (sequence)。另一個製造數列的函數是 seq(),在使用上更有彈性。用法為

```
x = seq(from,to,by)
```

或是

```
x = seq(from,to,length.out)
```

其中 by 是公差,length.out 則是設定數列的長度。

R 程式 1.3 (數列).

```
x = seq(from=8,to=12,by=1)
y = seq(from=8,to=12,by=2)
z = seq(from=8,to=12,length.out=3)
w = seq(from=8,to=12,length.out=30)
```

執行後可得:

```
> x
[1]  8  9 10 11 12
> y
[1]  8 10 12
> z
[1]  8 10 12
> w
 [1]  8.000000  8.137931  8.275862  8.413793  8.551724  8.689655  8.827586
 [8]  8.965517  9.103448  9.241379  9.379310  9.517241  9.655172  9.793103
[15]  9.931034 10.068966 10.206897 10.344828 10.482759 10.620690 10.758621
[22] 10.896552 11.034483 11.172414 11.310345 11.448276 11.586207 11.724138
[29] 11.862069 12.000000
```

一個與 seq() 類似的函數: rep() 可在向量中產生相同的元素。

R 程式 1.4 (rep( ) 函數).

```
x = rep(0, 5)
y = rep(c(1,2),each=3)
z = rep(c(1,2),times=3)
w = rep(c(1,2),times=c(3,5))
```

執行後可得:

```
> x
[1] 0 0 0 0 0
> y
[1] 1 1 1 2 2 2
> z
[1] 1 2 1 2 1 2
> w
[1] 1 1 1 2 2 2 2 2
```

向量的元素可以是數值, 也可以是字串。字串需要加上 " "。舉例來說,

R 程式 1.5.

```
x = c("Macroeconomics","Microeconomics","Statistics")
x[3] # x 向量中第 3 個元素
```

執行後可得:

```
> x[3] # x 向量中第 3 個元素
[1] "Statistics"
```

此外, R 語言視英文大小寫為不同物件, y 與 Y 是不同的。

R 程式 1.6.

```
y = c(1:3)
Y = c(5:9)
```

執行後可得:

```
> y
[1] 1 2 3
> Y
[1] 5 6 7 8 9
```

最後, 我們可以用 length() 來衡量向量長度, 舉例來說:

R 程式 1.7.

```
y = c(5:9)
z = length(y)
```

執行後可得:

```
> y
[1] 5 6 7 8 9
> z
[1] 5
```

向量基本運算

向量的運算包含 +，-，*，/，^，%%，%*% 等。通常的向量運算都是對向量的每一個元素進行運算 (element by element)。

R 程式 1.8 (向量基本運算).
```
x = c(1,2,3,4,5)
y = c(5,4,3,2,1)
x + y   # 加法
x - y   # 減法
x * y   # 乘法
x / y   # 除法
x^2     # 乘冪
x%*%y   # 內積 (點積)
```

執行後可得:

```
> x + y   # 加法
[1] 6 6 6 6 6
> x - y   # 減法
[1] -4 -2  0  2  4
> x * y   # 乘法
[1] 5 8 9 8 5
> x / y   # 除法
[1] 0.2 0.5 1.0 2.0 5.0
> x^2     # 乘冪
[1]  1  4  9 16 25
> x%*%y   # 內積 (點積)
     [,1]
[1,]   35
```

運算組合的例子如下:

R 程式 1.9 (向量運算組合).

```
x = c(1,2,3,4,5)
a = 2
y = 2 * (a+mean(x))
z = 2 - log(a+x)
y
z
```

其中 mean() 與 log() 分別爲平均數函數與自然對數函數。執行後可得:

```
> y
[1] 10
> z
[1] 0.90138771 0.61370564 0.39056209 0.20824053 0.05408985
```

1.4.4 基本物件與運算 II: 矩陣

建構矩陣

矩陣爲一個 2-維 (2-dimension) 的資料物件。我們以 matrix() 指令建構矩陣，並以 nrow=k 或是 ncol=k 設定列 (row) 數或行 (column) 數爲 k。注意到 R 的原始設定是以行優先填滿，要改變設定，可加入 byrow=T 之選項。

R 程式 1.10 (設定矩陣).

```
x = matrix(c(1,2,3,4,5,6), nrow=2)
y = matrix(c(1,2,3,4,5,6), nrow=2, byrow=T)
```

執行後可得:

```
> x
     [,1] [,2] [,3]
[1,]    1    3    5
[2,]    2    4    6
> y
     [,1] [,2] [,3]
[1,]    1    2    3
[2,]    4    5    6
```

讀者可自行將上述程式中的 nrow=2 改成 ncol=2, 並比較結果有何不同。

合併向量與矩陣

我們可以用 rbind() 與 cbind() 來合併向量與矩陣。

R 程式 1.11 (向量與矩陣合併).

```
x = c(1:5)
y = c(6:10)
z = rbind(x,y)
w = cbind(x,y)
```

執行後可得:

```
> z
  [,1] [,2] [,3] [,4] [,5]
x    1    2    3    4    5
y    6    7    8    9   10
> w
     x  y
[1,] 1  6
[2,] 2  7
[3,] 3  8
[4,] 4  9
[5,] 5 10
```

1.4.5 常用內建函數

R 內建許多函數物件, 上述的 c() 其實就是一個函數。其他例子還有加總函數 sum(), 或是取絕對值 abs() 等。

常用數學函數

我們將一些常用數學函數整理於表 1.3 中。舉例來說, 函數的運算如下:

R 程式 1.12 (數學函數).

```
> x = c(2.34,1.87, -1.29)
> round(x, digits = 1)
[1]  2.3  1.9 -1.3
> trunc(x)
[1]  2  1 -1
> ceiling(x)
[1]  3  2 -1
> floor(x)
[1]  2  1 -2
> sign(x)
[1]  1  1 -1
> max(x)
[1] 2.34
> min(x)
[1] -1.29
> abs(x)
[1] 2.34 1.87 1.29
```

排序函數

常用的排序函數包含 rev(), sort(), order(), 與 rank(), 其中,

1. rev(x) 反轉向量 x 的元素。

2. sort(x) 將向量 x 的元素從小排到大。

3. order(x) 是向量 x 從小到大排序 (sort) 後的向量之元素, 在原來向量 x 的原始位置。

4. rank(x) 則是 sort 後, 向量 x 中各元素之相對順序 (位置)。亦即, rank(x) 告訴你, 各元素在向量 x 中是「第幾小」的元素。

表1.3: 常用數學函數

函數	說明
round(x,digits=k)	將 x 四捨五入到小數點第 k 位
trunc(x)	無條件捨去小數部分 (傳回 x 的整數部分)
ceiling(x)	大於等於 x 的最小整數
floor(x)	小於等於 x 的最大整數
sign(x)	判斷正負號, 得到結果為 1, 0, -1
max(x); min(x)	傳回最大值; 最小值
abs(x)	絕對值 $\lvert x \rvert$
log(x)	自然對數 $\log(x)$
exp(x)	指數 e^x
sqrt(x)	平方根 $\sqrt{x}$
gamma(x)	Gamma 函數 $\Gamma(x) = \int_0^\infty u^{x-1}e^{-u}du$
choose(n,k)	$\frac{n!}{k!(n-k)!}$
factorial(x)	$x! = \Gamma(x+1)$

茲舉例如下:

R 程式 1.13 (排序函數).

```
x = c(23,8,10,5,2)
x.rev = rev(x)
x.sort = sort(x)
x.order = order(x)
x.rank = rank(x)
```

執行後可得:

```
> x
[1] 23  8 10  5  2
> x.rev
[1]  2  5 10  8 23
> x.sort
[1]  2  5  8 10 23
> x.order
[1] 5 4 2 3 1
> x.rank
[1] 5 3 4 2 1
```

指示函數

我們時常會用到指示函數 (indicator function):

$$y = \begin{cases} 1, & x \geq k \\ 0, & \text{else} \end{cases}$$

在 R 中, 我們可以使用 ifelse() 來建構指示函數。以下 R 程式建構:

$$x = \begin{pmatrix} -2 & -1 & 0 & 1 & 2 \end{pmatrix}, \quad y = \begin{cases} 1, & x \geq 0 \\ 0, & \text{else} \end{cases}$$

R 程式 1.14 (指示函數).

```
x = seq(-2,2,1)
y = ifelse(x>=0, 1, 0)
```

執行後可得:

```
> x
[1] -2 -1  0  1  2
> y
[1] 0 0 1 1 1
```

矩陣代數函數

(1) 矩陣 (向量) 的加減法:

我們可用一般 +, - 作運算。舉例來說,

R 程式 1.15 (矩陣的加減).

```
A = matrix(c(1:6), nrow=2, byrow=T)
B = matrix(c(1:6), nrow=2)
A
B
A+B
```

執行後可得:

```
> A
     [,1] [,2] [,3]
[1,]    1    2    3
[2,]    4    5    6
> B
     [,1] [,2] [,3]
[1,]    1    3    5
[2,]    2    4    6
> A+B
     [,1] [,2] [,3]
[1,]    2    5    8
[2,]    6    9   12
```

(2) **轉置矩陣**:

給定矩陣 A,

$$A = \begin{bmatrix} a_{11} & a_{12} & a_{13} \\ a_{21} & a_{22} & a_{23} \end{bmatrix}$$

其轉置:

$$A' = \begin{bmatrix} a_{11} & a_{21} \\ a_{12} & a_{22} \\ a_{13} & a_{23} \end{bmatrix}$$

則是以 t() 函數計算。

R 程式 1.16 (轉置矩陣).

```
A = matrix(c(1:6), nrow=2, byrow=T)
A
t(A)
```

執行後可得:

```
> A
     [,1] [,2] [,3]
[1,]    1    2    3
[2,]    4    5    6
> t(A)
     [,1] [,2]
[1,]    1    4
[2,]    2    5
[3,]    3    6
```

(3) **純量與矩陣相乘**:

單一個數值乘上矩陣 (向量)，亦即，

$$kA = k\begin{bmatrix} a_{11} & a_{12} \\ a_{21} & a_{22} \\ a_{31} & a_{32} \end{bmatrix} = \begin{bmatrix} ka_{11} & ka_{12} \\ ka_{21} & ka_{22} \\ ka_{31} & ka_{32} \end{bmatrix}$$

可用 k*A 計算。

R 程式 1.17.

```
A = matrix(c(1:6), nrow=2, byrow=T)
A
2*A
```

執行後可得:

```
> A
     [,1] [,2] [,3]
[1,]    1    2    3
[2,]    4    5    6
> 2*A
     [,1] [,2] [,3]
[1,]    2    4    6
[2,]    8   10   12
```

(4) **矩陣個別元素相乘**:

兩個矩陣 A, B 以 A*B 計算，就是兩矩陣個別元素相乘 (element-wise multiplication)，或是稱爲 Hadamard 乘積 (Hadamard product)。令 $[A]_{ij}$ 代表矩陣 A 的第 i,j 的元素，則兩個矩陣 A, B 的 Hadamard 乘積定義爲:

$$[A \circ B]_{ij} = [A]_{ij}[B]_{ij}$$

舉例來說，

$$A \circ B = \begin{bmatrix} a_{11} & a_{12} \\ a_{21} & a_{22} \\ a_{31} & a_{32} \end{bmatrix} \circ \begin{bmatrix} b_{11} & b_{12} \\ b_{21} & b_{22} \\ b_{31} & b_{32} \end{bmatrix} = \begin{bmatrix} a_{11}b_{11} & a_{12}b_{12} \\ a_{21}b_{21} & a_{22}b_{22} \\ a_{31}b_{31} & a_{32}b_{32} \end{bmatrix}$$

R 程式 1.18.

```
A = matrix(c(1:6), nrow=2, byrow=T)
B = matrix(c(1:6), nrow=2)
A
B
A*B
```

執行後可得:

```
> A
     [,1] [,2] [,3]
[1,]    1    2    3
[2,]    4    5    6
> B
     [,1] [,2] [,3]
[1,]    1    3    5
[2,]    2    4    6
> A*B
     [,1] [,2] [,3]
[1,]    1    6   15
[2,]    8   20   36
```

至於 Hadamard division 則是兩矩陣個別元素相除 (element-wise division):

$$A \oslash B = \begin{bmatrix} a_{11} & a_{12} \\ a_{21} & a_{22} \\ a_{31} & a_{32} \end{bmatrix} \oslash \begin{bmatrix} b_{11} & b_{12} \\ b_{21} & b_{22} \\ b_{31} & b_{32} \end{bmatrix} = \begin{bmatrix} a_{11}/b_{11} & a_{12}/b_{12} \\ a_{21}/b_{21} & a_{22}/b_{22} \\ a_{31}/b_{31} & a_{32}/b_{32} \end{bmatrix}$$

以 A/B 計算。

(5) 矩陣相乘:

給定 A 為 $m \times n$ 矩陣, B 為 $n \times k$ 矩陣, 兩矩陣相乘 (matrix multiplication), AB, 定義如下:

$$[AB]_{ij} = \sum_{w=1}^{n} [A]_{iw}[B]_{wj} = [A]_{i1}[B]_{1j} + [A]_{i2}[B]_{2j} + \cdots + [A]_{in}[B]_{nj}$$

舉例來說,

$$AB = \begin{bmatrix} a_{11} & a_{12} & a_{13} \\ a_{21} & a_{22} & a_{23} \end{bmatrix} \begin{bmatrix} b_{11} & b_{12} \\ b_{21} & b_{22} \\ b_{31} & b_{32} \end{bmatrix}$$

$$= \begin{bmatrix} a_{11}b_{11} + a_{12}b_{21} + a_{13}b_{31} & a_{11}b_{12} + a_{12}b_{22} + a_{13}b_{32} \\ a_{21}b_{11} + a_{22}b_{21} + a_{23}b_{31} & a_{21}b_{12} + a_{22}b_{22} + a_{23}b_{32} \end{bmatrix}$$

我們以 A%*%B 計算 AB。

R 程式 1.19.

```
A = matrix(c(1:6), nrow=2, byrow=T)
B = matrix(c(1:6), nrow=3)
A
B
A%*%B
```

執行後可得:

```
> A
     [,1] [,2] [,3]
[1,]    1    2    3
[2,]    4    5    6
> B
     [,1] [,2]
[1,]    1    4
[2,]    2    5
[3,]    3    6
> A%*%B
     [,1] [,2]
[1,]   14   32
[2,]   32   77
```

如果我們想要了解各類函數的應用,可以使用 help(函數名稱),舉例來說:

R 程式 1.20 (help 函數).

```
help(mean)
```

另一個簡單的作法是, 鍵入 ? 緊跟著函數或指令名稱

R 程式 1.21.

```
?mean
```

1.4.6 自定函數

我們可以撰寫自己需要的特殊函數, 舉例來說, 我們建立一個 sharpe 的函數, 計算投資組合的 Sharpe ratio:

```
sharpe = function(x,rf) {
(mean(x) - rf)/sd(x)
}
```

函數中的引數爲 x 與 rf, 而 sharpe() 函數回傳

$$\text{Sharpe ratio} = \frac{\bar{x} - r_f}{sd(x)}$$

$$\bar{x} = \frac{1}{n}\sum_i x_i$$

$$sd(x) = \sqrt{\frac{1}{n-1}\sum_i (x_i - \bar{x})^2}$$

其中 x 爲投資組合的報酬率, r_f 代表無風險利率, 爲一常數。因此, 執行以下程式:

R 程式 1.22.

```
set.seed(123)
sharpe = function(x,rf) {
(mean(x) - rf)/sd(x)
}
y = rnorm(n=100, mean=0.15, sd=0.5)
SR = sharpe(y, rf=0.013)
SR
```

可得出 Sharpe ratio:

```
> SR
[1] 0.3992107
```

1.4.7 基本程式設計語法

我們有時需要用到迴圈控制。最常用的是 for() 迴圈,依序處理重複指令。用法為:

```
for(i in k:n){
# 迴圈中, i 會依序帶入 k,k+1,...,k+(n-k-1),k+(n-k) 的值,
# 重複進行大括號內的程式碼
}
```

舉例來說,以下指令以迴圈的方式複製了累加函數 cumsum,我們提供了累加函數的計算結果作為比較。

R 程式 1.23 (for-loop).

```
y=c()                    # 宣告一個空向量
x = c(1:10)
y[1] = x[1]
for(i in 2:length(x)){ # i=2,3,4,...,10
y[i] = y[i-1] + x[i]
}
y
cumsum(x)
```

執行後可得:

```
> y
 [1]  1  3  6 10 15 21 28 36 45 55
> cumsum(x)
 [1]  1  3  6 10 15 21 28 36 45 55
```

另一種做法是 while() 迴圈,舉例來說:

R 程式 1.24 (while-loop).

```
# 計算 1+2+3+4+...+10 的值是多少?
i = 1
sum = 0
while(i <= 10){#當符合()裡面條件時,重複執行{}內程式,直到違反條件
  sum = sum + i
  i = i + 1
}
```

對於 R 的進階使用者，一般會建議使用 apply() 直接對矩陣做運算，可減少佔用記憶體，參閱 Teetor (2011b) 或是 Matloff (2011)。apply() 函數的使用方式為:

```
apply(X,MARGIN,FUN,...)
```

其中，X 為矩陣，FUN 為你要使用的函數名稱，MARGIN=1 代表對列作運算，而 MARGIN=2 代表對行作運算。舉例來說，給定一個矩陣 x，要做的函數運算為 sum (加總)，因此，我們對 x 的每一列進行加總並回傳 y 向量，以及對 x 的每一行做加總並回傳 z 向量。

R 程式 1.25.

```
x = matrix(c(1:12),nrow=6,ncol=2,byrow=T)
y = apply(x,MARGIN=1,sum)
z = apply(x,MARGIN=2,sum)
```

執行後可得:

```
> x
     [,1] [,2]
[1,]    1    2
[2,]    3    4
[3,]    5    6
[4,]    7    8
[5,]    9   10
[6,]   11   12
> y
```

```
[1]  3  7 11 15 19 23
> z
[1] 36 42
```

因此,透過對於矩陣的列或是行做函數運算,可以加快我們進行模擬的速度。亦即,假設你要做重複 1000 次的模擬,你可以在每一次的迴圈中製造 n=100 個隨機變數,然後在每一次的迴圈中做函數運算。你也可以一開始就先製造一個 100×1000 的隨機變數矩陣,然後再以 apply() 直接對矩陣做函數運算。

以計算 Sharpe ratio 為例,我們可以利用迴圈的方式計算 1000 次 Sharpe ratio,然後求算這 1000 個 Sharpe ratio 的平均值。

R 程式 1.26.

```
set.seed(123)
sharpe = function(x,rf) {
(mean(x) - rf)/sd(x)
}
SR = c()
for(i in 1:1000){
y = rnorm(n=100, mean=0.15, sd=0.5)
SR[i] = sharpe(y,rf=0.013)
}
mean(SR)
```

執行結果為:

```
> mean(SR)
[1] 0.2770572
```

至於使用 apply 函數的程式如下,

R 程式 1.27.

```
set.seed(123)
sharpe = function(x,rf) {
(mean(x) - rf)/sd(x)
}
n=100
m=1000
y = matrix(rnorm(n*m,mean=0.15,sd=0.5),nrow=n,ncol=m)
SR = apply(y,MARGIN=2,FUN=sharpe,rf=0.013)
mean(SR)
```

執行結果為:

```
> mean(SR)
[1] 0.2770572
```

與利用迴圈得到的結果相同。當迴圈中重複使用的函數較為複雜,計算較為耗時,則利用 apply 函數的速度會較 for() 迴圈為快。

1.5 如何利用 R 讀取資料與進行初步分析

1.5.1 清空工作空間

在執行自己的程式前,可以先用 rm(list=ls()) 把環境中變數清空,再開始工作。

1.5.2 設定執行 R 程式的檔案夾目錄

我們用 setwd(" ") 來設定目前用來執行 R 程式的檔案夾目錄。舉例來說,如果我們將 R 程式檔放在 D:\MyCode\RCode 的資料夾中:

R 程式 1.28 (設定檔案夾).

```
setwd("D:/MyCode/RCode")
```

注意到 R 使用的路徑用的是正斜線 (forward slash) "/",而非反斜線。

1.5.3 使用套件

除了 R 內建函數之外, 許多 R 的使用者撰寫特殊的 R 函數, 並將這些特殊的 R 函數集合成一組套件 (package), 讓使用者可以更爲輕鬆地撰寫程式或是進行特定統計分析。在第一次使用某特定 (非基本) 套件, 須以上方表單中的「程式套件」的表單安裝和更新套件。或是輸入

```
install.packages(" ")
```

下載與安裝套件。接下來, 我們以指令

```
library()
```

使用套件。如果使用 RStudio 編輯程式, 則 RStudio 會主動提醒你安裝套件。

舉例來說, c() 是一個基本向量物件, 然而, 當我們建構 x=c(1,2,3), 並未明確定義 x 為行向量 (column vector) 或是列向量 (row vector)。我們可以使用一個稱爲 fBasics 的套件, 透過指令 colVec() 定義行向量, 或是指令 colVec() 定義列向量。R 程式範例如下:

R 程式 1.29.

```
install.packages("fBasics")
library(fBasics)
x=c(1,2,3)
y=colVec(x)
z=rowVec(x)
```

執行後可得:

```
> x
[1] 1 2 3
> y
     [,1]
[1,]    1
[2,]    2
[3,]    3
```

圖 1.6: XLSX 檔案

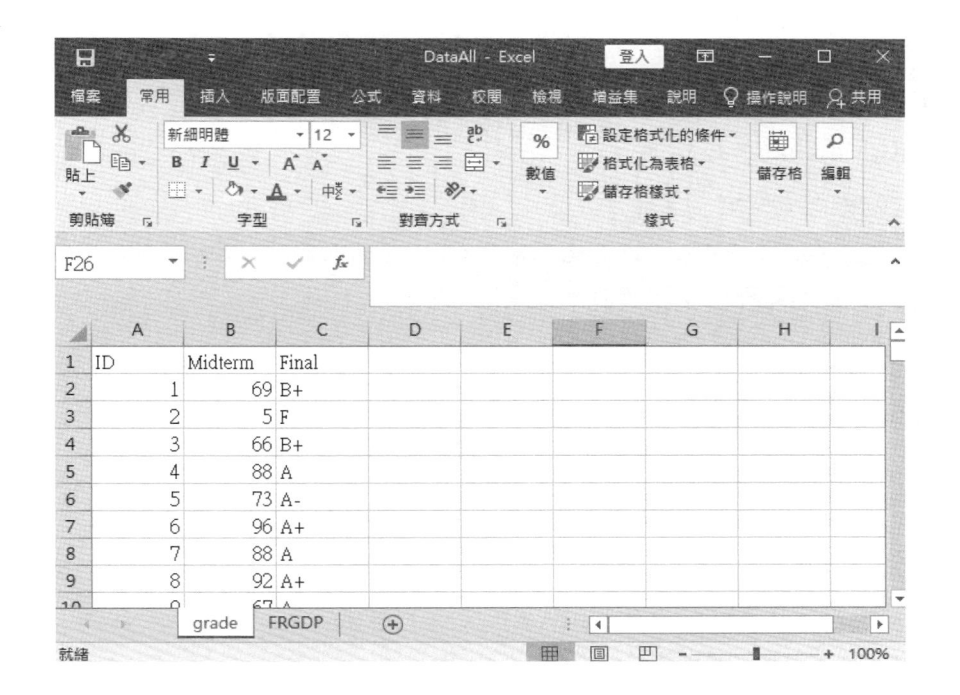

```
> z
     [,1] [,2] [,3]
[1,]    1    2    3
>
```

套件安裝後，就可以刪去 install.packages("") 那行指令。

1.5.4 讀取資料

由於 EXCEL 試算表是常用的資料儲存格式，我們就以讀取 EXCEL xlsx 檔案為例，介紹如何透過 R 讀取資料。我們可以先安裝一個讀取 EXCEL xlsx 檔案的套件 install.packages("openxlsx")，再以指令 library(openxlsx) 使用套件。

EXCEL 資料如圖 1.6 所示，以下的 R 程式範例 1.30 讀取 DataAll.xlsx 中，工作表 grade 裡面的學生 ID，統計學期中考成績與期末等第成績三個變數。其中，我們以 data frame 的形式匯入資料，並命名為 df。

R 程式 1.30 (讀取資料).

```
# 刪除存在 .GlobalEnv 中的所有變數
rm(list=ls())
# 使用 openxlsx 套件
library(openxlsx)
# 設定工作路徑: "D:/MyCode/RCode/"
setwd("D:/MyCode/RCode")
# 將 "D:/MyCode/RCode/DataAll.xlsx" 檔案讀進 R 中
df = read.xlsx("DataAll.xlsx", sheet = "grade")
```

data frame 是常用的資料儲存方式，其資料結構就像是 EXCEL 試算表，如果我們下 head() 指令要 R 列印出名為 df 的 data frame，結果如下所示：

```
> head(df)
  ID Midterm Final
1  1      69    B+
2  2       5     F
3  3      66    B+
4  4      88     A
5  5      73    A-
6  6      96    A+
```

1.5.5 次數分配

讀取資料後，下一個問題是，我們該如何整理以及有系統地呈現這組資料？換句話說，如果別人想要知道這群學生的學習表現，我們該如何統整 (summarize) 這組資料以提供有用的訊息？事實上，最符合直覺的方法就是把這組資料的次數分配 (frequency distribution) 找出來。簡單地說，就是將資料依照成績分成若干組，然後將成績隸屬該組的個數找出來。事實上，就是以 R 程式 1.31 去執行 30 年前的「畫正字」。

R 程式 1.31 (建構次數分配表).

```
Midterm = df$Midterm
breaks = seq(0, 110, by=10)
Midterm.cut = cut(Midterm, breaks, right=FALSE)
Midterm.freq = table(Midterm.cut)
```

執行後可得:

```
Midterm.cut
   [0,10)    [10,20)   [20,30)   [30,40)   [40,50)   [50,60)   [60,70)   [70,80)
        1          2         2        10        13        24        27        44
  [80,90)   [90,100) [100,110)
       31         10         2
```

因此, 我們可以知道, 成績低於 20 分的有 3 人, 成績介於 90 分到 100 分的有 12 人。我們亦可根據次數分配, 畫出次數分配圖, 也就是所謂的直方圖 (histogram)。透過 R 程式範例 1.32, 可畫出圖 1.7。

R 程式 1.32 (繪製直方圖).

```
hist(Midterm, breaks=10, right=FALSE, xlab='Midterm Exam',
     main='Histogram of Midterm Exam')
```

1.5.6 將字串轉成數字

我們可以透過 plyr 套件, 以 mapvalues 函數將 A+, A,... 等字串, 對應到 9, 8,... 等字串, 然後搭配 as.integer() 函數, 將字串轉成整數。因此, 例 1.2 中的等第成績, 可以透過 R 程式 1.33 轉換成數字。

R 程式 1.33 (將字串轉成數字).

```
library(plyr)
Final2 = mapvalues(df$Final,
  from = c("A+","A","A-","B+","B","B-","C+","C","C-","F"),
  to = c(9, 8, 7, 6, 5, 4, 3, 2, 1, 0))
Final3 = as.integer(Final2)
Final3
```

圖1.7: 期中考成績分配直方圖

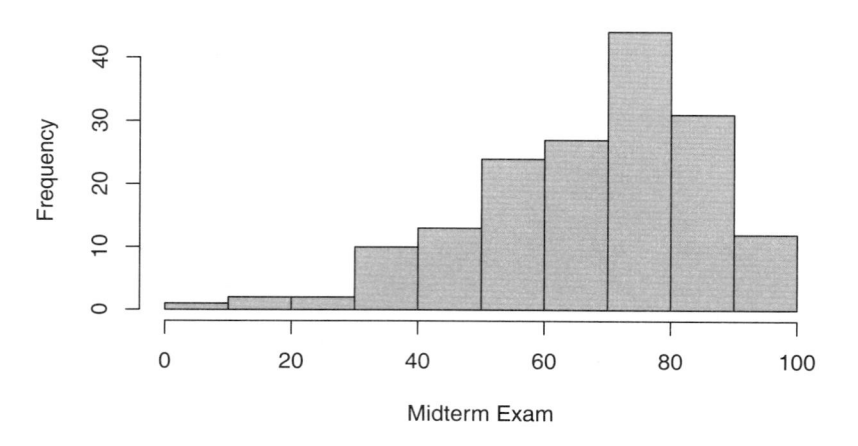

Histogram of Midterm Exam

其中 as.integer() 把字串轉成整數。如果想要轉成實數, 則是使用 as.numeric() 函數。執行後可得:

```
> Final3
  [1] 6 0 6 8 7 9 8 9 7 7 7 7 7 6 6 7 6 7 4 8 6 6 4 5 7 3 7 7 9 8 7 8 8 7 5 8 6 7
 [39] 7 7 5 7 5 9 6 2 4 9 8 7 7 8 7 7 7 7 3 8 8 1 6 7 4 7 1 5 7 7 5 7 8 7 6 1 6 6
 [77] 5 7 7 2 4 3 3 6 8 6 6 5 4 7 5 6 8 6 4 8 4 5 8 7 4 7 8 7 4 6 7 2 3 6 4 7 6 3
[115] 8 5 4 4 8 5 4 7 5 5 5 4 5 7 6 9 6 8 8 7 6 8 6 7 8 7 8 7 6 5 7 5 2 8 6 6 4 8
[153] 9 9 9 8 9 9 9 6 5 8 6 8 7 7 7
```

1.5.7 繪圖

R 內建許多圖形工具函數, 指令 demo(graphics) 與 demo(image) 提供 R 的圖形示範, 讀者不妨一試。在此, 我們介紹統計上常用的圖形: 直方圖 (histogram) 與密度函數圖 (density plot), 散佈圖 (scatter plot), 以及時間序列圖 (time series plot)。

圖 1.8: 直方圖

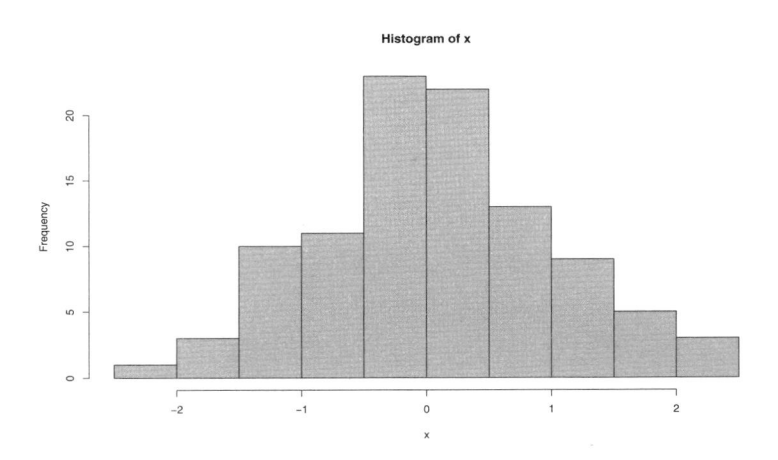

hist() 函數

hist() 函數繪製直方圖。執行以下程式後可得圖 1.8。透過直方圖，我們可以看出資料的次數分配狀況。

R 程式 1.34.

```
set.seed(123)
x = rnorm(n=100, mean=0, sd=1)
hist(x)
```

plot() 函數

在 R 最常用的一個圖形函數 plot()，根據第一個引數的類型產生不同的圖形。

1. 若 x 和 y 是數值向量，plot(x,y) 產生 y 對 x 的散佈圖 (scatter plot)。

2. 若 x 是一個時間序列，plot(x) 產生一個時間序列圖。

3. 若透過 density() 函數對 x 做無母數密度函數估計, 則 plot(density(x)) 提供密度函數圖。母數密度函數估計又稱為核密度估計 (kernel density estimation), 此估計法已超出本書範圍, 不過概念上, 母數密度函數估計就是把以直方圖呈現的次數分配予以平滑化 (smoothing a histogram)。

以例 1.2 中的外匯存底與 GDP 資料為例, R 程式如下所示, 讀取資料的方法參見 R 程式 1.30, 在此不多作說明。

R 程式 1.35 (外匯存底與 GDP 散佈圖).

```
library(openxlsx)
setwd("D:/MyCode/RCode")
df2 = read.xlsx("DataAll.xlsx", sheet = "FRGDP")
FR1 = df2$FR; GDP1 = df2$GDP
df2 = df2[df2$Country != "中國" & df2$Country != "日本", ]
FR2 = df2$FR; GDP2 = df2$GDP
par(mfrow = c(1,2))
options(scipen=999)
plot(GDP1,FR1, ylab="Foreign Reserves", xlab="GDP",
main="(a)",cex=1.5)
plot(GDP2,FR2, ylab="Foreign Reserves", xlab="GDP",
main="(b)",cex=1.5)
```

執行 R 程式 1.35 後可得圖 1.9。注意到指令 options(scipen=999) 是為了不要顯示科學記號。根據圖 1.9 (a), 似乎可觀察到, 所得越高的國家, 外匯存底亦較高。然而, 有趣的是, 如果我們去除掉中國與日本的資料, 亦即右上方兩個極端點, 反而會得到相反的結論: 所得越高的國家, 外匯存底亦較低, 如圖 1.9 (b) 所示。

密度函數圖

如果透過 density() 函數對 x 做無母數密度函數估計, 則 plot() 函數繪製密度函數圖。給定一組樣本大小為 100 的標準常態隨機變數, R 程

圖1.9: X-Y 散佈圖

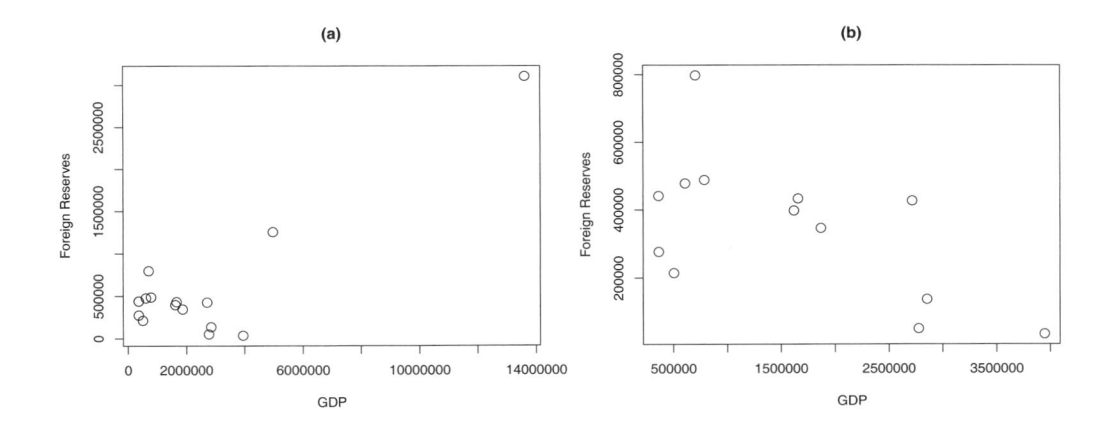

式 1.36 以 plot() 函數繪製其密度函數圖，如圖 1.10 所示。我們將在第 9 章介紹標準常態隨機變數。

R 程式 1.36 (繪製密度函數圖).

```
set.seed(123)
x = rnorm(n=100, mean=0, sd=1)
x.kernel = density(x)
plot(x.kernel)
```

為了比較直方圖與密度函數圖，我們進一步將兩者畫在同一張圖中。然而，圖 1.8 中 y 軸的單位是次數，無法與密度函數做比較。因此，我們在 hist() 函數多加了 freq = FALSE 的設定，將縱軸單位改成機率密度，而非次數。加上此設定後，會讓直方圖的面積相加總後為 1，與密度函數底下的面積大小一致。R 程式如下：

R 程式 1.37.

```
set.seed(123)
x = rnorm(n=100, mean=0, sd=1)
hist(x, freq = FALSE)
lines(density(x), col = "red")
```

圖 1.10: 密度函數圖

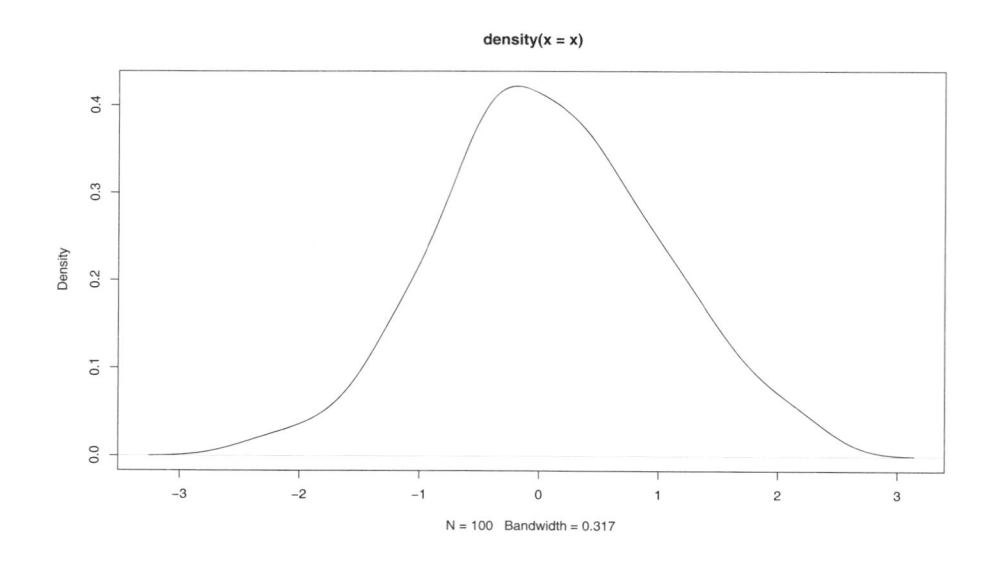

注意到程式中, 我們以

```
lines(density(x))
```

在圖中加上密度函數圖。執行該程式後可得圖 1.11。我們不難看出, 密度函數估計就是將次數分配予以平滑化, 用來近似次數分配。關於 R 在統計繪圖上的應用, 讀者可參閱第 13 章之討論。

時間序列圖

最後, 我們說明如何以 R 語言繪製時間序列圖 (time series plot)。時間序列圖的橫軸為時間, 在繪製前, 我們必須先將已經讀取的資料宣告為時間序列資料。我們以台灣的加權股票指數為例, 資料取自台灣主計處總體統計資料庫, 樣本期間為 1998 年 8 月到 2023 年 5 月。參見 R 程式 1.38。

圖 1.11: 直方圖與密度函數圖

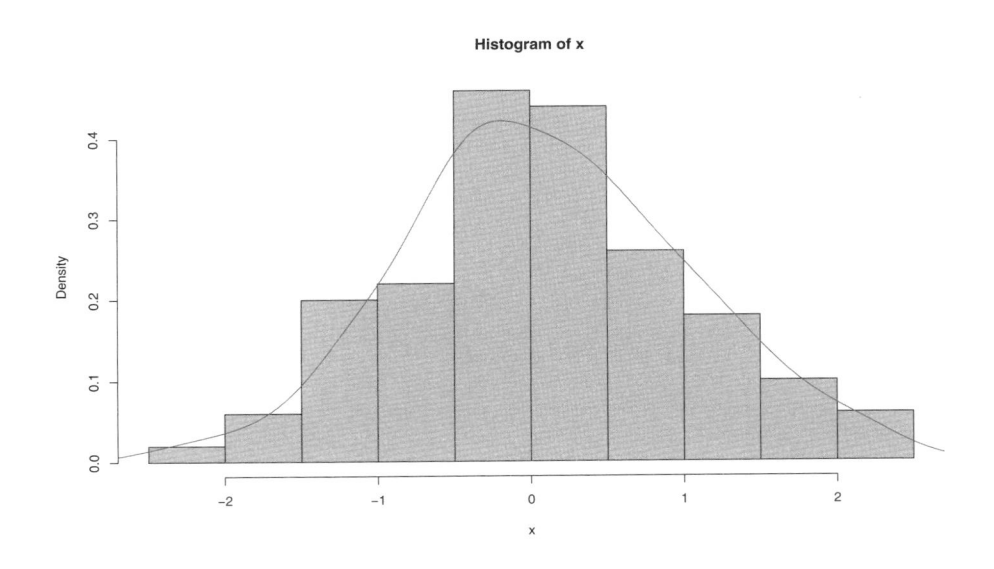

R 程式 1.38(繪製時間序列資料).

```
library(openxlsx)
# 設定工作路徑 : "D:/MyCode/RCode/"
setwd("D:/MyCode/RCode")
# 將 "D:/MyCode/RCode/DataAll.xlsx" 檔案讀進 R 中
df = read.xlsx("DataAll.xlsx", sheet = "grade")
df3 = read.xlsx("DataAll.xlsx", sheet = "sp")
TAIEX=df3$TAIEX
TAIEX.ts = ts(TAIEX, freq = 12, start = c(1998, 8))
plot(TAIEX.ts, main= "TAIEX", ylab='')
```

在 R 程式 1.38 中，我們將 TAIEX 的資料叫入後，同樣命名為 TAIEX，注意到如果我們鍵入 class(TAIEX)，電腦回傳的結果為:

[1] "numeric"

然而，如果我們鍵入 class(TAIEX.ts)，則電腦回傳的結果為:

圖 1.12: 台灣加權股票指數 I

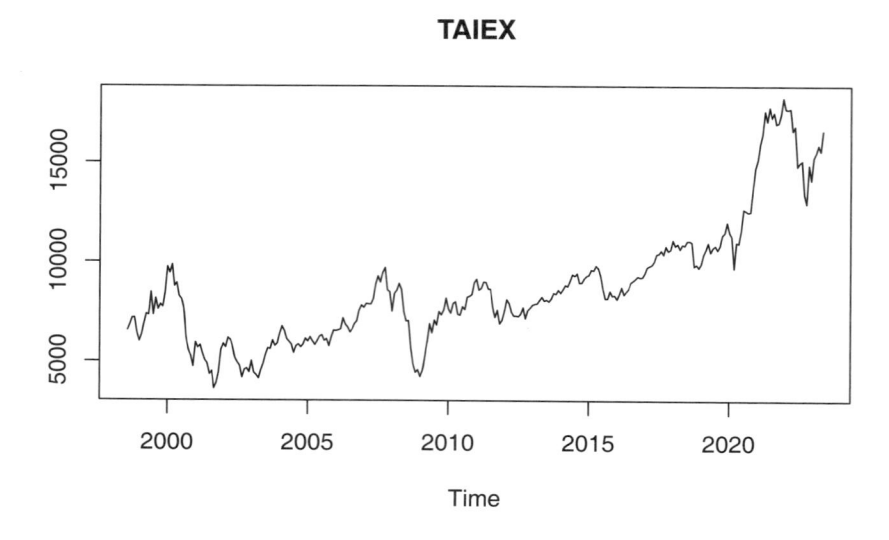

TAIEX

```
[1] "ts"
```

簡單地說，R 將 TAIEX 視爲向量數值，而透過指令 ts()，我們將 TAIEX 轉換爲時間序列，並命名爲 TAIEX.ts。其中的選項，start=c(1998,8) 設定此時間序列的起始點爲 1998 年 8 月，而 freq=12 則設定其爲月資料。最後，我們透過 plot.ts 的指令繪製時間序列圖於圖 1.12。

1.5.8　能不能畫出更好看的圖

作者對於作圖的要求不高，能夠畫出所要傳達訊息的圖，就已經很滿意。更何況，「好不好看」本來就是見仁見智。然而，如果你期待比較精緻的作圖，也有許多套件可以使用。我們在此介紹一個常見的套件: ggplot2 給讀者參考。

注意到 ggplot2 套件應用在 data frame 形式，所以我們要將時間序列資料先用 data.frame() 轉成 data frame，參見 R 程式 1.39。

1.5 如何利用 R 讀取資料與進行初步分析

R 程式 1.39 (將時間序列資料轉成 Data Frame).

```
# Get the number of observations in the time series
n_obs <- length(TAIEX.ts)
# Construct the dates based on frequency and start values
start_year <- start(TAIEX.ts)[1]
start_month <- start(TAIEX.ts)[2]
dates <- seq(as.Date(paste(start_year, start_month, "01",
sep = "-")), by = "month", length.out = n_obs)
# Convert TAIEX.ts into a data frame
df4 <- data.frame(Date = dates, TAIEX2 = as.numeric(TAIEX.ts))
```

執行後, df4 的結構如下:

```
> head(df4)
        Date   TAIEX2
1 1998-08-01 6550.11
2 1998-09-01 6833.95
3 1998-10-01 7165.98
4 1998-11-01 7177.22
5 1998-12-01 6418.43
6 1999-01-01 5998.32
```

接下來, R 程式 1.40 以 ggplot2 套件繪製出圖 1.13。

R 程式 1.40 (以 ggplot2 套件繪製時間序列資料).

```
# Plot using ggplot2
library(ggplot2)
ggplot(df4, aes(x = Date, y = TAIEX2)) +
  geom_line() +
  labs(x = "Time", y = " ") +
  ggtitle("TAIEX")
```

延伸閱讀. 我們在本書中使用 R 作為範例, 然而, 本書並非 R 語言的完整教材, 有興趣的讀者可以在網路上找到很多教學資源:

圖 1.13: 台灣加權股票指數 II

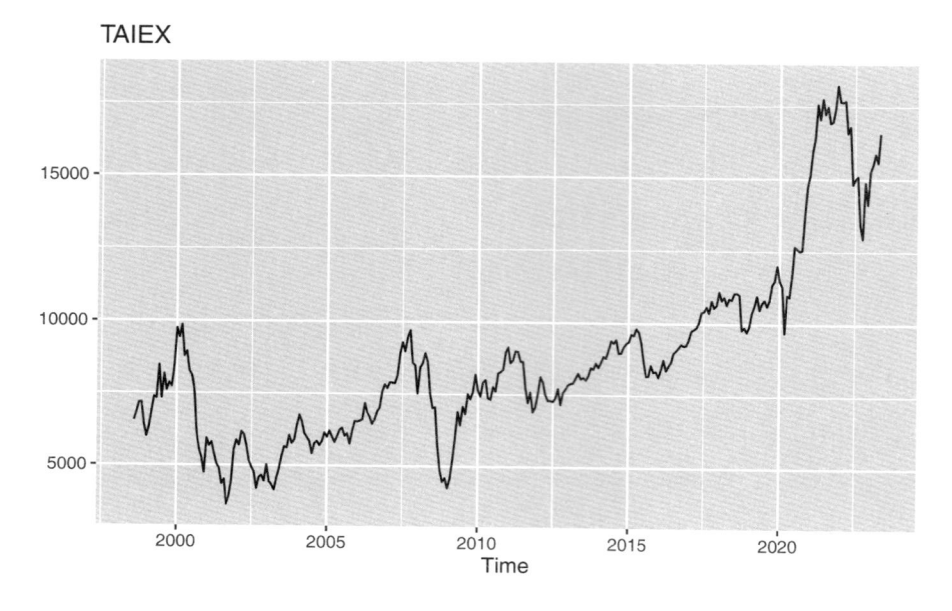

1. 郭耀仁: 認識 R 的美好,
   參見 https://bookdown.org/tonykuoyj/eloquentr/
2. 陳鍾誠: R 統計軟體,
   參見 http://ccckmit.wikidot.com/r:main
3. 陳鍾誠: 機率與統計 (使用 R 軟體),
   參見 http://ccckmit.wikidot.com/st:main
4. Taiwan R User Group,
   參見 https://www.facebook.com/Tw.R.User
5. Kyle Siegrist: Random,
   參見 https://www.randomservices.org/random/index.html
6. Darrin Speegle: Foundations of Statistics with R,
   參見 https://bookdown.org/speegled/foundations-of-statistics/
7. Curtis Miller: R Lecture Notes,
   參見 http://www.math.utah.edu/~cmiller/classes/FA183070/MATH3070LabBook/index.html

1.6 為什麼資料分析需要統計學基礎

一個包含所有可能現象或結果的總合稱之為母體 (population), 舉例來說, 如果我們把 166 名統計學修課學生視為母體, 則例 1.1 或是例 1.2 就包含母體所有資訊。如果我們能夠得到整個母體資料, 則資料分析就是有系統地整理與解讀這組資料所透露的訊息。

然而, 在大多數的情況下, 我們往往無法對於某特定事物所有可能發生的現象或結果一一記錄下來, 而只能觀察到母體中的一部份, 這些被挑選出來的部分被稱作樣本 (sample), 至於將樣本抽選出來的過程就稱為抽樣 (sampling)。因此, 資料分析除了有系統地整理與解讀這組樣本所透露的訊息之外, 更重要的是, 要如何根據這組樣本, 對母體的性質作出推論。而這就是統計學在資料分析中所扮演的角色。

統計學包含了兩大部分: 機率理論與統計推論。粗略地說, 機率理論或是機率模型幫助我們了解樣本是如何由母體中抽出, 以及該樣本之特性, 而統計推論則著重於如何利用樣本推論母體特徵。舉例來說, 如果我想要了解公館大學學生的平均身高 (母體特徵), 但是預算不允許我對所有公館大學學生予以普查, 於是乎我站在公館大學校門口, "任意地" 找出 100 個公館大學學生,[3] 並以此樣本推論母體特性。對於此 100 個公館大學學生所組成的樣本有何特性, 我們仰賴機率模型的啟發。至於如何透過這 100 個公館大學學生之特徵來推論所有公館大學學生之特徵, 就屬於統計推論之範疇。

我們可以透過以下例子進一步說明機率理論與統計推論的差異。機率理論可以回答的問題如下:

---

[3]機率模型幫助我們了解什麼是"任意地", 用統計學術語來描述, 指的就是"隨機" (randomly) 的概念。

圖 1.14: 母體與樣本

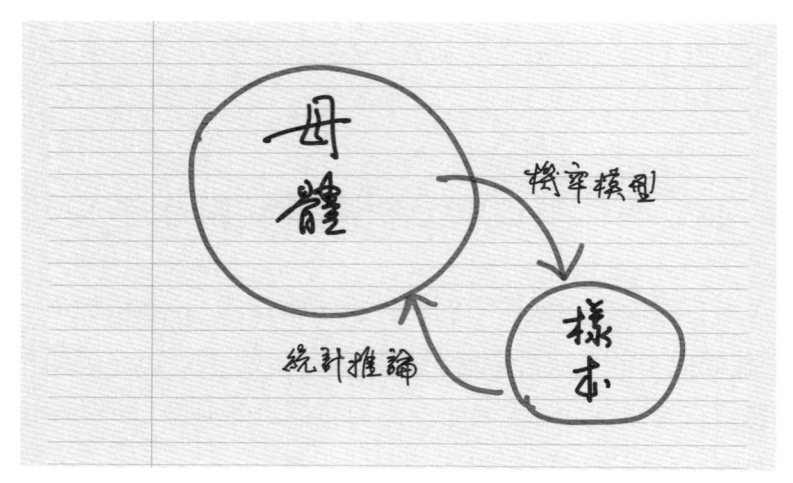

例 1.5. 給定公館大學 *elite* 學院的學生中, 使用 *MacBook* 的比例為 55%, 試問任意選取 20 位 *elite* 學院學生, 只有不到一半的學生使用 *MacBook* 的機率有多高?

而統計推論則是試圖回答以下問題:

例 1.6. 我們想要知道公館大學 *elite* 學院的學生中, 使用 *MacBook* 的比例有多高 (以 μ 表示), 如果我們任意選取 20 位 *elite* 學院學生, 我們該如何利用這組樣本來猜測 μ 的值?

例 1.6 是一個比較實際的問題, 畢竟在大多數的情況中, 我們不太可能知道學生使用 MacBook 的真實比例。然而, 想要了解如何回答例 1.6, 我們必須先熟悉機率理論, 才能了解這組 20 位 elite 學院學生所形成的樣本之性質, 進而作出統計推論。

練習題

1. (R 程式作業) 請以 R 程式完成以下工作:

   (a) 製造出向量

   $$x = (x_1 \ x_2 \ \ldots \ x_{11}) = (1 \ 3 \ 5 \ 7 \ 9 \ 2 \ 4 \ 6 \ 8 \ 10 \ 15)$$

(b) 計算平均數 $\frac{1}{11}\sum_i x_i$。

(c) 計算 $\log(\frac{1}{11}\sum_i x_i)$。

(d) 計算平均數 $\frac{1}{11}\sum_i \log x_i$。

(e) $\log(\frac{1}{11}\sum_i x_i)$ 與 $\frac{1}{11}\sum_i \log x_i$ 是否相等?

(f) 將 $(x_1\ x_2\ \ldots\ x_{11})$ 從小排到大, 並找出中位數, 以 m_1 表示。

(g) 將 $(\log x_1\ \log x_2\ \ldots\ \log x_{11})$, 以 m_2 表示。

(h) 比較 m_1 與 m_2 的大小。

2. (R 程式作業) 請以 R 程式完成以下工作:

    (a) 製造出向量

    $$x = (x_1\ x_2\ \ldots\ x_{11}) = (2\ 3\ 7\ 8\ 9\ 31\ 24\ 18\ 22\ 10\ 15)$$

    令 $y_i = f(x_i) = \sqrt{x_i}$, $\bar{x}$ 與 $\bar{y}$ 分別為 x 與 y 向量元素的平均數, m_x 與 m_y 則為中位數。

    (b) 比較 $\bar{y}$ 與 $\sqrt{\bar{x}}$。

    (c) 比較 m_y 與 $\sqrt{m_x}$。

3. (R 程式作業) 到主計處總體統計資料庫網站下載台灣「消費者物價基本分類指數」總指數 1981–2022 年資料, 以 X 表示。

    (a) 計算 $\log X$。

    (b) 畫出 $\log X$ 的時間序列圖。

    (c) 計算 $\Delta X_t = \log X_t - \log X_{t-1}$, 並畫出 ΔX_t 的時間序列圖。

    (d) 畫出 ΔX_t 的直方圖。

4. (R 程式作業) 請自行蒐集兩個你有興趣的變數, 分別命名為 X 與 Y。

    (a) 說明你認為 X 與 Y 之間的關係為何?

    (b) 以 R 程式畫出 X-Y 散佈圖。

5. (R 程式作業) 定義一個函數:

$$f(x) = x^{a-1}(1-x)^{b-1}, \quad 0 \leq x \leq 1$$

考慮以下參數值 (a,b), 將函數 $f(x)$ 畫出來。

   (a) $a = b = 2$
   (b) $a = 2, b = 1$
   (c) $a = 1, b = 2$
   (d) $a = b = 1$
   (e) $a = 0.5, b = 0.5$

6. (R 程式作業) 到 FRED 網站 (https://fred.stlouisfed.org/) 下載英鎊對美元匯率 (EXUSUK) 從 1971:M1–2023:M8 的月資料, 以 X 表示。

   (a) 計算 $\log X$。
   (b) 畫出 $\log X$ 的時間序列圖。
   (c) 計算 $\Delta X_t = \log X_t - \log X_{t-1}$, 並畫出 ΔX_t 的時間序列圖。
   (d) 畫出 ΔX_t 的直方圖。
   (e) 以 density() 函數畫出 ΔX_t 的密度函數圖。

7. (R 程式作業) 表 1.4 中分別列出新台幣匯率, 以及台灣的 Big Mac Index (《經濟學人》雜誌) 以及 IMF-PPP 匯率 (國際貨幣基金)。[4] Big Mac Index 是由《經濟學人》雜誌以各國麥當勞餐廳的大麥克漢堡價格所計算出來的 PPP 匯率。而國際貨幣基金則是透過一籃子消費商品, 透過大規模調查建構各國的 PPP 匯率。

   (a) 畫出 Big Mac Index 與 IMF PPP 匯率的 X-Y 散佈圖。
   (b) 根據 (a), 請評價 Big Mac Index。

---

[4]感謝武康融先生協助整理資料, 資料可在作者網站下載。

表1.4: 新台幣匯率以及台灣的 Big Mac Index 與 IMF PPP 匯率

Year/Month	TWD	BigMac	Year	IMF-PPP
2000/Apr	30.6	31.25	2000	21.604
2001/Apr	32.9	31.25	2001	20.995
2002/Apr	34.8	29.79	2002	20.589
2003/Apr	34.8	28.46	2003	19.906
2004/May	33.4	30.36	2004	19.241
2005/Jun	31.18	29.07	2005	18.375
2006/May	32.14	26.98	2006	17.603
2007/Jun	32.77	25.00	2007	17.051
2008/Jun	30.36	23.36	2008	16.288
2009/Jul	33.18	21.87	2009	16.205
2010/Jul	32.11	21.25	2010	15.807
2011/Jul	28.83	20.6	2011	15.151
2012/Jul	30.2	18.94	2012	15.081
2013/Jul	30.03	18.9	2013	15.042
2014/Jul	29.98	18.41	2014	15.25
2015/Jul	31.02	18.41	2015	15.476
2016/Jul	32.03	15.33	2016	15.776
2017/Jul	30.48	15.33	2017	15.73
2018/Jul	30.37	14.94	2018	15.27
2019/Jul	31.17	15.29	2019	14.978
2020/Jul	29.46	14.94	2020	15.061
2021/Jul	28.05	14.6	2021	14.77
2022/Jul	29.91	14.56	2022	14.072
2023/Jul	31.203	13.44	2023	13.815

(c) 畫出 Big Mac Index 與新台幣匯率的 X-Y 散佈圖, 並在散佈圖中畫一條 45° 線。

(d) 畫出 IMF-PPP 匯率與新台幣匯率的 X-Y 散佈圖, 並在散佈圖中畫一條 45° 線。

(e) 根據 (c) 與 (d), 新台幣匯率是高估還是低估?

(f) 畫出台灣 Big Mac Index 的時間序列圖。

在以下習題中, 我們會先讓你試著製造一些隨機的數字, 接著作資料的整理, 分析以及繪圖, 至於這些數字背後的隨機概念, 我們將會在第 2-4 章進一步介紹。為什麼稱呼這些數字是隨機數字呢? 你可重複執行你的程式, 你會發現每一次製造出來的數字都不一樣, 這就是所謂的隨機。

8. (R 程式作業) 利用 x=rnorm(20,5,16) 製造 20 個數字 $\{x_1, x_2, \ldots, x_{20}\}$。定義一個函數:

$$f(x) = \frac{x - \bar{x}}{sd(x)}$$

其中

$$\bar{x} = \frac{x_1 + x_2 + \cdots + x_{20}}{20}, \quad sd(x) = \sqrt{\frac{\sum_{i=1}^{20}(x_i - \bar{x})^2}{19}}$$

利用 apply 計算 $y_i = f(x_i)$。

9. (R 程式作業) 以 x=runif(100,0,1) 以及 y=0.8*x+rnorm(100,0,1) 製造 100 個成對的數字 $\{x_i, y_i\}$, 並畫出 X-Y 散佈圖。

10. (R 程式作業) 設定一個空向量 z=c(), 之後執行以下步驟:

    - 步驟 1: 以 x=rbinom(100,1,0.7) 製造 100 個數字。
    - 步驟 2: 以 mean(x) 與 sd(x) 計算:

    $$\bar{x} = \frac{1}{100}\sum_{i=1}^{100} x_i, \quad sd(x) = \sqrt{\frac{1}{99}\sum_{i=1}^{100}(x_i - \bar{x})^2}$$

    - 計算

    $$z_i = \frac{\sqrt{100}(\bar{x} - 0.7)}{sd(x)}$$

    - 重複 10000 次步驟 1 與 2, 並將 z_i 記錄到向量 z 中。

    將 z 以直方圖畫出。

2 機率理論與應用

2.1 為什麼要學機率理論
2.2 什麼是機率
2.3 為什麼需要機率模型
2.4 什麼是機率模型
2.5 什麼是條件機率
2.6 什麼是獨立事件
2.7 獨立事件與互斥事件有何不同
2.8 什麼是貝氏定理
2.9 如何利用 R 模擬隨機試驗
2.10 如何以 R 模擬貝氏定理

我們將在本章介紹機率理論及其應用。學習機率理論的目的,在於利用數學模型來認識、刻劃與分析不確定性,進而做出最適的決策。同時,機率理論可以幫助我們了解在統計推論中,透過隨機抽樣所得到的「樣本」具備哪些性質。

2.1 為什麼要學機率理論

學習機率理論的目的是,協助我們如何在不確定 (uncertainty) 的情況下做決策。我們面對一個充滿不確定的世界。我們不知道明天的股票價格是漲是跌, 我們也不知道新產品的研發會成功或失敗。爲了幫助我們做出決策 (買股票, 研發新產品或是蹺課), 機率模型提供我們一套完整的分析工具以刻劃與測度不確定性。

不確定性涉及到事前 (*ex ante*) 與事後 (*ex post*) 的概念。*ex ante* 與 *ex post* 是拉丁文, 分別代表事實發生前 (before the fact) 以及事實發生後 (after the fact)。在我們擲銅板之前, 我們並不知道會出現正面或是反面, 這就是存在不確定性 (隨機性) 的 *ex ante* 階段。一但我們擲出銅板之後, 在此 *ex post* 階段, 就會有確定的結果, 隨機性不復存在。我們常聽到所謂的「千金難買早知道」, 意思就是, 如果在事前我們能夠確定知道未來什麼狀態會發生, 這樣的資訊價值千金, 甚至是支付萬金亦不足惜。

舉例來說, 身爲創投公司執行長, 你正在爲是否要投入 5 億資金在研發新疫苗的小藥廠而煩惱。如果疫苗研發成功, 公司將賺進 10 億的收入, 相對的, 如果研發失敗, 公司將面臨相同金額的虧損。根據專業而客觀的研究報告顯示, 新的疫苗成功的可能性高達 90%, 但是也有 10% 的可能性會解盲失敗。如果你決定投入資金在該藥廠, 請問你是否做了正確的決策? 答案是肯定的。給定事前的資訊, 新疫苗成功的可能性非常高, 應該要投資該藥廠。

然而, 倘若事與願違, 疫苗開發失敗了, 公司因此賠了一大筆錢, 你是否應該要爲此受到責難? 不盡然。決策是否正確只能透過評估「事前的階段」, 檢視一個人是否善用事前的資訊做決策。但是從事後來看, 沒有人應該因爲運氣不好而受到指責。同理, 在這個例子中, 如果創投公司執行長在事前忽視專業客觀的研究報告而否決了這個投資案, 即使從事後來看, 該執行長讓公司躲過這場災難, 也不該爲此決策受到讚美。我們常聽到諸如「事後諸葛」或是「後見之明」的說法, 正也是告訴我們, 不該在事後臧否事前的決策。

我們在面臨「事前階段」的不確定時, 機率理論可以提供我們評估可能性的大小, 進而做出決策。在機率理論中, 有幾個重要的概念:

1. 狀態空間 (state space)
2. 事件 (event)

3. 集合運算 (set operation)
4. 機率 (probability)

2.1.1 什麼是狀態空間

狀態空間 (state space) Ω 就是一個包含所有隨機出象 (possible outcomes) 的集合，又稱作樣本空間 (sample space)，該集合的元素就是所有可能出象。

例 2.1. 擲一個六面的骰子，其狀態空間為：

$$\Omega = \{1, 2, 3, 4, 5, 6\}$$

在例 2.1 中，狀態空間中的元素個數為有限 (finite)。然而，狀態空間可能為無限 (infinite) 但可數 (countable)，如例 2.2 所示。

例 2.2. 重複投擲一枚硬幣，直到出現正面為止。若以 H 代表正面 (heads)，T 代表反面 (tails)，則此隨機試驗的狀態空間為：

$$\Omega = \{H, TH, TTH, TTTH, TTTTH, \ldots\}$$

此外，狀態空間也可以是連續 (continuous)，如例 2.3。

例 2.3. 任意選取一隻柴山獼猴並記錄其身長，其狀態空間為：

$$\Omega = \mathbb{R}^+ = [0, \infty)$$

2.1.2 什麼是事件

狀態空間 Ω 的子集合就稱作一個事件 (event)。在例 2.1 中，狀態空間的子集合，如

$$E = \{2, 4, 6\} \subset \Omega$$

就是一個「出現偶數點數」的事件。

在例 2.2 中，我們可以定義 E 為「最多出現 2 次反面」事件，則

$$E = \{H, TH, TTH\} \subset \Omega$$

在例 2.3 中,如果我們以 x 代表柴山獼猴的身長,我們可以定義 E 為「任選一隻柴山獼猴的身長小於 55 公分」的事件,則

$$E = \{x : x \in [0, 55)\} \subset \Omega$$

值得一提的是,為了數學上的方便,我們往往會讓樣本空間大過於實際的合理範圍,例 2.3 就是一個例子 (現實中不會有獼猴的身長趨近無窮大)。

2.1.3 為何需要事件的集合運算

由於事件就是一個集合,我們可以透過集合的運算,從原有事件建構出新的事件,進而衡量新事件的機率。舉例來說,給定 A 事件之下,我們可以定義非 A 事件,習慣上以 A^c 表示,稱之為事件的補集 (complement)。

以擲一個六面骰子為例,樣本空間為:

$$\Omega = \{1, 2, 3, 4, 5, 6\}$$

定義

$$A = \{2, 4, 6\}$$

為「出現偶數點」的事件,則非 A 事件,就是「出現非偶數點」事件 (亦即「出現奇數點」事件):

$$A^c = \{1, 3, 5\}$$

事件 (或是說集合) 有四種不同的基本運算:分別是事件的補集,事件的聯集 (union),事件的交集 (intersection),以及事件的餘集 (relative complement)。我們將以上的集合運算,整理於表 2.1 中,而圖 2.1 則是畫出其對應的文氏圖 (Venn diagram)。

注意到事件 A 以及其補集 A^c 不會同時發生。兩事件的聯集 $A \cup B$ 代表「A 與 B 兩事件至少有一事件會發生」,兩事件的交集 $A \cap B$ 代表「A 與 B 兩事件會同時發生」,餘集 $A \cap B^c = A - B$ 代表「A 事件發生但 B 事件沒有發生」。

底下還有幾個其他重要的集合概念。

表2.1: 集合基本運算

名稱	例子
宇集	$\Omega = \{1,2,3,4,5,6\}$
子集	$A = \{2,4,6\}, B = \{1,2,3\}$
補集	$A^c = \{1,3,5\}$
聯集	$A \cup B = \{1,2,3,4,6\}$
交集	$A \cap B = \{2\}$
餘集	$A \cap B^c = A - B = \{4,6\}$

圖2.1: 文氏圖

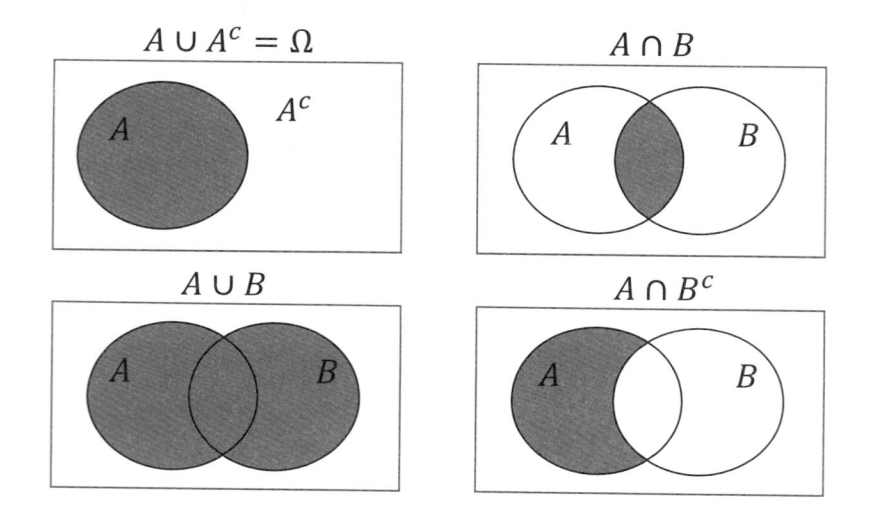

定義 2.1 (空集合). 不含任何元素的集合稱為空集合 *(empty set)*, 我們以 ∅ 表示, 或寫成:

$$\emptyset = \{\}$$

例如: 小於零的自然數所成的集合就是一個空集合, 因為我們找不到一個自然數會小於零。值得注意的是, 空集合是任何集合的子集合。[1]

---

[1] 注意到空集合 ∅ 不是希臘字母 phi, 而是數字 o 再加上斜槓 (slash)。

定義 2.2 (互斥事件). 兩個事件 A 與 B 為互斥 (mutually exclusive), 如果它們的交集為空集合:
$$A \cap B = \emptyset$$

互斥又稱不相交 (disjoint)。事件 A 與事件 B 互斥表示事件 A 與事件 B 無法同時發生，亦即如果事件 A 發生，則事件 B 不會發生。反之，如果事件 B 發生，則事件 A 不會發生。

定義 2.3 (集合分割). $A_1, A_2, \ldots, A_n \subseteq \Omega$ 稱為 Ω 的分割 (partition), 如果

1. $A_i \cap A_j = \emptyset, i \neq j$
2. $A_1 \cup A_2 \cup \cdots \cup A_n = \Omega$

亦即任意 A_i 與 A_j 互斥且 $A_1, A_2, \ldots, A_n$ 組成 Ω (整個狀態空間)。

例 2.4. 給定狀態空間 $\Omega = \{1,2,3,4,5,6\}$，並考慮以下不同的事件: A_1, A_2 與 A_3, 檢查 A_1, A_2 與 A_3 是否形成 Ω 的分割。

(a) $A_1 = \{1,2\}, A_2 = \{3,6\}, A_3 = \{4,5\}$

(b) $A_1 = \{1,2\}, A_2 = \{5\}, A_3 = \{4,6\}$

(c) $A_1 = \{1,2\}, A_2 = \{3,4\}, A_3 = \{2,5,6\}$

顯而易見，(a) 中的 A_1, A_2 與 A_3 是 Ω 的分割，(b), (c) 則否。

2.2 什麼是機率

機率 (probability) 就是用來刻劃隨機事件發生的可能性，當機率越大，就代表可能性越高。對於機率的詮釋，有三種主要的觀點: (1) 古典觀點, (2) 頻率觀點, 以及 (3) 主觀機率。

2.2.1 古典觀點

舉例來說, 擲一個六面骰子, 狀態空間為:

$$\Omega = \{1,2,3,4,5,6\}$$

如果我們定義

$$A = \{1,3,5\}$$

為出現奇數點的事件, 則出現奇數點的機率為:

$$P(A) = \frac{n(A)}{n(\Omega)} = \frac{3}{6} = \frac{1}{2}$$

其中, $n(A)$ 代表 A 事件中的元素個數, $n(\Omega)$ 代表 Ω 中的元素個數, 而 $P(\cdot)$ 稱為機率函數 (probability function), 如果我們定義

$$B = \{1,2\}$$

為出現點數小於 3 的事件, 則

$$P(B) = \frac{n(B)}{n(\Omega)} = \frac{2}{6} = \frac{1}{3}$$

因此, $P(A) > P(B)$ 代表「出現奇數點」的可能性大於「出現點數小於 3」。

這種給定機率值的觀點, 稱為古典觀點 (classical view), 是以一種「事件元素個數」佔「狀態空間所有元素個數」比例的方式來計算機率值。以此觀點來詮釋機率的學者主要為 Jacob Bernoulli, 以及 Pierre-Simon Laplace。顯而易見, 對任何事件 $A \subseteq \Omega$,

$$P(A) = \frac{n(A)}{n(\Omega)} \leq \frac{n(\Omega)}{n(\Omega)} = 1$$

且 $\emptyset \subseteq A$,

$$0 = \frac{n(\emptyset)}{n(\Omega)} \leq \frac{n(A)}{n(\Omega)} = P(A)$$

亦即, 機率值 $P(A) \in [0,1]$。

再舉一例, 給定公館大學的學生數為 1000 人, 其中有 120 個學生來自 elite 學院。如果我們從公館大學的學生中任意挑選一名出來, 則該學生來自 elite 學院 (以 E 代表抽出的學生來自 elite 學院) 的機率為

$$P(E) = \frac{120}{1000} = 0.12$$

注意到, 在上述兩個例子中, 我們都假設狀態空間中每個元素出現的機會都均等。在公館大學挑選學生的例子中, 我們假設每一名學生被選到的機率都相等。在擲骰子的例子中,

$$P(\{k\}) = \frac{1}{6}, k = 1, 2, 3, 4, 5, 6$$

代表我們假設這是一個「公正」(fair) 的骰子。此外, 我們還需要

$$n(\Omega) < \infty$$

亦即, 狀態空間所有元素個數為有限。

2.2.2 頻率觀點

有些學者 (如 Richard von Mises) 認為機率是自然世界客觀的一個性質, 古典觀點中的「機會均等假設」需要進一步做大量重複的試驗, 再透過相對頻率來找出機率值。這種給定機率值的觀點, 稱為頻率觀點 (frequency view)。他們主張要以底下的三步驟計算某事件 A 發生的機率:

1. 重複 N 次的試驗。

2. 計算某事件 A 發生的次數, 以 $N(A)$ 表示。

3. 則事件 A 發生的機率為:

$$P(A) = \lim_{N \to \infty} \frac{N(A)}{N}$$

舉例來說, 重複擲一枚銅板 N 次, 以 $N(H)$ 表示出現正面的個數, 則出現正面的機率為

$$P(\{H\}) = \lim_{N \to \infty} \frac{N(H)}{N}$$

因此, 唯有

$$\lim_{N\to\infty} \frac{N(H)}{N} = \frac{1}{2}$$

才代表我們可以接受古典觀點中的「機會均等假設」(亦即出現正面與反面的機率各一半)。

2.2.3 主觀機率

無論是古典觀點或是頻率觀點, 都將機率視為客觀機率 (objective probability), 亦即, 取決於銅板的物理特性。然而, 有另一種觀點是, 機率就是一個人對某事件發生可能性的個人信念 (belief), 譬如說,「我相信擲銅板出現正面的機率是一半一半」, 或是「我認為自己脫魯的機率有八成」, 這稱之為主觀機率 (subjective probability), 或是個人機率 (personal probability)。也許你會認為, 客觀機率不涉及個人主觀判斷, 應該是一個對於機率較佳的詮釋。然而, 問題是: 狀態空間未必總是有限 (這讓古典觀點無用武之地), 而對於不能重複作實驗觀測的事件也無法賦予機率 (頻率觀點 out)。相反的, 姑且不論個人判斷能力的好壞, 人們總是能夠胡謅一個主觀機率值出來。

2.3 為什麼需要機率模型

無論從什麼觀點 (古典, 頻率或是個人主觀的觀點) 來給予機率值, 我們必須提供機率函數 $P(\cdot)$ 一些規範, 使得機率值就算採主觀胡謅方法, 也不至於天馬行空, 漫無邊際。

我們有時會聽到一種說法:「百分之兩百」。舉例來說,

> "對於去年疫情延燒時, 到底有沒有人擋疫苗? 近日話題不斷。前立委沈富雄繼之前在臉書喊破案後, 更加碼篤定表示, 政府百分之兩百擋疫苗!" (2022/09/17 中時新聞網)

政府是否擋疫苗, 在斬釘截鐵的證據出現之前, 沒有人知道事實真相。因此, 我們只能評估政府擋疫苗的可能性, 而根據此報導, 沈富雄認為政府擋疫苗的可能性是「百分之兩百」。

然而,從古典與頻率觀點來看,機率必須介於 0 到 1 之間,「百分之百」就已經是最大的機率值,而「百分之兩百」這種說法除了誇飾之外,實則並無意義。因此,透過「公理化」的機率模型,無論我們是以何種觀點 (尤其是個人主觀觀點) 給定機率值,都必須符合機率模型 (機率公理) 的規範。

2.4 什麼是機率模型

我們之前討論了狀態空間,隨機出象,以及各個隨機事件。對於這些事件的隨機性,我們以一個函數 $P(\cdot)$ 來衡量狀態空間中各種可能事件發生的機會,稱之為機率測度 (probability measure),並將隨機事件發生的可能性簡稱為事件發生的機率。想像函數 $P(\cdot)$ 就像是一個黑盒子,當我們把任意隨機事件丟進盒子裡,$P(\cdot)$ 就會產生出一個 0 到 1 之間的數字,當某事件確定一定會發生,機率為 1,當某事件不可能發生,機率為 0。[2] 當這個數字越大,就代表該事件發生的可能性越大。然而,要讓函數 $P(\cdot)$ 成為一個合理的機率測度,必須符合以下三個公理 (axioms)。[3]

> **定義 2.4** (機率測度). 如果對於 Ω 中的任一事件 A, 函數 $P(\cdot)$ 滿足以下三公理:
>
> (a) $P(\Omega) = 1$
>
> (b) $P(A) \geq 0 \ \forall \ A \subseteq \Omega$
>
> (c) 對於任意互斥事件 $A_1, A_2, \ldots, A_n$ 之序列,
>
> $$P(A_1 \cup A_2 \cup \cdots \cup A_n) = P(A_1) + P(A_2) + \cdots + P(A_n)$$
>
> 我們稱 $P(\cdot)$ 為狀態空間 Ω 的一個機率測度。

公理 (a) 告訴我們,至少會有某一事件發生的機率必為 1。舉例來說,

---

[2] 注意到反之不一定成立,亦即,機率為 0 的事件不一定是不可能發生的事件,在之後有關隨機變數的章節就會討論這個議題。

[3] 所謂的公理,就是指數學中不證自明的基本陳述。

央行的貨幣政策決策為是否調整利率, 則決策的狀態空間為

$$\Omega = \{調升, 不變, 調降\}$$

則

$$P(\Omega) = P(\{調升\} \cup \{不變\} \cup \{調降\}) = 1$$

亦即, 央行要嘛調升利率, 要嘛維持利率不變, 要嘛調降利率, 三種決策必然有一個會發生。公理 (b) 則是要求任何事件發生的機率不得為負值。公理 (c) 又稱為加總法則 (additive rule), 也就是說, 對於互斥事件而言, 至少會有某一事件發生的機率為各別機率的加總。舉例來說,

$$P(\{調升\} \cup \{調降\}) = P(\{調升\}) + P(\{調降\})$$

「央行調升或是調降利率」的機率, 就等於「調升利率」機率與「調降利率」機率的加總。

我們將以上的 (Ω, P) 稱之為一個機率模型 (probability model)。根據以上機率模型的三個公理, 對於任意事件 A 與 B (未必為互斥事件), 我們可以推導出以下的重要性質:

性質 2.1 (重要性質).

1. $P(A) + P(A^c) = 1$
2. 若 $A \subseteq B$ 則 $P(A) \leq P(B)$
3. $P(A \cup B) = P(A) + P(B) - P(A \cap B)$

Proof.

1. 根據公理 (a), $1 = P(\Omega) = P(A \cup A^c) = P(A) + P(A^c)$

2. 根據 $B = (B \cap A) \cup (B \cap A^c) = A \cup (B \cap A^c)$, 可知

$$P(B) - P(A) = P(B \cap A^c) \geq 0$$

3. 根據 $A = (A \cap B) \cup (A \cap B^c)$，以及

$$A \cup B = (A \cup B) \cap \Omega = (A \cup B) \cap (B \cup B^c) = (A \cap B^c) \cup B$$

可知
$$P(A) = P(A \cap B) + P(A \cap B^c) \qquad (1)$$

$$P(A \cup B) = P(A \cap B^c) + P(B) \qquad (2)$$

整理 (1) 與 (2) 兩式即得證。

$\square$

我們可以用一個簡單的例子來說明機率模型。舉例來說，擲一個六面的骰子，狀態空間為：

$$\Omega = \{1,2,3,4,5,6\}$$

假設每一個點數出現的機率均相等 (注意到此假設並未在定義 2.4 的公理中)：

$$P(\{1\}) = P(\{2\}) = \cdots = P(\{6\}) \qquad (3)$$

根據公理，

$$\begin{aligned} 1 = P(\Omega) &= P(\{1\} \cup \{2\} \cup \cdots \cup \{6\}) \\ &= P(\{1\}) + P(\{2\}) + \cdots + P(\{6\}) \end{aligned} \qquad (4)$$

因此，根據式 (3) 與 (4)，

$$P(\{1\}) = P(\{2\}) = \cdots = P(\{6\}) = 1/6$$

我們可以進一步計算諸如：

1. 出現 1 點或 2 點的機率：

$$P(\{1\} \cup \{2\}) = P(\{1\}) + P(\{2\}) = 1/6 + 1/6 = 1/3$$

2. 出現點數小於等於 2 點或是大於等於 4 點的機率:

$$\begin{aligned}P(\{\leq 2\} \cup \{\geq 4\}) &= P(\{\leq 2\}) + P(\{\geq 4\}) \\ &= P(\{1\} \cup \{2\}) + P(\{4\} \cup \{5\} \cup \{6\}) \\ &= P(\{1\}) + P(\{2\}) + P(\{4\}) + P(\{5\}) + P(\{6\}) \\ &= 1/6 + 1/6 + 1/6 + 1/6 + 1/6 = 5/6\end{aligned}$$

機率模型的公理並沒有告訴我們如何給予 (assign) 機率值, 舉例來說, 我們之前假設每一個點數出現的機率都一樣, 根據機率模型的公理,

$$P(\{1\}) = P(\{2\}) = \cdots = P(\{6\}) = 1/6$$

如果我們把假設改成:「出現奇數點的機率都一樣, 且出現偶數點的機率也都一樣, 但是出現偶數點的機率是出現奇數點的機率的兩倍」, 則根據機率模型的公理,

$$P(\{1\}) = P(\{3\}) = P(\{5\}) = \frac{1}{9}$$
$$P(\{2\}) = P(\{4\}) = P(\{6\}) = \frac{2}{9}$$

簡單地說, 要如何設定機率值, 是由我們自行決定, 機率模型只規範了機率測度 $P(\cdot)$ 應有的性質, 只要能符合三公理的機率測度就是一個合法 (legitimate) 的機率模型。一般來說, 如果沒有任何先驗的資訊告訴我們骰子為不公正, 假設「每一個點數出現的機率都一樣」就是一個合理的假設。

延伸閱讀. 以公理化的方式 (axiom approach) 建構機率模型係由著名的蘇聯數學家 *Andrey Nikolaevich Kolmogorov (1903-1987)* 在其 30 歲時, 以德文發表在 1933 年出版的 *Grundbegriffe der Wahrscheinlichkeitsrechnung (Foundations of the Theory of Probability)*。事實上, 機率應該定義在狀態空間子集合 (也就是事件) 所形成的集合 (collection of subsets of Ω) 之上, 而這個由事件所形成的集合稱為 $\sigma-$ 代數 (σ–algebra), 以 $\mathcal{F}$ 表示。因此, 機率模型 (又稱機率空間) 為 $(\Omega, \mathcal{F}, P)$。有興趣的讀者, 可參閱黃文璋 (2010, pp.14-22)。

我想學更多

2.5 什麼是條件機率

對於機率的衡量可能會因新資訊的出現而改變。在已知事件 B 發生的狀況下, 事件 A 發生的條件機率 (conditional probability), 我們以 $P(A|B)$ 表示之。

定義 2.5 (條件機率). 已知事件 B 發生的狀況下, 事件 A 發生的條件機率 $P(\cdot|\cdot)$ 定義為:

$$P(A|B) = \frac{P(A \cap B)}{P(B)} \quad \text{其中} P(B) \neq 0$$

舉例來說, 若我們已知骰子出現的點數為奇數點, 則出現點數為 5 的機率將因該資訊 (條件) 而改變:

$$P(\{5\}|\text{Odd}) = P(\{5\}|\{1,3,5\}) = 1/3$$

亦即, 一旦事件 B 為已知 (出現奇數點), 此時可能出象就不再是整個狀態空間 $\{1,2,3,4,5,6\}$, 而會縮小到事件 B 的範圍 $\{1,3,5\}$。

2.6 什麼是獨立事件

兩事件為獨立 (independent) 的直覺解釋為: 某事件的發生不會影響另一事件發生的機率, 我們就稱此兩事件為獨立。

定義 2.6 (獨立事件 I). 給定 $A, B \subseteq \Omega$, 我們稱事件 A 與事件 B 相互獨立, 如果以下條件成立:

$$P(A|B) = P(A)$$

舉例來說, 給定今天下雨, 不會影響你彩券中獎的機率, 則「下雨」跟「中獎」兩事件為獨立事件。相反地, 給定今天下雨, 你在街頭順利攔到一輛計程車的機率就會下降。亦即,「下雨」跟「順利攔到計程車」兩事件就不為獨立事件。

根據條件機率的定義:

$$P(A|B) = \frac{P(A \cap B)}{P(B)}$$

若事件 A 與事件 B 相互獨立,則

$$P(A) = P(A|B) = \frac{P(A \cap B)}{P(B)}$$

因此,我們可以將獨立事件定義成:

定義 2.7 (獨立事件 II). 給定 $A, B \subseteq \Omega$,我們稱事件 A 與事件 B 相互獨立,如果以下條件成立:

$$P(A \cap B) = P(A)P(B)$$

定義 2.6 在解釋上較符合直觀,但是必須要求 B 事件不是空集合。至於在定義 2.7 中則沒有這個限制,所以定義 2.7 在一般教科書裡較為常見。

2.7 獨立事件與互斥事件有何不同

獨立與互斥是兩個容易混淆的概念。兩個事件互斥是指兩個事件不可能同時發生:

$$P(A \cap B) = P(\varnothing) = 0$$

而兩個事件相互獨立是指一個事件的發生與否對另一個事件發生的機率沒有影響:

$$P(A|B) = P(A)$$

或是

$$P(A \cap B) = P(A)P(B)$$

當 $P(A) > 0$ 且 $P(B) > 0$,我們知道:

1. 當兩事件互斥時,兩事件必不獨立。因為兩事件互斥,則 $P(A \cap B) = 0$,又因 $P(A) > 0$ 且 $P(B) > 0$,從而 $P(A \cap B) \neq P(A)P(B)$,亦即兩事件不獨立。

2. 當兩事件獨立時,兩事件必不互斥。因為兩事件獨立,則 $P(A \cap B) = P(A)P(B)$,又因 $P(A) > 0$ 且 $P(B) > 0$,從而 $P(A \cap B) \neq 0$,亦即兩事件不互斥。

例 2.5. 已知 A 計畫成功的機率為 0.7, B 計畫成功的機率為 0.4, 若這兩個計畫是互相獨立的, 則只有一個計畫成功的機率是多少?

顯然地,
$$P(A) = 0.7, \ P(A^c) = 0.3, \ P(B) = 0.4, \ P(B^c) = 0.6$$

只有一個計畫成功代表「A 計畫成功且 B 計畫失敗」或「B 計畫成功且 A 計畫失敗」, 因此,
$$P(只有一個計畫成功) = P((A \cap B^c) \cup (A^c \cap B))$$

注意到 $(A \cap B^c)$ 與 $(A^c \cap B)$ 為互斥事件,
$$P((A \cap B^c) \cup (A^c \cap B)) = P(A \cap B^c) + P(A^c \cap B)$$
$$= P(A)P(B^c) + P(A^c)P(B) = 0.42 + 0.12 = 0.54$$

2.8 什麼是貝氏定理

由條件機率定義可以衍生出一個重要概念, 稱為貝氏定理 (Bayes' theorem), 又稱貝氏法則 (Bayes' rule)。貝氏定理得名於 Thomas Bayes, 他是英國的統計學家/哲學家, 同時也是長老教會 (Presbyterianism) 的牧師。Thomas Bayes 並未將他的發現公諸於世, 而是在他過世兩年後, 由 Richard Price 修改他的手稿後, 於 1763 年發表。然而, 這篇研究固然傳達了貝氏定理的想法與精神, 文中的數學符號與推演卻相當晦澀 (remarkably opaque)。我們現在所熟知的貝氏定理, 其簡潔的公式, 首見於法國數學家 Pierre-Simon Laplace 於 1774 年所發表的論文。一般認為, Laplace 是在並未知悉 Thomas Bayes 的研究下, 獨立發展出貝氏定理, 並有比 Thomas Bayes 更為深入了討論與詮釋。因此, 法國學術界會以貝氏-拉普拉斯定理 (Le théoréme de Bayes-Laplace) 稱之。

定理 2.1 (貝氏法則). 給定 A, B 兩事件, 且 $P(A) > 0$, 則
$$P(B|A) = \frac{P(A|B)P(B)}{P(A|B)P(B) + P(A|B^c)P(B^c)}$$

其中, $P(B|A)$ 稱為後驗機率 (posterior probability), $P(B)$ 稱為先驗機率 (prior probability), $P(A|B)$ 稱為樣本機率 (sample probability), 而

$$P(A) = P(A|B)P(B) + P(A|B^c)P(B^c)$$

稱為總機率法則 (law of total probability)。

Proof. 首先注意到,

$$P(A) = P(A \cap \Omega) = P(A \cap (B \cup B^c)) = P((A \cap B) \cup (A \cap B^c))$$
$$= P(A \cap B) + P(A \cap B^c) = P(A|B)P(B) + P(A|B^c)P(B^c)$$

因此,

$$P(B|A) = \frac{P(B \cap A)}{P(A)} = \frac{P(A|B)P(B)}{P(A|B)P(B) + P(A|B^c)P(B^c)}$$

□

例 2.6 (MacBook 與 elite 學院學生). 假設 elite 學院學生 E 與非 elite 學院學生 E^c 所佔比例分別為 5% 與 95%, elite 學院學生使用 MacBook 的機率為 0.98, 而非 elite 學院學生使用 MacBook 的機率為 0.5。如果我們任選一位使用 MacBook 的公館大學學生, 該學生來自 elite 學院的機率有多高?

根據以上資訊, 我們可知先驗機率為

$$P(E) = 0.05, \quad P(E^c) = 0.95$$

而樣本機率為:

$$P(M|E) = 0.98, \quad P(M|E^c) = 0.5$$

因此, 根據貝氏法則, 該使用 MacBook 的學生來自 elite 學院的機率為:

$$P(E|M) = \frac{P(E|M)P(M)}{P(M|E)P(E) + P(M|E^c)P(E^c)}$$
$$= \frac{0.98 \times 0.05}{0.98 \times 0.05 + 0.5 \times 0.95}$$
$$= 0.0935$$

例 2.7 (貨幣政策與股票價格). 近年來, 各國中央銀行多以短期利率作為主要的貨幣政策工具。根據歷史經驗, 調降短期利率 (寬鬆貨幣政策) 有助於刺激景氣與經濟活動, 進而較可能造成股票價格上漲; 反之亦然。在過去, 大多數國家的央行對於貨幣政策實施並沒有明確宣示, 舉例來說, 美國 Fed 直到 1994 年 2 月才開始公開宣示政策利率調整的幅度與方向。因此, 在此之前, 外界必須經由市場狀況 (如股票價格變化) 來猜測 Fed 的貨幣政策。

考慮以下事件:

$$T = \{\text{股票價格上漲}\} \qquad A_1 = \{\text{央行調高利率}\}$$
$$A_2 = \{\text{央行維持利率不變}\} \qquad A_3 = \{\text{央行調降利率}\}$$

且我們知道 $P(A_1) = 0.05$, $P(A_2) = 0.55$, $P(A_3) = 0.40$, $P(T|A_1) = 0.1$, $P(T|A_2) = 0.2$, 且 $P(T|A_3) = 0.7$。試問, 如果投資人觀察到股票價格上漲, 則央行調漲利率的機率有多高?

根據總機率法則, 股票價格上漲的機率為:

$$P(T) = P(T|A_1)P(A_1) + P(T|A_2)P(A_2) + P(T|A_3)P(A_3) = 0.395$$

因此, 根據貝氏法則,

$$P(A_1|T) = \frac{P(T|A_1)P(A_1)}{P(T)} = \frac{0.005}{0.395} = 0.0127$$

人們往往會搞混樣本機率與後驗機率。舉例來說, Smith (2015) 曾經敘述這麼一個故事:

> "數年前, 一位黑人大學教授問了一群黑人退伍軍人, 在美國有多少非裔美國職業運動員。這些退伍軍人認為約莫在 5 萬到 50 萬人之間。然而, 正確答案是 1,200 人。在美國, 黑人律師的數量是那個數目的 12 倍, 而黑人醫生的數量是那個數目的 15 倍。這群退伍軍人中沒有人相信這位教授, 但這個數字是正確的。"

為什麼他們會有「非裔美國職業運動員人數很多」的印象? 由於非裔美國人在職業運動員中佔有很大比例, 人們就會以為非裔美國人中, 有很高的比例是職業運動員。事實上, 非裔美國人中, 有更高的比例是律師與醫生。亦即, 人們往往會沒有意識到樣本機率 P(非裔|職業運動員) 與後驗機率 P(職業運動員|非裔) 之不同。

2.9 如何利用 R 模擬隨機試驗

在大多數的情況下, 我們可以自己操作隨機試驗。舉例來說, 我們可以自己擲銅板, 或是擲骰子。歷史上有許多有名的擲銅板達人, 如法國博物學家 Georges-Louis Leclerc, Comte de Buffon 曾經擲銅板 4,040 次, 英國數學家 John Kerrich 在二次世界大戰期間被囚禁在納粹集中營時, 擲銅板 10,000 次, 而英國統計學家 Karl Pearson 擲銅板的次數更是高達 24,000 次。

如果我們想要操作隨機試驗, 卻又不想讓自己的手廢掉, 我們可以透過 R 語言所提供的 sample() 函數模擬一個隨機試驗。

R 程式 2.1 (擲銅板).

```
set.seed(1234)
x = c("H","T")
y=sample(x,size=20,replace=TRUE)
y
```

執行後可得:

```
 [1] "H" "T" "T" "T" "T" "T" "H" "H" "T" "T" "T" "T" "H" "T" "H" "T" "H" "H"
[19] "H" "H"
```

函數中第一個輸入的是一個向量, 包含整個樣本空間, size 代表擲銅板的次數, replace=TRUE 代表抽出放回。注意到在 R 程式的第一行中設定 set.seed(1234), 該函數 set.seed() 的作用是設定生成隨機變數的種子, 而 set.seed() 可輸入任意參數。在做電腦模擬時, 我們會以

set.seed() 設定隨機變數產生器的起始值, 其目的是爲了讓別人可以重製我們的模擬結果, 使模擬結果具有重現性。

如果你的警覺心夠的話, 應該會想到, 倘若模擬結果可以重現, 那怎麼還能叫做「隨機」? 你的直覺是對的, 事實上, 電腦模擬 (或是以前的亂數表) 都不是真正的「隨機」, 而是「幾可亂真」的隨機, 我們在第 3 章會進一步討論這個主題。

我們在以上的例子中假設這是一枚公正的銅板。如果我們想要模擬投擲一個不公正的銅板, 可以使用 sample() 函數所提供的參數 prob 設定機率值。

R 程式 2.2 (擲不公正銅板).

```
set.seed(1234)
x = c("H","T")
y=sample(x,size=20,replace=TRUE,prob=c(0.3,0.7))
y
```

在此範例中, $P(\{H\}) = 0.3$, $P(\{T\}) = 0.7$, 執行後可得:

```
 [1] "T" "T" "T" "T" "H" "T" "T" "T" "T" "T" "T" "T" "T" "H" "T" "H" "T" "T"
[19] "T" "T"
```

同理, 底下提供一個擲公正六面骰子的模擬。

R 程式 2.3 (擲骰子).

```
set.seed(1234)
x = c(1:6)
y=sample(x,size=20,replace=TRUE)
y
```

執行後可得:

```
[1] 1 4 4 4 6 4 1 2 4 4 5 4 2 6 2 6 2 2 2 2
```

再以之前公館大學爲例, 給定公館大學的學生數爲 1000 人, 其中有 120 個學生來自 elite 學院 (以 E 表示), 而 880 個學生並不屬於 elite 學

院 (以 NE 表示)。我們也可以透過 rep() 函數，自行建構母體。之後，再以 sample() 函數抽取 100 (或 10000) 個公館大學學生 (抽出放回)，然後以 table 函數計算這 100 (或 10000) 個公館大學學生中，來自 elite 學院的個數。

R 程式 2.4.

```
set.seed(1234)
stud = rep(c("E", "NE"), c(120, 880))
table(stud)
simu1 = sample(stud, size = 100, replace = TRUE)
table(simu1)
simu2 = sample(stud, size = 10000, replace = TRUE)
table(simu2)
```

執行後可得:

```
> table(stud)
stud
  E  NE
120 880
> simu1 = sample(stud, size = 100, replace = TRUE)
> table(simu1)
simu1
 E NE
 8 92
> simu2 = sample(stud, size = 10000, replace = TRUE)
> table(simu2)
simu2
   E   NE
1161 8839
```

不難看出，母體中 elite 學院學生的比例為 120/1000 = 0.12，也就是 elite 學院學生被抽中的機率為 0.12。抽出的 100 個公館大學學生中，有 8 個來自 elite 學院，比例為 0.08。當我們增加抽取次數到 10000 個，重複抽出的 10000 個公館大學學生中，有 1161 個來自 elite 學院，比例為 0.1161，相當接近母體比例 0.12。背後的道理，稱之為「弱大數法則」，我們將在第 14 章進一步介紹。

2.10 如何以 R 模擬貝氏定理

我們可以透過模擬的方式驗證貝氏定理,我們以例 2.7 作為範例,執行重複 40000 次的模擬。在每一次的模擬中,先以機率 $P(A_i)$ 從 $\{A_1, A_2, A_3\}$ 中抽出貨幣政策決策,接下來,分別在不同的貨幣政策下,以 $P(T|A_i)$ 的條件機率抽出不同股市狀態: 股票價格上漲 ($T = 1$) 或下跌 ($T = 0$)。最後,經過 40000 次模擬後,分別計算股票價格上漲的次數,$n(T)$; 股票價格上漲且調高利率的次數,$n(A_1 \cap T)$; 以及其比率,$\frac{n(A_1 \cap T)}{n(T)}$,並以此比率來近似 $P(A_1|T)$。R 程式如下:

R 程式 2.5.

```
set.seed(123)
B = 40000
numerator = numeric(B)        # vector of zeros
denominator = numeric(B)      # vector of zeros
for (i in 1:B) {
  mp = sample(c(1,2,3),size=1,prob=c(0.05,0.55,0.40))
  if (mp==1) {
    T = sample(0:1,size=1,prob=c(0.9,0.1))   # P(T|A1)
  } else if (mp==2){
    T = sample(0:1,size=1,prob=c(0.8,0.2))   # P(T|A2)
  } else {
    T = sample(0:1,size=1,prob=c(0.3,0.7))   # P(T|A3)
  }
  if (T==1) {
     denominator[i] = 1
     if(mp==1) {numerator[i] = 1}
  }
}
sum(numerator)/sum(denominator)   # P(A1|T)
```

執行後可得:

```
> numerator/denominator
[1] 0.01271428
>
```

這個模擬數值與之前在例 2.7 中所算出來的理論值 0.0127 相當接近。

練習題

1. 試以文氏圖證明:

    (a) De Morgan 法則 (*De Morgan's laws*):

    $$(A_1 \cup A_2 \cup \cdots \cup A_n)^c = A_1^c \cap A_2^c \cap \cdots \cap A_n^c$$

    $$(A_1 \cap A_2 \cap \cdots \cap A_n)^c = A_1^c \cup A_2^c \cup \cdots \cup A_n^c$$

2. 試以文氏圖證明:

    (a) $A = (A \cap B) \cup (A \cap B^c)$

    (b) $(A \cap B)$ 與 $(A \cap B^c)$ 為互斥

    (c) $A \cup B = A \cup (A^c \cap B)$

    其中第 (a) 與第 (b) 項, 就是把 A 事件透過 B 事件拆成兩個互斥事件。舉例來說, 若 A 事件代表「明天下雨」, B 事件代表「園遊會照常舉行」, 則「明天下雨」可以拆成「明天下雨且園遊會照常舉行」與「明天下雨且園遊會取消」兩個互斥事件。至於 (c) 則是說, A 事件與 B 事件的聯集就等於 A 事件與 B 事件餘集的聯集。

3. 證明以下的機率不等式。

    (a) Boole 不等式

    $$P(A \cup B) \le P(A) + P(B)$$

(b) Bonferroni 不等式

$$P(A \cap B) \geq P(A) + P(B) - 1$$

這兩個機率不等式的功能在於,提供事件聯集 ($A \cup B$) 的機率上界,以及事件交集 ($A \cap B$) 的機率下界。

4. 假設 A, B 相互獨立,試證明:

   (a) A 與 B^c 相互獨立。

   (b) A^c 與 B 相互獨立。

   (c) A^c 與 B^c 相互獨立。

以上性質相當直觀,如果「下雨」不會影響「中獎」的機率,則「沒下雨」自然也不會影響「中獎」的機率。同理,「下雨」抑或是「沒下雨」也不會影響「沒中獎」的機率。

5. 令 $A_1, A_2, \ldots, A_n \subseteq \Omega$ 為狀態空間 Ω 的一個集合分割 (partition),且存在事件 $T \subseteq \Omega$ 為一機率不為零之事件: $P(T) > 0$。假設我們已知先驗機率 (prior probability): $P(A_1), P(A_2), \ldots, P(A_n)$,以及樣本機率 (sample probability): $P(T|A_1), P(T|A_2), \ldots, P(T|A_n)$,請證明:

$$P(A_i|T) = \frac{P(T|A_i)P(A_i)}{\sum_{j=1}^{n} P(T|A_j)P(A_j)}$$

6. (Monty Hall 悖論) 在美國有一個著名的電視遊戲節目 Let's Make a Deal,節目主持人就叫 Monty Hall。這個遊戲是:參賽來賓面對三扇門,其中一扇的後面有著大獎:一輛汽車,而另外兩扇門後面則各藏有一隻山羊。主持人知道每扇門後面有什麼,參賽來賓則否。當參賽者選定了一扇門,節目主持人會開啟剩下兩扇門的其中一扇,露出其中一隻山羊。遊戲規則為:

- 如果參賽者挑了一扇有山羊的門,主持人必須挑另一扇有山羊的門。

- 如果參賽者挑了一扇有汽車的門, 主持人**隨機**在另外兩扇門中挑一扇有山羊的門。

主持人接著會問參賽者要不要換? 試問, 參賽者換另一扇門是否會增加贏得汽車的機率?

7. Linda 今年 31 歲, 單身, 個性率直且聰穎。她在大學時主修哲學。當她在學時, 她十分熱衷於性別歧視與社會正義等議題。此外, 她也參與了反核四的示威運動。

   根據以上的資料, 請對以下八種對於 Linda 的描述, 根據其可能性大小 (機率大小) 排列。"1" 代表可能性最大, "2" 則為其次, 依此類推, "8" 代表最不可能。

   A. Linda 是一個小學老師

   B. Linda 在書店工作且在下班後參與瑜珈的課程

   C. Linda 熱衷於參與女性主義運動

   D. Linda 是一個為人精神治療的社工

   E. Linda 是一個銀行行員

   F. Linda 是哲學學會的會員

   G. Linda 是一個保險業務代表

   H. Linda 是一個熱衷於女性主義運動的銀行行員

   (a) 你是否讓 H 選項的可能性高於 E 選項?

   (b) 如果讓 H 選項的可能性高於 E 選項, 這是否符合機率模型對於機率的規範?

8. 擲一個公正的六面骰子兩次。定義事件 A 與 B 分別為:

$$A = \{點數和剛好為 4 點\}$$

$$B = \{至少有一次出現 2 點\}$$

(a) 計算 $P(A \cap B) = ?$

(b) 計算 $P(A|B) = ?$

(c) 計算 $P(B|A) = ?$

9. 給定 $P(A) = P(B|A^c) = \frac{1}{4}$，試計算機率 $P(A \cup B) = ?$

10. (R 程式作業) 我們以例 2.1 中擲一個不公正銅板 ($P(\{H\}) = 0.3$) 為例，底下 R 程式擲 $n = 5000$ 次，並計算在擲第 n 次時，出現正面的比例：

```
set.seed(1234)
n = 5000
x = c("H","T")
y=sample(x, size=n, replace=T, prob=c(0.5,0.5))
z = cumsum(y=="H")/seq(1,n)
```

(a) 以 plot() (設定 type="l") 畫出 z，並在圖中加上數值為 0.5 的水平線。

(b) 你觀察到什麼現象? 這符合機率的哪一種觀點?

(c) 如果改成例 2.1 中的不公正銅板 ($P(\{H\}) = 0.3$)，畫出 z，並在圖中加上數值為 0.3 的水平線。試試 n 要多大才能讓 z 更靠近 0.3?

3 隨機變數與離散隨機變數

3.1 什麼是隨機變數
3.2 如何描述離散隨機變數的機率分配
3.3 有哪些重要的離散隨機變數
3.4 如何透過 R 探討隨機變數

在第 2 章中,我們介紹了所謂的出象與事件。出象可能是數字 (例如擲一個六面骰子,樣本空間為 $\{1,2,3,4,5,6\}$),也可能是非數字 (例如擲一枚銅板,樣本空間為 {正面,反面})。然而,在大多數的情況下,我們所要處理的資料大多都是隨機抽樣出來的數字,稱之為隨機變數。我們在本章介紹隨機變數,離散隨機變數及其對應的機率分配。

3.1 什麼是隨機變數

隨機產生的數字稱之為隨機變數 (random variable)。習慣上,我們以大寫的字母如 X 代表隨機變數。

> **例 3.1.** 假設我們擲一個不公正的銅板,
>
> $$P(\{H\}) = 2/3, \quad P(\{T\}) = 1/3$$
>
> 若出現正面,令變數 $X = 1$; 若出現反面,令變數 $X = 0$, 則 X 這個變數或為 1, 或為 0, 我們就稱 X 是一個隨機變數。

在例 3.1 中，有 2/3 的機率，X 的值為 1；有 1/3 的機率，X 的值為 0。

例 3.2. 假設我們擲一個公正的骰子，令 k 代表所擲出的點數，且

$$X = k, \quad k = 1, 2, 3, 4, 5, 6$$

則 X 就是一個隨機變數。

在例 3.1 中，我們將數字 0 與 1 稱為隨機變數 X 的實現值 (realizations)，在例 3.2 中，X 的實現值為 1, 2, 3, 4, 5, 以及 6。對於任意的實現值，我們習慣上以小寫 x 表示，例如 $X = x$。注意到隨機變數 X 是一個隨機發生前的概念 (*ex ante*)，而隨機變數的實現值 x 代表的是隨機發生後，已實現的概念 (*ex post*)。因此，雖然我們在事先並不知道隨機變數 X 的值會是多少，但是我們仍然知道實現值 x 可能的範圍。

對於任何與隨機變數有關的條件，我們以：

$$\{與\ X\ 有關的條件\}$$

的方式表示。譬如說，

$$\{X = 8\}$$

或是

$$\{2 \leq X < 7\}$$

對於任何實數線的子集 A，隨機變數 $X \in A$ 的機率為 $P(\{X \in A\})$，在不會造成誤解的情況下，我們會把 $P(\{X \in A\})$ 寫成 $P(X \in A)$，把 $P(\{a < X \leq b\})$ 寫成 $P(a < X \leq b)$，或是把 $P(\{X = x\})$ 寫成 $P(X = x)$，以減少數學符號的累贅。

為了計算與隨機變數有關的機率值，我們必須知道如何刻劃隨機變數的隨機性，而用來刻劃隨機變數隨機性的工具就稱為機率分配 (probability distribution)。簡單地說，機率分配就是用來描述「隨機變數所有可能的實現值，及其發生的機率」。

隨機變數依照其實現值的值域，可粗分為兩大類：離散隨機變數 (discrete random variable) 與連續隨機變數 (continuous random variable)。[1]

---

[1] 當然有可能是離散與連續的混合，這超出本書範圍，我們就不介紹了。

1. 離散隨機變數實現值的數目為有限的 (finite) 或是無限但是可數 (countably infinite),[2] 則稱 X 為離散隨機變數。

   舉例來說, 擲一個六面骰子所得到的點數就是一個離散隨機變數。又譬如說, 餐廳營業一天的登門客人數目也是一個離散隨機變數。以上兩個例子的差別在於, 第一個例子中, 隨機變數實現值的數目為有限, $\{1,2,3,4,5,6\}$, 而第二個例子中, 隨機變數實現值的數目 (理論上) 為無限但可數, $\{0,1,2,3,\cdots\}$。

2. 連續隨機變數 X 理論上的可能實現值為任一區間中的任意實數, 亦即 X 的值域為連續不可數。舉例來說, 明天的降雨量, 任意抽出一位民眾的年所得, 下一季的 GDP, 或是下個月的股票報酬率等。

針對離散與連續隨機變數, 我們將透過不同的方式來描述其機率分配。我們在本章介紹離散隨機變數, 並在下一章介紹連續隨機變數。

延伸閱讀. 從例 3.1 讀者或許會發現, 隨機變數其實與狀態空間以及機率模型有關: 當出現正面, $X = 1$, 當出現反面, $X = 0$。因此,

$$P(X = 1) = P(\{H\}) = 2/3, \ P(X = 0) = P(\{T\}) = 1/3$$

事實上, 隨機變數的正式定義為「由狀態空間映射到實數線的函數」,

$$X : \Omega \longmapsto \mathbb{R}$$

亦即, 隨機變數雖名為「變數」, 實際上是一個「函數」。函數的定義域 (domain) 為狀態空間 Ω, 對應域 (codomain) 為實數線 $\mathbb{R}$。我們之所以稱之為「變數」是因為我們往後會常常考慮隨機變數的函數, 如果將隨機變數稱為隨機函數, 徒增稱呼「函數的函數」之困擾。不過以資料分析的角度, 讀者只要知道隨機變數就是一個可能會出現不同實現值的變數, 而各個可能的實現值都有其對應的機率就夠了。有興趣了解更多的讀者可參閱陳旭昇 (2023, pp.66–69)。

---

[2]也就是說, X 的值域 (range) 為可數集合 (countable set), 而所謂「可數集合」指的就是集合中的元素與自然數 $\{1,2,3,4,\ldots\}$ 都能一對一的對應 (one-to-one correspondence)。

3.2 如何描述離散隨機變數的機率分配

令 X 為一離散隨機變數, 則其任一實現值發生之機率為:

$$P(\{X = x\}) = P(X = x)$$

如前所述, 為了減少數學符號的累贅, 我們將 $P(\{X = x\})$ 寫成 $P(X = x)$。

我們利用 $P(X = x)$ 來描繪離散隨機變數 X 各種可能實現值發生的機率, 並將所有可能實現值及其發生機率彙整在一起, 稱之為此離散隨機變數的離散機率分配 (discrete probability distribution)。我們以機率函數 (probability function),

$$f(x) = P(X = x)$$

來描繪離散隨機變數 X 的隨機性。有時, 機率函數又稱為離散機率密度函數 (discrete probability density function, discrete pdf), 或是機率質量函數 (probability mass function, pmf)。

定義 3.1 (機率函數). 給定離散隨機變數 X 的實現值來自可數的集合 $\mathcal{S}_X \subseteq \mathbb{R}$。函數 $f(x) : \mathbb{R} \mapsto [0,1]$ 定義為:

$$f(x) = \begin{cases} P(X = x), & x \in \mathcal{S}_X \\ 0, & x \in \mathbb{R} - \mathcal{S}_X \end{cases} \tag{1}$$

我們稱 $f(x)$ 為機率函數 *(probability function)*。

機率函數滿足以下性質:

1. $f(x) > 0, \forall x \in \mathcal{S}_X$,

2. $\sum_{x \in \mathcal{S}_X} f(x) = 1$,

3. $P(X \in A) = \sum_{x \in A} f(x)$, 其中 $A \subseteq \mathcal{S}_X$。

如果利用第 (1) 式來定義機率函數，當 $x \notin \mathcal{S}_X$，則 $f(x) = 0$，從而機率函數 $f(x)$ 的定義域可以爲整個實數線。此外，我們也將集合 $\mathcal{S}_X$ 稱作隨機變數 X 的砥柱集合 (support)，有時以 $\text{supp}(X)$ 表示。亦即，

$$\text{supp}(X) = \{x : f(x) > 0\}$$

舉例來說，若機率函數爲：

$$f(x) = P(X = x) = \begin{cases} 1/9, & x = 0, \\ 4/9, & x = 1, \\ 4/9 & x = 2, \\ 0 & \text{otherwise} \end{cases}$$

其砥柱集合爲：

$$\text{supp}(X) = \{0,1,2\}$$

機率函數 $f(x)$ 如圖 3.1 所示。

圖 3.1: 機率函數

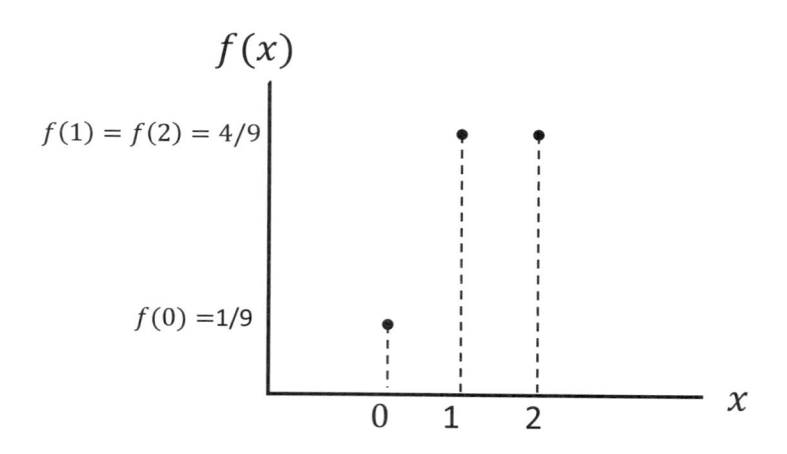

機率函數比較清楚的寫法是 $f_X(x)$，也就是說，$f_X(x) = P(X = x)$ 代表的是隨機變數 X 等於某特定常數 x 的機率，但是這個常數不一定要以小寫 x 來表示，也可以寫成 $f_X(a) = P(X = a)$ 或是 $f_X(t) = P(X = t)$，也就是說，我們以下標來指涉隨機變數。

然而, 如果我們忽略掉下標, 寫成 $f(a)$ 或是 $f(t)$ 時, 就不容易判斷是哪一個隨機變數等於常數 a 或是常數 t 的機率。因此, 為了省略下標, 卻又能清楚地指出這是隨機變數 X 等於特定常數的機率, 在不會造成混淆的情況下, 我們就簡單以 $f(x)$ 表示。

3.3 有哪些重要的離散隨機變數

3.3.1 Bernoulli 隨機變數

一個統計學中非常重要的離散隨機變數為 Bernoulli 隨機變數, 其命名是為了紀念瑞士數學家 Jakob Bernoulli (1654/1655–1705)。

定義 3.2 (Bernoulli 隨機變數). 如果隨機變數 X 的機率函數為:

$$f(x) = p^x(1-p)^{1-x}, \quad \text{supp}(X) = \{x : x = 0, 1\}$$

其中 $X = 1$ 代表出象為成功 (success), $X = 0$ 代表出象為失敗 (failure), 則我們稱 X 為具有成功機率 p 的 *Bernoulli* 隨機變數, 或稱 X 具有 *Bernoulli* 分配, 並以 $X \sim Bernoulli(p)$ 表示之。

凡是研究的主題可以用二元的結果來表示 (亦即, 隨機試驗只有兩個出象), 我們就可以利用 Bernoulli 隨機變數予以刻畫或描述。舉例來說,

1. 擲一枚銅板, 出現正面或反面。
2. 新藥物副作用之有無。
3. 任意選問一位學生對於某項新的選課措施之意見 (贊成或反對)。
4. 支持或不支持特定候選人之民調。
5. 品管過程中, 所製造出之產品好壞 (良品或不良品)。
6. 明天的股價之漲跌; 匯率之升貶。

這樣的隨機試驗我們稱之 Bernoulli 試驗 (Bernoulli trials)。Bernoulli 隨機變數的可能實現值非 0 即 1, 但是我們對於出象為成功或失敗, 可以自由設定。譬如說, 習慣上我們設定擲銅板出現正面為成功 ($X = 1$), 出現反面為失敗 ($X = 0$), 然而如果你天生反骨, 想要做相反的設定亦無不可。

3.3.2 二項隨機變數

定義 3.3 (二項分配). 給定 $X_i \sim Bernoulli(p)$, 且 X_i 與 X_j 相互獨立。若定義一個新的隨機變數 $Y = \sum_{i=1}^{n} X_i$, 則稱隨機變數 Y 服從二項分配 (binomial distribution), 或稱 Y 為二項隨機變數 (binomial random variable)。其機率函數為:

$$f(y) = P(Y = y) = \binom{n}{y} p^y (1-p)^{n-y}$$

其中

$$\binom{n}{y} = \frac{n!}{y!(n-y)!}$$

$supp(Y) = \{y : y = 0,1,2,\ldots,n\}$, 並以 $Y \sim Binomial(n,p)$ 表示。

二項隨機變數刻劃 n 次獨立的 Bernoulli 隨機試驗中, 成功的次數。舉例來說, 若擲一不公正銅板 3 次, 以 $X_i = 1$ 代表第 i 次出現正面 (H), 且 $P(X_i = 1) = P(\{H\}) = 1/3$。一個可能的出象為:

$$\{H, H, T\}$$

亦即出現正面 2 次 (成功 2 次)。而 $\{X_1, X_2, X_3\}$ 的實現值則為:

$$\{1, 1, 0\}$$

因此,

$$Y = \sum_i X_i = 1 + 1 + 0 = 2$$

即 Y 代表出現正面 (成功) 的次數。

下一個問題是, $P(Y = 2)$ 的機率是多少? 注意到擲一個銅板 3 次, 出現正面 2 次的情況包括:

$$\{H, H, T\}, \{H, T, H\}, \{T, H, H\}$$

而且發生的機率都相等:

$$P(\{H, H, T\}) = P(\{H, T, H\}) = P(\{T, H, H\}) = (1/3)^2 (2/3)$$

從而,

$$P(Y = 2) = P(\{H,H,T\}) + P(\{H,T,H\}) + P(\{T,H,H\})$$
$$= 3(1/3)^2(2/3) = \frac{3!}{2!1!}(1/3)^2(2/3) = \binom{3}{2}(1/3)^2(2/3)$$

如果我們將上面的討論一般化,令隨機變數 Y 代表 n 次獨立的 Bernoulli 隨機試驗中, 成功的次數。然而這 y 次成功出現的順序不拘, 可能性有 $\binom{n}{y} = \frac{n!}{y!(n-y)!}$ 種。給定成功的機率為 p, 在特定一種成功出現的順序下, n 次獨立的 Bernoulli 隨機試驗中, 出現 y 次成功的機率為 $p^y(1-p)^{n-y}$, 因此, $Y = y$ 的機率為:

$$P(Y = y) = \binom{n}{y}p^y(1-p)^{n-y}$$

綜上所述,

1. 二項隨機變數代表在 n 次獨立的 Bernoulli 隨機試驗中, 成功的次數。

2. 加總 n 個獨立的 Bernoulli(p) 隨機變數後, 我們可以得到隨機變數

$$Y = \sum_{i=1}^{n} X_i \sim \text{Binomial}(n,p)$$

為二項隨機變數。

3.3.3 幾何隨機變數

上述的 Bernoilli 隨機變數與二項隨機變數的砥柱集合均為有限, 底下我們介紹砥柱集合為無限但可數的離散隨機變數。根據第 2 章的例 2.2, 重複投擲一枚公正硬幣, 直到出現正面為止。令隨機變數 X 為:「在得到一次正面所需要的投擲次數」, 則 X 的可能實現值為無限但可數, 亦即其砥柱集合為:

$$\text{supp}(X) = \{x : x = 1,2,3,4,5,\ldots\}$$

因為是一枚公正硬幣,出現正面與反面的機率均為 1/2,因此,機率函數為:
$$f(x) = P(X = x) = (1/2)^{x-1}(1/2) = \frac{1}{2^x}$$
亦即,「在得到一次正面所需要的投擲次數」為 x,代表前 $x-1$ 次均為反面,直到最後一次才是正面。我們不難驗證:
$$\sum_{x=1}^{\infty} f(x) = \sum_{x=1}^{\infty} \frac{1}{2^x} = \frac{1/2}{1-1/2} = 1$$
符合我們對於機率函數之要求。

將以上的概念予以一般化,幾何隨機變數的定義如下:

定義 3.4 (幾何隨機變數). 若 X 具幾何分配, 則
$$f(x) = P(X = x) = (1-p)^{x-1}p, \quad \text{supp}(X) = \{x : x = 1, 2, 3, \ldots\}$$
我們以 $X \sim Geo(p)$ 表示之。

底下我們給一個例子,說明幾何分配在總體經濟學中的應用。在新興凱因斯模型 (New Keynesian models) 中,對於名目價格的僵固性有許多不同的模型建構方式。其中一個著名的模型為 Calvo (1983) 交錯定價模型 (staggered price model)。

例 3.3 (Calvo 交錯定價模型). 假設廠商在每一期都有 $1-\theta$ 的機率可以訂定新價格,而有 θ 的機率必須維持價格不變, $0 < \theta < 1$. 令 T 代表廠商在第 T 期的時候,得以訂定新價格, $T = 1, 2, \ldots$,則
$$T \sim Geo(1-\theta)$$

3.3.4 Poisson 分配

Poisson 分配得名自法國數學家 Siméon Denis Poisson (1781–1840),係由二項分配的極限推導而來,發表在 1837 年的著作 Recherches sur la probabilité des jugements en matiére criminelle et en matiére civile (Research on the Probability of Judgments in Criminal and Civil Matters)

中。事實上, 早在 1711 年, Poisson 分配就已經被 Abraham de Moivre (1667-1754) 所提出, 然而 de Moivre 的貢獻被忽略, 後人將此分配以 Poisson 之名命名之。

作為二項分配的極限, Poisson 推導出 Poisson 分配, 但是在往後的研究中, 他並沒有繼續討論這種分配的性質。Ladislaus von Bortkiewicz (1868-1931) 利用 Poisson 分配計算普魯士軍隊士兵被馬踢傷因而致死的人數, 雖然這是一個有趣的例子, 但是百年來在日常生活中, Poisson 分配依然沒有一個適切的應用。直到 William Sealy Gosset (1876-1937) 在 *Biometrika* 以學生 (Student) 的名義發表一篇有關酵母活菌的論文,[3] 發現單位體積內酵母細胞的數目可由 Poisson 分配來描述。

Poisson 分配可用來刻劃單位時間內, 或是單位空間內的發生次數或個數。以下為幾個 Poisson 隨機變數之例子:

1. 在一小時內, 到麥當勞櫃檯點餐的顧客人數。

2. 單位體積內酵母細胞的數目。

3. 每天公司總機所接到的電話通數。

4. 一本書中每頁的錯字數。

5. 某條道路上每三公里發生車禍的次數。

Poisson 試驗有兩個重要的性質。第一, 對於相同單位的時間或空間內, 事件發生的機率相等。第二, 在不重疊的時間段落或空間單位裡, 事件各自發生的次數是獨立的。茲將 Poisson 分配的離散機率密度函數敘述如下。

定義 3.5 (Poisson 隨機變數). 若 X 具 *Poisson* 分配, 則其 *pmf* 為:

$$f(x) = P(X = x) = \frac{e^{-\lambda}\lambda^x}{x!}, \ \operatorname{supp}(X) = \{x : x = 0, 1, 2, \ldots\}$$

其中 $e \approx 2.71828$, λ 為參數, 我們以 $X \sim Poisson(\lambda)$ 表示之。

---

[3]Student (1907), "On the Error of Counting with a Haemacytometer," *Biometrika*, 5:3, 351-360.

根據指數函數的展開,

$$e^{\lambda} = 1 + \frac{\lambda}{1!} + \frac{\lambda^2}{2!} + \cdots = \sum_{x=0}^{\infty} \frac{\lambda^x}{x!}$$

因此,

$$\sum_{x=0}^{\infty} f(x) = \sum_{x=0}^{\infty} \frac{e^{-\lambda}\lambda^x}{x!} = e^{-\lambda}\sum_{x=0}^{\infty} \frac{\lambda^x}{x!} = e^{-\lambda}e^{\lambda} = 1$$

3.4 如何透過 R 探討隨機變數

在本節中,我們介紹與隨機變數以及機率分配有關的 R 函數。其中,最重要的有四個:

1. d (機率密度函數, density)

2. p (分配函數, probability distribution)

3. q (分量函數, quantile)

4. r (隨機變數, random variable)

函數的命名方式是在 d, p, q, r 後面加上特定機率分配之簡稱, 分量的概念我們將在第 5 章介紹, 至於與機率分配以及統計相關的 R 函數則整理於附錄 A。

3.4.1 離散隨機變數與 R 程式

我們將二項隨機變數, 幾何隨機變數, 以及 Poisson 隨機變數的相關機率函數整理於表 3.1 中。其中, 由於 Bernoulli(P) $\stackrel{d}{=}$ Binomial($1,p$), 因此 Bernoulli 隨機變數與二項隨機變數共用同一個函數名 `binom`, `size` 指的是 Bernoulli 試驗次數, 而 `prob` 則是設定 $P(X=1)$ 的機率值。

注意到當設定 `size=1` 時, 就是 Bernoulli 隨機變數。此外, 由於二項隨機變數是離散隨機變數, 所以 `dbinom(x,size,prob)` 回傳的就是機率值 $f(x) = P(X = x)$。

表3.1: 離散隨機變數與 R 函數

Bernoulli 隨機變數與二項隨機變數	
函數	例子: $X \sim \text{Binomial}(10, 0.7)$
dbinom(x,size,prob)	dbinom(2,10,0.7): 回傳 $f(2) = P(X = 2)$
pbinom(q,size,prob)	pbinom(2,10,0.7): 回傳 $F(2) = P(X \leq 2)$
rbinom(n,size,prob)	rbinom(3,10,0.7): 回傳 3 個 Binomial 隨機變數實現值

幾何隨機變數	
函數	例子: $X \sim \text{Geo}(0.7)$
dgeom(x,prob)	dgeom(2,0.7): 回傳 $f(2) = P(X = 2)$
pgeom(q,prob)	pgeom(2,0.7): 回傳 $F(2) = P(X \leq 2)$
rgeom(n,prob)	rgeom(3,0.7): 回傳 3 個幾何隨機變數實現值

Poisson 隨機變數	
函數	例子: $X \sim \text{Poisson}(2)$
dpois(x,lambda)	dpois(2,2): 回傳 $f(2) = P(X = 2)$
ppois(q,lambda)	ppois(2,2): 回傳 $F(2) = P(X \leq 2)$
rpois(n,lambda)	rpois(3,2): 回傳 3 個 Poisson 隨機變數實現值

R 程式 3.1.

```
dbinom(2,10,0.7)
pbinom(2,10,0.7)
rbinom(10,10,0.7)
```

執行後可得:

```
> dbinom(2,10,0.7)
[1] 0.001446701
> pbinom(2,10,0.7)
[1] 0.001590386
> rbinom(10,10,0.7)
[1] 6 8 7 8 8 7 8 9 7 6
```

R 程式 3.2 畫出一個 Binomial(20,0.5) 隨機變數的機率函數於圖 3.2。

R 程式 3.2 (繪製 Binomial(20,0.5) 的機率函數).

```
n=20
p=0.5
x=c(0:n)
plot(x, dbinom(x, n, p), type = "h", ylab="", lend=1,
lwd=20, col="grey")
```

函數 plot 是我們熟悉的繪圖函數, type = "h" 要求畫出直方圖, lend=1 設定條柱為方柱, lwd=20 設定方柱的寬度, col="grey" 設定顏色為灰色。

圖 3.2: Binomial(20,0.5) 的機率函數

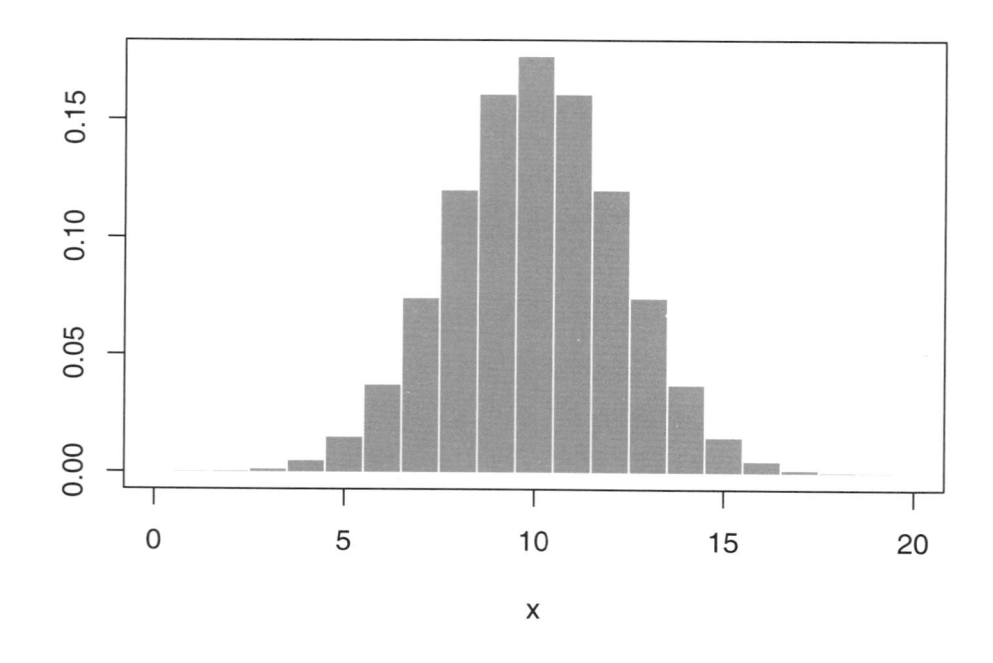

3.4.2 如何製造出隨機變數實現值?

我們在此簡單介紹如何製造隨機變數 (的實現值), 有興趣深入了解的讀者請閱讀趙民德・李紀難 (2005) 的第 2 章, 以及 Robert and Casella (2010)。

想要造出隨機變數, 在過去仰賴的是亂數表, 舉例來說, 可參見蘭德公司 (The RAND Corporation) 所編印的 *A Million Random Digits with 100,000 Normal Deviates*。如今, 由於電腦的問世與快速的進步發展, 我們現在可以使用電腦幫我們製造隨機變數, 稱之為隨機變數產生器 (random number generator)。更精確地說, 應該叫做擬真隨機變數產生器 (pseudo random number generator), 因為所有隨機變數產生器都只是一個「幾可亂真」的電腦程式 (參見趙民德・李紀難 (2005))。透過隨機變數產生器, 我們可以得到一組具有相同分配且相互獨立的隨機變數。

我們先介紹如何利用 R 的擬真隨機變數產生器製造 Bernoulli 隨機變數實現值。底下的 R 程式造出 10 個相互獨立的 Bernoulli(0.5) 隨機變數實現值。

R 程式 3.3 (Bernoulli 隨機變數).

```
# Bernoulli(0.5)
rbinom(n=10, size=1, prob=0.5)
```

其中, n 代表要製造的隨機變數個數。執行程式後, 可以得到:

```
[1] 0 1 0 1 1 0 1 1 1 0
```

底下的 R 程式造出 10 個 Binomial(100,0.7) 隨機變數實現值。

R 程式 3.4 (Binomial 隨機變數).

```
# Binomial(100,0.7)
rbinom(n=10, size=100, prob=0.7)
```

size=100 代表製造 Binomial(100,0.7) 隨機變數, 而 prob 則是 $X = 1$ 的機率。執行程式後可得:

```
[1] 70 74 66 70 62 66 73 64 66 70
```

注意到如果你執行上述指令兩次, 不太可能得到相同的結果。一如在第 2 章中曾經提過, 在做電腦模擬時, 我們會設定隨機變數產生器的起始值, 其目的是為了讓別人可以重製我們的模擬結果。如果你希望隨機生成能夠重覆, 可以先下 `set.seed()` 的指令。指令中的括號內可以填入任意的數字。

舉例來說, 我們使用以下 R 指令來設定隨機變數產生器的起始值。其中, 123 為任意填入的數字。

R 程式 3.5 (隨機變數產生器的起始值).

```
# 隨機變數產生器的起始值
set.seed(123)
```

因此, 如果你輸入

```
set.seed(456)
rbinom(n=10, size=1, prob=0.5)
```

那你應該要得到與底下相同的結果:

```
[1] 0 0 1 1 1 0 0 0 0 0
```

練習題

1. 擲一個公正的六面骰子兩次, 令 (i,j) 代表第 1 次與第 2 次所擲出的點數, 並令
$$X = |i - j|$$
亦即兩次所擲出點數差異之絕對值。

   (a) 寫下 X 的砥柱集合。
   (b) 寫下 X 的離散機率密度函數。
   (c) 計算機率值 $P(X < 3) = ?$
   (d) 計算機率值 $P(X \leq 3) = ?$

2. Chief Bogo 有 5 組固定使用的密碼, 然而, 當他要登入警局 email 帳號時, 忘記要用哪一組密碼, 於是一組一組嘗試。一旦某一組密碼登入失敗, 就從剩下的密碼中繼續嘗試, 直到登入成功為止。令隨機變數 X 代表嘗試登入的次數 (包含登入成功那一次)。

(a) 請寫出 X 的砥柱集合。

(b) 請寫出 X 的機率函數。

(c) 請畫出 X 的機率函數。

3. 一般有經驗的餐廳都會準備緊急用發電機, 以避免政治人物在造勢活動時, 過度使用大型音響及燈光等設備, 造成用電超載, 進而導致停電。然而, 緊急用發電機正常運作的機率為 0.8。令 n 代表緊急用發電機的機組數目, X 代表可正常運作的緊急用發電機的機組數目, 試問, 餐廳應至少準備幾台緊急用發電機機組, 使得「至少有一台緊急用發電機正常運作」的機率大於 0.99?

4. 評論以下敘述: Flash Slothmore 是一個安全駕駛, 他每年拿到一張罰單的機率只有 1/10, 即便如此, 經過 20 年後, 他一定至少會拿到一張罰單。

5. 給定離散隨機變數 X 的離散 pdf 如下:

$$f(x) = \frac{k\lambda^x}{x!}$$

(a) 找出 k 值。

(b) 計算機率值 $P(X = 3) = ?$

(c) 計算機率值 $P(X > 1) = ?$

6. 給定 $X \sim \text{Geo}(p)$,

(a) 試證明:

$$P(X = n+k | X > n) = P(X = k), \ k, n \geq 1$$

(b) 試證明, 對於任何整數 $k \geq 1$,

$$P(X \geq k) = (1-p)^{k-1}$$

7. (R 程式作業) 給定 $X \sim \text{Geo}(0.095)$,

(a) 製造 100 個隨機變數 X 的實現值。

(b) 將這 100 個實現值以直方圖呈現。

(c) 畫出 X 的機率函數 $f(x)$。

8. (R 程式作業) 令 $n = 10000$, 在 set.seed(123) 的設定下, 製造以下隨機變數的實現值:

   - n 個獨立 Poisson(2) 隨機變數 $\{X_1, X_2, \ldots, X_n\}$ 的實現值。
   - n 個獨立 Poisson(3) 隨機變數 $\{Y_1, Y_2, \ldots, Y_n\}$ 的實現值。
   - n 個獨立 Poisson(5) 隨機變數 $\{W_1, W_2, \ldots, W_n\}$ 的實現值。
   - $Z_i = X_i + Y_i, i = 1, 2, \ldots, n$

   將 $\{Z_i\}$ 與 $\{W_i\}$ 的直方圖畫在同一張圖中。說明你觀察到什麼現象。

9. (R 程式作業) 給定 $X \sim \text{Geo}(0.5)$, 畫出 X 的機率函數。

10. (R 程式作業) 令

    $$X_n \sim \text{Binomial}\left(n, \frac{\lambda}{n}\right), \quad Y \sim \text{Poisson}(\lambda)$$

    給定 $\lambda = 2.4$。

    (a) 當 $n = 5$, 計算 $P(X_n = x), x = 0, 1, 2, 3, 4, 5$。

    (b) 當 $n = 10$, 計算 $P(X_n = x), x = 0, 1, 2, 3, 4, 5$。

    (c) 當 $n = 100$, 計算 $P(X_n = x), x = 0, 1, 2, 3, 4, 5$。

    (d) 當 $n = 1000$, 計算 $P(X_n = x), x = 0, 1, 2, 3, 4, 5$。

    (e) 當 $n = 10000$, 計算 $P(X_n = x), x = 0, 1, 2, 3, 4, 5$。

    (f) 計算 $P(Y = y), y = 0, 1, 2, 3, 4, 5$。

    (g) 分別畫出 $X_{10} \sim \left(10, \frac{2.4}{10}\right)$, $X_{30} \sim \left(30, \frac{2.4}{30}\right)$, $X_{100} \sim \left(100, \frac{2.4}{100}\right)$, 以及 $Y \sim \text{Poisson}(2.4)$ 之機率函數。

    (h) 說明你觀察到什麼現象。

4 連續隨機變數

4.1 連續隨機變數的機率分配有何不同
4.2 如何描述連續隨機變數的機率分配
4.3 有哪些重要的連續隨機變數

如果隨機變數 X 的可能實現值為任一區間中的任意實數,則 X 就稱為一個連續隨機變數。舉例來說,明天的降雨量,任意抽出一位民眾的薪資所得,下一季的通貨膨脹率,或是下個月的股票報酬率等。我們在本章介紹連續隨機變數,以及說明如何描述連續隨機變數的機率分配。

4.1 連續隨機變數的機率分配有何不同

描述離散隨機變數的機率分配相當容易,由於其可能的實現值為可數,只要針對每個可能實現值給予一個正的機率值,並確定其機率加總為 1 即可。然而,對於連續隨機變數 X,注意到我們只能計算 X 落在某區間的機率:

$$P(X \in A)$$

譬如 $A = \{x : x \geq 3\}$,我們可以計算 $P(X \in A) = P(X \geq 3)$,但是 X 等於特定實現值的機率必須為 0,

$$P(X = x) = 0$$

理由如下。連續隨機變數的可能實現值有無窮多個且不可數。倘若上式不成立, 亦即假設砥柱集合中的子集合 A 有 n 個可能實現值, 且任一實現值具有相同的機率值: $P(X = x) = p$, $0 < p < 1$, $\forall x \in A$。由於 X 為連續隨機變數, 我們一定能找到一個很大的 n 使得 $p > \frac{1}{n}$, 則

$$P(X \in A) = \sum_{x \in A} P(X = x) = \sum_{x \in A} p = np > 1$$

違反機率值不得大於 1 的要求。因此, 唯有 $P(X = x) = 0$ 才不會造成以上的矛盾 (contradiction)。亦即, **當 X 為連續隨機變數時, 機率為零的事件並不代表不可能發生的事件。**

你或許想問, 為什麼我們可以無中生有, 將機率為零的事件加在一起變成一個機率為正的事件? 理由在於, 連續隨機變數的可能實現值的個數是不可數 (uncountable)。舉例來說, 實數線上任一區間包含了不可數的點, 每一個點的長度為零, 但是任一區間 $[a,b]$ 的長度為 $b - a > 0$。

因此, 長度 (距離) 是一種衡量 (measure), 而機率也是一種衡量。如果你能理解線段的長度為正, 而點的長度為零, 自然可以類推到機率的概念上, 亦即對於任意 $a < b$,

$$P(X = a) = 0, \quad \text{或是} \quad P(X = b) = 0$$

但是

$$P(a < X < b) > 0$$

4.2　如何描述連續隨機變數的機率分配

由於無法給予連續隨機變數任何特定實現值一個正的機率值, 那麼我們該如何描述連續隨機變數的機率分配, 並求算相關的機率值?

我們先來看一個餐廳存續時間的例子。一般來說, 中小企業或是餐廳的經營不易, 能夠屹立不搖的企業或老店屈指可數。一家公司或是一間餐廳可以經營多久, 其存續時間就是一個隨機變數。

例 4.1. 令 $X = x$ 代表餐廳在開業後, 第 x 年的年底結束營業。假設每一年年底結束營業的機率為 0.095, 則餐廳經營 x 年的機率為:

$$\begin{aligned} P(X = x) &= P(\{\text{餐廳經營 } x \text{ 年}\}) \\ &= P(\{\text{餐廳在前 } x-1 \text{ 年持續經營}\} \cap \{\text{餐廳在第 } x \text{ 年年底結束營業}\}) \\ &= (0.905)^{x-1}(0.095) \end{aligned}$$

其中 $x = 1,2,3,\ldots$

我們將機率分配畫在圖 4.1 (a) 中, 其中直方圖的寬度為 1, 亦即可將每一條方柱的面積視為機率值。根據圖 4.1 (a), 餐廳經營 x 年的機率隨著 x 增加而逐年下降。舉例來說, 餐廳經營 2 年的機率為:

$$P(X = 2) = (0.905)^0(0.095) + (0.905)^1(0.095) = 0.180975$$

我們在例 4.1 是以「年」為單位, 在該例中隨機變數 X 被視為離散 ($X = 1,2,3,\ldots$), 但事實上, 時間是一個連續的隨機變數, 我們可以考慮更小的時間單位, 例如說, 餐廳經營 6 個月 ($X = 0.5$ 年) 的機率, 或是 26 天 ($X = 26/365$ 年) 的機率等。因此, 如果我們將時間的連續性考慮進來, 在圖 4.1 (b) 中, 我們加上一條曲線:

$$f(x) = 0.1e^{-0.1x}$$

不難發現, 曲線下的面積相當接近方柱面積的加總, 亦即, 對於 $f(x)$ 求取積分就可以近似方柱面積的加總, 進而得到相關的機率值。舉例來說, 餐廳至多經營 5 年的機率為:

$$\begin{aligned} P(X \leq 5) &= P(\text{餐廳至多經營 5 年}) \\ &= \sum_{x=1}^{5}(0.905)^{x-1}(0.095) = 0.3929 \approx 0.393 \end{aligned}$$

如果透過 $f(x)$ 來計算機率值:

$$\int_0^5 0.1e^{-0.1x}dx = 0.3934 \approx 0.393$$

兩種方式計算出來的機率值相當接近。亦即, 如果我們把 X 視爲連續隨機變數, 我們可以透過 $f(x)$ 這個函數來計算機率值, 並得到不錯的近似, 而 $f(x)$ 就稱爲機率密度函數 (probability density function, pdf)。

圖 4.1: 餐廳持續經營機率

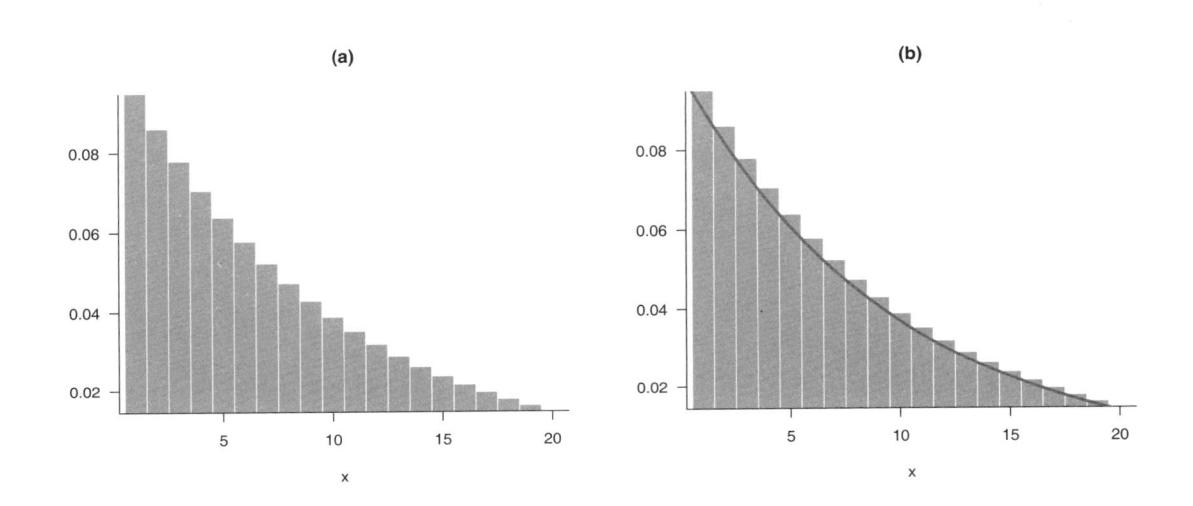

我們可以再看一個例子。

> **例 4.2** (股票報酬率). 根據美國 1871 年 1 月到 2023 年 6 月的 S&P 500 股票價格, 合計 1,830 筆資料, 資料取自 *Robert Shiller* 的網站。[a] 我們可以計算月報酬率:
>
> $$r_t = 100 \times \left(\frac{p_t - p_{t-1}}{p_{t-1}} \right)$$
>
> 注意到無論是股票價格或是月報酬率都是連續隨機變數。
>
> [a]參見 http://www.econ.yale.edu/~shiller/data.htm

圖 4.2 畫出取對數後的股票價格指數, 以及其月報酬率。有關資料讀取, 資料轉換與處理, 以及繪製時間序列圖的 R 程式如下:

112　Ch.4　連續隨機變數

圖 4.2: 美國股票價格長期歷史資料 (S&P Composite Prices)

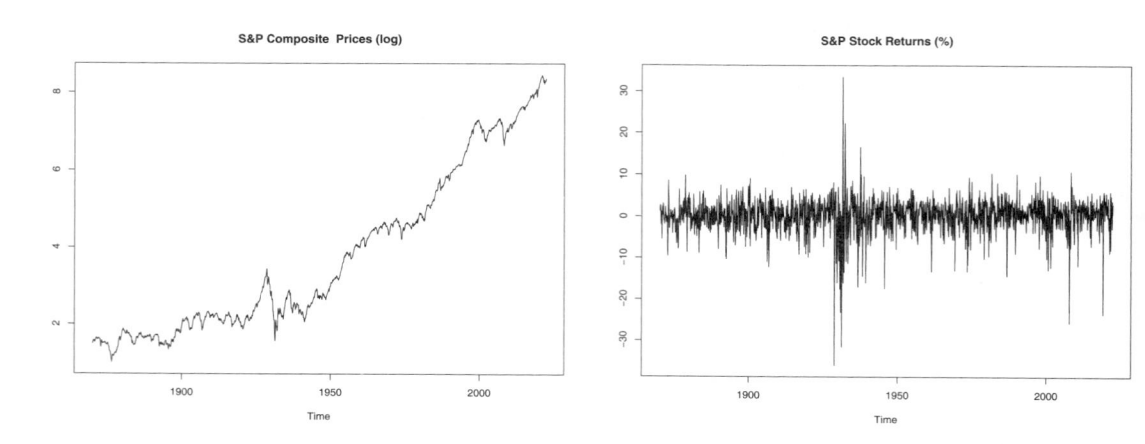

R 程式 4.1.

```
rm(list=ls())
library(openxlsx)
setwd("D:/MyCode/RCode")
df = read.xlsx("DataAll.xlsx", sheet = "sp500")
sp = df$sp500
sp.ts = ts(sp, freq = 12, start = c(1871, 1))
lsp = log(sp.ts)
r = 100*diff(sp.ts, differences = 1)/sp.ts
par(mfrow = c(1,2))
plot(lsp, main= "S&P Composite Prices (log)", ylab='')
plot(r, main= "S&P Stock Returns (%)", ylab='')
```

假設股票報酬率的機率分配不會隨時間改變而改變,[1] 根據這組股票報酬率的歷史資料,我們是否能夠計算下個月股票報酬率會大於 3% 的機率?首先,我們透過這組資料找出股票報酬率的機率分配。我們在圖

---

[1]關於隨機變數的機率分配會隨時間改變而改變的狀況,有興趣的讀者可參閱陳旭昇 (2023, ch.18) 與陳旭昇 (2022)。

4.3 (a) 畫出股票報酬率的直方圖, 將報酬率分成 30 組, 其中我們調整了 y 軸的尺度, 讓所有長條圖的面積加總起來剛好等於 1 (參見 R 程式 4.2 中的設定 freq = FALSE)。

雖然這是一組爲數不小的樣本 (n = 1830), 但是依然是一組有限樣本, 無法涵蓋連續隨機變數所有可能的實現值。理論上當 $n \longrightarrow \infty$, 同時我們將組距取得更小, 分組分的更細, 直方圖的頂端上緣就會越來越平滑, 我們就能得到一條平滑的曲線 $f(x)$, 也就是機率密度函數。

舉例來說, 雖然我們的資料點無法增加, 但 R 程式 4.2 試圖讓組數增加到 80, 使得組距變小, 我們也同時在直方圖上畫出一個較爲平滑的機率密度函數, 如圖 4.3 (b) 所示。注意到這裡所使用 R 函數 density 是一種 kernel 估計, 其細節已經遠遠超出本書範圍, R 程式中的 bw 代表 bandwidth 設定, 數字越大, 所找出來的 pdf 越平滑。

R 程式 4.2.

```
par(mfrow = c(1,2))
hist(r, breaks=30, freq = FALSE, right=FALSE, main='(a) ',
xlim = c(-15,20))
hist(r, breaks=80, freq = FALSE, right=FALSE, main='(b) ',
xlim = c(-15,20))
lines(density(r,bw=0.9), lwd = 2, col = "firebrick3")
```

透過機率密度函數, 我們就能計算連續隨機變數 X 的機率值。值得一提的是, 連續隨機變數的實現值「理論上」是在不可數的整條實數線上, 但是在實際的資料中, 由於量測上的限制, 我們所得到的連續隨機變數的實現值某種程度上還是離散 (亦即砥柱集合爲無限但可數)。舉例來說, 任意挑選一人的體重是連續隨機變數, 但是對於體重的量測, 一般最多只能量測到小數點後 1 位, 因此, 量測到的體重資料嚴格來說是離散隨機變數, 但是我們可以將其視爲連續隨機變數, 並透過機率密度函數來計算機率, 雖然提供的是近似值, 但是在計算上較爲容易。

再舉一例, 根據例 4.1, 如果因爲制度或預算上的限制, 我們只能以「年」來衡量餐廳的經營存續時間 (X = 1,2,...), 則一個餐廳爲百年老

圖 4.3: 美國股票報酬率的直方圖與機率密度函數

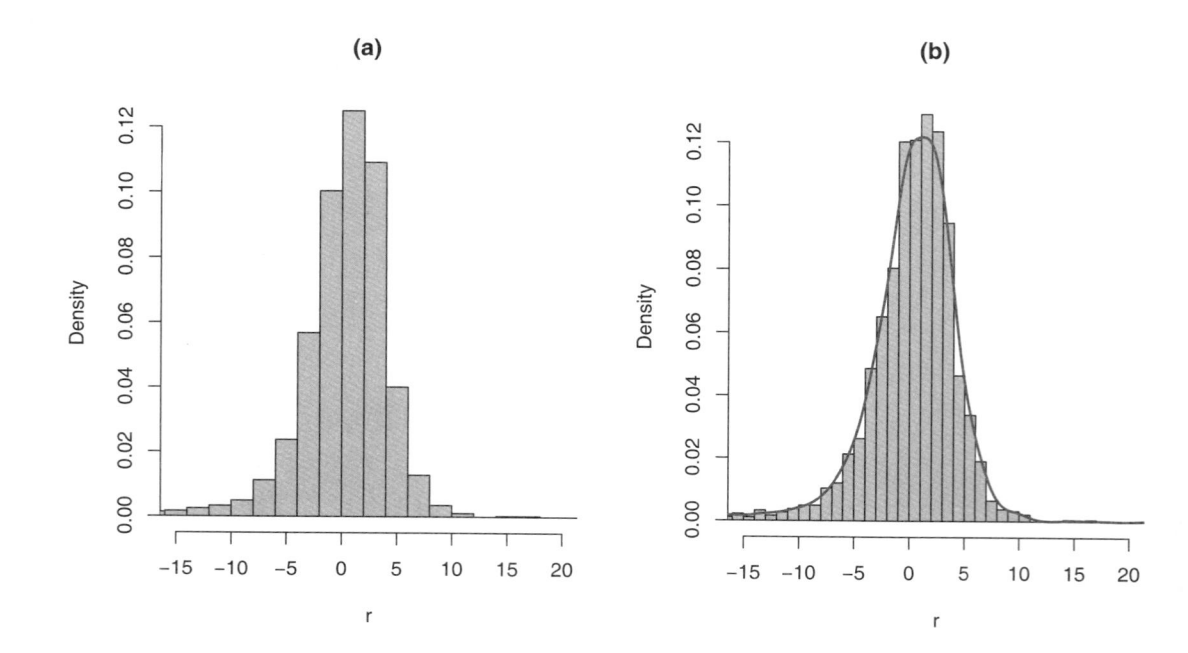

店的機率為:

$$P(X \geq 100) = 1 - P(X < 100) = 1 - \sum_{x=1}^{99}(0.905)^{x-1}(0.095)$$

要計算上述機率, 需要做 100 項機率值的加總, 然而, 如果將之視為連續隨機變數, 則機率可以用 $f(x) = 0.1e^{-0.1x}$ 底下的面積來計算,

$$\int_{100}^{\infty} 0.1e^{-0.1x}dx = \frac{1}{e^{10}} = 0.000045$$

顯然較為容易。

在討論了那麼多例子之後, 我們可以在此正式定義連續隨機變數, 以及機率密度函數。

定義 4.1 (連續隨機變數與機率密度函數). 如果對於任意實數 $a \leq b$, 存在一非負函數 (nonnegative function), $f : \mathbb{R} \mapsto \mathbb{R}^+$, 使得

$$P(a < X < b) = \int_a^b f(x)dx$$

則稱 X 為一連續隨機變數, 且 $f(x)$ 稱為 X 的機率密度函數。其中, $f(x)$ 滿足兩性質:

1. $f(x) \geq 0$, $\forall x \in \mathbb{R}$
2. $\int_{\text{supp}(X)} f(x)dx = 1$

$f_X(x)$ 是機率密度函數一個比較清楚的寫法, 不過在不會造成誤解的情況下, 我們就寫成 $f(x)$。一般而言, 如果沒有特別說明, 連續隨機變數的砥柱集合都假設為整條實數線:

$$\text{supp}(X) = \{x : -\infty < x < \infty\}$$

圖 4.4 說明了給定機率密度函數 $f(x)$, 連續隨機變數機率值 $P(a < X < b)$ 為 f 曲線下, 橫軸之上, a 到 b 的面積。由於連續隨機變數在任一點上的機率為零, 因此,

$$P(a < X < b) = P(a \leq X < b) = P(a < X \leq b) = P(a \leq X \leq b)$$

4.3 有哪些重要的連續隨機變數

底下我們提供一些連續隨機變數的例子。

4.3.1 均勻隨機變數

例 4.3 (均勻隨機變數). 隨機變數 X 稱為在區間 $[l,h]$ 中的均勻隨機變數, 如果其機率密度函數為:

$$f(x) = \frac{1}{h-l}, \quad \text{supp}(X) = \{x : l \leq x \leq h\}$$

並以 $X \sim U[l,h]$ 表示之。

圖4.4: 機率密度函數

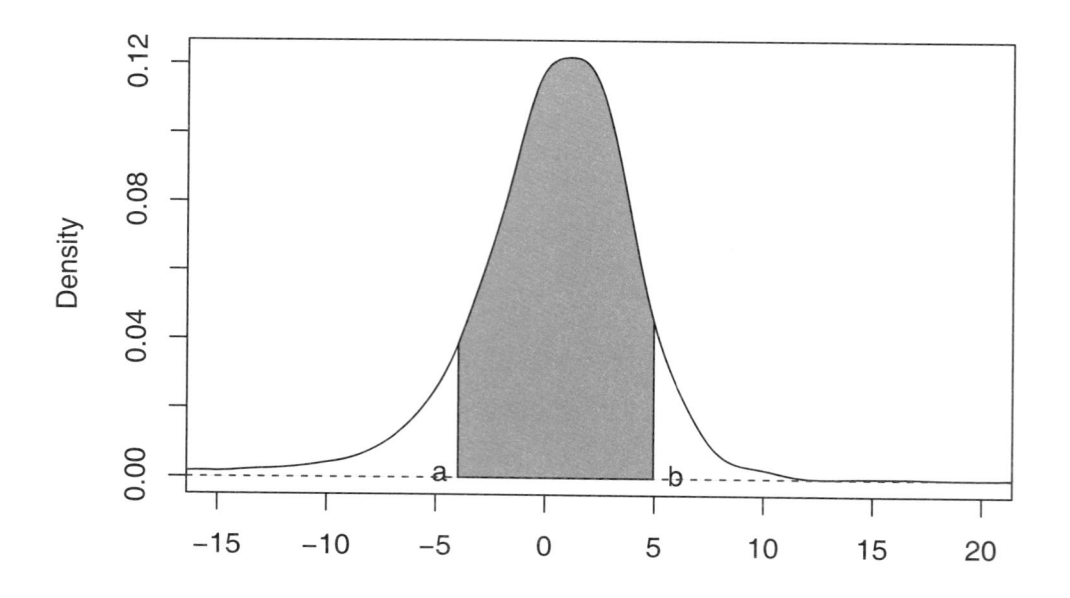

均勻隨機變數的機率分配就稱爲均勻分配 (uniform distribution)。

注意到

$$\int_{-\infty}^{\infty} f(x)dx = \int_{l}^{h} \frac{1}{h-l}dx = \frac{1}{h-l}\int_{l}^{h} dx = 1$$

而 X 的實現值落在任意一個子區間 (a,b) 的機率恰爲:

$$P(a < X < b) = \int_{a}^{b} \frac{1}{h-l}dx = \frac{b-a}{h-l}$$

均勻隨機變數的函數名爲 unif, 其 R 函數整理於表 4.1 中, 其中 min 爲下界 l, max 爲上界 h。注意到由於均勻隨機變數是連續隨機變數, 所以 dunif(2,-5,5) 回傳的就不是機率值 (連續隨機變數 $P(X = x) = 0$), 而是 pdf 的值: $f(x)$, 而 $f(x) \ne P(X = x)$。

R 程式 4.3.

```
dunif(2,-5,5)
punif(2,-5,5)
```

表 4.1: R 函數: 均勻隨機變數

函數	例子: $X \sim U[-5,5]$
dunif(x, min, max)	dunif(2,-5,5): 回傳 $f(2)$
punif(q, min, max)	punif(2,-5,5): 回傳 $F(2) = P(X \leq 2)$
runif(n, min, max)	runif(3,-5,5): 回傳 3 個 $U[-5,5]$ 的實現值

執行後可得:

```
> dunif(2,-5,5)
[1] 0.1
> punif(2,-5,5)
[1] 0.7
```

以下 R 程式繪製均勻隨機變數 $U[0,1]$ 的 pdf, 如圖 4.5 所示。

R 程式 4.4.

```
x=seq(-0.5,1.5,by=0.01)
plot(x,dunif(x,min=0,max=1),type="s")
```

注意到我們選擇 type="s" 來呈現階梯型態。讀者不妨將該選項改成 type="l", 看看會有何不同。

底下的 R 程式造出 5 個 $U[-1,1]$ 的均勻隨機變數實現值。

R 程式 4.5 (均勻隨機變數).

```
# Uniform[-1,1]
runif(n=5, min=-1, max=1)
```

其中, runif 為生成均勻隨機變數的 R 指令, n 代表要製造的隨機變數個數。執行程式後可得一組 $U[-1,1]$ 隨機變數實現值如下:

```
[1]   0.4332193   0.6531150   0.1419609  -0.9832627   0.9662613
```

圖4.5: 均勻隨機變數 $U[0,1]$ 之機率密度函數

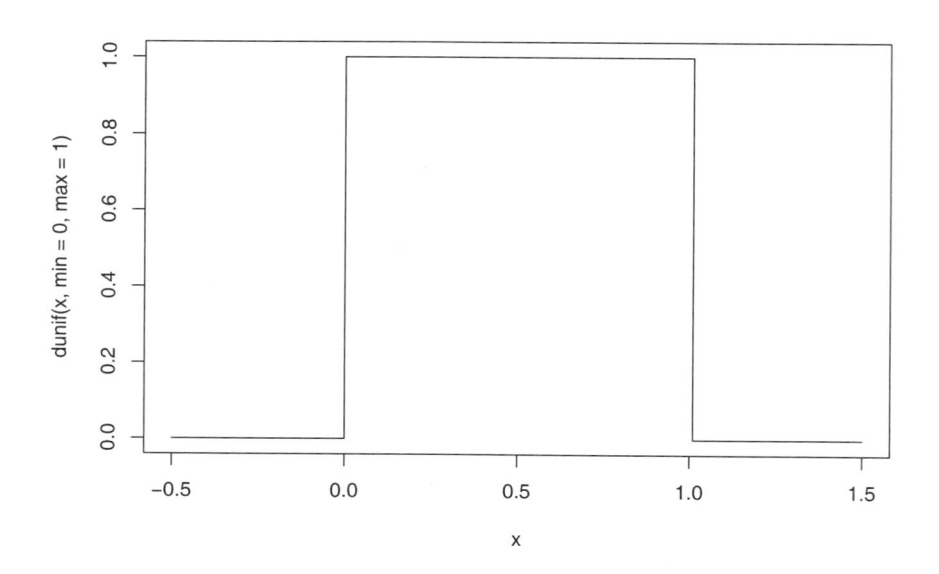

4.3.2 指數隨機變數

指數隨機變數 (exponential random variables) 以其機率密度函數呈現指數曲線而得名。在離散隨機變數中，我們介紹過 Poisson 分配，衡量的是一段期間內，事件發生次數的機率，譬如說，一小時內出現的公車班次。相對應的，我們也可以衡量兩班公車之間的等待時間，而刻劃等待時間的機率分配即為指數分配。

指數隨機變數除了用來刻劃「等待時間」，也可用來刻劃「存續時間」(length of life or duration)。舉例來說，餐廳的存續經營時間，或是 3C 產品如手機的電池壽命，都可以透過指數隨機來描述。

表 4.2: R 函數: 指數隨機變數

函數	例子: $X \sim \exp(3)$
dexp(x,rate)	dexp(2,rate=1/3): 回傳 $f(2)$
pexp(q,rate)	pexp(2,rate=1/3): 回傳 $F(2) = P(X \leq 2)$
rexp(n,rate)	rexp(3,rate=1/3): 回傳 3 個 $\exp(3)$ 的實現值

定義 4.2 (指數隨機變數). 我們稱隨機變數 X 為一指數隨機變數, 如果其機率密度函數為:

$$f(x) = \begin{cases} \frac{1}{\beta}e^{-\frac{1}{\beta}x}, & if\ x \geq 0, \\ 0, & otherwise. \end{cases}$$

$\text{supp}(X) = \{x : 0 \leq x < \infty\}$, 並以 $X \sim exp(\beta)$ 表示之。

指數隨機變數的函數名為 exp, 其 R 函數整理於表 4.2 中, 注意到 R 指令中 rate 代表的是 $\frac{1}{\beta}$。

我們將 $\beta = 5$ 指數隨機變數的機率密度函數繪於圖 4.6 中, R 指令如下, 其中, from 與 to 是用來設定繪圖時的值域。

R 程式 4.6 (指數隨機變數的機率密度函數).

```
curve(dexp(x, rate=0.2), from=0, to=50)
```

指數隨機變數有一個重要性質, 稱之為「無憶性」。亦即, 給定 X 為 $\exp(\beta)$ 隨機變數, 我們知道:

$$P(X > a) = \int_a^\infty \frac{1}{\beta}e^{-\frac{1}{\beta}x}dx = \left[-e^{-\frac{1}{\beta}x}\right]_a^\infty = e^{-\frac{1}{\beta}a}$$

因此,

$$P(X > m + n | X > m) = \frac{P(X > m+n, X > m)}{P(X > m)} = \frac{P(X > m+n)}{P(X > m)}$$

$$= \frac{e^{-\frac{1}{\beta}(m+n)}}{e^{-\frac{1}{\beta}m}} = e^{-\frac{1}{\beta}n} = P(X > n)$$

舉例來說, 你已經在公車站牌底下等了 m 分鐘的公車, 此時, 阿慶也加入等公車的行列。顯而易見的, 無論是你或阿慶, 至少再等 n 分鐘後公車才

圖 4.6: 指數隨機變數 $\exp(5)$ 的機率密度函數

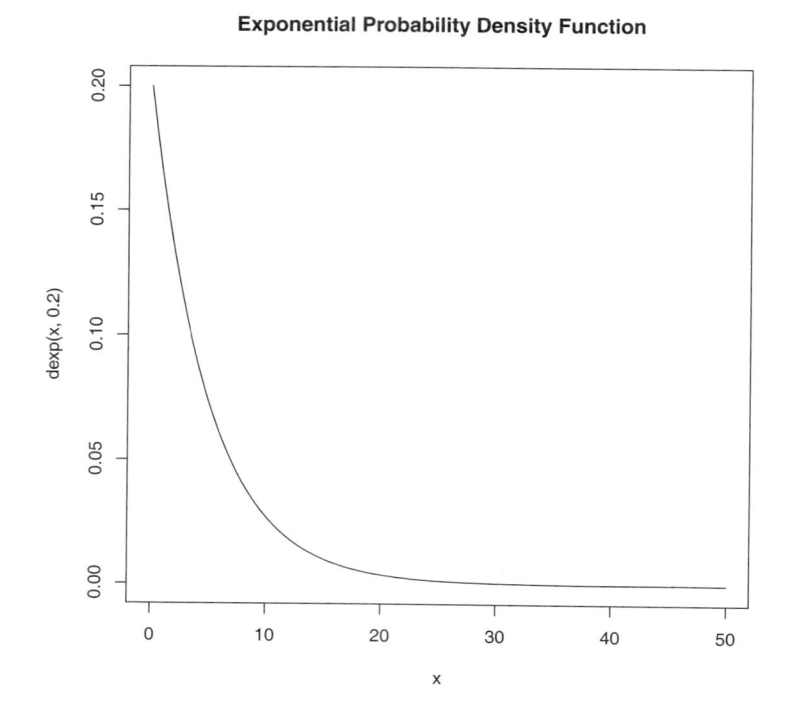

Exponential Probability Density Function

來的機率是相同的。也就是說,給定你已經等了 m 分鐘,然後你得至少再等 n 分鐘的條件機率 $P(X > m+n|X > m)$ 等同於阿慶至少再等 n 分鐘的非條件機率 $P(X > n)$。

底下的 R 程式造出 10 個 $\exp(2)$ 指數隨機變數的實現值,其中,rexp 為生成指數隨機變數實現值的 R 指令,n 代表要製造的隨機變數個數,rate 就是參數 β 的倒數,意即 $1/\beta$。

R 程式 4.7 (指數隨機變數).

```
set.seed(123)
rexp(n=10, rate = 0.5)
```

執行程式後可得:

[1] 1.68691452 1.15322054 2.65810974 0.06315472 0.11242195 0.63300243

[7] 0.62845458 0.29053361 5.45247293 0.05830689

練習題

1. 給定 $X \sim U[-4,8]$,計算 $P(|X| \geq 1)$。

2. 給定連續隨機變數 X, 其 pdf 爲

$$f(x) = \begin{cases} kx^{-3}, & x \geq 1; \\ 0, & \text{otherwise}. \end{cases}$$

   (a) 找出 k 值。
   (b) 計算 $P(0.2 < X < 1)$。
   (c) 計算 $P(2 < X < 5)$。

3. 給定連續隨機變數 X, 其 pdf 爲:

$$f(x) = \frac{e^{-x}}{(1+e^{-x})^2}, \quad -\infty < x < \infty$$

   我們稱 X 服從 logistic 分配。

   (a) 請以 R 畫出 $f(x)$。
   (b) 計算 $P(X > x)$。

4. 給定連續隨機變數 X, 其 pdf 爲:

$$f(x) = ke^{-\frac{1}{2}|x|}, \quad -\infty < x < \infty$$

   我們稱 X 服從 Laplace 分配。

   (a) 找出 k 值。
   (b) 請以 R 畫出 $f(x)$。
   (c) 計算 $P(X > -1)$。

5. 給定連續隨機變數 X, 其 pdf 為:

$$f(x) = \begin{cases} e^{-(x-a)}, & x > a; \\ 0, & \text{otherwise.} \end{cases}$$

我們稱 X 為門檻指數分配 (exponential pdf with threshold)。畫出 $f(x)$。

6. 給定
$$X \sim U[-a,a], \quad a > 0$$

(a) 計算 a 使得 $P(-1 < X < 2) = 0.75$。

(b) 計算 a 使得 $P(|X| < 1) = P(|X| > 2)$。

7. (R 程式作業) 透過積分函數 integrate() 計算以下積分:
$$\int_0^\infty x^4 e^{-\frac{2}{3}x} dx$$

8. (R 程式作業) 給定連續隨機變數 X, 其 pdf 為:
$$f(x) = 3x^2, \quad 0 < x < 1$$

透過積分函數 integrate() 計算 $P(0.157 < X < 0.87)$。

9. (R 程式作業)

(a) 給定 $X \sim U[4,7]$, 計算 $P(X \leq 5.88)$。

(b) 給定 $X \sim \exp(2)$, 計算 $P(X > 0.78)$。

10. (R 程式作業) 製造 100 個 $\exp(4)$ 隨機變數實現值, 畫出這 100 個資料點的直方圖, 然後在直方圖上加上一個 $\exp(4)$ 的 pdf。

5 分配函數與分量

5.1 什麼是分配函數
5.2 離散型與連續型的分配函數有何不同
5.3 什麼是分量
5.4 如何以 R 程式計算機率值與找出分量

我們以機率函數 pf 刻劃離散隨機變數的機率分配, 並計算離散隨機變數的機率值; 我們以機率密度函數 pdf 刻劃連續隨機變數的機率分配, 並計算連續隨機變數的機率值。我們在本章介紹隨機變數的分配函數, 可同時刻劃離散與連續隨機變數的機率分配。此外, 透過分配函數, 我們可以進一步介紹分量函數。

5.1 什麼是分配函數

對於任何 $x \in \mathbb{R}$, 我們可以透過分配函數衡量事件 $\{X \leq x\}$ 之機率。

定義 5.1 (分配函數). 給定任何實數 x, 函數 $F(x) : \mathbb{R} \mapsto [0,1]$ 滿足

$$F(x) = P(X \leq x)$$

則稱 $F(x)$ 為分配函數 *(distribution function)*, 簡稱 DF, 一般又稱為累積分配函數 *(cumulative distribution function)*, 簡稱 CDF。

舉例來說, 我們可以計算以下的機率值: 擲一個六面骰子, 出現點數小於等於 3.7 的機率; 或是任意抽出一隻柴山獼猴, 其身長小於 55 公分的機率。注意到, x 不必在 X 的砥柱集合 $\text{supp}(X)$ 中, 而是定義在整個實數線之上。

底下定理說明分配函數具唯一性 (uniqueness)。

定理 5.1 (分配函數的唯一性). 給定隨機變數 X 的 DF 爲 $F(x)$, Y 的 DF 爲 $G(y)$, 且對於所有 a, $F_X(a) = F_Y(a)$, 則 X 與 Y 具有相同分配, 並表示爲:

$$X \stackrel{d}{=} Y$$

分配函數 $F(x)$ 較明確的寫法是:

$$F_X(x) = P(X \leq x)$$

代表下標的隨機變數 X 小於等於某個常數 x 的機率, 注意到常數不一定要以小寫 x 表示, 所以分配函數也可以寫成 $F_X(a) = P(X \leq a)$ 或是 $F_X(t) = P(X \leq t)$, 然而, 爲了省略下標以減少符號上的負擔, 我們就寫成 $F(x)$, 讓小寫的 x 暗示這是隨機變數 X 的分配函數。

根據機率模型, 分配函數有如下的性質。

1. DF 的極限:

$$\lim_{x \to -\infty} F(x) = 0, \quad \lim_{x \to \infty} F(x) = 1$$

2. DF 爲右連續函數:

$$\lim_{h \to 0^+} F(x + h) = F(x)$$

3. 若 $a < b$, 則 $F(a) \leq F(b)$, 亦即, DF 爲非遞減函數

4. $P(a < X \leq b) = F(b) - F(a)$

關於第 3 與第 4 項性質, 由於 $\{X \leq b\} = \{X \leq a\} \cup \{a < X \leq b\}$, 且知 $\{X \leq a\}$ 與 $\{a < X \leq b\}$ 爲互斥集合。根據定義,

$$F(b) = F(a) + P(a < X \leq b)$$

則可得 $F(b) \geq F(a)$ 且 $P(a < X \leq b) = F(b) - F(a)$。

5.2 離散型與連續型的分配函數有何不同

事實上, 一但我們有了分配函數的概念之後, 我們可以用另一種方式定義離散與連續隨機變數。

定義 5.2 (離散與連續隨機變數). 給定隨機變數 X 的分配函數為 $F(x)$, 若 $F(x)$ 為連續函數, 則稱 X 為一連續隨機變數。若 $F(x)$ 為階梯函數 (step function), 則 X 為離散隨機變數。

5.2.1 離散隨機變數的分配函數

注意到, 如果隨機變數 X 為離散,

1. 對於任意實數 x,
$$F(x) = \sum_{x_i \leq x} f(x_i)$$

2. $F(x_1) = f(x_1)$

3. 對於任意 $i > 1$,
$$F(x_i) = F(x_{i-1}) + f(x_i)$$

例 5.1 (Bernoulli 隨機變數的 DF). 給定 $X \sim Bernoulli(p)$, 其 DF 為:
$$F(x) = \begin{cases} 0, & x < 0 \\ 1-p, & 0 \leq x < 1 \\ 1, & 1 \leq x \end{cases}$$

我們將 Bernoulli(p) 隨機變數的分配函數繪在圖 5.1 中, 不難看出, 其分配函數的樣子猶如階梯一般, 所以稱為階梯函數。

5.2.2 連續隨機變數的分配函數

連續隨機變數的分配函數有底下幾個重要性質。給定
$$\text{supp}(X) = \{x : -\infty < x < \infty\}$$

圖 5.1: 分配函數: Bernoulli(p) 隨機變數

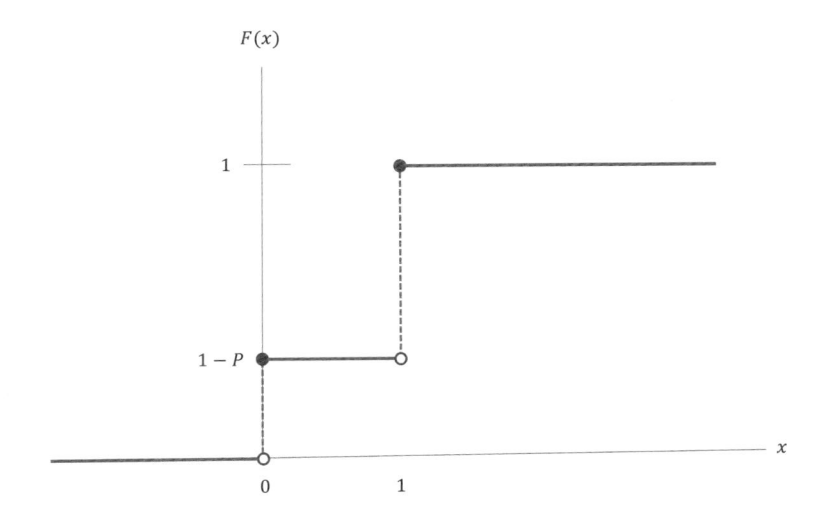

1. 根據定義,
$$F(x) = P(X \le x) = \int_{-\infty}^{x} f(u)du$$

2. 微積分基本定理 (fundamental theorem of calculus) 告訴我們,
$$\frac{dF(x)}{dx} = \frac{d}{dx}\int_{-\infty}^{x} f(u)du = f(x)$$

3. 此外, 由於
$$\int_{-\infty}^{\infty} f(x)dx = \int_{-\infty}^{a} f(x)dx + \int_{a}^{b} f(x)dx + \int_{b}^{\infty} f(x)dx$$

因此,
$$\begin{aligned} P(a < X < b) &= \int_{a}^{b} f(x)dx \\ &= \left[\int_{-\infty}^{\infty} f(x)dx - \int_{b}^{\infty} f(x)dx\right] - \int_{-\infty}^{a} f(x)dx \\ &= \int_{-\infty}^{b} f(x)dx - \int_{-\infty}^{a} f(x)dx \\ &= F(b) - F(a) \end{aligned}$$

例 5.2 (均勻隨機變數的 DF). 給定 $X \sim U[l,h]$, 其 DF 為:

$$F(x) = \frac{x-l}{h-l}$$

根據定義,

$$F(x) = \int_l^x f(u)du = \int_l^x \frac{1}{h-l}du = \frac{x-l}{h-l}$$

我們將 $U[l,h]$ 隨機變數的分配函數繪在圖 5.2 中。

圖 5.2: 分配函數: $U[l,h]$ 隨機變數

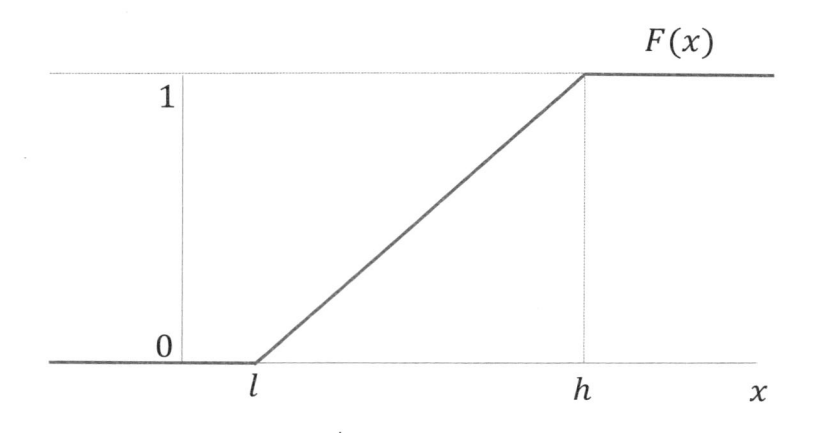

值得一提的是, $f(x) = F'(x)$ 並不需要對每一個 x 都成立。分配函數 $F(x)$ 可以在某些點上不可微, 舉例來說, 在圖 5.2 中, $F(x)$ 在 $x = l$ 與 $x = h$ 這兩個點上無法微分。

例 5.3. 假設你想要投一個標案, 將一塊畸零地改建為停車場。你知道有另外一個廠商也想要投標, 最低標者得標, 但是地主的底標為 $15,000, 亦即, 投標金額至少要小於 $15,000 才能得標。令競標對手的出價為 X, 由於我們無從得知競標對手的出價, 因此 X 為一隨機變數, 我們知道競標對手最低願以 $10,000 接案, 至於最高預算則不會超過底標, 在沒有其他更進一步的資訊下, 我們只能簡單假設 $X \sim U[10000,15000]$。

1. 如果你出價 $12,000, 試問你成功得到標案的機率?

2. 如果你出價 $14,000, 試問你成功得到標案的機率?

由於 $X \sim U[10000, 15000]$，則其 DF 為：
$$F(x) = \frac{x - 10000}{15000 - 10000} = \frac{x - 10000}{5000}$$

1. 出價 $12,000,

$$P(12{,}000 < X \leq 15000)$$
$$= F(15000) - F(12000)$$
$$= \frac{15000 - 10000}{5000} - \frac{12000 - 10000}{5000}$$
$$= 0.6$$

2. 出價 $14,000,

$$P(14000 < X \leq 15000)$$
$$= F(14000) - F(10000)$$
$$= \frac{15000 - 10000}{5000} - \frac{14000 - 10000}{5000}$$
$$= 0.2$$

5.3 什麼是分量

分量 (quantile)，又稱百分位數 (percentile)，籠統地說，給定隨機變數 X 的機率分配下，分量就是 X 的某個特定實現值 q_p，把機率分配切成兩塊，使得隨機變數小於 q_p 的機率為 p，大於 q_p 的機率為 $1-p$，如圖 5.3 所示。

底下是分量的明確定義。

定義 5.3 (分量). 給定 $0 < p < 1$，則

$$q_p = F^{-1}(p) = \min\{x : F(x) \geq p\}$$

為隨機變數 X 的 p-th 分量/分位數 (quantile)，或是稱為 $100p$-th 百分量/百分位數 (percentile)。$F^{-1}(\cdot)$ 稱為反分配函數 (inverse distribution function)，或稱分量函數 (quantile function)。

圖5.3: 分量

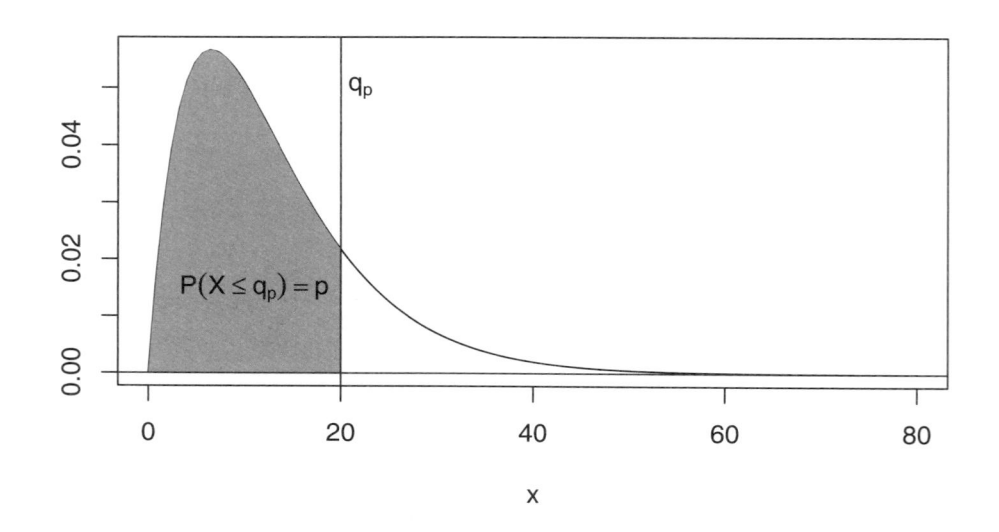

簡單地說, 分量 q_p 就是所有符合 $F(x) \geq p$ 的 x 中, 最小的那一個 x。舉例來說, $q_{0.5}$ 就是 0.5-th 分量, 也就是中位數。如果 X 為離散隨機變數, 則 $q_{0.5} = F^{-1}(p) = \min\{x : F(x) \geq 0.5\}$ 代表的就是我們將 $f(x)$ 的值不斷累加, 直到恰好等於或超過 0.5 以上為止。[1]

例 5.4. 給定隨機變數 X 的機率函數為:

$$f(x) = \frac{x}{15}, \quad \text{supp}(X) = \{1,2,3,4,5\}$$

試找出其 *0.5-th 分量 (中位數)*。

$$F(1) = f(1) = \frac{1}{15} < \frac{1}{2}$$

$$F(2) = f(1) + f(2) = \frac{1}{15} + \frac{2}{15} = \frac{3}{15} < \frac{1}{2}$$

$$F(3) = f(1) + f(2) + f(3) = \frac{1}{15} + \frac{2}{15} + \frac{3}{15} = \frac{6}{15} < \frac{1}{2}$$

$$F(4) = f(1) + f(2) + f(3) + f(4) = \frac{1}{15} + \frac{2}{15} + \frac{3}{15} + \frac{4}{15} = \frac{10}{15} \geq \frac{1}{2}$$

---

[1]注意到有的書籍在定義分量時, 會把以最大下界 (inf) 替代最小值 (min), 不過以最小值定義分量已經足以應付本書所需。

而 $F(5) = F(4) + f(5)$ 必然大於 $1/2$。亦即,

$$\{x : F(x) \geq 0.5\} = \{4, 5\}$$

因此,

$$q_{0.5} = \min\{x : F(x) \geq 0.5\} = 4$$

注意到, 分量會隨著機率分配改變而不同。底下是另一個例子。

例 5.5. 給定隨機變數 X 的機率函數為:

$$f(x) = \frac{1}{5}, \quad \text{supp}(X) = \{1, 2, 3, 4, 5\}$$

試找出其 *0.5-th* 分量 (中位數)。

$$F(1) = f(1) = \frac{1}{5} < \frac{1}{2}$$

$$F(2) = f(1) + f(2) = \frac{1}{5} + \frac{1}{5} = \frac{2}{5} < \frac{1}{2}$$

$$F(3) = f(1) + f(2) + f(3) = \frac{1}{5} + \frac{1}{5} + \frac{1}{5} = \frac{3}{5} \geq \frac{1}{2}$$

而 $F(4)$ 與 $F(5)$ 必然都大於 $1/2$。因此,

$$\{x : F(x) \geq 0.5\} = \{3, 4, 5\}$$

$$q_{0.5} = \min\{x : F(x) \geq 0.5\} = 3$$

注意到定義 5.3 對於任何分配函數都成立, 然而, 對於分配函數為嚴格遞增的連續隨機變數, 我們可以進一步得到以下性質。

性質 5.1. 若 X 的分配函數 $F(\cdot)$ 為嚴格遞增 (*strictly increasing*) 且連續, 則 $q_p = F^{-1}(p)$ 為唯一滿足 $F(q_p) = p$ 的實數, 如圖 5.4 所示。

分量是一個常用的概念。舉例來說, 在討論所得分配時, 我們會關注在所得的中位數 ($q_{0.5}$), 亦即, 全國有一半的人的所得低於 $q_{0.5}$, 另一種說法是, 從全國中任選一國民, 他的所得低於 $q_{0.5}$ 的機率為 $1/2$。

再舉例來說, 許多大規模的測驗如學科能力測驗, 就會公布所謂的頂標 ($q_{0.88}$), 前標 ($q_{0.75}$), 均標 ($q_{0.5}$), 後標 ($q_{0.25}$), 以及底標 ($q_{0.12}$), 也就是成績分別位於第 $88, 75, 50, 25,$ 以及 12 百分位數之考生級分。

圖 5.4: 連續隨機變數及其分量

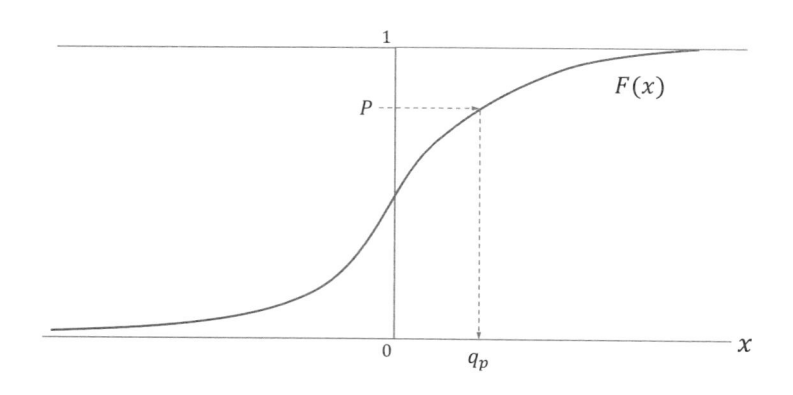

表 5.1: R 函數: 分量

分配	R 函數	例子	
Bernoulli/二項	qbinom(p,size,prob)	Binomial(10,0.7)	qbinom(0.95,10,0.7)
幾何	qgeom(p,prob)	Geo(0.7)	qgeom(0.95,0.7)
Poisson	qpois(p,lambda)	Poisson(2)	qpois(0.95,2)
均勻	qunif(p, min, max)	$U[-5,5]$	qunif(0.95,-5,5)
指數	qexp(q,rate)	exp(3)	qexp(0.95,rate=1/3)

5.4 如何以 R 程式計算機率值與找出分量

如何以 R 程式計算機率值, 我們在之前就已經介紹過, 以均勻隨機變數為例, 若 $X \sim U[-5,5]$, 則 punif(2,-5,5) 計算 $P(X \leq 2)$。

至於分量就是以 q 加上特定分配的名稱, 我們將之前介紹過的特定分配整理在表 5.1 中, 其中的例子都是計算 0.95-th 分量。

R 程式 5.1.

```
punif(2,-5,5)
qunif(0.95,-5,5)
```

執行後可得:

```
> punif(2,-5,5)
[1] 0.7
> qunif(0.95,-5,5)
[1] 4.5
```

均勻分配的 DF 則可透過以下 R 程式繪製:

R 程式 5.2.

```
x=seq(-0.5,1.5,by=0.01)
plot(x,punif(x,min=0,max=1),type="l")
```

結果繪製在圖 5.5 中。

圖5.5: 以 R 繪製 U[0,1] 隨機變數的分配函數

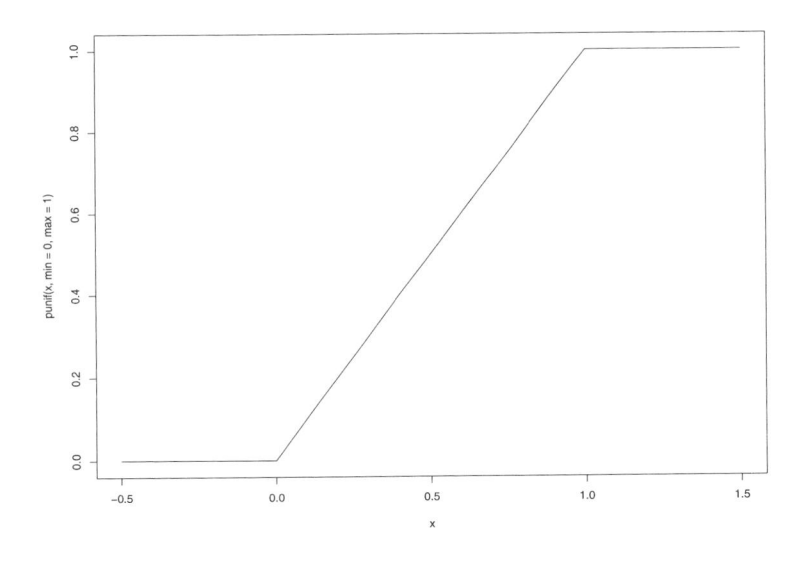

練習題

1. 給定 $X \sim \text{Binomial}\left(2, \frac{2}{3}\right)$,

    (a) 找出其分配函數 $F(x)$。

(b) 畫出 $F(X)$。

(c) 找出中位數 $q_{0.5}$。

2. 給定 $X \sim \text{Geo}(p)$,
$$f(x) = (1-p)^{x-1}p, \ x = 1, 2, \ldots$$
找出其分配函數 $F(x)$。

3. 給定隨機變數 X 的 DF 為：
$$F(x) = \begin{cases} 0, & x < 2; \\ 2/9, & 2 \leq x < 3; \\ 5/9, & 3 \leq x < 6; \\ 7/9, & 6 \leq x < 9; \\ 1, & x \geq 9. \end{cases}$$

(a) 找出 X 的砥柱集合。

(b) 找出其機率函數 $f(x)$。

4. 給定連續隨機變數 X 的分配函數為 $F(x)$，其中 $F(x)$ 為一嚴格遞增函數。

(a) 試找出隨機變數 $F(X)$ 的分配。

(b) 試證明隨機變數 $F(X)$ 與 $1 - F(X)$ 具有相同分配。

5. 給定 $X \sim \exp(\beta)$,

(a) 找出其分配函數 $F(x)$。

(b) 找出分量函數 $q_p = F^{-1}(p)$。

(c) 找出中位數 $q_{0.5}$。

6. 給定連續隨機變數 X 的 pdf 為：
$$f(x) = \begin{cases} \frac{1}{4}, & 0 \leq x \leq 1; \\ \frac{3}{4}, & 2 \leq x \leq 3; \\ 0, & \text{otherwise.} \end{cases}$$

(a) 驗證 $f(x)$ 確爲一 pdf, 並畫出 $f(x)$。

(b) 找出分配函數 $F(x)$。

(c) 畫出 $F(X)$。

7. 給定連續隨機變數 X 的 pdf 爲:
$$f(x) = \begin{cases} kx^3, & 0 \leq x \leq 1; \\ 0, & \text{otherwise.} \end{cases}$$

(a) 找出 k 值。

(b) 找出分配函數 $F(x)$。

8. 給定連續隨機變數 X 的 DF 爲:
$$F(x) = \begin{cases} 0, & x < 5; \\ \frac{x-5}{3}, & 5 \leq x \leq 8; \\ 1, & x > 8. \end{cases}$$

(a) 找出 pdf, $f(x)$。

(b) 畫出 $f(x)$ 與 $F(x)$。

9. 給定 logistic 隨機變數 X, 其 pdf 爲:
$$f(x) = \frac{e^{-x}}{(1+e^{-x})^2}, \quad -\infty < x < \infty$$

(a) 找出分配函數 $F(x)$。

(b) 找出分量函數 $q_p = F^{-1}(p)$。

(c) 利用 R 畫出 $F(x)$。

10. (R 程式作業) 以 R 計算以下機率分配的 2.5% percentile 與 97.5% percentile。

(a) Bernoulli (0.5)

(b) Binomial (70,0.38)

(c) Poisson (7)

(d) Geo (0.75)

(e) exp(1)

6 隨機變數的函數

6.1 為什麼要考慮隨機變數之函數
6.2 如果是離散隨機變數該怎麼做
6.3 如果是連續隨機變數該怎麼做
6.4 什麼是 DF 法
6.5 什麼是轉換法
6.6 隨機變數的函數有什麼應用
6.7 怎麼處理不是「一對一」對應的函數關係

　　有時我們感興趣的不是隨機變數本身,而是隨機變數的函數。舉例來說,如果隨機變數 X 代表股票報酬,我們有興趣的不是報酬本身,而是報酬所帶來的效用: $Y = u(X)$,其中 $u(\cdot)$ 為效用函數。我們在本章介紹隨機變數的函數,並介紹如何找出其對應的機率分配。

6.1 為什麼要考慮隨機變數之函數

給定 Y 為隨機變數 X 之函數:

$$Y = g(X)$$

由於 X 為隨機變數,Y 自然也是隨機變數,因此,給定我們知道 X 的機率分配,我們就需要進一步探討如何從 X 的機率性質,得到新隨機變數 Y 的機率性質。

6.2 如果是離散隨機變數該怎麼做

如果是離散隨機變數，依照定義即可順利找到 Y 的機率分配。例如 X 具有如下機率函數：

$$f(x) = \begin{cases} 0.5, & x=1, \\ 0.3, & x=0, \\ 0.2, & x=-1. \end{cases}$$

且 $Y = |X|$，則 Y 的機率函數為：

$$f(y) = \begin{cases} 0.7, & y=1, \\ 0.3, & y=0. \end{cases}$$

亦即，$Y \sim \text{Bernoulli}(0.7)$。

6.3 如果是連續隨機變數該怎麼做

給定 X 為連續隨機變數，令 Y 為 X 之函數：

$$Y = u(X)$$

假設 X 與 Y 為一對一 (one-to-one correspondence) 的轉換，我們就可以改寫成

$$X = u^{-1}(Y) = w(Y)$$

舉例來說，如果 $Y = 7X$ 或是 $Y = \log X$，則 $X = \frac{Y}{7}$ 或是 $X = e^Y$。

第一種尋找 Y 分配的方法稱作分配函數法 (distribution function technique)，簡稱 DF 法，有時也稱累積分配函數法 (cumulative distribution function technique)，簡稱 CDF 法。第二種方法稱為轉換法 (transformation method)。

6.4 什麼是 DF 法

假設 X 的分配函數 $F_X(x)$ 為已知。則 Y 的分配函數為:

$$F_Y(y) = P(Y \le y) = P(u(X) \le y)$$

假設 $u(X)$ 為嚴格遞增函數,[1] 則

$$F_Y(y) = P(Y \le y) = P(u(X) \le y) = P(X \le u^{-1}(y))$$
$$= P(X \le w(y)) = F_X(w(y))$$

因此, Y 的 pdf 為:

$$f_Y(y) = \frac{dF_Y(y)}{dy}$$

例 6.1. 給定 X 的分配函數為:

$$F_X(x) = 1 - e^{-2x}, \quad 0 < x < \infty$$

且

$$Y = e^X, \quad 1 < y < \infty$$

試找出 Y 的分配函數 $F_Y(y)$ 以及機率密度函數 $f_Y(y)$

根據 DF 法,

$$F_Y(y) = P(Y \le y) = P(e^X \le y) = P(X \le \log y)$$
$$= F_X(\log y) = 1 - e^{-2\log y} = 1 - e^{\log y^{-2}} = 1 - y^{-2}$$

因此,

$$f_Y(y) = \frac{dF_Y(y)}{dy} = 2y^{-3}, \quad 1 < y < \infty$$

例 6.2. 給定 $X \sim U[0,1]$, 且

$$Y = aX + b, \quad a > 0$$

試找出 Y 的分配函數 $F_Y(y)$ 以及機率密度函數 $f_Y(y)$, 同時辨識隨機變數 Y 的機率分配。

---

[1] 讀者應自行推導當 $u(X)$ 為嚴格遞減函數時的結果。

$$F_Y(y) = P(Y \le y) = P(aX + b \le y)$$
$$= P\left(X \le \frac{y-b}{a}\right) = F_X\left(\frac{y-b}{a}\right) = \frac{y-b}{a} = \frac{y-b}{(a+b)-b}$$

亦即,
$$Y \sim U[b, a+b]$$

而
$$f_Y(y) = \frac{dF_Y(y)}{dy} = \frac{1}{a}$$

6.5 什麼是轉換法

給定機率密度函數 $f_X(x)$ 已知。假設

1. $Y = u(X)$ 為一對一函數。

2. $u(X)$ 可微分。

則 Y 的機率密度函數 $f_Y(y)$ 可透過以下定理求得。

定理 6.1 (轉換法).
$$f_Y(y) = f_X(w(y))\left|\frac{d}{dy}w(y)\right|$$

其中, $\left|\frac{d}{dy}w(y)\right|$ 稱之為 Jacobian 項。

Proof. 由於 $y = u(x)$ 為一對一函數, 則 $u(\cdot)$ 為單調遞增, 或是單調遞減。

1. $u(\cdot)$ 為單調遞增 (參見圖 6.1)

$$u(x) \le y \iff x \le u^{-1}(y) = w(y)$$

因此,
$$F_Y(y) = P(Y \le y) = P(u(X) \le y)$$
$$= P(X \le w(y)) = F_X(w(y))$$

$$f_Y(y) = \frac{d}{dy} F_X(w(y)) = \frac{dF_X(w(y))}{dw(y)} \frac{dw(y)}{dy}$$
$$= f_X(w(y)) \left(\frac{d}{dy} w(y) \right) = f_X(w(y)) \left| \frac{d}{dy} w(y) \right|$$

其中, $\frac{d}{dy} w(y) > 0$。

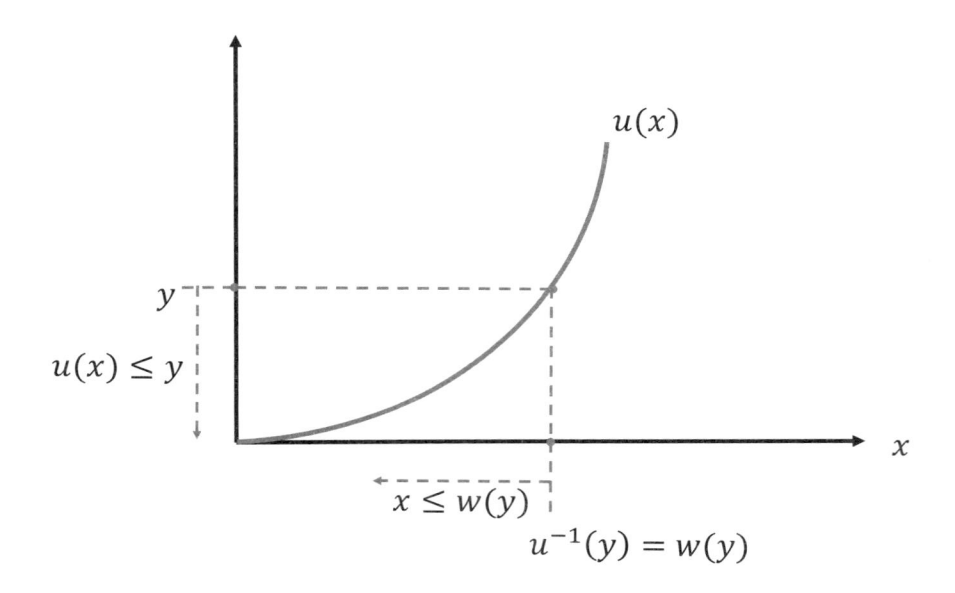

圖 6.1: $u(\cdot)$ 為單調遞增

2. $u(\cdot)$ 為單調遞減 (參見圖 6.2)

$$u(x) \leq y \iff x \geq u^{-1}(y) = w(y)$$

因此,

$$F_Y(y) = P(Y \leq y) = P(u(X) \leq y)$$
$$= P(X \geq w(y)) = 1 - F_X(w(y))$$

$$f_Y(y) = -\frac{d}{dy}F_X(w(y)) = -\frac{dF_X(w(y))}{dw(y)}\frac{dw(y)}{dy}$$
$$= f_X(w(y))\left(-\frac{d}{dy}w(y)\right) = f_X(w(y))\left|\frac{d}{dy}w(y)\right|$$

其中, $\frac{d}{dy}w(y) < 0$。

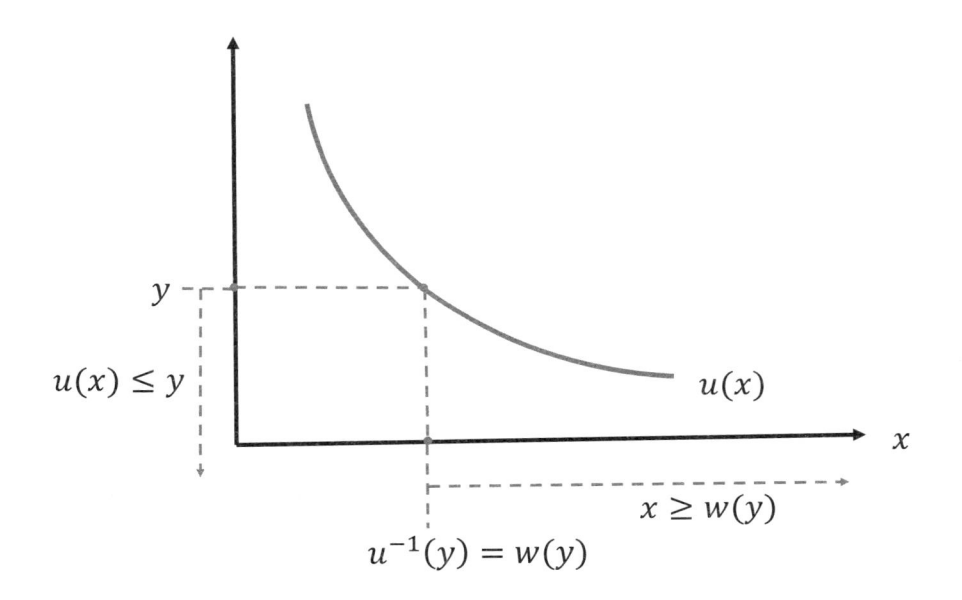

圖6.2: $u(\cdot)$ 為單調遞減

例 6.3. 給定
$$f_X(x) = 2e^{-2x}, \quad 0 < x < \infty$$
且
$$Y = e^X, \quad 1 < y < \infty$$
試以轉換法找出 Y 的機率密度函數 $f_Y(y)$

由於 $x = w(y) = \log y$，則

$$f_Y(y) = f_X(w(y))\left|\frac{d}{dy}w(y)\right| = f_X(\log y)\left|\frac{d}{dy}\log y\right| = f_X(\log y)\left|\frac{1}{y}\right|$$

$$= 2e^{-2\log y}y^{-1}$$

$$= 2e^{\log y^{-2}}y^{-1}$$

$$= 2y^{-2}y^{-1} = 2y^{-3}, \quad 1 < y < \infty$$

例 6.4. 給定 $X \sim U[0,1]$，且

$$Y = aX + b, \ a > 0$$

試以轉換法找出 Y 的機率密度函數 $f_Y(y)$

由於

$$x = w(y) = \frac{y-b}{a}$$

因此，

$$f_Y(y) = f_X(w(y))\left|\frac{d}{dy}w(y)\right| = 1\left|\frac{1}{a}\right| = \frac{1}{a}$$

結果與例 6.2 相同。

6.6 隨機變數的函數有什麼應用

以下定理說明如何透過一個簡單的函數關係，我們可以利用均勻隨機變數去製造分配函數為 $G(\cdot)$ 的隨機變數。

定理 6.2. 給定 $U \sim U[0,1]$，與分配函數 $G(\cdot)$。若令

$$X = G^{-1}(U)$$

則 X 是一個分配函數為 $G(\cdot)$ 的隨機變數。

Proof.

$$P(X \le x) = P(G^{-1}(U) \le x) = P(U \le G(x)) = G(x)$$

□

注意到在證明的過程中,我們並不是透過定義寫下 $G(x) = P(X \leq x)$,而是透過均勻隨機變數 U 的機率性質證明出 $P(X \leq x) = G(x)$。亦即,透過 $X = G^{-1}(U)$ 的轉換後,X 確實是一個分配函數為 $G(\cdot)$ 的隨機變數。

此定理提供我們一個反轉換演算法 (Inverse-Transform Algorithm),用以製造各種隨機變數。簡言之,只要我們知道某隨機變數的分配函數,並可以找出該分配函數的反函數,則透過反轉換法我們就能製造出該隨機變數。

演算法 6.1 (反轉換法).

1. 從 $U[0,1]$ 製造出一個隨機變數的實現值 u

2. 將 u 帶入 $F^{-1}(u)$,其中 $F^{-1}(\cdot)$ 為 $F(\cdot)$ 的反函數,而 $F(\cdot)$ 為隨機變數 X 的分配函數

3. 令 $x = F^{-1}(u)$,則我們製造出一個分配函數為 $F(\cdot)$ 之隨機變數 X 的實現值 x

至於要如何製造 $U[0,1]$ 的隨機變數,就不是一件容易的事。實務上,有許多演算法可以製造 $U[0,1]$ 的擬真隨機變數 (pseudo random number)。之所以稱之為「擬真」,是因為任何演算法其實都是「確定的」(deterministic),只是好的演算法可以達到「幾可亂真」的境界。然而,一但我們透過演算法製造出 $U[0,1]$ 的隨機變數後,只要 $F^{-1}(\cdot)$ 存在,就可以透過反轉換法製造出分配函數為 $F(\cdot)$ 的隨機變數。底下我們提供一個製造 logistic 隨機變數的例子。

例 6.5. 給定 $U \sim U[0,1]$,試以反轉換法製造分配函數為:

$$F(x) = \frac{e^x}{1 + e^x}$$

的 *logistic* 隨機變數 X。

對於 $U[0,1]$ 任意實現值 u,令

$$u = F(x) = \frac{e^x}{1 + e^x}$$

則
$$\frac{1}{u} = \frac{1+e^x}{e^x} = \frac{1}{e^x} + 1$$
$$e^x = \frac{u}{1-u}$$

亦即,
$$x = F^{-1}(u) = \log\left(\frac{u}{1-u}\right)$$

底下我們提供一個 R 程式, 製造 10000 個 logistic 隨機變數, 並以直方圖呈現, 執行後可得圖 6.3。

R 程式 6.1 (logistic 隨機變數).

```
set.seed(123)
u = runif(10000,0,1)
x = log(u/(1-u))



hist(x,main="logistic random variable")
```

注意到定理 6.2 可以反著看。

定理 6.3. 給定分配函數 $F_X(x)$, 若令
$$U = F_X(X)$$
則 U 為 $U[0,1]$ 的隨機變數。

我們稱此轉換為機率積分轉換 (probability integral transformation)。

6.7 怎麼處理不是「一對一」對應的函數關係

如果連續隨機變數的函數關係不是「一對一」對應, 我們通常就會使用 CDF 法, 直接從定義出發。

例 6.6. 給定隨機變數 X 的機率密度函數為:
$$f_X(x) = \frac{1}{2}, \quad -1 < x < 1$$

若令 $Y = X^2$, 試找出 Y 的分配函數以及機率密度函數。

圖6.3: logistic 隨機變數

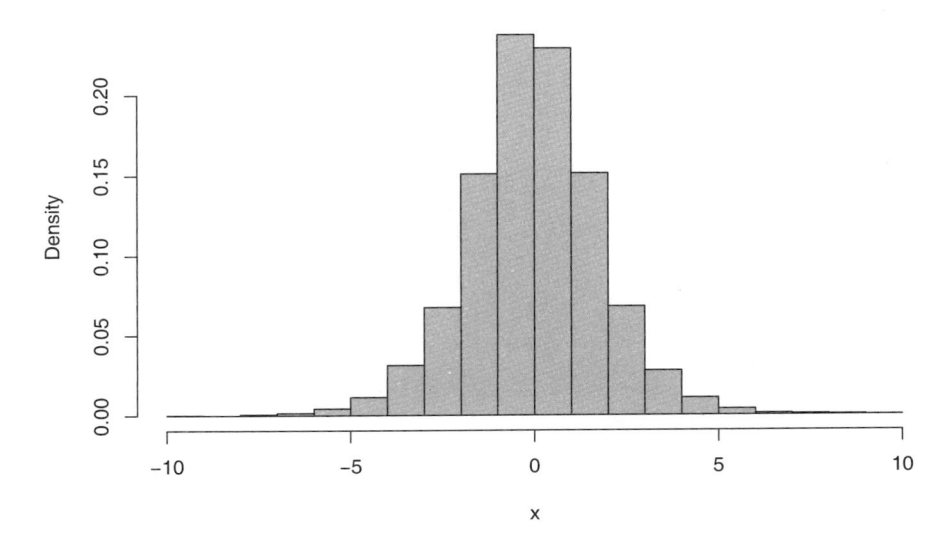

logistic random variable

首先注意到,
$$F_X(x) = \int_{-1}^{x} \frac{1}{2} du = \left[\frac{1}{2}u\right]_{-1}^{x} = \frac{x}{2} + \frac{1}{2}$$

因此, X 的分配函數為:

$$F_X(x) = \begin{cases} 0, & x<-1 \\ \frac{x+1}{2}, & -1 \leq x < 1 \\ 1, & 1 \leq x \end{cases}$$

當 $0 \leq y < 1$,

$$F_Y(y) = P(Y \leq y) = P(X^2 \leq y) = P(-\sqrt{y} \leq X \leq \sqrt{y})$$
$$= F_X(\sqrt{y}) - F_X(-\sqrt{y}) = \frac{\sqrt{y}+1}{2} - \frac{-\sqrt{y}+1}{2} = \sqrt{y}$$

則 Y 的分配函數為:

$$F_Y(y) = \begin{cases} 0, & y<0 \\ \sqrt{y}, & 0 \leq y < 1 \\ 1, & 1 \leq y \end{cases}$$

而 Y 的機率密度函數為:

$$f_Y(y) = \begin{cases} \frac{1}{2\sqrt{y}}, & 0<y<1 \\ 0, & \text{otherwise} \end{cases}$$

練習題

1. 給定隨機變數 X, 其機率函數為:

$$f(x) = \begin{cases} 1/4, & x=-1; \\ 1/8, & x=0; \\ 1/8, & x=1; \\ 1/2 & x=2; \\ 0 & \text{otherwise.} \end{cases}$$

令 $Y = X^2$,

(a) 找出 Y 的機率函數。

(b) 找出 Y 的分配函數。

2. 給定 $X \sim \text{Binomial}(n,p)$, 令 $Y = n - X$, 請找出 Y 的機率函數, 並辨認 Y 服從什麼分配。

3. 給定 $X \sim U[0,1]$,

(a) 若 $Y = aX + b, a > 0$, 以轉換法找出 Y 的機率密度函數。

(b) 若 $Z = cX + b, c < 0$, 以 DF 法找出 Z 的分配函數。

(c) Z 具有什麼機率分配?

(d) 若 $W = (h - l)X + l, h > l$, 以 DF 法找出 W 的分配函數。

(e) W 具有什麼機率分配?

4. 給定 $X \sim U[0,1]$, 試找出隨機變數 $Y = w(X)$, 具有如下 pdf:

$$f_Y(y) = \begin{cases} \frac{3}{8}y^2, & 0<y<2; \\ 0, & \text{otherwise.} \end{cases}$$

5. 給定連續隨機變數 X, 其 pdf 為:

$$f(x) = \begin{cases} |x|, & -1 \leq x \leq 1; \\ 0, & \text{otherwise.} \end{cases}$$

令 $Y = X^2$,

(a) 以 DF 法找出 Y 的機率密度函數 pdf。

(b) 計算 $P(0.3 < Y \leq 0.5)$。

(c) 找出 Y 的分配函數 DF。

6. 給定 $X \sim \exp(\beta)$, 若 $Y = \frac{1}{\beta}X$, 則 Y 服從什麼機率分配?

7. 給定連續隨機變數 X, 其 pdf 為:

$$f_X(x) = \begin{cases} \frac{3}{4}x(2-x), & 0 \leq x \leq 2; \\ 0, & \text{otherwise.} \end{cases}$$

令 $Y = \sqrt{X}$,

(a) 以 DF 法找出其機率密度函數 $f_Y(y)$。

(b) 以轉換法找出其機率密度函數 $f_Y(y)$。

8. 給定 Laplace 隨機變數 X, 其 pdf 為:

$$f(x) = \frac{1}{2}e^{-|x|}, \quad -\infty < x < \infty$$

令 $Y = |X|$, 請找出 Y 的分配函數, 並判斷 Y 服從什麼分配。

9. (R 程式作業) 承上題。安裝與載入套件 VGAM, 在設定 set.seed(123) 之下, 使用 rlaplace() 函數製造 1000 個 Laplace 隨機變數 X, 其 pdf 為:
$$f(x) = \frac{1}{2}e^{-|x|}, \quad -\infty < x < \infty$$
令 $Y = |X|$, 請畫出 Y 的直方圖, 將你的模擬結果與上一題的答案做比較

10. (R 程式作業)

    (a) 製造 10 個 U[0,1] 隨機變數的實現值。

    (b) 利用這 10 個 U[0,1] 隨機變數的實現值, 製造 10 個 exp(2) 隨機變數的實現值。

    (c) 利用這 10 個 U[0,1] 隨機變數的實現值, 製造 10 個 Bernoulli(0.3) 隨機變數的實現值。

    (d) 給定 logistic 隨機變數的分配函數為:
    $$F(x) = \frac{e^x}{1+e^x}$$
    利用這 10 個 U[0,1] 隨機變數的實現值, 製造 10 個 logistic 隨機變數的實現值。

7 期望值與變異數

7.1 為什麼要認識期望值與變異數
7.2 什麼是期望值
7.3 期望值有什麼重要功能
7.4 什麼是變異數
7.5 變異數在衡量什麼
7.6 如果求不出期望值時該怎麼辦

一般來說,描繪隨機變數特性的最佳方式就是以機率分配刻劃其全貌,亦即,利用機率函數(機率密度函數)或是分配函數予以描繪。然而,有時候我們只需要一兩個關鍵資訊即可。我們將在本章討論如何透過兩個數值:期望值與變異數,提供隨機變數的關鍵資訊。

7.1 為什麼要認識期望值與變異數

當我們購買風險性資產時,給定今天的價格為 p_0,而一年後的價格 P 未知,是一個隨機變數,因此,報酬率

$$Y = 100 \times \left(\frac{P - p_0}{p_0}\right)$$

也是一個隨機變數。

舉例來說,假設我們有兩檔股票可以購買,其報酬率 Y 與 X 的機率分配分別如表 7.1 與 7.2 所示。給定機率分配,我們應該要選哪一檔股

表7.1: 報酬率 Y 的機率分配

y	-2	0	1	4
$f(y)$	0.1	0.4	0.3	0.2

表7.2: 報酬率 X 的機率分配

x	-8	-2	3	4
$f(x)$	0.1	0.4	0.3	0.2

票？答案是，要看你「期望」從這兩檔股票得到的報酬分別有多高，或是說，平均而言，哪一檔股票可以給我比較高的報酬。如何找到所謂的「平均報酬」，就是要找出報酬率的期望值，或是稱為期望報酬率。

然而，只看股票的期望報酬率，似乎忽略掉股票這類資產具有風險的本質。至於如何衡量股票的風險，一般來說，我們使用報酬率的變異數來衡量風險。

7.2 什麼是期望值

定義 7.1 (期望值). 給定 $\mathcal{S} = \mathrm{supp}(X)$，隨機變數 X 的期望值 (*expectation, expected value*) 定義為：

若 X 離散， $E(X) = \sum_{x \in \mathcal{S}} x f(x)$

若 X 連續， $E(X) = \int_{x \in \mathcal{S}} x f(x) dx$

注意到我們用 $E(X)$ 代表對隨機變數取期望值，而 $E(\cdot)$ 又稱為期望值運算子 (expectation operator)。期望值又稱均數 (mean)，或是數學期望值 (mathematical expectation)，事實上就是將 X 所有可能實現值以機率為權數作加權平均。因此，期望值所衡量的，就是隨機變數「平均而言」會出現的值。

例 7.1. 假設我們面臨以下的賭局: 若擲銅板得到正面, 就贏得 1 塊錢, 若擲銅板得到反面, 就輸 1 塊錢, 且假設 $P(\{H\}) = 2/3$, 而 $P(\{T\}) = 1/3$, 因此, 令隨機變數 X 代表參與賭局的所得, 則其機率分配為:

$$f(x) = \begin{cases} 2/3, & x=1 \\ 1/3, & x=-1 \end{cases}$$

因此, 該賭局的期望值為:

$$E(X) = 1 \times 2/3 + (-1) \times 1/3 = 1/3$$

注意到 $1/3$ 這個數字並非隨機變數的可能實現值 (亦即, 1 與 -1), 一般而言, 離散隨機變數的期望值不會在其砥柱集合之中。因此, 在這個例子裡, 對於期望值為 $1/3$ 的詮釋應為: 平均而言, 或是說長期而言, 在多場賭局後 (n 場賭局), 當 n 夠大的話, 你會贏得 $1/3 \times n = n/3$ 塊錢。注意到如果一個賭局的期望值為 0, 我們稱之為公平賭局 (fair game)。

另外一個值得注意的事情是, 期望值是將隨機變數所有可能的實現值, 依其可能發生的機率加權後加總得來, **因此期望值是一個確定的值, 是一個常數, 不再是隨機變數**。我們常用希臘字母 μ (讀作 mu) 代表期望值 $\mu = E(X)$。

為了避免符號上的複雜, 我們將假設所有加總的範圍都是隨機變數的砥柱集合, 亦即除非另有說明, 我們將以 $\sum_x$ 與 $\int_x$ 取代 $\sum_{x \in \mathcal{S}}$ 與 $\int_{x \in \mathcal{S}}$。此外, 我們將並陳離散隨機變數與連續隨機變數的期望值運算, 看到求和符號 $\sum_x$ 與 積分符號 $\int_x$ 時, 讀者應自行腦補為離散隨機變數與連續隨機變數, 以及對應的機率函數與機率密度函數。

最後, 為了讓期望值運算在數學式中能夠比較清楚的呈現, 我們將交替使用 $E(\cdot)$ 與 $E[\cdot]$, 兩者都代表對於括號中的隨機變數取期望值。在某些書籍 (或是論文) 中, 你甚至可能會看到期望值運算省略括號, 直接以 EX 表示。

我們在底下介紹一個十分重要的定理: 不自覺的統計學家法則 (Law of the Unconscious Statistician)。

定理 7.1 (不自覺的統計學家法則). 給定 X 為一隨機變數, 則

$$E[g(X)] = \sum_x g(x)f(x)$$

$$E[g(X)] = \int_x g(x)f(x)dx$$

簡言之, 此定理就是一個「不知亦能行的公式」。[1]

延伸閱讀. 不自覺的統計學家法則看似直觀, 其證明卻並非顯而易見。有興趣的讀者可參見 *DeGroot and Schervish (2012)* 的定理 4.1.1, 或是 *Wackerly et al. (2008)* 的定理 3.2。

我想學更多

根據定理 7.1, 我們知道

$$E\left(\frac{1}{X}\right) = \sum_x \frac{1}{x} P(X=x)$$

或是

$$E\left(\sqrt{X}\right) = \sum_x \sqrt{x} P(X=x)$$

一般而言, 除非 $g(\cdot)$ 為線性函數 (linear function), 要不然根據 Jensen 不等式,

$$E[g(X)] \neq g(E(X))$$

定理 7.2 (Jensen 不等式).

1. 給定 $g(X)$ 為 *concave*, 則 $E(g(X)) \leq g(E[X])$

2. 給定 $g(X)$ 為 *convex*, 則 $E(g(X)) \geq g(E[X])$

Proof. 我們證明 concave 的情況。由於 $g(X)$ 為 concave, 則我們必能找到任意常數 a 與 b 使得

$$g(X) \leq a + bX$$

---

[1] 語見楊維哲「機率一講」, 數學傳播第二卷第三期。

圖 7.1: Strictly Concave 之函數 $g(X)$

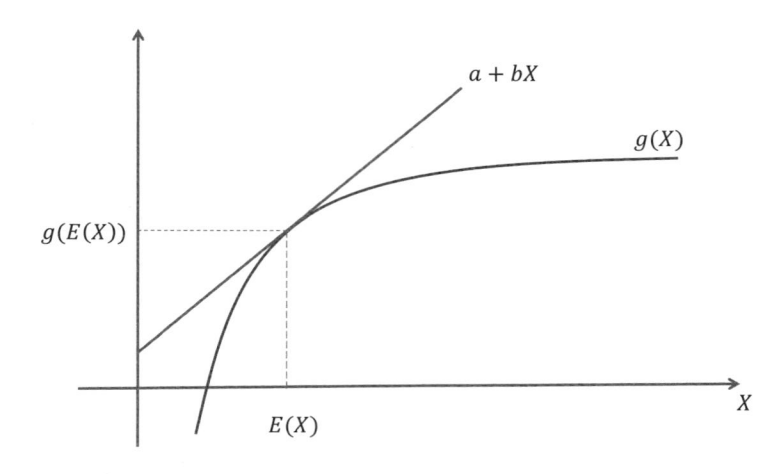

且
$$g(E(X)) = a + bE(X)$$
參見圖 7.1。兩邊同取期望值:
$$E(g(X)) \leq a + bE(X) = g(E(X))$$

□

底下是 Jensen 不等式的幾個例子:

1. Concave 函數
$$E[\log(X)] \leq \log(E[X])$$
$$E\left[X^{1/2}\right] \leq (E[X])^{1/2}$$

2. Convex 函數
$$E\left[\exp(X)\right] \geq \exp(E[X])$$
$$E\left[X^2\right] \geq (E[X])^2$$

唯有在 $g(X)$ 為線性時,
$$E(g(X)) = g(E[X])$$

以下羅列與期望值相關的其他重要性質。

性質 7.1. 給定隨機變數 X 與常數 a, b, c,

1. $E(c) = c$, 且 $E[E(X)] = E(X)$

2. $E(aX) = aE(X)$

3. $E(aX + b) = aE(X) + b$

Proof. 我們以離散隨機變數證明, 對連續隨機變數的證明相仿, 唯一的不同點是將求和 $\sum_x$ 以積分 $\int_x$ 取代。令 $f(x) = P(X = x)$,

$$E(c) = \sum_x cf(x) = c \sum_x f(x) = c$$

因此, 由於 $E(X)$ 為常數,

$$E[E(X)] = E(X)$$

此外,

$$E(aX) = \sum_x axf(x) = a \sum_x xf(x) = aE(X)$$

$$E(aX + b) = \sum_x (ax + b)f(x) = \sum_x axf(x) + \sum_x bf(x)$$

$$= a \sum_x xf(x) + b \sum_x f(x) = aE(X) + b$$

$\square$

值得注意的是, 性質 7.1-3 告訴我們, 期望值運算 $E(\cdot)$ 是一個線性運算子 (linear operator)。舉例來說, 給定 $g(X) = X - E(X)$, 則根據性質 7.1-1 與 7.1-3,

$$E[g(X)] = E[X - E(X)] = E(X) - E(X) = 0$$

7.3 期望值有什麼重要功能

以下定理說明期望值的一個重要性質: $E(X)$ 為最佳常數預測式。我們以常數 c 預測隨機變數 X, 兩者之間的差異 $X - c$ 就稱為誤差 (或是預測誤差)。我們當然希望平均誤差 (亦即誤差的期望值) 能夠越小越好。然而, 誤差有正有負, 如果單純求取期望值, 則正負會相抵。因此, 我們考慮所謂的均方誤, 就是將誤差平方後取期望值, 並以均方誤作爲預測好壞的評判標準: 均方誤越小越好。另一個避免正負相抵的方式是取絕對值, 但是絕對值這傢伙的個性有點難搞 (譬如 kink 的存在), 所以我們不喜歡它。

定理 7.3 (最佳常數預測式).

$$E(X) = \arg\min_c E\left[(X-c)^2\right]$$

其中, $E\left[(X-c)^2\right]$ 稱之爲均方誤 (mean squared error)。

Proof.

$$E\left[(X-c)^2\right] = E\left[(X-E(X)+E(X)-c)^2\right]$$
$$= E\left[(X-E[X])^2\right] + E\left[(E(X)-c)^2\right] + 2E\left[(X-E[X])(E(X)-c)\right]$$

其中

$$2E\left[(X-E[X])(E(X)-c)\right] = 2(E(X)-c)E[X-E(X)] = 0$$

因此,

$$E\left[(X-c)^2\right] = E\left[(X-E[X])^2\right] + E\left[(E[X]-c)^2\right]$$

由於 $E\left[(X-E[X])^2\right] \geq 0$ 且 $E\left[(E[X]-c)^2\right] \geq 0$, 因此, 當 $c = E(X)$ 時可使 $E\left[(X-c)^2\right]$ 達到極小。 □

定理 7.3 說明, 如果我們試圖用一個常數預測隨機變數 X, 則期望值 $E(X)$ 就是可以讓均方誤達到最小的常數。

7.4 什麼是變異數

接下來, 我們介紹變異數 (variance), 變異數是用來衡量所有可能實現值偏離期望值 (均數) 的離散程度。

定義 7.2 (變異數). 隨機變數 X 的變異數定義為:

$$Var(X) = E\left[(X - E[X])^2\right]$$

根據定理 7.1, 令 $g(X) = (x - E[X])^2$

$$E\left[(X - E[X])^2\right] = \begin{cases} \sum_x (x - E[X])^2 f(x) \\ \int_x (x - E[X])^2 f(x) dx \end{cases}$$

注意到變異數也是常數, 我們常用希臘字母 σ^2 (σ 讀作 sigma) 代表變異數 $\sigma^2 = Var(X)$。由於我們將隨機變數減去其均數後再平方, 使得變異數的單位難以定義。舉例來說, 如果 X 代表賭資, 則期望值的單位為元, 而變異數的單位為元的平方, 不具任何意義。因此, 我們將變異數開平方根, 得到單位具有意義的離散程度衡量, 稱之為標準差 (standard deviation)。

定義 7.3 (標準差). 隨機變數 X 的標準差 *(standard deviation)* 定義為:

$$SD(X) = \sqrt{Var(X)} = \sigma$$

7.5 變異數在衡量什麼

根據變異數的定義, 我們知道變異數衡量的是隨機變數可能實現值偏離其期望值的程度:「變異數越大, 代表隨機變數有較高的可能性偏離期望值; 而變異數越小, 代表隨機變數有較高的可能性集中在期望值的附近。」我們在此以具體的例子來說明變異數的應用。

以風險性資產報酬率 X 為例, X 的變異數代表的就是資產的風險 (risk) 大小。舉例來說, 假設有另一檔報酬率為 Z 的股票, 其機率分配如表 7.3 所示。

比較表 7.1 與 7.3 可知, Y 與 Z 具有相同的期望報酬率:

$$E(Y) = (-2) \times 0.1 + 0 \times 0.4 + 1 \times 0.3 + 4 \times 0.2 = 0.9(\%)$$
$$E(Z) = (-8) \times 0.1 + (-2) \times 0.4 + 3 \times 0.3 + 8 \times 0.2 = 0.9(\%)$$

表7.3: 報酬率 Z 的機率分配

z	−8	−2	3	8
$f(z)$	0.1	0.4	0.3	0.2

在這種情況下, 應該要選擇哪一檔股票? 答案是: 選擇變異數較小的那一個。我們在圖 7.2 畫出 Y 與 Z 的機率分配, 我們可以看到, Z 的可能實現值的變動範圍較 Y 來得大, 從 -8% 到 8%, 而 Y 的可能實現值比較集中在期望報酬率 0.9% 附近, 變動範圍在 -2% 到 4% 之間。簡言之, Z 的波動程度較大, 容易大起大落, 所以風險較高。透過簡單計算可得:

$$Var(Y) = (-2 - 0.9)^2 \times 0.1 + (0 - 0.9)^2 \times 0.4$$
$$+ (1 - 0.9)^2 \times 0.3 + (4 - 0.9)^2 \times 0.2 = 3.09$$
$$Var(Z) = (-8 - 0.9)^2 \times 0.1 + (-2 - 0.9)^2 \times 0.4$$
$$+ (3 - 0.9)^2 \times 0.3 + (8 - 0.9)^2 \times 0.2 = 22.69$$

亦即, 股票 Z 的風險遠大於股票 Y。

一般來說, 我們都會假設人們為風險趨避 (risk averse), , 當風險越高, 效用就會越低 (有興趣的讀者可以參考 Varian (2019, ch.12))。因此, 給定 $E(Y) = E(Z)$, 風險小的 Y 是較好的選擇。

以下為變異數的重要性質:

性質 7.2. 給定隨機變數 X 與常數 a, b, c,

1. $Var(c) = 0$

2. $Var(aX + b) = a^2 Var(X)$

3. $Var(X) = E(X^2) - [E(X)]^2$

Proof.

$$Var(c) = E[(c - E[c])^2] = E[(c - c)^2] = E(0) = 0$$

圖7.2: 兩檔股票報酬率的機率分配

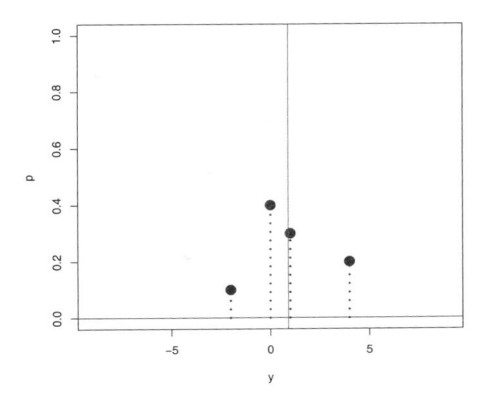

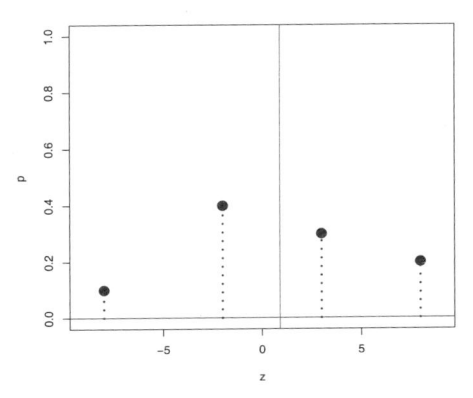

$$Var(aX + b) = E[(aX + b - E[aX + b])^2] = E[(aX - aE[X])^2]$$
$$= E[a^2(X - E[X])^2] = a^2 E[(X - E[X])^2] = a^2 Var(X)$$

$$Var(X) = E[(X - E[X])^2]$$
$$= E[X^2 - 2XE(X) + [E(X)]^2]$$
$$= E(X^2) - 2E(X)E(X) + [E(X)]^2$$
$$= E(X^2) - [E(X)]^2$$

注意到證明的過程中，由於 $E(X)$ 為一常數，因此，

$$E(2XE[X]) = 2E(X)E(X)$$

例 7.2. 給定 $X \sim Bernoulli(p)$, 則其期望值與變異數分別為:

$$E(X) = p$$

$$Var(X) = p(1-p)$$

$$E(X) = \sum_X x f(x) = 0 \times (1-p) + 1 \times p = p$$

$$Var(X) = \sum_x (x - E[X])^2 f(x) = (0-p)^2 \times (1-p) + (1-p)^2 \times p$$
$$= p^2(1-p) + (1-p)^2 p = p(1-p)$$

再看一個連續隨機變數的例子。

例 7.3. 給定 $X \sim U[0,1]$，則其期望值與變異數分別為：

$$E(X) = \frac{1}{2} \qquad Var(X) = \frac{1}{12}$$

$$E(X) = \int_0^1 x\,dx = \left[\frac{x}{2}\right]_{x=0}^1 = \frac{1}{2}$$

$$Var(X) = E(X^2) - E(X)^2 = \int_0^1 x^2\,dx - \frac{1}{4} = \left[\frac{x^3}{3}\right]_{x=0}^1 - \frac{1}{4} = \frac{1}{12}$$

因此，根據第 6 章的習題 3(d)，給定 $Y \sim U[l,h]$，則可將 Y 寫成：

$$Y = (h-l)X + l, \quad X \sim U[0,1]$$

根據性質 7.1 以及 7.2，

$$E(Y) = (h-l)E(X) + l = \frac{h-l}{2} + l = \frac{l+h}{2}$$

$$Var(Y) = (h-l)^2 Var(X) = \frac{(h-l)^2}{12}$$

性質 7.3. 對於任何隨機變數 X，且 $E(X) = \mu$，$Var(X) = \sigma^2$，我們會以底下的方式表示：

$$X \sim (\mu, \sigma^2)$$

代表隨機變數 X 來自期望值為 μ，變異數為 σ^2 的機率分配。

7.6 如果求不出期望值時該怎麼辦

在某些情況下，對於某些隨機變數的函數要求得其期望值與變異數並不容易。舉例來說，要直接計算 $E(\sqrt{X})$ 或是 $Var(\sqrt{X})$ 並非易事，以下性質幫助我們找出期望值與變異數的近似。

性質 7.4.

$$E(g(X)) \approx g(E[X])$$

$$Var(g(X)) \approx [g'(E[X])]^2 Var(X)$$

Proof. 對 $g(X)$ 在 $E(X)$ 做一階泰勒展開：

$$g(X) \approx g(E[X]) + g'(E[X])(X - E[X])$$

因此,

$$E[g(X)] \approx g(E[X]) + g'(E[X])(E[X] - E[X]) = g(E[X])$$

$$Var[g(X)] \approx Var[g(E[X]) + g'(E[X])(X - E[X])]$$
$$= [g'(E[X])]^2 Var(X - E[X]) = [g'(E[X])]^2 Var(X)$$

□

這個性質時常應用在國際金融或是財務經濟學。舉例來說, 我們常會將匯率或是股票價格取對數, 亦即, $g(X) = \log(X)$, 性質 7.4 就相當好用。

例 7.4. 給定 $X \sim (\mu, \sigma^2)$, 則

$$E(\log X) \approx \log E(X) = \log \mu$$

$$Var(\log X) \approx \left(\frac{1}{E(X)}\right)^2 Var(X) = \frac{\sigma^2}{\mu^2}$$

練習題

1. 給定 $X \sim U[0,1]$, 且 $Y = g(X) = e^X$。

   (a) 找出 Y 的 pdf 後計算 $E(Y)$。
   (b) 直接計算 $E[g(X)]$。

2. 一塊蛋糕會被隨機切成比例大小不一的兩塊，而 Peggy 一定會選擇比較大的那一塊。令隨機變數 Y 代表 Peggy 拿到的蛋糕比例，試求算 $E(Y)$。

3. 試證明：
$$E(X^2) \geq [E(X)]^2$$

4. (聖彼得堡悖論) 考慮以下的賭局：

   投擲一枚公正的銅板。第一次就出現正面的話得到 2 元且賭局結束。假如第一次為反面，第二次為正面則得到 4 元。第一、二次為反面，第三次為正面則得到 8 元。以此類推，若在第 x 次才出現正面則得到 2^x 元。理論上，如果一直沒有出現正面，就可以無止境地一直玩下去。

   (a) 令 $g(X) = 2^X$ 代表賭局的收益。這個賭局的期望收益是多少？
   (b) 如果人們關心的不是收益，而是收益帶來的效用 $U(2^X) = \log(2^X)$，這個賭局的期望效用是多少？

5. 給定 $X \sim U[-1,1]$，計算以下隨機變數的期望值與變異數。

   (a) $Y = g(X) = |X|$
   (b) $Y = g(X) = X^2$

6. 給定 $X \sim (\mu, \sigma^2)$，

   (a) 計算 $E\left[\left(\frac{X-\mu}{\sigma}\right)\right]$
   (b) 計算 $E\left[\left(\frac{X-\mu}{\sigma}\right)^2\right]$

7. (不等式) 給定 X 為非負的隨機變數，且 $a > 0$，

   (a) 證明 Markov 不等式：
$$P(X \geq a) \leq \frac{E(X)}{a}$$

(b) 令 $Y = (X - E(X))^2$, 證明 Chebyshev 不等式:
$$P(|X - E(X)| \geq b) \leq \frac{Var(X)}{b^2}$$

8. 給定連續隨機變數 X, 其 pdf 為:
$$f(x) = \begin{cases} \frac{x}{4}, & 0 \leq x \leq 2; \\ \frac{1}{2}, & 2 < x \leq 3; \\ 0, & \text{otherwise.} \end{cases}$$

(a) 求算 $E(X)$。

(b) 求算 $E(X^2)$。

(c) 求算 $Var(X)$。

9. (R 程式作業) 給定 $X \sim U[a,b]$,

(a) 計算 $E\left(\frac{1}{X}\right)$。

(b) 若 $a = 1, b = 4$, 請計算 $E\left(\frac{1}{X}\right)$。

(c) 若 $a = 1, b = 4$, 請以 R 計算
$$\int_a^b \left(\frac{1}{x}\right)\left(\frac{1}{b-a}\right) dx$$

(d) 若 $a = 1, b = 4$, 請以 R 作模擬, 從 $U[a,b]$ 抽出 10,000 個 x: $\{x_1, x_2, \ldots, x_{10000}\}$ 後, 計算
$$\frac{1}{10000}\left(\frac{1}{x_1} + \frac{1}{x_2} + \cdots + \frac{1}{x_{10000}}\right)$$

(e) 比較 (b)–(d) 的數值。

10. (R 程式作業)

給定 $X \sim U[1,2]$, 以下驗證例 7.4。

(a) 以 R 計算 $E(\log(X))$

(b) 以 R 計算 $\log E(X)$

(c) 以 R 計算 $Var(\log(X))$

(d) 以 R 計算 $\left(\frac{1}{E(X)}\right)^2 Var(X)$

透過此習題, 我們可以驗證例 7.4 中的近似還算不差。

8 動差與動差生成函數

8.1 什麼是動差
8.2 為什麼要認識動差
8.3 如何以 R 程式計算動差
8.4 什麼是動差生成函數
8.5 動差生成函數有什麼重要功能

本章介紹隨機變數的動差。事實上, 在第 7 章中所討論的期望值與變異數, 分別為一階動差與二階中央動差。我們將進一步介紹動差生成函數及其相關重要性質。

8.1 什麼是動差

我們在此介紹動差的定義, 並討論若干高階動差之性質。

定義 8.1 (動差, 中央動差與標準化動差). 隨機變數 X 的動差分別為:

1. k 階動差: $\mu_k = E(X^k)$

2. k 階中央動差: $\mu'_k = E\left[(X - E[X])^k\right]$

3. k 階標準化動差 $\gamma_k = E\left[\left(\dfrac{X-E(X)}{\sqrt{Var(X)}}\right)^k\right]$

圖 8.1: 右長尾 (右偏) 的機率密度函數

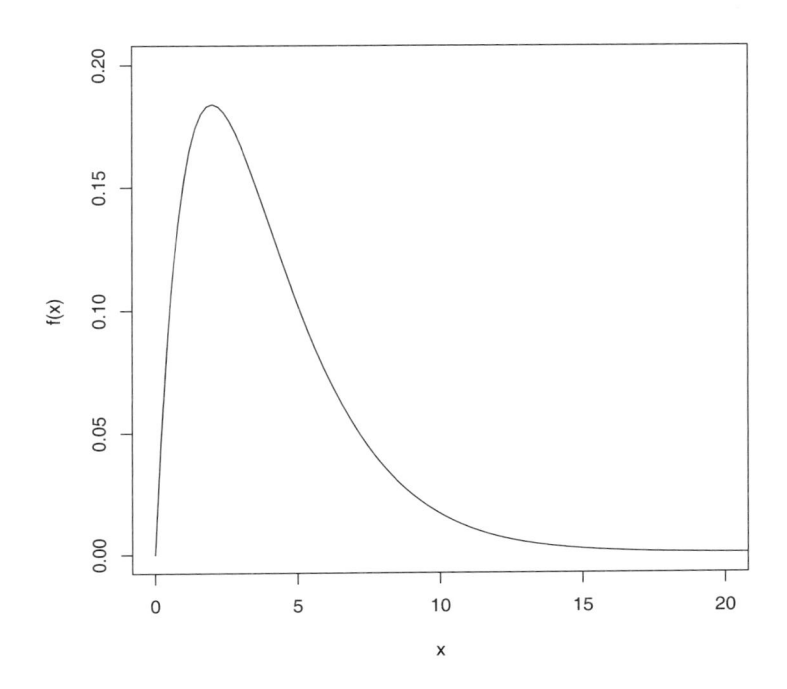

顯而易見, 一階動差就是隨機變數的期望值, 而二階中央動差就是隨機變數的變異數。三階與四階標準化動差則分別稱為偏態 (skewness) 與峰態 (kurtosis)。以連續隨機變數為例, 若隨機變數的機率分配為一對稱分配, 則三階標準化動差 (偏態, γ_3) 為 0 (但反之不一定成立)。一般來說, 若 $\gamma_3 > 0$, 代表分配具有右長尾 (右偏), 若 $\gamma_3 < 0$, 代表分配具有左長尾 (左偏)。圖 8.1 提供了一個右長尾分配的例子。

至於四階標準化動差 (峰態, γ_4) 則與常態分配有關 (我們將在第 9 章詳細介紹常態分配)。常態分配的峰態為 3, 因此, 若 $\gamma_4 > 3$, 則分配在尾部具有較高的機率, 亦即厚尾 (fat-tailed/heavy-tailed) 現象。參見圖 8.2 中, 虛線為標準常態分配, 而實線則為 $\gamma_4 > 3$ 的厚尾分配。

關於四階標準化動差, 有兩點值得進一步說明。第一, 四階標準化動差 γ_4 被稱為峰態, 但事實上 γ_4 與分配頂端的形狀為尖狹或是闊平沒有

圖 8.2: 厚尾分配 (實線) 與標準常態分配 (虛線) 的機率密度函數

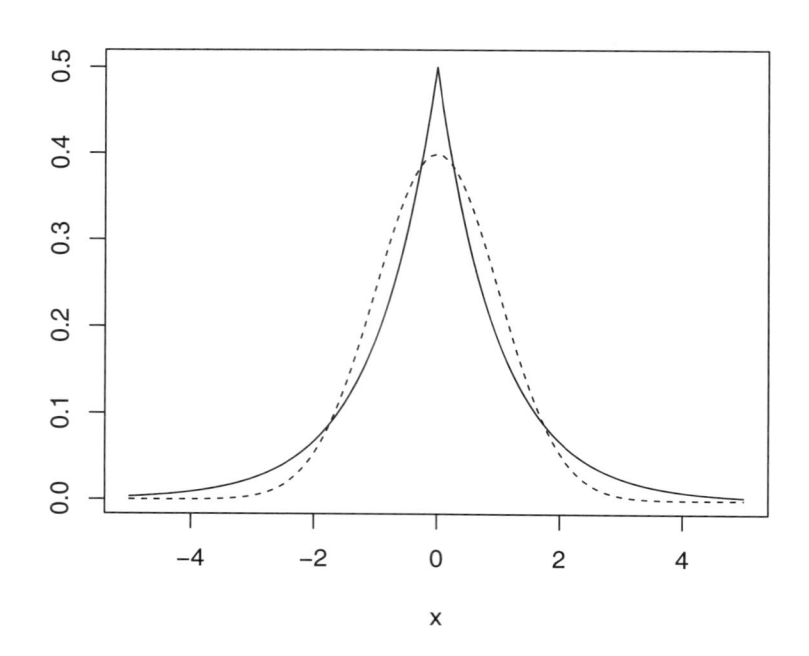

關係, 而是跟厚尾有關。根據 Johnson et al. (1980), 給定相同的峰態係數, 分配頂端的形狀可能是為尖狹, 也可能是闊平 (參見 Johnson et al. (1980) 論文中的圖 B)。因此, 他們下結論為:

> "The notion that kurtosis measures 'peakedness' is clearly not true."

第二, $\gamma_4 > 3$ 代表分配具有厚尾, 但是具有厚尾的分配不一定可算出四階標準化動差。舉例來說, 圖 8.3 畫出一扁平厚尾分配, 其四階標準化動差不存在。

8.2 為什麼要認識動差

根據上一節的討論, 我們不難發現, 透過了解一個隨機變數的各階動差,

圖8.3: 扁平厚尾分配 (實線) 與標準常態分配 (虛線) 的機率密度函數

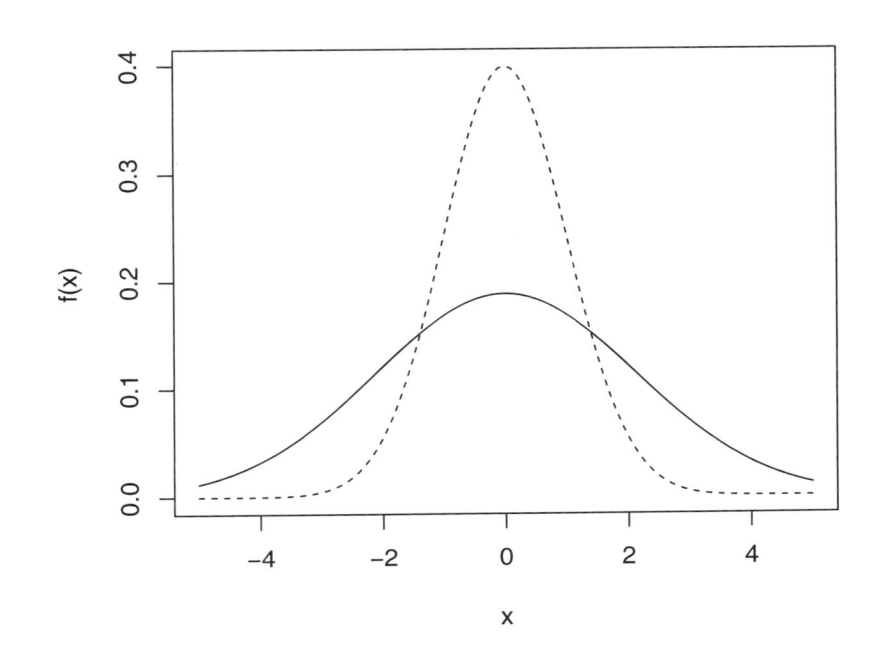

我們可以大致了解其機率分配的高矮胖瘦, 是對稱的, 還是左右不對稱。因此, 當我們無法一窺隨機變數整個分配的全貌時, 動差就能提供相當有用的資訊。舉例來說, 當我們不知道某人的長相 (可類比為機率分配) 時, 還是可以透過一些特徵 (可類比為動差) 如髮色, 長髮或短髮, 直髮或捲髮, 眼睛大小, 額頭高低, 嘴唇厚薄, 眉毛長短粗細等資訊, 拼湊出其長相。此外, 在之後第 15 章討論估計時, 我們還會介紹一種與動差有關的估計方式, 稱為「動差法」。

在總體經濟學的研究中, 我們學到許多不一樣的理論模型, 例如新古典模型 (或稱為實質景氣循環模型), 以及新凱因斯模型。雖然所有的經濟理論模型都是錯的, 但是我們會想要了解哪一個理論模型能夠提供較好的近似, 或是說, 哪一個理論模型較貼近現實。一種評斷模型優劣的方法稱為「動差配適」(moment matching)。舉例來說, 根據實際資料, 景氣循環的特徵有：

$$Var(C) < Var(GDP) < Var(I)$$

消費 C 的變異數最小，其次為實質產出 GDP，而投資 I 的變異數最大。因此，任何一個「端得上檯面」的理論模型，至少要能複製此動差的性質，如果連這點都無法做到，就會被淘汰掉。

此外，總體經濟學的研究中還有一種稱為「模型校準」(calibration) 的研究方法。意思是，透過調整理論模型中的參數值，讓模型的理論動差與實際資料所計算出來的動差能夠越靠近越好。亦即，「校準」出一個最為貼近實際的模型。

8.3 如何以 R 程式計算動差

對於離散隨機變數，我們可以透過加總函數 sum() 計算各階動差。舉例來說，以下 R 程式計算 Binomial(20,0.7) 的 4 階動差, $E(X^4)$：

R 程式 8.1(計算離散隨機變數動差).

```
g = function(x) { x^4*dbinom(x,size=20,0.7) }
ex4 = sum(g(0:20))
ex4
```

執行後可得：

```
> ex4
[1] 43312.95
```

至於連續隨機變數，我們以積分函數 integrate() 計算各階動差。舉例來說，以下 R 程式計算 exp(2) 的 4 階動差, $E(X^4)$：

R 程式 8.2(計算離散隨機變數動差).

```
h = function(x) { x^4*dexp(x,rate=1/2) }
ex4 = integrate(h, lower = 0, upper = Inf)
ex4
```

執行後可得:

```
> ex4
384 with absolute error < 0.00025
```

8.4 什麼是動差生成函數

我們在此節介紹動差生成函數 (moment generating functions)。

定義 8.2 (動差生成函數). 令 X 為一隨機變數, 給定 $h > 0$, 使得以下的函數

$$M_X(t) = E(e^{tX})$$

對於所有 t 而言 $(-h < t < h)$ 存在且有限 (exists and is finite), 則此 t 的函數稱之為隨機變數 X 的動差生成函數 (moment generating function), 簡稱 MGF。

根據定理 7.1,

$$E(e^{tX}) = \begin{cases} \sum_x e^{tx} f(x) \\ \int_x e^{tx} f(x) dx \end{cases}$$

底下我們以幾個特定分配的 MGF 作為例子。

例 8.1 (Bernoulli 隨機變數的動差生成函數). 若 $X \sim Bernoulli(p)$, 則其 MGF 為:

$$M_X(t) = E(e^{tX}) = (1-p) + pe^t$$

$$M_X(t) = E(e^{tX}) = \sum_{x=\{0,1\}} e^{tx} P(X = x)$$
$$= e^0(1-p) + e^t p = (1-p) + pe^t$$

例 8.2 (二項隨機變數的動差生成函數). 若 $Y \sim Binomial(n,p)$, 則其 MGF 為:

$$M_Y(t) = E(e^{tY}) = [(1-p) + pe^t]^n$$

$$M_Y(t) = E(e^{tY}) = \sum_{y=0}^{n} e^{ty} P(Y = y)$$
$$= \sum_{y=0}^{n} e^{ty} \binom{n}{y} p^y (1-p)^{n-y}$$
$$= \sum_{y=0}^{n} \binom{n}{y} (pe^t)^y (1-p)^{n-y}$$
$$= [(1-p) + pe^t]^n$$

最後的等號來自二項式定理: $(a+b)^n = \sum_{y=0}^{n} \binom{n}{y} a^y b^{n-y}$。

例 8.3 (均勻隨機變數的動差生成函數). 若 $X \sim U[l,h]$, 則其 MGF 為:

$$M_X(t) = \frac{e^{th} - e^{tl}}{(h-l)t}, \quad t \neq 0$$

$$M_X(t) = E(e^{tX}) = \int_l^h e^{tx} \frac{1}{h-l} dx = \frac{1}{h-l} \int_l^h e^{tx} dx$$
$$= \frac{1}{h-l} \left[\frac{1}{t} e^{tx} \right]_l^h = \frac{e^{th} - e^{tl}}{(h-l)t}$$

注意到在 $t = 0$ 時, $M_X(t) = E(X^0) = 1$。

底下性質說明, 在給定兩隨機變數具線性轉換關係, 其動差生成函數之間的關聯性。

性質 8.1. 給定 X 的 MGF 為 $M_X(t)$。令 $Y = aX + b$, 則

$$M_Y(t) = e^{bt} M_X(at)$$

Proof.

$$M_Y(t) = E(e^{tY}) = E\left[e^{t(aX+b)}\right] = E\left[e^{atX} e^{bt}\right]$$
$$= e^{bt} E(e^{atX}) = e^{bt} M_X(at)$$

8.5 動差生成函數有什麼重要功能

動差生成函數顧名思義, 可以用來幫助我們計算動差, 以下性質連結動差生成函數與各階動差。

性質 8.2.
$$E(X^k) = M_X^{(k)}(0)$$
其中 $M_X^{(k)}(t)$ 代表 $M_X(t)$ 的 k 階導函數。

Proof. 我們以離散隨機變數為例,

$$M_X'(t) = \frac{d}{dt}\sum_x e^{tx}P(X=x) = \sum_x \frac{d}{dt}e^{tx}P(X=x) = \sum_x xe^{tx}P(X=x)$$

因此,

$$M_X'(0) = \sum_x xP(X=x) = E(X)$$

$$M_X''(t) = \frac{d^2}{dt^2}\sum_x e^{tx}P(X=x) = \sum_x \frac{d^2}{dt^2}e^{tx}P(X=x) = \sum_x x^2 e^{tx}P(X=x)$$

因此,

$$M_X''(0) = \sum_x x^2 P(X=x) = E(X^2)$$

依此類推, 可得

$$M_X^{(k)}(0) = E(X^k)$$

□

舉例來說, 我們知道 Bernoulli(p) 隨機變數的動差生成函數為:

$$M_X(t) = E(e^{tx}) = (1-p) + pe^t$$

因此,

$$E(X) = M_X'(0) = pe^t\big]_{t=0} = p$$
$$E(X^2) = M_X''(0) = pe^t\big]_{t=0} = p$$

$$Var(X) = E(X^2) - [E(X)]^2 = p - p^2 = p(1-p)$$

注意到, 由性質 8.2 可得知為何 $M_X(t)$ 稱為隨機變數 X 的動差生成函數, 然而, 我們很少會透過動差生成函數來計算動差。

在 R 語言中, 我們可以利用 D() 函數來計算導函數 (derivative)。以 Bernoulli(p) 隨機變數的動差生成函數為例, R 程式如下:

R 程式 8.3.

```
p = 0.7
M = expression((1-p)+p*exp(t))
M1 = D(M, 't')
M2 = D(D(M, 't'), 't')
t = 0
eval(M1)
eval(M2)
```

執行後可得:

```
> M1(0)
[1] 0.7
> M2(0)
[1] 0.7
>
```

亦即, $M'_t(0) = M''_t(0) = 0.7$。雖然我們可以透過動差生成函數計算動差, 但是利用動差生成函數計算動差顯然是大材小用, 底下的「唯一性」性質, 才是動差生成函數真正犀利之處。

性質 8.3 (唯一性). 對於所有的 $t \in (-h, h)$, 如果 $M_X(t) = M_Y(t)$, 則 X 與 Y 具有相同的分配 $X \stackrel{d}{=} Y$。

Proof. 證明已超出本書範圍。 □

根據性質 8.3, 給定動差生成函數存在, 任何一個特定分配對應著一個唯一的動差生成函數。或者說, **如果兩個隨機變數具有相同的動差生成函數, 則這兩個隨機變數具有相同的機率分配**。因此, 我們可以利用動差生成函數來辨識 (identify) 特定分配。在統計學中, 性質 8.3 才是動差生成函數最重要的應用。也就是說, 當我們需要辨識某隨機變數 (或是隨機變數的函數) 是否為特定分配時, 動差生成函數是我們常用的工具, 我們在之後的章節會時常用到此性質。舉例來說, 如果我們得到某隨機變數 X 的動差生成函數為:

$$M_X(t) = [0.3 + 0.7e^t]^{35}$$

我們就能斷定

$$X \sim \text{Binomial}(35, 0.7)$$

我們將常見隨機變數的機率 (密度) 函數, 期望值, 變異數以及動差生成函數 ($M_X(t)$) 整理在表 8.1 中。其中, Normal (常態分配), Gamma 分配與 Chi-Square (卡方分配) 將分別在第 9 與第 18 章介紹。

表 8.1: 常用機率分配

隨機變數	機率 (密度) 函數 $f(x)$	期望值 $E(X)$	變異數 $Var(X)$	動差生成函數 $M_X(t)$
Bernoulli (p) $x = 0, 1$	$p^x(1-p)^{1-x}$	p	$p(1-p)$	$(1-p) + pe^t$
Binomial (n,p) $x = 0, 1, 2, \ldots, n$	$\binom{n}{x} p^x(1-p)^{n-x}$	np	$np(1-p)$	$[(1-p) + pe^t]^n$
Geometric (p) $x = 1, 2, \ldots$	$(1-p)^{x-1} p$	$\dfrac{1}{p}$	$\dfrac{1-p}{p^2}$	$\dfrac{pe^t}{1-(1-p)e^t}$
Poisson (λ) $x = 0, 1, 2, \ldots$	$\dfrac{e^{-\lambda}\lambda^x}{x!}$	λ	λ	$e^{\lambda(e^t-1)}$
Uniform $[l, h]$ $l \leq x \leq h$	$\dfrac{1}{h-l}$	$\dfrac{l+h}{2}$	$\dfrac{(h-l)^2}{12}$	$\dfrac{e^{ht}-e^{lt}}{(h-l)t}$
Exponential (β) $0 < x < \infty$	$\dfrac{1}{\beta} e^{-\frac{1}{\beta}x}$	β	β^2	$\dfrac{1}{1-\beta t}$
Normal (μ, σ^2) $-\infty < x < \infty$	$\dfrac{1}{\sqrt{2\pi}\sigma} e^{-\frac{1}{2}\left(\frac{x-\mu}{\sigma}\right)^2}$	μ	σ^2	$e^{\mu t + \frac{1}{2}\sigma^2 t^2}$
Gamma (α, β) $0 < x < \infty$	$\dfrac{x^{\alpha-1} e^{-\frac{1}{\beta}x}}{\beta^\alpha \Gamma(\alpha)}$	$\alpha\beta$	$\alpha\beta^2$	$\left(\dfrac{1}{1-\beta t}\right)^\alpha$
Chi-Square (k) $0 < x < \infty$	$\dfrac{x^{\frac{k}{2}-1} e^{-\frac{1}{2}x}}{2^{\frac{k}{2}} \Gamma(\frac{k}{2})}$	k	$2k$	$\left(\dfrac{1}{1-2t}\right)^{\frac{k}{2}}$

練習題

1. 證明以下隨機變數在表 8.1 中的動差生成函數, 並以動差生成函數計算期望值與變異數。

    (a) $X \sim \text{Bernoulli}(p)$。

    (b) $X \sim \text{Binomial}(n,p)$。

    (c) $X \sim \text{Geo}(p)$。

    (d) $X \sim \text{Poisson}(\lambda)$。

    (e) $X \sim U(l,h)$。

    (f) $X \sim \exp(\beta)$。

2. 給定 $X \sim U[0,1]$, 其 MGF 為

$$M_X(t) = \frac{e^t - 1}{t}$$

    (a) 計算 $M'_X(t)$。

    (b) 驗證

$$\lim_{t \to 0} M'_X(t) = E(X)$$

3. 給定連續隨機變數 X, 其 pdf 為

$$f(x) = \frac{e^x}{e-1}, \ 0 < x < 1$$

    找出 MGF。

4. 給定隨機變數 X 的 MGF 為

$$M_X(t) = e^{12(e^t - 1)}$$

    (a) 試問 X 是什麼分配?

    (b) 計算 $P(X = 3)$。

    (c) 計算 $E(X)$。

(d) 計算 $Var(X)$。

5. 給定離散隨機變數 X 的 MGF 為

$$M_X(t) = \frac{5}{12} + \frac{1}{4}e^{-3t} + \frac{1}{3}e^{6t}$$

(a) 計算 $E(X)$。

(b) 計算 $Var(X)$。

(c) 找出機率函數 $f(x)$。

6. 給定 $X \sim \text{Geo}(p)$，找出 $2X - 7$ 的 MGF。

7. 給定連續隨機變數 X，其 pdf 為：

$$f(x) = \frac{1}{2}e^{-|x|}, \quad -\infty < x < \infty$$

證明其 MGF 為：

$$M_X(t) = \frac{1}{1-t^2}, \quad |t| < 1$$

8. (R 程式作業) 給定 $X \sim \text{Geo}(0.6)$，以 R 程式計算：

(a) $M_t'(0)$ 以及 $M_t''(0)$。

(b) $E(X)$。

(c) $Var(X)$。

(d) $E(X^7)$。

9. (R 程式作業) 給定 $X \sim \text{Poisson}(2)$，以 R 程式計算

(a) $M_t'(0)$ 以及 $M_t''(0)$。

(b) $E(X)$。

(c) $Var(X)$。

(d) $E(X^7)$。

10. (R 程式作業) 給定 $X \sim U[-5,7]$，以 R 程式計算：$E(X)$, $Var(X)$, 以及 $E(X^7)$。

9 常態分配及其相關分配

9.1 什麼是常態分配
9.2 常態隨機變數有哪些重要性質
9.3 如何計算常態隨機變數的機率值與分量
9.4 如何利用 R 製造常態隨機變數的實現值
9.5 有哪些與常態分配有關的重要分配

我們在本章介紹常態分配。常態分配是統計學中相當重要的機率分配, 在大多數的情況下, 觀測值資料的次數分配多可被常態分配所近似, 是故此分配以「常態」命名之 (Galton, 1889, *Natural Inheritance*)。除了常態分配, 我們將進一步介紹與常態分配相關的分配如卡方分配, 學生 t 分配, 以及 F 分配。

9.1 什麼是常態分配

常態分配 (normal distribution) 又稱高斯分配 (Gaussian distribution)。這是因為 19 世紀的德國數學家, 高斯 Carl Friedrich Gauss (1777–1855), 在常態分配的發展與應用的歷史中, 佔有重要的地位。

Gauss 將常態分配應用在量測誤差的機率分配。到了十九世紀中葉, 常態分配已被視為自然界各種觀察所常見的分配, Gauss 並不是第一位提出此分配的人。常態分配的公式最早見於 1738 年法國數學家 Abraham de Moivre (棣美弗) 所著作的書籍《機率論》(Doctrine of Change) 的第二版中。他證明了二項分配在 n 大且 $p = 0.5$ 時,

$$\binom{n}{k}p^k(1-p)^{n-k} \approx \frac{1}{\sqrt{2\pi np(1-p)}}e^{-\frac{1}{2}\left(\frac{k-np}{\sqrt{np(1-p)}}\right)^2}$$

嗣後, Pierre-Simon Laplace 將此性質推廣到任何 $p \in [0,1]$, 稱之為 de Moivre-Laplace 定理。然而, de Moivre 只是單純把此公式當作二項分配機率值的近似, 並沒有進一步的探討與應用。

圖 9.1 透過 R 程式, 在 n = 10, 20, 40, 以及 100 的設定下, 畫出 Binomial(n, 0.7) 的機率函數, 以及對應的常態分配機率密度函數。不難發現, 隨著 n 變大, 常態分配機率密度函數提供 Binomial(n, 0.7) 隨機變數一個相當好的近似, 以數學的方式說明, 就是離散 Binomial(n, 0.7) 的機率函數隨著 n 變大, 越來越密集 (more dense), 最後可被連續常態隨機變數的機率密度函數所良好近似。

R 程式 9.1.

```
p=0.7
par(mfrow = c(2,2))
for (n in c(10,20,40,100)) {
  nm = n*p
  nsd = sqrt(n*p*(1-p))
  x=c(0:n)
  plot(x, dbinom(x, n, p), type = "h", ylab="",
   lwd=3,main = paste("n=", n), col="grey", lend=1)
  curve(dnorm(x, mean = nm, sd = nsd), from = 0, to = n,
  col = "blue ", lwd=2, add = TRUE)
}
```

常態分配是統計學中最重要且應用最廣泛的分配, 許多隨機現象都可以透過常態分配予以近似。舉例來說, 圖 9.2 (a) 畫出 1950:M1-2022:M12 美國 S&P500 股票報酬的實證分配,[1] 而圖 9.2 (b) 則是畫出 1971:M1-2022:M12

---

[1] 我們會在第 13 章介紹資料的實證分配。

180　Ch.9　常態分配及其相關分配

圖 9.1: Binomial(n, 0.7) 與常態分配

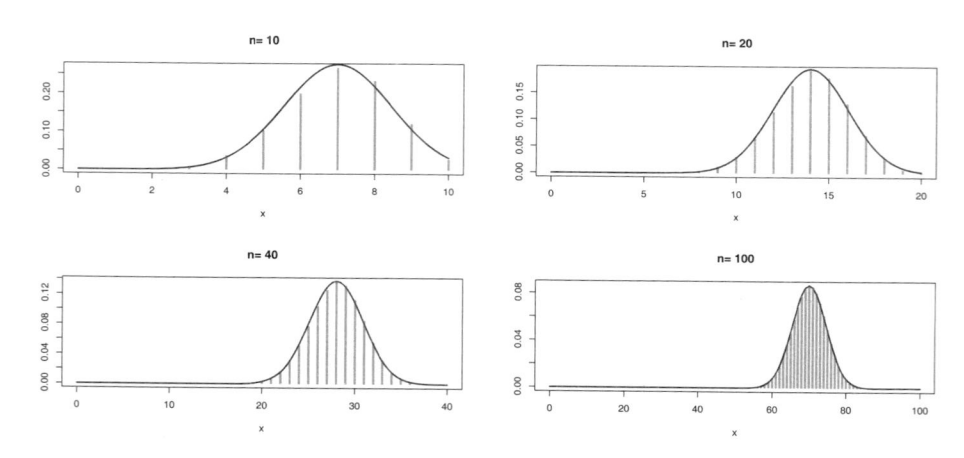

圖 9.2: (a) S&P500 股票報酬 (1950–2022), (b) 英鎊兌美元匯率變動率 (1971–2022)

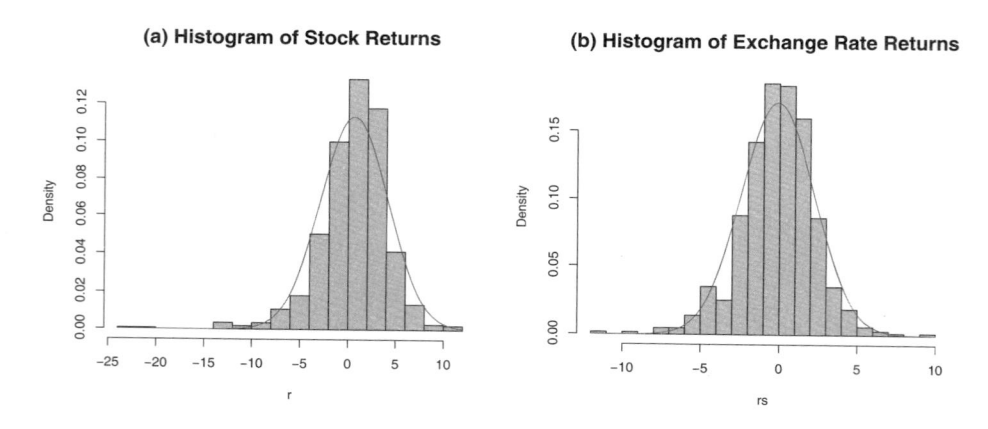

英鎊兌美元匯率變動率的實證分配, 我們在圖中都加上常態分配作為比較。由此兩圖不難看出, 常態分配對於 S&P500 股票報酬以及英鎊兌美元匯率變動率都能提供不錯的近似。

9.1.1　常態隨機變數

我們在底下定義常態隨機變數。

定義 9.1 (常態隨機變數). 若隨機變數 X 的機率密度函數為:

$$f(x) = \frac{1}{\sqrt{2\pi}\sigma} e^{-\frac{1}{2}\left(\frac{x-\mu}{\sigma}\right)^2}, \quad \text{supp}(X) = \{x : -\infty < x < \infty\}$$

我們稱 X 為具有期望值 μ, 與變異數 σ^2 的常態隨機變數, 並以 $X \sim N(\mu, \sigma^2)$ 表示之。

透過變數變換與高斯積分, 我們知道 $f(x)$ 確實為一機率密度函數, 有興趣的讀者請參閱陳旭昇 (2023, pp.213–214)。

9.1.2 標準常態隨機變數

給定 $\mu = 0$, 以及 $\sigma^2 = 1$, 我們可以定義標準常態隨機變數 (standard normal random variables), 習慣上以 Z 表示之。

定義 9.2 (標準常態隨機變數). 給定常態隨機變數 $Z \sim N(0,1)$, 則 Z 的機率密度函數為:

$$\phi(z) = \frac{1}{\sqrt{2\pi}} e^{-\frac{1}{2}z^2}, \quad \text{supp}(Z) = \{z : -\infty < z < \infty\}$$

我們稱之為標準常態隨機變數。

注意到我們通常以希臘字母 ϕ 代表標準常態隨機變數的機率密度函數, 而分配函數則以希臘字母 Φ 表示:

$$\Phi(z) = \int_{-\infty}^{z} \phi(w) dw$$

我們在圖 9.3 中畫出了 $\mu = 0$, 但 $\sigma^2 = 1$ 與 $\sigma^2 = 9$ 的常態分配。繪製圖 9.3 的 R 程式如下。

> **R 程式 9.2.** xvals = seq(from=-10, to=10, length = 1000)
> N1 = dnorm(xvals, mean=0, sd=1)
> N2 = dnorm(xvals, mean=0, sd=3)
> matplot(xvals, cbind(N1,N2), col=1,
> type = "l",
> xlab = "x", ylab = "f(x)", ylim = c(0, 0.41),
> main = "Normal Probability Densities for Various SD")
> text(0.0, 0.40, "N(0,1)", pos = 4, col = 1)
> text(5, 0.05, "N(0,9)", pos = 4, col = 1)

圖9.3: 常態分配: 實線為 $N(0,1)$, 虛線為 $N(0,9)$

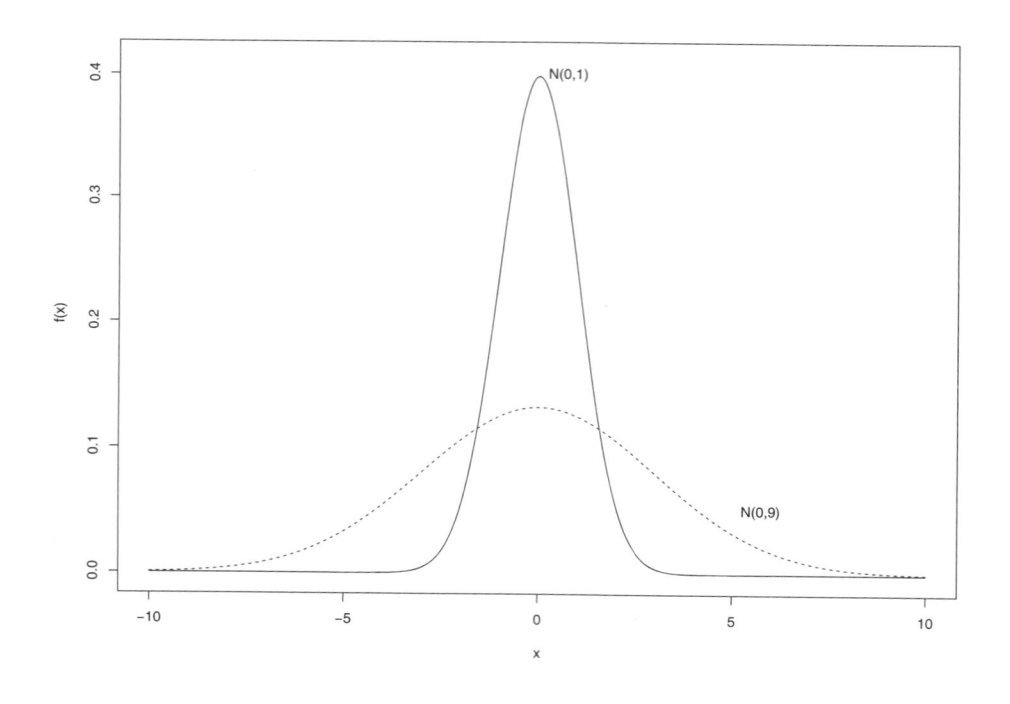

底下定理提供標準常態隨機變數的動差生成函數。

9.1 什麼是常態分配

定理 9.1 (標準常態隨機變數的動差生成函數). 給定 $Z \sim N(0,1)$, 則其動差生成函數為:

$$M_Z(t) = e^{\frac{1}{2}t^2} = \exp\left(\frac{1}{2}t^2\right)$$

Proof.

$$M_Z(t) = E\left(e^{tZ}\right) = \int_{-\infty}^{\infty} e^{tz} \frac{1}{\sqrt{2\pi}} e^{-\frac{1}{2}z^2} dz = \int_{-\infty}^{\infty} \frac{1}{\sqrt{2\pi}} e^{-\frac{1}{2}z^2 + tz} dz$$

$$= \int_{-\infty}^{\infty} e^{\frac{1}{2}t^2} \frac{1}{\sqrt{2\pi}} e^{-\frac{1}{2}(z-t)^2} dz = e^{\frac{1}{2}t^2} \int_{-\infty}^{\infty} \underbrace{\frac{1}{\sqrt{2\pi}} e^{-\frac{1}{2}(z-t)^2}}_{N(t,1) \text{ 的 pdf}} dz = e^{\frac{1}{2}t^2}$$

□

定理 9.2. 給定 $Z \sim N(0,1)$,

$$E(Z) = 0 \qquad Var(Z) = 1$$

Proof. 透過 MGF 即可得證。 □

我們可以進一步找出常態隨機變數 $N(\mu,\sigma^2)$ 的動差生成函數。

定理 9.3 (常態隨機變數的動差生成函數). 給定 $X \sim N(\mu,\sigma^2)$, 則其動差生成函數為:

$$M_X(t) = e^{\mu t + \frac{1}{2}\sigma^2 t^2} = \exp\left(\mu t + \frac{1}{2}\sigma^2 t^2\right)$$

Proof. 根據定義,

$$M_X(t) = E(e^{tX}) = \int_{-\infty}^{\infty} e^{tx} \frac{1}{\sqrt{2\pi}\sigma} e^{-\frac{1}{2}\left(\frac{x-\mu}{\sigma}\right)^2} dx$$

令 $x = \sigma z + \mu$, $dx = \sigma dz$,

$$M_X(t) = \int_{-\infty}^{\infty} e^{t(\sigma z + \mu)} \frac{1}{\sqrt{2\pi}\sigma} e^{-\frac{1}{2}z^2} \sigma dz$$

$$= e^{t\mu} \int_{-\infty}^{\infty} e^{t\sigma z} \frac{1}{\sqrt{2\pi}} e^{-\frac{1}{2}z^2} dz$$

$$= e^{t\mu} M_Z(t\sigma) = e^{t\mu} e^{\frac{1}{2}t^2\sigma^2} = e^{\mu t + \frac{1}{2}\sigma^2 t^2}$$

□

底下定理說明常態隨機變數與標準常態隨機變數之間的關係。

定理 9.4 (常態與標準常態隨機變數).

1. 給定 $Z \sim N(0,1)$ 與 $X = \sigma Z + \mu$, 則 $X \sim N(\mu, \sigma^2)$

2. 給定 $X \sim N(\mu, \sigma^2)$, 且 $Z = \frac{X-\mu}{\sigma}$, 則 $Z \sim N(0,1)$

Proof. 透過 MGF 即可得證。 □

性質 9.1. 給定 $X \sim N(\mu, \sigma^2)$, 則

$$E(X) = \mu \quad Var(X) = \sigma^2$$

Proof. 根據定理 9.4, 給定 $X \sim N(\mu, \sigma^2)$ 為具有參數 (μ, σ^2) 的常態隨機變數, 且 $Z = \frac{X-\mu}{\sigma}$, 則 $Z \sim N(0,1)$, $E(Z) = 0$, $Var(Z) = 1$。因此,

$$E(X) = E(\sigma Z + \mu) = \mu$$

$$Var(X) = Var(\sigma Z + \mu) = \sigma^2 Var(Z) = \sigma^2$$

亦即, 參數 μ 與 σ^2 為常態隨機變數的期望值與變異數。 □

底下對於常態分配做幾點歸納:

1. 常態分配機率密度函數為鐘型 (bell shaped curve), 如圖 9.3 所示。

2. 常態分配機率密度函數的最大值為 $f(\mu)$ (亦即期望值等於眾數)。

3. 常態分配機率密度函數對稱於期望值, 期望值左右兩側密度函數下的面積分別為 $\frac{1}{2}$ (亦即期望值等於中位數)。

4. 常態分配機率密度函數尾端部分趨近於 $\pm\infty$。

5. μ 增加 (減少) 使整個機率密度函數右移 (左移)。

6. σ^2 增加 (減少), 使分配更分散 (集中), 機率密度函數越平坦 (陡峭)。

7. 若 $X \sim N(\mu,\sigma^2)$, 則 68-95-99.7 法則如下:

   (a) $P(X \in [\mu - \sigma, \mu + \sigma]) \approx 0.68$

   (b) $P(X \in [\mu - 2\sigma, \mu + 2\sigma]) \approx 0.95$

   (c) $P(X \in [\mu - 3\sigma, \mu + 3\sigma]) \approx 0.997$

8. 常態分配的偏態 (skewness) 為 0, 峰態 (kurtosis) 為 3。

9. 給定 $Z \sim N(0,1)$, 則 $\phi(z)$ 對稱於 0.

$$1 - \Phi(a) = \Phi(-a), \quad \phi(a) = \phi(-a)$$

因此,

$$E(Z^{2n+1}) = 0, \quad n = 0,1,2,\ldots$$

9.2 常態隨機變數有哪些重要性質

性質 9.2. 若 $X \sim N(\mu,\sigma^2)$, 則

$$aX + b \sim N(a\mu + b, a^2\sigma^2), \quad a \neq 0$$

Proof. 給定 $X \sim N(\mu,\sigma^2)$, 其動差生成函數為:

$$M_X(t) = e^{\mu t + \frac{1}{2}\sigma^2 t^2}$$

令 $Y = aX + b$, 根據性質 8.1

$$M_Y(t) = e^{bt} M_X(at) = e^{bt} e^{\mu at + \frac{1}{2}\sigma^2 a^2 t^2} = e^{(a\mu+b)t + \frac{1}{2}a^2\sigma^2 t^2}$$

此即為 $N(a\mu + b, a^2\sigma^2)$ 之動差生成函數, 亦即

$$Y \sim N(a\mu + b, a^2\sigma^2)$$

$\square$

這個性質告訴我們常態隨機變數不會隨線性轉換而改變其分配性質。亦即, 常態隨機變數之線性轉換不變性。

9.3 如何計算常態隨機變數的機率值與分量

對於標準常態隨機變數 $Z \sim N(0,1)$，給定 $a > 0$，我們可以透過查表計算 $\Phi(a) = P(Z \leq a)$ 的機率值。以下常態分配的對稱性質可以幫助我們查表：

1. $P(Z \leq 0) = P(Z \geq 0) = 0.5$

2. $P(Z \leq -a) = P(Z \geq a)$

3. $P(-a \leq Z \leq 0) = P(0 \leq Z \leq a)$

例 9.1. 給定 $X \sim N(5,64)$，試求機率值

$$P(X \geq 17)$$

若 $X \sim N(\mu,\sigma^2)$，則

$$Z = \frac{X - \mu}{\sigma} \sim N(0,1)$$

因此，

$$P(X \geq 17) = P(X - 5 \geq 12) = P\left(\frac{X-5}{8} \geq 1.5\right) = P(Z \geq 1.5)$$
$$= P(Z \geq 0) - P(0 \leq Z \leq 1.5)$$
$$= 0.5 - 0.4332 = 0.0668$$

除了透過轉換成標準常態隨機變數與查表，我們也可以利用 R 語言的 `pnorm()` 函數來計算常態隨機變數的機率值。由於 `pnorm(q,mean,sd)` 計算出

$$\Phi(q) = P(X \leq q),$$

則 $P(X \geq 17)$ 就可利用 `1-pnorm(q,mean,sd)` 計算之。舉例來說，給定

$$X \sim N(5,64)$$

機率值 $P(X \geq 17)$ 的計算如下：

9.3 如何計算常態隨機變數的機率值與分量

R 程式 9.3 (常態隨機變數機率值 I).

```
# 計算 P(X > 17) = 1 - F(17)
p=1-pnorm(17,mean=5,sd=8)
p
```

執行後可得:

```
> p
[1] 0.0668072
```

同理, 如果我們所要計算的機率值是

$$P(5 \leq N(5,64) \leq 17) = F(17) - F(5)$$

則機率值的計算如下:

R 程式 9.4 (常態隨機變數機率值 II).

```
# 計算 P(5 < X < 17) = F(17) - F(5)
p=pnorm(17,mean=5,sd=8) - pnorm(5,mean=5,sd=8)
p
```

執行後可得:

```
> p
[1] 0.4331928
```

一般而言, 對於標準常態隨機變數, 我們會令 $p = 1 - \alpha$, 以 Z_α 這個符號表示:

$$Z_\alpha = \Phi^{-1}(1-\alpha) = q_{1-\alpha}$$

亦即,

$$P(Z \leq Z_\alpha) = 1 - \alpha, \quad P(Z > Z_\alpha) = \alpha$$

如圖 9.4 所示。

其中常用的 $(1-\alpha)$ 機率值分別為 0.90, 0.95, 0.975, 0.99 以及 0.995。這些分量可以透過底下的 R 程式找出來:

圖 9.4: N(0,1) 機率密度函數與分量

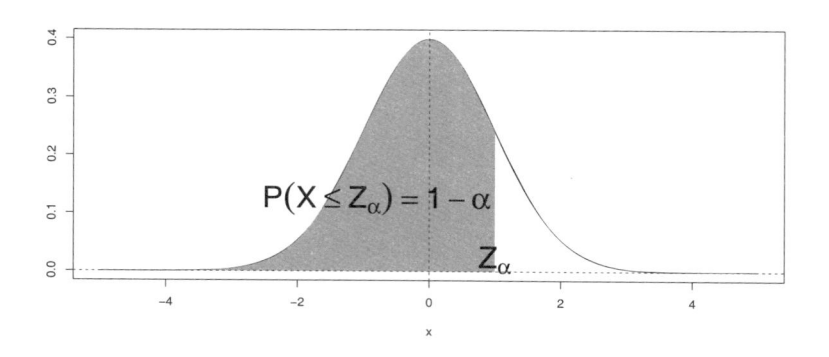

$P(X \leq Z_\alpha) = 1 - \alpha$

表 9.1: 標準常態隨機變數常用分量

α	$Z_\alpha = q_{1-\alpha}$	$P(Z \leq Z_\alpha)$	$P(Z > Z_\alpha)$	$P(|Z| > Z_\alpha)$
0.10	1.28	0.90	0.10	0.20
0.05	1.64	0.95	0.05	0.10
0.025	1.96	0.975	0.025	0.05
0.01	2.33	0.99	0.01	0.02

R 程式 9.5 (常態隨機變數常用分量).

```
p=c(0.90,0.95,0.975,0.99,0.995)
qnorm(p)
```

執行程式後可得

[1] 1.281552 1.644854 1.959964 2.326348 2.575829

我們整理在表 9.1 中。

9.4 如何利用 R 製造常態隨機變數的實現值

最後我們介紹如何利用 R 製造常態隨機變數的實現值。底下的 R 程式造出 10 個 $N(5,100)$ 常態隨機變數的實現值。其中, rnorm 為生成常態隨機變數的 R 指令, n 代表要製造的隨機變數實現值個數, mean 指的就是期望值 μ, 而 sd 就是標準差 σ。

R 程式 9.6 (常態隨機變數實現值).

```
set.seed(123)
rnorm(n=10, mean = 5, sd = 10)
```

執行程式後可得一組 $N(5,100)$ 隨機變數實現值如下:

```
[1]  -0.6047565   2.6982251  20.5870831   5.7050839   6.2928774  22.1506499
[7]   9.6091621  -7.6506123  -1.8685285   0.5433803
```

9.5 有哪些與常態分配有關的重要分配

統計學中與常態分配有關的重要分配有: (1) 卡方分配, (2) 學生 t 分配, 以及 (3) F 分配。

9.5.1 卡方分配

定義 9.3 (卡方隨機變數). 我們稱隨機變數 X 為一個自由度 *(degree of freedom)* 為 k 的卡方隨機變數 *(Chi-square random variable)*, 如果其機率密度函數為:

$$f(x) = \frac{x^{\frac{k}{2}-1}}{2^{\frac{k}{2}}\Gamma(\frac{k}{2})}e^{-\frac{1}{2}x}, \quad \text{supp}(X) = \{x : 0 \leq x < \infty\}$$

並以 $X \sim \chi^2(k)$ 的符號示之。

注意到卡方隨機變數的機率密度函數中, $\Gamma(\frac{k}{2})$ 稱為 Gamma 函數, 其性質可參見第 18 章。以下 R 程式繪製圖 9.5 中, 自由度分別為 3, 7, 以及 9 之下, 卡方隨機變數的機率密度函數。

```
R 程式 9.7. xvals = seq(0, 20, length.out = 1000)
chisquare1 = dchisq(xvals, df = 3)
chisquare2 = dchisq(xvals, df = 7)
chisquare3 = dchisq(xvals, df =9)
matplot(xvals, col=c(4,2,1), lwd=c(1,2,2),
cbind(chisquare1,chisquare2,chisquare3),
type = "l",
xlab = "x", ylab = "f(x)", ylim = c(0, 0.27),
main = "Chi-Square Probability Densities for df = 3, 7, and 9")
text(0.4, 0.25, "k=3", pos = 4, col = 1)
text(5, 0.13, "k=7", pos = 4, col = 1)
text(10.5, 0.09, "k=9", pos = 4, col = 1)
```

首先注意到，卡方隨機變數的砥柱集合為正實數，且其為具有一個右長尾的不對稱分配。我們不難發現，隨著自由度增加，卡方分配趨於對稱分配。

定理 9.5 (動差生成函數與動差). 給定卡方隨機變數 $X \sim \chi^2(k)$,

$$M_X(t) = \left(\frac{1}{1-2t}\right)^{\frac{k}{2}}$$

$$E(X) = k$$

$$Var(X) = 2k$$

Proof. 透過定義可得 MGF，透過 MGF 即可得到動差，參見陳旭昇 (2023, pp.204–205)。 □

亦即卡方隨機變數的期望值為其自由度，變異數則為兩倍的自由度。

定理 9.6 (卡方隨機變數可加性). 給定獨立的卡方隨機變數 $X \sim \chi^2(k_x)$ 以及 $Y \sim \chi^2(k_y)$, 則

$$X + Y \sim \chi^2(k_x + k_y)$$

Proof. 透過 MGF 即可得證。 □

圖9.5: 卡方分配 (k = 3,7,9)

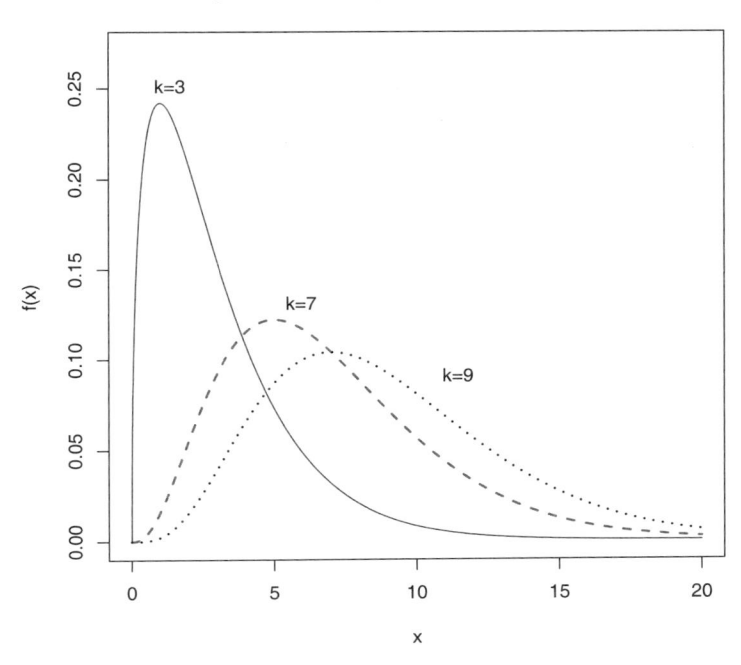

Chi–Square Probability Densities for df = 3, 7, and 9

亦即, 兩個獨立的卡方隨機變數相加, 所得到的新的隨機變數仍然具有卡方分配, 且其自由度為個別自由度之加總。這個性質可以推廣到 n 個獨立的卡方隨機變數。

底下定理連結標準常態與卡方隨機變數。

定理 9.7 (標準常態與卡方隨機變數). 給定標準常態隨機變數 $Z \sim N(0,1)$, 則

$$Z^2 \sim \chi^2(1)$$

Proof. 透過 MGF 即可得證, 參閱陳旭昇 (2023, pp.206–207)。 □

根據此定理, 標準常態隨機變數平方後成為自由度 $k = 1$ 的卡方隨機變數。最後, 根據定理 9.6 與 9.7, 我們可以得到如下之引理:

引理 9.1. 給定 $\{Z_1, Z_2, \ldots, Z_k\} \sim^{i.i.d.} N(0,1)$，且令 $X = \sum_{i=1}^{k} Z_i^2$，則

$$X \sim \chi^2(k)$$

根據此引理，我們可以重新來思考什麼是卡方隨機變數的自由度。引理 9.1 告訴我們，k 個獨立的 $N(0,1)$ 隨機變數，平方後相加就是自由度為 k 的卡方隨機變數。由於 $Z_1, Z_2, \ldots, Z_k$ 相互獨立，$Z_1^2, Z_2^2, \ldots, Z_k^2$ 自然也是相互獨立，因此，每一個 Z_i^2 都可以自由變動（因為互不影響），則自由度為 k。

9.5.2 學生 t 分配

我們曾經介紹過，常態分配的峰態 (kurtosis) 值為 3，在一般低頻的財務資料中，無論是股票報酬率，或是匯率變動率，大致上都能以常態分配予以刻劃。舉例來說，利用 S&P500 股票指數 1957:1–2013:9 的月資料所算出來的月報酬率，其峰態係數為 5.51。然而，如果我們利用 1957:1–2013:9 的日資料所算出來的日報酬率，其峰態係數高達 30.75。一般來說，高頻的財務資料都會有此現象，稱之為厚尾 (fat-tailed/heavy-tailed)，而 t 分配 (t distribution) 就是財務計量上常用的厚尾分配。

定義 9.4 (Student's t 分配). 我們稱隨機變數 X 為具有 t 分配的隨機變數，如果其機率密度函數為：

$$f(x) = \frac{\Gamma(\frac{k+1}{2})}{\Gamma(\frac{k}{2})} \frac{1}{\sqrt{k\pi}} \left(1 + \frac{x^2}{k}\right)^{-\frac{k+1}{2}}, \quad \text{supp}(X) = \{x : -\infty < x < \infty\}$$

並以 $X \sim t(k)$ 的符號示之。

其中參數 k 稱為 t 分配的自由度 (degree of freedom)。我們將自由度為 2 的 t 分配與標準常態分配的機率密度函數繪於圖 9.6，我們可以發現，t 分配與標準常態分配一樣，都是對稱於零的分配，但是相對於標準常態分配，t 分配在尾部極端值的部分有較高的機率，這就是厚尾現象。

當 $k = 1$，$t(1)$ 為一特別的例子，它的期望值不存在: $E[t(1)] = \infty - \infty$，為數學上的不定型。此時 $t(1)$ 又被稱為標準柯西分配 (standard Cauchy distribution)。

圖9.6: $t(2)$ 分配 (實線) 與標準常態分配 (虛線)

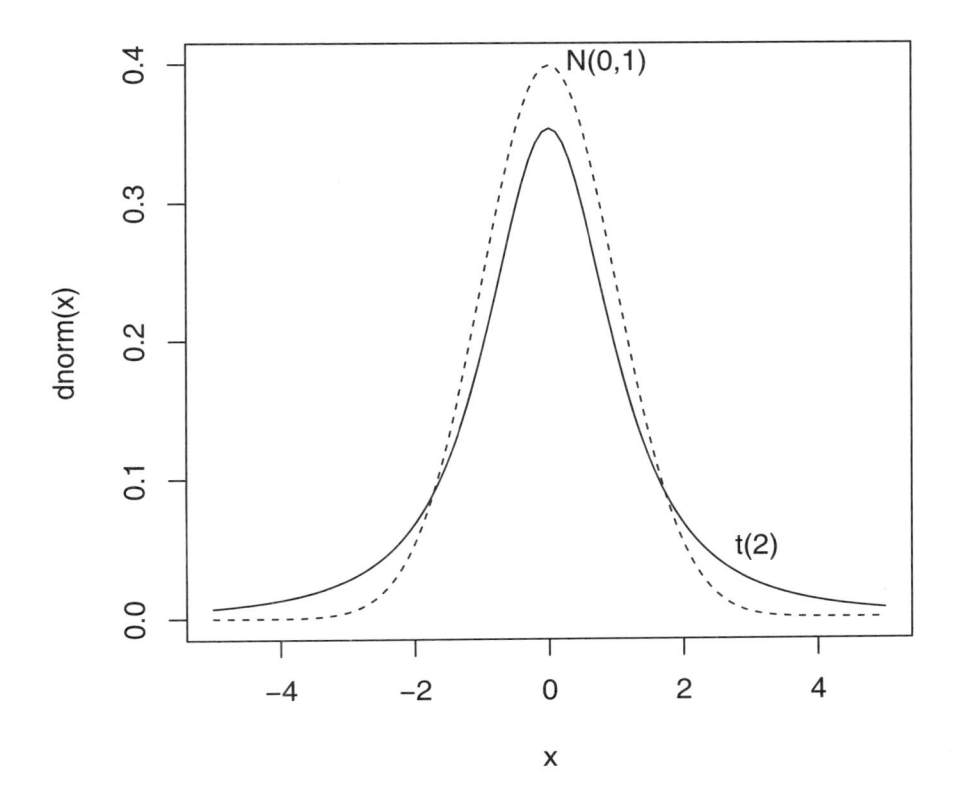

底下是一個連結標準常態分配, 卡方分配與 t 分配的重要定理。

定理 9.8. 給定兩個獨立隨機變數: $Z \sim N(0,1)$, $W \sim \chi^2(k)$, 則

$$X = \frac{Z}{\sqrt{\frac{W}{k}}} \sim t(k)$$

Proof. 有興趣的讀者可參閱 Hogg, Tanis, et al. (2015, Theorem 5.5-3, p.196)。 □

底下為 t 隨機變數的期望值與變異數。

性質 9.3. 給定 $X \sim t(k)$,

1. 當 $k > 1$, $E(X) = 0$
2. 當 $k > 2$, $Var(X) = \frac{k}{k-2}$

Proof. 參閱陳旭昇 (2023, pp.209–210)。 □

最後我們介紹如何利用 R 製造具有 t 分配之隨機變數實現值。底下的 R 程式造出 10 個 $t(10)$ 隨機變數實現值。其中, rt 為生成 t 隨機變數的 R 指令, n 代表要製造的隨機變數實現值個數, df 就是自由度 k,

R 程式 9.8 ($t(k)$ 隨機變數實現值).

```
set.seed(123)
k = 10
rt(n=10, df=k)
```

執行程式後可得一組 $t(10)$ 隨機變數實現值如下:

```
[1] -0.6246844 -1.3782806 -0.1181245 -1.5910752  1.5925016  2.3597004
[7]  0.3335644  0.9782214 -0.9996371 -0.3030537
```

9.5.3　F 分配

在機率密度函數具有偏態的隨機變數中, 有另一個常用的分配稱為 F 分配 (F distribution), 係由英國統計學家 Ronald Aylmer Fisher (1890-1962) 於 1924 年所提出, 其主要的功能是用於統計推論。之所以稱為 F 分配, 是為了表彰 Fisher 的貢獻 (Fisher 的第一個字母)。

定義 9.5 (F 分配). 我們稱隨機變數 X 為具有 F 分配的隨機變數, 如果其機率密度函數為:

$$f(x) = \frac{\Gamma(\frac{k_1+k_2}{2})}{\Gamma(\frac{k_1}{2})\Gamma(\frac{k_2}{2})} \left(\frac{k_1}{k_2}\right)^{\frac{k_1}{2}} x^{\frac{k_1}{2}-1} \left(1 + \frac{k_1}{k_2}x\right)^{-\frac{k_1+k_2}{2}}, \quad \text{supp}(X) = \{x : 0 \leq x < \infty\}$$

並以 $X \sim F(k_1, k_2)$ 的符號表示之。

圖 9.7 畫出自由度 $k_1 = 10$, 以及 $k_2 = 10$ 之下的機率密度函數, 其 R 程式如下:

R 程式 9.9.

```
curve(df(x, df1=10, df2=10), 0, 5)
```

圖 9.7: F 分配 ($k_1 = 10, k_2 = 10$)

F Probability Density Function

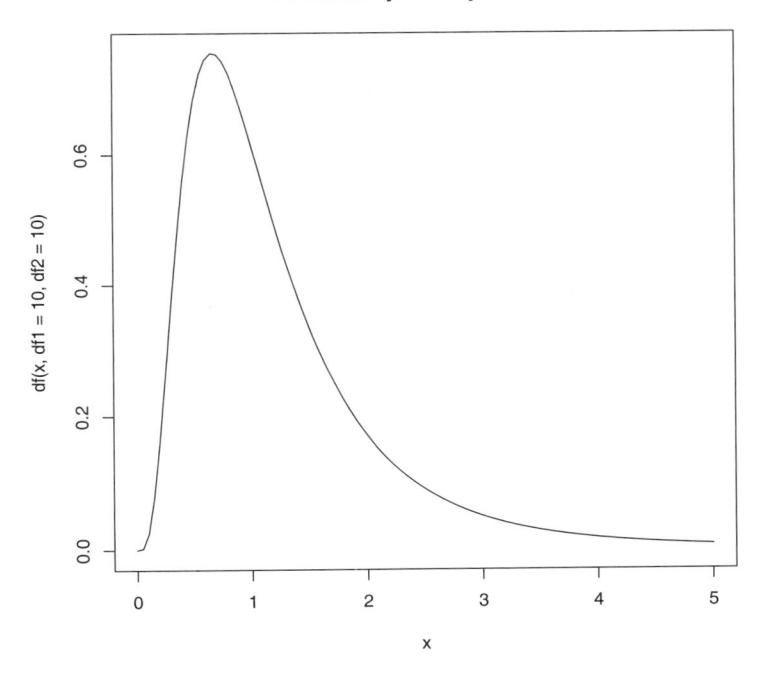

底下為連結卡方分配與 F 分配的重要定理, 然而我們只是陳述, 此定理之證明已超出本書範圍, 有興趣的讀者可以參考 Hogg, Tanis, et al. (2015, pp.176–177)。

定理 9.9. 給定 X_1 與 X_2 為相互獨立之卡方隨機變數: $X_1 \sim \chi^2(k_1)$, $X_2 \sim \chi^2(k_2)$, 則

$$X = \frac{X_1/k_1}{X_2/k_2} \sim F(k_1, k_2)$$

關於 F 分配, 我們有如下補充:

性質 9.4. 若 $X \sim F(k_1, k_2)$ 且 $Y = \frac{1}{X}$, 則

$$Y \sim F(k_2, k_1)$$

而 t 分配與 F 分配的關係如下:

性質 9.5. 若 $X \sim t(k)$, 則

$$X^2 \sim F(1, k)$$

以上性質可由定義直接求得, 我們放在習題由讀者自行練習。

最後我們介紹如何利用 R 製造具有 F 分配之隨機變數實現值。底下的 R 程式造出 10 個 $F(10, 10)$ 隨機變數實現值。其中, rf 為生成 F 隨機變數實現值的 R 指令, n 代表要製造的隨機變數實現值個數, df1 就是自由度 k_1, 而 df2 就是自由度 k_2。

R 程式 9.10 ($F(k_1, k_2)$ 隨機變數).

```
set.seed(123)
rf(n=10, df1=10, df2=10)
```

執行程式後可得一組 $F(10, 10)$ 隨機變數實現值如下:

```
[1] 0.4593582 0.3410236 1.6043728 1.4012736 1.4108312 1.1377127 0.4432887
[8] 1.4652362 0.8764622 0.5986851
```

練習題

1. 給定常態分配 $N(\mu, \sigma^2)$ 的 pdf 為 $f(x)$, 證明

    (a) 對 $f(x)$ 作 1 階微分:

    $$\begin{cases} f'(x) = 0, & x = \mu \\ f'(x) < 0, & x > \mu \\ f'(x) > 0, & x < \mu \end{cases}$$

(b) 對 $f(x)$ 作 2 階微分:

$$\begin{cases} f''(x) = 0, & x = \mu \pm \sigma \\ f''(x) < 0, & \mu - \sigma < x < \mu + \sigma \\ f''(x) > 0, & \text{otherwise.} \end{cases}$$

並說明這些數學性質所隱含 $f(x)$ 的長相。

2. 給定 $X \sim N(\mu, \sigma^2)$, 已知常數 c 使得

$$P(X < c) = 2 - 11 P(X > c)$$

將 c 以 μ 與 σ^2 表示。

3. 給定隨機變數 X 的 MGF 為

$$M_X(t) = e^{at + bt^2}$$

辨認 X 是什麼隨機變數?

4. 給定
$$X \sim \chi^2(m), \quad S = X + Y \sim \chi^2(m+n)$$

且 X 與 Y 相互獨立。證明

$$S - X \sim \chi^2(n)$$

5. 給定 $X \sim N(3, 4)$,

   (a) 計算 $P(2 < X < 6)$。
   (b) 找出 c 值, 使得 $P(X > c) = 0.05$。
   (c) 計算 $E(X^2)$。
   (d) 將以下機率值以標準常態隨機變數的分配函數 Φ 表示:

   i. $P(X > -1)$。

   ii. $P(-2 \leq X < 7)$

6. 給定 $X \sim N(\mu, \sigma^2)$，計算 $E(X^3)$。[提示:] 先計算 $E(Z^3)$，$Z \sim N(0,1)$。

7. 給定 $Z \sim N(0,1)$，其 DF 與 pdf 分別為 $\Phi(z)$ 與 $\phi(z)$。證明:
$$\int_{-\infty}^{\infty} \Phi(z)\phi(z)dz = \frac{1}{2}$$
[提示:] 定理 6.3。

8. (R 程式作業) 從 FRED 下載英鎊對美元匯率變動率 1971:M2–2023:M6 的月資料。網站上透過右上角 EDIT GRAPH 可將匯率資料改成匯率的變動率 (percent change)，然後選取 DOWNLOAD 即可下載 (參見圖 9.8)。利用函數 qqnorm() 畫出英鎊對美元匯率變動率的常態分量圖 (常態 quantile-quantile, Q-Q plot)。並利用函數 qqline() 在常態分量圖中加入通過 25% 和 75% percentile 的直線。

所謂的常態 Q-Q plot, 就是畫出 (常態隨機變數理論分量, 資料分量) 的 X-Y 散佈圖。若是資料可被常態分配所良好近似, 則其 Q-Q plot 就幾乎是一條直線。常態分配是否提供英鎊對美元匯率變動率的一個良好近似?

9. (R 程式作業) 給定 $X \sim N(8, 36)$，$Z = \frac{X - E(X)}{\sqrt{Var(X)}}$，找出:

   (a) $P(X > 14)$。
   (b) $P(X < -3)$。
   (c) $P(17 < X < 23)$。
   (d) $Z_{0.95}$。
   (e) 常數 a 使得 $P(|Z| > |a|) = 0.05$。

10. (R 程式作業) 以 R 模擬定理 9.8。

    ■ 步驟 1: 以 R 程式製造 1 個標準常態隨機變數, 與 1 個 $\chi^2(15)$
    $$Z \sim N(0,1), \quad W \sim \chi^2(15)$$
    令
    $$Y = \frac{Z}{\sqrt{\frac{W}{k}}}$$

圖 9.8: FRED 資料庫與英鎊對美元匯率變動率

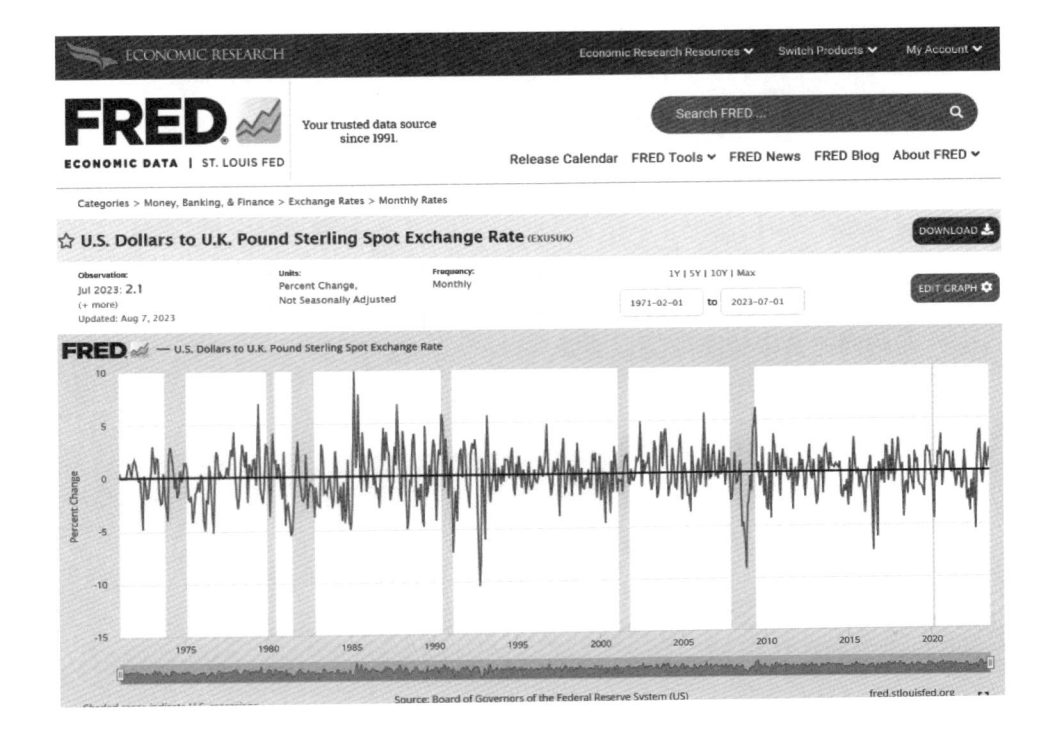

重複 10000 次步驟 1, 得到 10000 個 Y:

$$Y^{(1)}, Y^{(2)}, \ldots, Y^{(10000)}$$

(a) 以直方圖畫出這 10000 個 Y。

(b) 在直方圖中加上 $t(10)$ 的 pdf。

(c) 計算這 10000 個 Y 的平均數:

$$\bar{Y} = \frac{1}{10000}(Y^{(1)} + Y^{(2)} + \cdots + Y^{(10000)})$$

比較 $\bar{Y}$ 與 $E(Y)$。

10 多變量隨機變數

10.1 什麼是聯合分配函數
10.2 如何描述雙變量離散隨機變數
10.3 什麼是邊際機率分配
10.4 如何刻劃雙變量連續隨機變數
10.5 如何描述 n 變量隨機變數
10.6 什麼是共變數與相關係數

我們在本章介紹多變量隨機變數, 亦即討論兩個或兩個以上的隨機變數以及它們之間的關係。為了刻劃多變量隨機變數, 我們將會介紹聯合機率分配, 同時, 我們將討論共變數與相關係數。

10.1 什麼是聯合分配函數

在現實應用中, 我們往往會面對兩個或兩個以上的隨機變數, 並會關注隨機變數之間的互動關係。舉例來說, 令 X 代表金融危機持續的時間 (月), 而 Y 代表兩次金融危機之間的間隔時間 (月), 經濟學家會有興趣的問題諸如:

1. 金融危機持續時間的長短與兩次金融危機之間的間隔時間是否有關?

2. 當這次金融危機持續時間越長, 是否會越快看到下一次金融危機的到來?

3. 這一次金融危機持續時間小於 3 個月, 且至少 5 年 (60 月) 後才會再次發生金融危機的機率有多大?

要回答這些問題, 我們就必須建構一個同時考慮 X 與 Y 兩個隨機變數的機率分配, 而兩個隨機變數又稱雙變量隨機變數 (bivariate random variables)。

對於雙變量隨機變數的機率分配。無論是離散或者是連續, 我們都可以透過聯合分配函數 (joint distribution function) 來刻劃其機率分配。

定義 10.1 (聯合分配函數). 給定隨機變數 $X = (X_1, X_2)'$, 其聯合分配函數 $F : \mathbb{R}^2 \longmapsto [0,1]$ 定義為:

$$F_X(x_1, x_2) = P(\{X_1 \le x_1\} \cap \{X_2 \le x_2\})$$
$$= P(\{X_1 \le x_1, X_2 \le x_2\})$$
$$= P(X_1 \le x_1, X_2 \le x_2)$$

注意到為了簡化數學符號, 我們以 $\{X_1 \le x_1, X_2 \le x_2\}$ 代表 $\{X_1 \le x_1\} \cap \{X_2 \le x_2\}$, 並進一步以 $P(X_1 \le x_1, X_2 \le x_2)$ 代表 $P(\{X_1 \le x_1, X_2 \le x_2\})$。因此,

$$P(X_1 \le x_1, X_2 \le x_2)$$

要詮釋成 $\{X_1 \le x_1\}$ 與 $\{X_2 \le x_2\}$ 同時發生的機率, 是一個交集的概念。

舉例來說, 在金融危機的例子中,「金融危機持續期間小於 2 個月, 且不到 3 年 (36 個月) 後再度發生金融危機」的機率為:

$$F(2, 36) = P(X \le 2, Y \le 36)$$

對於雙變量隨機變數, 除了使用聯合分配函數來說明其關係之外, 如果是離散的雙變量隨機變數, 我們也可以利用聯合機率函數予以刻劃, 而連續隨機變數就以聯合機率密度函數予以刻劃。

10.2 如何描述雙變量離散隨機變數

舉例來說, 兩隨機變數 X 與 Y 的聯合機率分配爲如表 10.1 所示。

表10.1: X 與 Y 的聯合機率分配 (I)

(x,y)	$f(x,y) = P(X = x, Y = y)$
(0,0)	4/9
(0,1)	1/9
(1,0)	4/9
(1,1)	0

因此, 聯合機率分配說明了兩事件同時發生的機率。譬如 $X = 0$ 且 $Y = 0$ 同時發生的機率就是: $P(X = 0, Y = 0) = 4/9$。底下我們定義雙變量離散隨機變數的機率分配。

定義 10.2 (聯合機率函數). 給定兩離散隨機變數 X 與 Y, 則 $X = x$ 且 $Y = y$ 同時發生的機率爲:
$$f(x,y) = P(X = x, Y = y)$$
其中, $f(x,y)$ 就稱做 X 與 Y 的聯合機率函數 (joint probability function), 其性質爲:

1. $0 \le f(x,y) \le 1$
2. $\sum_x \sum_y f(x,y) = 1$

注意到聯合機率函數較爲明確的寫法應該是 $f_{XY}(x,y)$, 不過在不會造成誤導的情況下, 爲了簡化符號, 我們就簡單寫成 $f(x,y)$。

以表 10.1 爲例, X 與 Y 聯合機率分配的另一種表示方法如表 10.2所示。

表10.2: X 與 Y 的聯合機率分配 (II)

		\multicolumn{2}{c}{y}
		0	1
x	0	4/9	1/9
	1	4/9	0

10.3 什麼是邊際機率分配

隨機變數個別的機率分配, 又稱邊際機率分配 (marginal probability distribution)。注意到:

$$\{X = 0\} = \bigcup_{y=\{0,1\}} \{X = 0, Y = y\}$$
$$= \{X = 0, y = 0\} \cup \{X = 0, Y = 1\}$$

由於這兩個事件爲互斥, 因此, 我們可以得到 $X = 0$ 的機率值:

$$P(X = 0) = P\left(\bigcup_y \{X = 0, Y = y\}\right)$$
$$= \sum_{y=\{0,1\}} P(X = 0, Y = y)$$
$$= P(X = 0, Y = 0) + P(X = 1, Y = 1) = 4/9 + 0 = 4/9$$

依此類推, 我們可以將 X 與 Y 的邊際機率分配列於表 10.3, 並進一步定義邊際機率函數。

表10.3: X 與 Y 的邊際機率分配

x	$f(x) = P(X = x)$
0	4/9
1	5/9

y	$f(y) = P(Y = y)$
0	8/9
1	1/9

定義 10.3 (邊際機率函數). 給定兩離散隨機變數 X 與 Y, 其聯合機率函數為:

$$f(x,y) = P(X=x, Y=y)$$

則 X 與 Y 的邊際機率函數 (marginal probability function) 分別為:

$$f(x) = \sum_y f(x,y) = \sum_y P(X=x, Y=y)$$

$$f(y) = \sum_x f(x,y) = \sum_x P(X=x, Y=y)$$

除非有特殊需要, 對於邊際機率函數或是邊際機率密度函數, 我們會以 $f(x)$ 以及 $f(y)$ 代替 $f_X(x)$ 以及 $f_Y(y)$。值得注意的是, 給定隨機變數之間的聯合機率分配, 我們可以據此找出隨機變數個別的邊際機率分配, 然而一般來說, 反之不然。

10.4 如何刻劃雙變量連續隨機變數

底下我們介紹雙變量連續隨機變數的基本性質。除非另有說明, 我們假設所考慮的連續隨機變數之砥柱集合均為 $(-\infty, \infty)$, 則其聯合砥柱集合為:

$$\mathcal{S} = \mathcal{S}_X \times \mathcal{S}_Y = (-\infty, \infty) \times (-\infty, \infty)$$

或是寫成

$$\operatorname{supp}(X,Y) = \{(x,y) \mid -\infty < x < \infty, \ -\infty < y < \infty\}$$

要計算連續隨機變數的聯合機率, 我們需要聯合機率密度函數 (joint probability density function)。

定義 10.4 (聯合機率與聯合機率密度函數). 連續隨機變數 X 與 Y 的聯合機率值為:

$$P((X,Y) \in \mathcal{A}) = \iint_{\mathcal{A}} f(x,y) dx dy$$

其中, $f(x,y)$ 稱為聯合機率密度函數。

10.4 如何刻劃雙變量連續隨機變數

我們在圖 10.1 畫出一個聯合機率密度函數, 在 X-Y 平面上畫出 $\mathcal{A}$ 集合, 而 聯合機率值 $P((X,Y) \in \mathcal{A})$ 就是 $\mathcal{A}$ 集合上方的柱體體積。

圖10.1: 聯合機率與聯合機率密度函數: $z = f(x,y)$

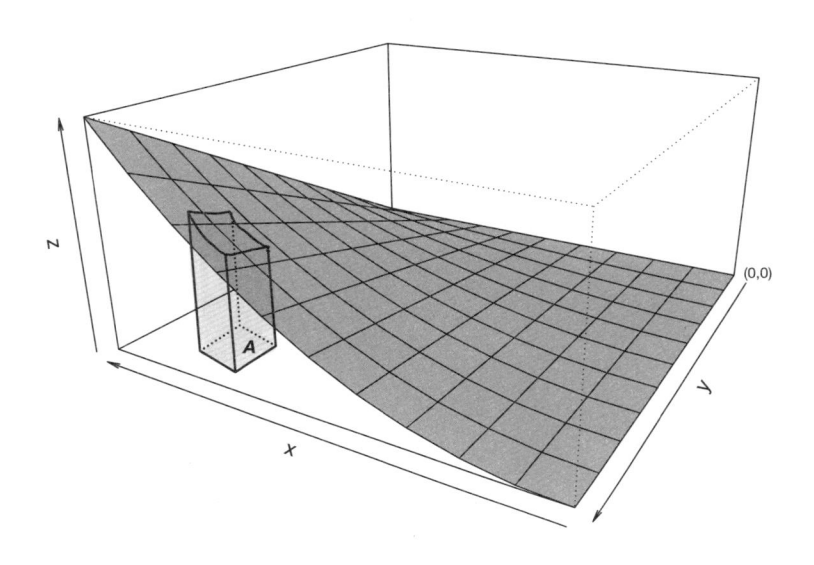

舉例來說, $\mathcal{A} = (a,b) \times (c,d)$,

$$P(a < X < b, c < Y < d) = \int_a^b \int_c^d f(x,y) dy dx$$

我們對於 $f(x,y)$ 的要求為:

$$f(x,y) \geq 0 \quad \forall x, y$$

$$\int_{-\infty}^{\infty} \int_{-\infty}^{\infty} f(x,y) dx dy = 1$$

例 10.1. 連續隨機變數 X 與 Y 有如下的聯合機率密度函數:

$$f(x,y) = 2(1-x), \quad \text{supp}(X,Y) = \{(x,y) | 0 < x < 1, 0 < y < 1\}$$

圖 10.2 畫出聯合機率密度函數。

圖10.2: 聯合機率密度函數: $z = f(x,y) = 2(1-x), 0 < x < 1, 0 < y < 1$

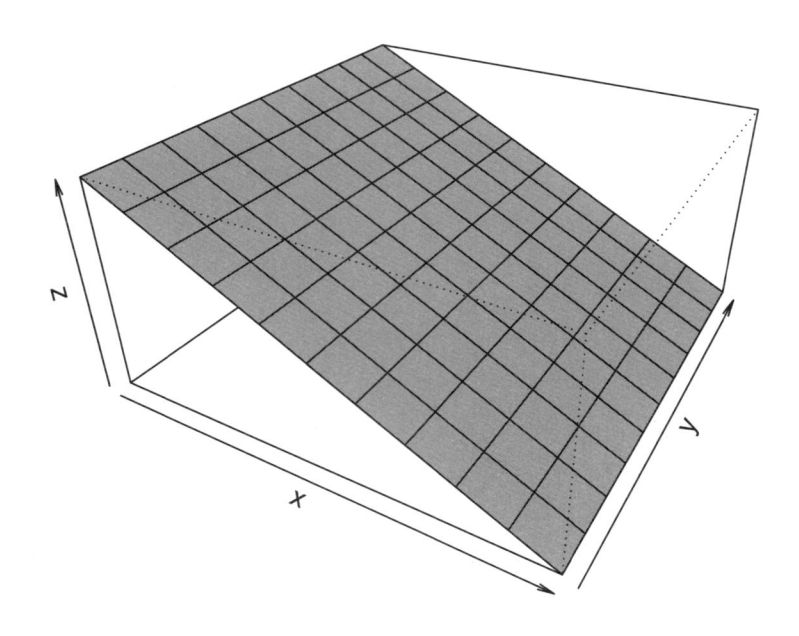

定義 10.5 (連續隨機變數之邊際機率密度函數). 給定連續隨機變數 X 與 Y, 其聯合機率密度函數為 $f(x,y)$, 則其邊際機率密度函數為:

$$f(x) = \int_{-\infty}^{\infty} f(x,y)dy$$

$$f(y) = \int_{-\infty}^{\infty} f(x,y)dx$$

根據例 10.1,

$$f(x) = \int_0^1 2(1-x)dy = [2(1-x)y]_0^1 = 2(1-x)$$

$$f(y) = \int_0^1 2(1-x)dx = [2x - x^2]_0^1 = 1$$

定義 10.6 (連續隨機變數之聯合分配函數). 給定連續隨機變數 X 與 Y, 其聯合機率密度函數為 $f(x,y)$, 則其聯合分配函數為:

$$F(x,y) = \int_{-\infty}^{y} \int_{-\infty}^{x} f(u,v)dudv$$

聯合分配函數與聯合機率密度函數之間的關係為:

$$f(x,y) = \frac{\partial^2 F(x,y)}{\partial x \partial y}$$

下一個例子稍微複雜一點, Y 的砥柱集合與 X 有關。

例 10.2. 連續隨機變數 X 與 Y 有如下的聯合機率密度函數:

$$f(x,y) = \frac{3}{2}, \quad \text{supp}(X,Y) = \{(x,y) | 0 < x < 1, x^2 < y < 1\}$$

1. 試問, $f(x,y)$ 是否為一合理的聯合機率密度函數?
2. 試找出 $f(x)$ 與 $f(y)$ 兩函數。

1. 根據

$$\int_0^1 \int_{x^2}^1 \frac{3}{2} dy dx = \int_0^1 \left[\frac{3}{2} y\right]_{y=x^2}^1 dx = \int_0^1 \frac{3}{2}(1-x^2) dx$$

$$= \left[\frac{3}{2}\left(x - \frac{1}{3}x^3\right)\right]_{x=0}^1 = 1$$

得知 $f(x,y)$ 為一合理的聯合機率密度函數。

2. 注意到 X 與 Y 的聯合砥柱集合如圖 10.3 所示。

$$f(x) = \int_{x^2}^1 f_{XY}(x,y) dy = \int_{x^2}^1 \frac{3}{2} dy = \left[\frac{3}{2} y\right]_{x^2}^1 = \frac{3}{2}(1-x^2)$$

$$f(y) = \int_0^{\sqrt{y}} f_{XY}(x,y) dx = \left[\frac{3}{2} x\right]_0^{\sqrt{y}} = \frac{3}{2}\sqrt{y}$$

10.4.1 如何以 R 繪製聯合機率密度函數

我們在此以一個簡單的例子說明如何以 R 繪製聯合機率密度函數。給定隨機變數 X 與 Y 聯合機率密度函數為:

$$f(x,y) = 6x^2 y, \quad 0 \leq x \leq 1, \quad 0 \leq y \leq 1$$

則我們可以利用如下的 R 程式繪製聯合機率密度函數。

圖 10.3: X 與 Y 的聯合砥柱集合: $\text{supp}(X,Y)$

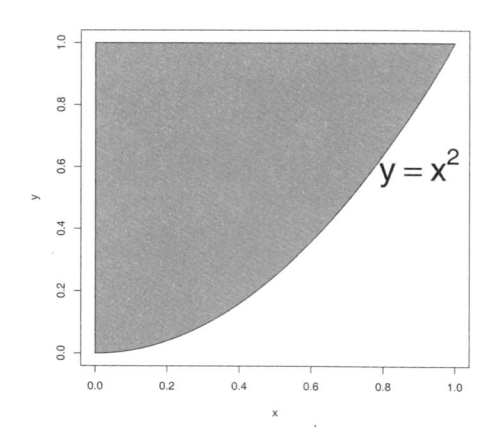

$y = x^2$

R 程式 10.1 (聯合機率密度函數).

```
x = seq(0,1,by=0.1)
y = seq(0,1,by=0.1)
f = function(x,y) {6*x^2*y}
z = outer(x, y, FUN=f)
persp(x,y,z,theta=30,phi=30,expand=0.5,col="gray")
```

其中，我們先以 function 定義函數 $f(x,y) = x + y$，再以 outer 函數將所有的 x 與 y 值帶入函數，並將所得到的函數值存在 z 中。最後，利用 persp 畫出三度空間透視圖，並以 theta 與 phi 設定角度，expand 壓縮 z 軸座標。執行後可得圖 10.4。

10.5 如何描述 n 變量隨機變數

我們可以將以上雙變量隨機變數的討論予以一般化，事實上，如果你能掌握雙變量隨機變數的各種性質，延伸到 n 變量隨機變數就是「蛋糕一塊」。或許在繼續往下閱讀之前，你可以自己延伸看看，給定 n 變量隨機變數: $X_1, X_2, \ldots, X_n$，試著回答以下問題:

圖10.4: 聯合機率密度函數: $f(x,y) = 6x^2y$, $0 \leq x \leq 1$, $0 \leq y \leq 1$

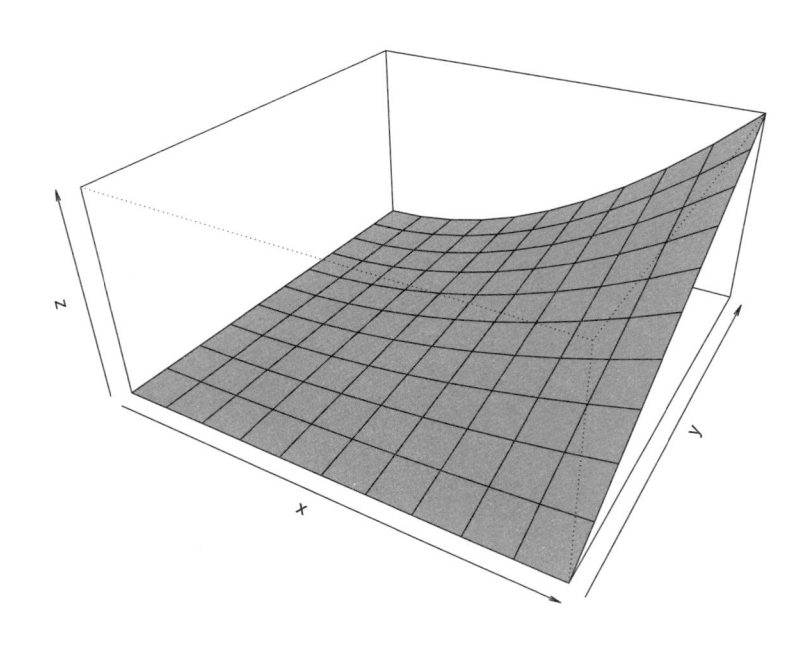

1. 如何定義 n 變量離散隨機變數 $X_1, X_2, \ldots, X_n$ 的聯合機率函數?

2. 給定 n 變量連續隨機變數的聯合機率密度函數,如何找出 X_1 的邊際機率密度函數?

3. 如何定義 $X_1, X_2, \ldots, X_n$ 的聯合分配函數?

10.5.1　離散隨機變數

首先看一下離散隨機變數。給定 n 離散隨機變數

$$\boldsymbol{X} = (X_1, X_2, \ldots, X_n)'$$

且 $\mathcal{S}_i$ 為 X_i 的砥柱集合,並定義 $\mathcal{S} = \mathcal{S}_1 \times \mathcal{S}_2 \times \cdots \times \mathcal{S}_n$,則其聯合機率函數為:

$$f(x_1, x_2, \ldots, x_n) = P(X_1 = x_1, X_2 = x_2, \ldots, X_n = x_n)$$

且其性質為:

1. $f(x_1, x_2, \ldots, x_n) > 0, \forall (x_1, x_2, \ldots, x_n) \in \mathcal{S}$

2. $\sum\sum\cdots\sum_{(x_1,x_2,\ldots,x_n)\in\mathcal{S}} f(x_1, x_2, \ldots, x_n) = 1$

3. $P\big((X_1, X_2, \ldots, X_n) \in A\big) = \sum\sum\cdots\sum_{(x_1,x_2,\ldots,x_n)\in A} f(x_1, x_2, \ldots, x_n), A \subseteq \mathcal{S}$

任一隨機變數 (例如 X_1) 的邊際機率函數為:

$$f(x_1) = \sum_{x_2} \cdots \sum_{x_n} f(x_1, x_2, \ldots, x_n)$$

而聯合機率分配函數則為:

$$F(x_1, x_2, \ldots, x_n) = P(X_1 \leq x_1, X_2 \leq x_2, \ldots, X_n \leq x_n)$$
$$= \sum_{w_1 \leq x_1} \sum_{w_2 \leq x_2} \cdots \sum_{w_n \leq x_n} P(X_1 = w_1, X_2 = w_2, \ldots, X_n = w_n)$$

如前所述, 我們可以定義 $f(x_1, x_2, \ldots, x_n) = 0 \ \forall (x_1, x_2, \ldots, x_n) \notin \mathcal{S}$, 因此,

$$f(x_1, x_2, \ldots, x_n) \geq 0, \forall (x_1, x_2, \ldots, x_n) \in \mathbb{R}^n$$

10.5.2　連續隨機變數

接下來, 給定 n 個連續隨機變數

$$\mathbf{X} = (X_1, \ldots, X_n)'$$

且其砥柱集合為 $\mathcal{S}$。若聯合機率密度函數為 $f(x_1, x_2, \ldots, x_n)$, 則其聯合分配函數為:

$$F(x_1, \ldots, x_n) = \int_{-\infty}^{x_1} \cdots \int_{-\infty}^{x_n} f(u_1, \ldots, u_n) du_n \cdots du_1$$

而聯合分配函數與聯合機率密度函數之間的關係為:

$$f(x_1, x_2, \ldots, x_n) = \frac{\partial^n F(x_1, \ldots, x_n)}{\partial x_1 \cdots \partial x_n}$$

我們對於 $f(x_1, x_2, \ldots, x_n)$ 的要求則為:

1. $f(x_1, x_2, \ldots, x_n) > 0 \quad \forall (x_1, x_2, \ldots, x_n) \in \mathcal{S}$

2. $\iint_{\mathcal{S}} \cdots \int f(x_1, \ldots, x_n) dx_1 \cdots dx_n = 1$

3. $P\big((X_1, \ldots, X_n) \in \mathcal{A}\big) = \iint_{\mathcal{A}} \cdots \int f(x_1, \ldots, x_n) dx_1 \cdots dx_n, \ \mathcal{A} \subseteq \mathcal{S}$

我們可以進一步定義邊際機率密度函數如下：

$$f(x_1) = \int_{x_2} \cdots \int_{x_n} f(x_1, x_2, \ldots, x_n) dx_n \cdots dx_2$$

10.6 什麼是共變數與相關係數

當我們考慮單一的隨機變數時，我們會關注其動差，舉例來說，若隨機變數 X 代表股票報酬率，則我們會關心其期望值 $E(X)$ 與變異數 $Var(X)$。

當我們考慮多個隨機變數，例如同時購買兩檔股票，報酬率分別為 X 與 Y，則我們除了關心個股的期望值與變異數，也會想要知道兩檔股票報酬率之間的關係。

首先，我們介紹，給定多個隨機變數的函數 $g(X_1, X_2, \ldots, X_n)$，要如何計算期望值 $E[g(X_1, X_2, \ldots, X_n)]$。

定義 10.7 (多個隨機變數函數之期望值). 給定隨機變數 $(X_1, X_2, \ldots, X_n)$ 之函數 $g(X_1, X_2, \ldots, X_n)$。則其期望值為：

$$E[g(X_1, X_2, \ldots, X_n)] = \begin{cases} \sum_{x_1} \cdots \sum_{x_n} g(x_1, x_2, \ldots, x_n) f_X(x_1, x_2, \ldots, x_n) \\ \int_{x_1} \cdots \int_{x_n} g(x_1, \ldots, x_n) f_X(x_1, \ldots, x_n) dx_n \cdots dx_1 \end{cases}$$

因此，給定兩隨機變數 X 與 Y，我們可得：

$$E[g(X,Y)] = \begin{cases} \sum_x \sum_y g(x,y) f(x,y) \\ \int_x \int_y g(x,y) f(x,y) dy dx \end{cases}$$

舉例來說，令 $g(X,Y) = X + Y$，

例 10.3.
$$E(X+Y) = E(X) + E(Y)$$

$$\begin{aligned}
E(X+Y) &= \sum_x \sum_y (x+y) P(X=x, Y=y) \\
&= \sum_x \sum_y x P(X=x, Y=y) + \sum_x \sum_y y P(X=x, Y=y) \\
&= \sum_x x \sum_y P(X=x, Y=y) + \sum_y y \sum_x P(X=x, Y=y) \\
&= \sum_x x P(X=x) + \sum_y y P(Y=y) \\
&= E(X) + E(Y)
\end{aligned}$$

這個例子告訴我們, 考慮兩個隨機變數的線性組合之期望值, 就是期望值的線性組合。此外, 根據這個證明, 讀者不難發現, 此性質較為清楚的寫法應為:

$$E_{XY}(X+Y) = E_X(X) + E_Y(Y)$$

也就是說, 左式的期望值運算仰賴的機率分配是 X 與 Y 的聯合機率分配, 而右式的期望值運算則分別仰賴 X 與 Y 各自的邊際機率分配。一般來說, 為了簡省符號, 我們對於下標都予以省略, 任一期望值運算所對應的機率分配, 讀者應自行腦補之。

令 $g(X,Y) = (X-E[X])(Y-E[Y])$, 我們可以定義共變數 (covariance)。

定義 10.8 (共變數). 兩隨機變數 X, Y 的共變數為:

$$Cov(X,Y) = E[(X-E[X])(Y-E[Y])]$$

以連續隨機變數為例, $g(x,y) = (x-E[X])(y-E[Y])$,

$$\begin{aligned}
Cov(X,Y) &= E[(X-E[X])(Y-E[Y])] \\
&= \int_x \int_y (x-E[X])(y-E[Y]) f(x,y) \, dy \, dx
\end{aligned}$$

共變數 (covariance) 係用來衡量兩隨機變數的共移性 (comovement)。我們常用希臘字母 σ_{XY} 代表兩隨機變數的共變數 $Cov(X,Y)$。

當兩隨機變數的共變數為正, 代表**平均而言**, 他們會同時高於均值或同時低於均值, 亦即兩隨機變數同向變動。反之, 若隨機變數的共變數為負, 則代表**平均而言**, 兩隨機變數反向變動。

以股票報酬為例, 若 $Cov(X,Y) > 0$, 代表 X 與 Y 這兩檔股票平均而言傾向於同漲同跌, 反之, $Cov(X,Y) < 0$ 代表 X 與 Y 這兩檔股票平均而言有相反的漲跌勢。在景氣循環的研究中, 根據資料發現, 消費與實質 GDP 的共變數為正, $Cov(C,GDP) > 0$, 我們稱為順景氣循環 (procyclical), 而失業率 (U) 就與實質 GDP (Y) 的共變數為負, $Cov(U,GDP) < 0$, 就稱為逆景氣循環 (countercyclical)。

底下是有關共變數的幾個性質:

性質 10.1. 給定隨機變數 X 與常數 c,

1. $Cov(X,X) = Var(X)$

2. $Cov(X,c) = 0$

Proof.

$$Cov(X,X) = E[(X - E[X])(X - E[X])]$$
$$= E(X - E[X])^2 = Var(X)$$

$$Cov(X,c) = E[(X - E[X])(c - E[c])]$$
$$= E(X - E[X])(c - c) = 0$$

$\square$

性質 10.1-1 說明了隨機變數自身與自身的共變數就是變異數, 而性質 10.1-2 則告訴我們隨機變數與常數之間的共變數為零。

性質 10.2. 給定隨機變數 X 與 Y,

$$Cov(X,Y) = E(XY) - E(X)E(Y)$$

Proof.
$$Cov(X,Y) = E(X - E[X])(Y - E[Y])$$
$$= E(XY - XE[Y] - YE[X] + E[X]E[Y])$$
$$= E(XY) - E(Y)E(X) - E(X)E(Y) + E(X)E(Y)$$
$$= E(XY) - E(X)E(Y)$$

□

性質 10.2 是我們計算共變數的常用公式。

共變數固然可以掌握兩隨機變數的共移性, 問題在於, 共變數的單位為:「X 的單位 × Y 的單位」, 譬如說公分×公斤。為了避免這個困擾, 我們定義一個新的共移性衡量, 稱之為兩隨機變數的相關係數 (correlation coefficient)。

定義 10.9 (相關係數). 兩隨機變數 X, Y 的相關係數為:
$$Corr(X,Y) = \frac{Cov(X,Y)}{\sqrt{Var(X)}\sqrt{Var(Y)}} = \frac{\sigma_{XY}}{\sigma_X \sigma_Y}$$

我們以 ρ_{XY} 來表示相關係數 $Corr(X,Y)$, 其中 ρ 為希臘字母, 讀音為 rho。相關係數有兩個重要的性質 (或是說優點):

1. 相關係數為一個沒有單位 (unit free) 的衡量。

2. 相關係數介於 -1 與 1 之間。

性質 10.3 (相關係數重要性質).
$$-1 \leq \rho_{XY} \leq 1$$

Proof. 根據
$$Var\left(\frac{X}{\sqrt{Var(X)}} + \frac{Y}{\sqrt{Var(Y)}}\right) \geq 0, \quad Var\left(\frac{X}{\sqrt{Var(X)}} - \frac{Y}{\sqrt{Var(Y)}}\right) \geq 0$$
即得證。另一種證明方法是透過 Cauchy-Schwarz 不等式, 參閱陳旭昇 (2023, pp.175–176)。 □

圖10.5: 非線性相關

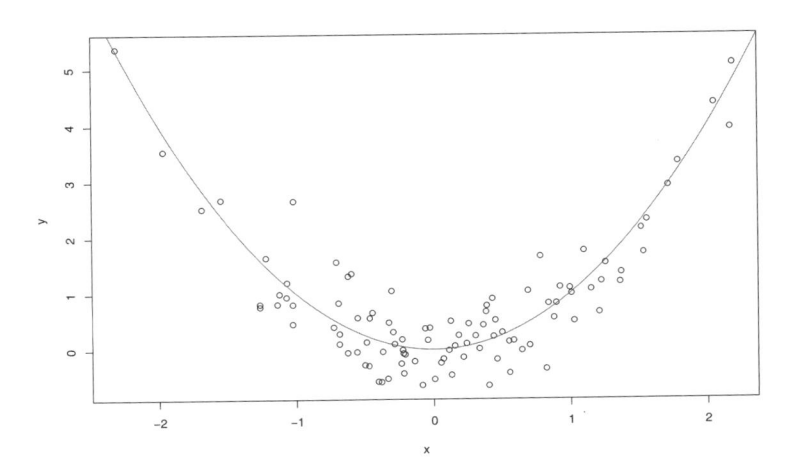

此性質非常重要，由於相關係數介於 -1 與 1 之間，亦即，相關係數有最大值與最小值。

1. $\rho_{XY} = 1$ 就代表兩隨機變數為完全正相關 (perfect correlation)，

2. $\rho_{XY} = -1$ 代表完全負相關 (perfect negative correlation)，

3. $\rho_{XY} = 0$ 代表零相關 (zero correlation)，或稱無相關 (no correlation, uncorrelated)。

然而，值得注意的是，相關係數衡量的是兩隨機變數是否具有**線性相關性**。當 X 與 Y 為零相關並不代表 X 與 Y 沒有任何相關性，零相關指的只是兩隨機變數沒有線性相關性。舉例來說，圖 10.5 中所模擬出來的 X 與 Y 具有非常高度的 (非線性) 相關 ($Y \approx X^2$)，然而相關係數為 $\rho_{XY} = 0.1605725$，相關性相當低。亦即，相關係數無法捕捉非線性相關性。

模擬的 R 程式如下：

R 程式 10.2.

```
set.seed(123)
x = rnorm(100,0,1)
z=  0.5*rnorm(100,0,1)
y = x^2 + z
x2 = seq(-3, 3, length = 100)
yline = x2^2
plot(x,y)
lines(x2, yline, type = "l", col = 2)
cor(x,y)
```

執行後可得:

```
> cor(x,y)
[1] 0.1605725
```

練習題

1. 給定兩離散隨機變數 X 與 Y，其聯合機率函數為:

$$f(x,y) = k(x+y), \quad x = 2,3,4, \ y = 0,1,2$$

  (a) 計算 k 值。

  (b) 找出 X 的邊際機率函數。

  (c) 找出 Y 的邊際機率函數。

2. 給定兩離散隨機變數 X 與 Y，其聯合機率函數為:

$$f(x,y) = \frac{k2^{x+y}}{x!y!}, \quad \text{supp}(X,Y) = \text{supp}(X) \times \text{supp}(Y)$$

$$\text{supp}(X) = \{x : x = 0,1,2,\ldots\}, \text{supp}(Y) = \{y : y = 0,1,2,\ldots\}$$

  (a) 計算 k 值。

  (b) 找出 X 的邊際機率函數。

(c) 找出 Y 的邊際機率函數。

3. 給定 X 與 Y 的聯合分配函數為:

$$F(x,y) = 1 - e^{-2x} - e^{-y} + e^{-(2x+y)}, \ x > 0, y > 0$$

   (a) 找出聯合機率密度函數 $f(x,y)$。
   (b) 找出邊際機率密度函數, $f(x)$ 與 $f(y)$。
   (c) 找出邊際分配函數, $F(x)$ 與 $F(y)$。

4. 給定 X 與 Y 的聯合機率密度函數為:

$$f(x,y) = \frac{12}{5}xy(1+y), \ 0 \leq x \leq 1, 0 \leq y \leq 1$$

   (a) 驗證 $f(x,y)$ 確為一個聯合機率密度函數。
   (b) 計算 $P(\frac{1}{3} < X < \frac{2}{3}, \frac{1}{2} < Y < \frac{3}{4})$。
   (c) 找出聯合分配函數, $F(x,y)$。
   (d) 找出邊際機率密度函數, $f(x)$ 與 $f(y)$。
   (e) 找出邊際分配函數, $F(x)$ 與 $F(y)$。

5. 給定 X 與 Y 的聯合機率密度函數為:

$$f(x,y) = kx^2y, \ x^2 \leq y \leq 1, 0 \leq x \leq 1$$

   (a) 計算 k 值。
   (b) 找出 X 的邊際機率密度函數。
   (c) 找出 Y 的邊際機率密度函數。

6. 證明, 對任意常數 $a, b, c,$ 以及 $d,$

$$Cov(aX+b, cY+d) = acCov(X,Y)$$

$$Var(aX + bY + c) = a^2Var(X) + b^2Var(Y) + 2abCov(X,Y)$$

7. 連續隨機變數 Y 代表每日現做的牛肉湯 (以重量計), 供應的牛肉湯受限於當日的現宰牛肉隨機供貨量, 假設牛肉湯最大可能供應量為 2 公斤, 賣完為止, 而 X 代表當天的隨機購買量, 其聯合機率密度函數為:
$$f(x,y) = \frac{1}{2}$$
令 $Z = Y - X$ 代表當天沒有賣完的牛肉湯。

   (a) 寫出 X 與 Y 的聯合砥柱集合, 並驗證
   $$\int_y \int_x f(x,y)dxdy = 1$$

   (b) 找出 $E(Z)$。

   (c) 找出 $Var(Z)$。

8. 給定 $X \sim U[-3,3]$, 且 $Y = X^8$, 證明 X 與 Y 為零相關。

9. (Cauchy-Schwarz 不等式) 對於任意隨機變數 U 與 V,
$$[E(UV)]^2 \leq E[U^2]E[V^2]$$
   [提示:] $E[(U+aV)^2] \geq 0$。事實上, 透過 Cauchy-Schwarz 不等式, 並令 $U = X - E(X)$ 以及 $V = Y - E(Y)$, 我們就能證明性質 10.3。

10. (R 程式作業) 給定聯合機率密度函數為
$$f(x,y) = \frac{3}{2}x^2(1-|y|), \quad -1 < x < 1, -1 < y < 1$$
畫出 $f(x,y)$。

11 條件機率分配

11.1 如何計算條件機率值
11.2 什麼是條件期望值
11.3 與條件期望值相關的性質有哪些
11.4 什麼是條件變異數
11.5 與條件變異數相關的性質有哪些

有時我們會想要知道,給定某一個隨機變數的資訊已知的情況下,另一個隨機變數的機率分配,稱為條件機率分配 (conditional probability distribution)。我們在本章介紹條件機率分配,條件期望值與條件變異數。

11.1 如何計算條件機率值

表 11.1 為大盤指數 X (舉例來說, 台灣加權指數) 與個別股票 Y 報酬率的聯合機率分配。我們會想知道: 給定整體股市的報酬率為 20% 下 ($X = 0.2$), 則個股 Y 報酬率為 30% 的條件機率值為何?

根據條件機率的定義,

$$P(Y = 0.3 | X = 0.2) = \frac{P(Y = 0.3, X = 0.2)}{P(X = 0.2)} = \frac{0.15}{0.2} = 0.75$$

$$P(Y = 0.15 | X = 0.2) = \frac{P(Y = 0.15, X = 0.2)}{P(X = 0.2)} = \frac{0.05}{0.2} = 0.25$$

表11.1: X 與 Y 的聯合機率分配

		Y		
X	0.30	0.15	0.00	
0.20	0.15	0.05	0	0.2
0.10	0	0.3	0.3	0.6
0.05	0.05	0.05	0.1	0.2
	0.2	0.4	0.4	

表11.2: Y 的邊際機率分配與條件機率分配

y	$f(y) = P(Y = y)$	$f(y|0.2) = P(Y = y|X = 0.2)$
0.30	0.2	0.75
0.15	0.4	0.25
0.00	0.4	0

$$P(Y = 0|X = 0.2) = \frac{P(Y = 0, X = 0.2)}{P(X = 0.2)} = \frac{0}{0.2} = 0$$

我們將 Y 的邊際機率分配與條件機率分配 (給定 $X = 0.2$) 分別列在表 11.2, 而條件機率函數則定義如下。

定義 11.1 (條件機率函數). 考慮兩離散隨機變數 X, Y, 給定隨機變數 $X = x$, 隨機變數 Y 的條件機率函數 *(conditional probability function)* 為:

$$f(y|x) = P(Y = y|X = x) = \frac{P(X = x, Y = y)}{P(X = x)}$$

條件機率函數應該寫成 $f_{Y|X=x}(y)$ 比較明確, 但我們依然予以簡化, 以 $f(y|x)$ 表示之。一般而言, 我們會以

$$Y|X = x \sim f(y|x)$$

來表示 Y 的條件機率分配。

對於離散隨機變數而言，我們可以直接透過條件機率函數來計算條件機率值。然而，如果是連續隨機變數，要求算條件機率值，我們需要先定義條件機率密度函數。

定義 11.2 (條件機率密度函數). 給定 X 與 Y 為連續隨機變數且其聯合機率密度函數為 $f(x,y)$，則 Y 的條件機率密度函數為：

$$f(y|x) = \frac{f(x,y)}{f(x)}$$

其中 $f(x) > 0$。

因此，對於連續隨機變數 X 與 Y，其條件機率計算如下：

$$P(a < Y < b | X = x) = \int_a^b f(y|x) dy$$

注意到對於條件機率密度函數，為了簡潔起見，我們依舊以 $f(y|x)$ 的寫法取代 $f_{Y|X=x}(y)$。

例 11.1. 連續隨機變數 X 與 Y 有如下的聯合機率密度函數：

$$f(x,y) = \frac{3}{2}, \quad \mathrm{supp}(X,Y) = \{(x,y): 0 < x < 1, x^2 < y < 1\}$$

1. 試找出條件機率密度函數 $f(y|x)$。

2. 計算 $P(Y \leq \frac{1}{2} | X = \frac{1}{2})$。

根據

$$f(x) = \int_{x^2}^1 f_{XY}(x,y) dy = \int_{x^2}^1 \frac{3}{2} dy = \left[\frac{3}{2} y\right]_{x^2}^1 = \frac{3}{2}(1 - x^2)$$

則條件機率密度函數為：

$$f(y|x) = \frac{f(x,y)}{f(x)} = \frac{\frac{3}{2}}{\frac{3}{2}(1-x^2)} = \frac{1}{1-x^2}$$

根據條件機率密度函數，

$$P\left(Y \leq \frac{1}{2} \Big| X = \frac{1}{2}\right) = \int_{1/4}^{1/2} \frac{1}{1-\frac{1}{4}} dy = \left[\frac{4}{3} y\right]_{1/4}^{1/2} = \frac{1}{3}$$

事實上不難發現, Y 的條件分配為給定 x 下的均勻分配:

$$Y|X = x \sim U(x^2, 1), \ 0 < x < 1, x^2 < y < 1$$

因此,

$$Y|X = 0.5 \sim U(0.25, 1)$$

11.2　什麼是條件期望值

給定條件機率函數與條件機率密度函數, 我們除了可以計算條件機率值, 也可以進一步求算條件期望值與條件變異數。了解條件期望值與條件變異數, 有助於我們了解迴歸模型分析與預測。

條件期望值可說是迴歸模型分析的核心, 舉例來說, 令 Y 代表薪資水準, X 代表教育程度 (以受教育年數來衡量, 例如 $X = 6$ 代表小學學歷, $X = 16$ 代表大學學歷, 而 $X = 18$ 代表碩士學歷), 我們會想知道, $E(Y|X = 16)$ 與 $E(Y|X = 18)$ 的差異, 進而決定是否該繼續念研究所。

亦或是, $X = 1$ 代表主修 STEM (Science, Technology, Engineering 以及 Mathematics), 而 $X = 0$ 代表主修非 STEM 科系, 我們會想知道, $E(Y|X = 1)$ 與 $E(Y|X = 0)$ 的差異有多大, 進而決定是否該選擇 STEM 科系。

定義 11.3 (條件期望值). 令 X 與 Y 為隨機變數。則給定 $X = x$ 之下, Y 的條件期望值 *(conditional expectation)* 為:

$$E(Y|X = x) = h(x) = \begin{cases} \sum_y y P(Y = y|X = x) = \sum_y y f(y|x) \\ \int_y y f(y|x) dy \end{cases}$$

亦即, $h(x) = E(Y|X = x)$ 為 x 的函數, 並非隨機變數。若以隨機變數表示,

$$E(Y|X) = h(X)$$

就是隨機變數 X 的函數。

例 11.2. 連續隨機變數 X 與 Y 有如下的聯合機率密度函數：

$$f(x,y) = \frac{3}{2}, \quad \text{supp}(X,Y) = \{(x,y) : 0 < x < 1, x^2 < y < 1\}$$

試求算 $E(Y|X=x)$ 與 $E\left(Y|X=\frac{1}{2}\right)$。

根據例 11.1，

$$f(y|x) = \frac{1}{1-x^2}$$

因此

$$E(Y|X=x) = \int_{x^2}^{1} y f(y|x) dy = \int_{x^2}^{1} \frac{y}{1-x^2} dy = \frac{1}{2}(1+x^2)$$

$$E(Y|X=1/2) = \frac{1}{2}\left(1 + \left(\frac{1}{2}\right)^2\right) = \frac{5}{8}$$

11.3 與條件期望值相關的性質有哪些

以下介紹幾個與條件期望值相關的重要定理與性質。

性質 11.1 (Useful Rule).

$$E[h(X)Y|X] = h(X)E[Y|X]$$

Proof. 首先考慮 $X = x$ 為任一常數，$h(x)$ 亦為常數，則 $h(x)$ 可以拿到期望值運算的外面，

$$E[h(x)Y|X=x] = h(x)E(Y|X=x)$$

由於上式是對所有 $X = x$ 都成立，則

$$E[h(X)Y|X] = h(X)E(Y|X)$$

□

定理 11.1 (簡單雙重期望值法則).

$$E[E(Y|X)] = E(Y)$$

亦即條件期望值的平均仍為原平均，稱之為簡單雙重期望值法則 *(simple law of iterated expectations)*。

Proof. 首先注意到,
$$E(Y|X) = h(X)$$
$$E(Y|X=x) = h(x) = \int_y y f(y|x) dy$$

且
$$E[E(Y|X)] = E[h(X)] = \int_x h(x) f(x) dx$$

因此,
$$E[E(Y|X)] = \int_x h(x) f(x) dx = \int_x \left[\int_y y f(y|x) dy \right] f(x) dx$$
$$= \int_x \int_y y \frac{f(x,y)}{f(x)} f(x) dy dx = \int_x \int_y y f(x,y) dy dx$$
$$= \int_y y \left[\int_x f(x,y) dx \right] dy = \int_y y f(y) dy = E(Y)$$

$\square$

事實上, 更精確的翻譯應為迭代期望值法則。注意到, 有時為了減少數學符號上的繁複, 我們會將 $E[E(Y|X)]$ 寫成 $EE(Y|X)$。

我們該如何詮釋簡單雙重期望值法則: $E[E(Y|X)] = E(Y)$? 簡單地說, $E(Y|X=x)$ 可以視為母體中不同 $X=x$ 組別下的各組平均 (group average), 因此, 對各組平均再取平均, 就會得到總平均 (grand average)。舉例來說, 若全班有 M 個男生, 假設每一名學生被抽到的機率相等, 均為 $1/M$, 則平均分數 (期望值) 為 $\mu_M = \sum_i \left(Y_{i,M} \times \frac{1}{M} \right)$; 同理, 若有 F 個女生, 平均分數為 $\mu_F = \sum_i \left(Y_{i,F} \times \frac{1}{F} \right)$, 則對男生與女生的平均成績再依據男女比例的機率做平均, 就會得到全班總平均:

$$\mu_M \times \frac{M}{M+F} + \mu_F \times \frac{F}{M+F}$$
$$= \left(\sum_i Y_{i,M} \times \frac{1}{M} \right) \times \frac{M}{M+F} + \left(\sum_i Y_{i,F} \times \frac{1}{F} \right) \times \frac{F}{M+F}$$
$$= \frac{\sum_i Y_{i,M} + \sum_i Y_{i,F}}{M+F} = \mu$$

定理 11.2 (雙重期望值法則).

$$E[E(Y|X,Z)|X] = E(Y|X)$$

Proof. 參閱陳旭昇 (2023, pp.153–154)。 □

定理 11.2 又稱「較小條件集合主宰法則」(Small Conditioning Set Wins Rule, SCSWR), 在總體經濟學的理性預期模型 (rational expectation model) 中時常用到此定理。舉例來說, 如果以 I_t 代表市場參與者在第 t 期時所擁有的資訊集合, 根據理性預期理論, 市場參與者對於未來 Y_{t+1} 的預期為:

$$Y_{t,t+1}^e = E(Y_{t+1}|I_t),$$

並簡單寫成: $E(Y_{t+1}|I_t) = E_t Y_{t+1}$。

由於 $I_t \subset I_{t+1}$, 亦即第 t 期時所擁有的資訊集合小於第 $t+1$ 期時所擁有的資訊集合,

$$E_t E_{t+1} Y_{t+2} = E(E(Y_{t+2}|I_{t+1})|I_t) = E(Y_{t+2}|I_t) = E_t(Y_{t+2})$$

同理, 我們可以推得,

$$E_t E_{t+j-1} Y_{t+j} = E_t Y_{t+j}, \ \forall \ j > 2$$

定理 11.3.

$$E(Y|X) = \underset{g(X)}{\arg\min}\, E\big([Y - g(X)]^2\big)$$

Proof. 注意到

$$\begin{aligned}
E\big([Y - g(X)]^2\big) &= E\big([Y - E(Y|X) + E(Y|X) - g(X)]^2\big) \\
&= E\big([Y - E(Y|X)]^2\big) + E\big([E(Y|X) - g(X)]^2\big) \\
&\quad + 2\underbrace{E\big([Y - E(Y|X)][E(Y|X) - g(X)]\big)}_{(A)}
\end{aligned}$$

令 $h(X) = E(Y|X) - g(X)$, 則

$$\begin{aligned}(A) &= E\big([Y - E(Y|X)][E(Y|X) - g(X)]\big) \\ &= E\big([Y - E(Y|X)]h(X)\big) \\ &= EE\big([Y - E(Y|X)]h(X)|X\big) \\ &= E[h(X)E(Y - E(Y|X)|X)] = E[h(X) \times 0] = 0\end{aligned}$$

因此,

$$E\big([Y - g(X)]^2\big) = E\big([Y - E(Y|X)]^2\big) + E\big([E(Y|X) - g(X)]^2\big) \quad (1)$$

注意到等號右側第一項大於等於零且與 $g(X)$ 無關, 而第二項在 $g(X) = E(Y|X)$ 時為最小, 故得證。 □

定理 11.3 告訴我們, 條件期望值 $E(Y|X)$ 為 Y 的最佳條件預測式。也就是說, 如果我們給定 X 的資訊, 並意圖用一個 X 的函數 $g(X)$ 來預測隨機變數 Y, 則可以使均方誤最小的 $g(X)$ 函數為條件期望值 $E(Y|X)$。

如果我們定義預測誤差 ε 為:

$$\varepsilon = Y - E(Y|X)$$

亦即

$$Y = E(Y|X) + \varepsilon \quad (2)$$
$$E(\varepsilon|X) = 0 \quad (3)$$

第 (2) 式稱為 CEF (conditional expectation function) 模型, 是迴歸模型的核心概念。

舉例來說, 令 Y 代表薪資水準, $X = 1$ 代表主修 STEM (Science, Technology, Engineering 以及 Mathematics), 而 $X = 0$ 代表主修非 STEM 科系, 則第 (2) 式代表一個人的薪資水準, 有多少可以被大學主修科系所決定 (亦即 $E(Y|X)$ 的部分), 而 ε 就涵蓋了主修科系之外, 其他解釋平均薪資的因素。

11.4　什麼是條件變異數

定義 11.4 (條件變異數). 令 X 與 Y 為隨機變數。則給定 $X = x$ 之下, Y 的條件變異數 *(conditional variance)* 為:

$$Var(Y|X = x) = h(x) = E[(Y - E[Y|X = x])^2|X = x]$$
$$= \begin{cases} \sum_y (y - E[Y|X = x])^2 f(y|x) \\ \int_y (y - E[Y|X = x])^2 f(y|x)dy \end{cases}$$

亦即, $Var(Y|X = x)$ 亦為 x 的函數。因此, 以隨機變數表示,

$$Var(Y|X) = h(X)$$

值得再次強調, 條件期望值與條件變異數 $E(Y|X), Var(Y|X)$ 是隨機變數。但是 $E(Y|X = x), Var(Y|X = x)$ 則是常數。

條件變異數的意義是, 隨機變數 Y 在給定 $X = x$ 的條件下離散程度。舉例來說, 令 Y 代表薪資水準, $X = 1$ 代表主修 STEM (Science, Technology, Engineering 以及 Mathematics), 而 $X = 0$ 代表主修非 STEM 科系, 則 $Var(Y|X = 1)$ 代表在主修為 STEM 的群體中, 薪資的差異程度大小。

例 11.3. 連續隨機變數 X 與 Y 有如下的聯合機率密度函數:

$$f(x,y) = \frac{3}{2}, \quad supp(X,Y) = \{(x,y) : 0 < x < 1, x^2 < y < 1\}$$

試求算 $Var(Y|X = x)$ 與 $Var\left(Y|X = \frac{1}{2}\right)$。

首先注意到, 令 $g(x) = E(Y|X = x)$,

$$\begin{aligned} Var(Y|X = x) &= E[(Y - E(Y|X = x))^2|X = x] \\ &= E[(Y - g(x))^2|X = x] \\ &= E[Y^2 - 2Yg(x) + [g(x)]^2|X = x] \\ &= E(Y^2|X = x) - 2g(x)E(Y|X = x) + [g(x)]^2 E(1|X = x) \\ &= E(Y^2|X = x) - 2g(x)^2 + [g(x)]^2 \\ &= E(Y^2|X = x) - [g(x)]^2 = E(Y^2|X = x) - [E(Y|X = x)]^2 \end{aligned}$$

其中，

$$E(Y^2|X=x) = \int_{x^2}^{1} y^2 f(y|x)dy = \int_{x^2}^{1} \frac{y^2}{1-x^2}dy = \frac{1}{3}(1+x^2+x^4)$$

由於已知 $E(Y|X=x) = \frac{1}{2}(1+x^2)$，則

$$\begin{aligned}Var(Y|X=x) &= E(Y^2|X=x) - \left[E(Y|X=x)\right]^2 \\ &= \frac{1}{3}(1+x^2+x^4) - \left[\frac{1}{2}(1+x^2)\right]^2 \\ &= \frac{1}{12} - \frac{1}{6}x^2 + \frac{1}{12}x^4\end{aligned}$$

且

$$Var(Y|X=1/2) = \frac{3}{64}$$

11.5 與條件變異數相關的性質有哪些

與條件變異數相關的重要性質稱為「變異數分解」(variance decomposition)。

定理 11.4 (變異數分解).

$$Var(Y) = E\big[Var(Y|X)\big] + Var\big(E[Y|X]\big)$$

此是謂變異數分解 *(variance decomposition)*

Proof. 參閱陳旭昇 (2023, pp.154–155)。 □

一般來說，我們將第一項 $E\big[Var(Y|X)\big]$ 稱之為 (平均) 組內變異 (within group variance)，第二項 $Var\big(E[Y|X]\big)$ 稱之為組間差異 (across group variance)，也就是說，總變異 $Var(Y)$ 可以拆解成組內變異與組間差異。

練習題

1. 給定聯合機率函數:
$$f(x,y) = \frac{x+y}{21}, \quad x = 1,2, \; y = 1,2,3$$

   (a) 找出 $f(y|x)$。

   (b) 找出 $f(x|y)$。

   (c) 計算 $P(1 \leq Y \leq 2|X = 2)$。

   (d) 計算 $P(X = 2|1 \leq Y \leq 2)$。

   (e) 計算 $E(X|Y = 2)$。

   (f) 計算 $Var(X|Y = 2)$。

2. 從台灣任意選出一個村里, 並從中抽出 n 位民眾。令 X 代表這 n 位民眾中, 支持特定政策的人數。令 Z 代表特定村里支持該政策的人口比例, 則 Z 亦為隨機變數, 假設 $Z \sim U[0,1]$。

   (a) 找出 X 的條件分配 $f_{X|Z=z}$。

   (b) 找出 $E(X|Z)$ 與 $Var(X|Z)$。

   (c) 找出 $E(X)$ 與 $Var(X)$。

3. 給定
$$f(x,y) = x + y, \quad 0 \leq x \leq 1, \; 0 \leq y \leq 1$$

   (a) 找出 $f(y|x)$。

   (b) 計算 $P(Y < 1/4 | X = 1/3)$。

   (c) 找出 $E(Y|X)$, 以及 $Var(Y|X)$。

4. 給定 $Y_1 \sim U[0,1]$, $Y_2 \sim U[5,7]$, $Cov(Y_1, Y_2) = 0$, 且 $W \sim Bernoulli(2/3)$。令
$$X = WY_1 + (1-W)Y_2$$

   (a) 計算 $E(X)$。

(b) 計算 $Var(X)$。

5. 給定
$$X \sim (\mu_x, \sigma_x^2), \quad Y \sim (\mu_y, \sigma_y^2)$$
且 $\rho = corr(X,Y)$，請找出常數 a 與 b 極小化
$$e(a,b) = E[(Y - a - bX)^2]$$

6. 給定兩隨機變數 X 與 Y,

    (a) 找出 $Cov(X, X+Y)$。

    (b) X 與 $X+Y$ 是否為正相關?

    (c) 若 $Cov(X,Y) = 0$，則 X 與 $X+Y$ 是否為正相關?

7. 給定 $X \sim U[0,\theta]$, $\theta > 0$。試找出 X 與 X^2 的相關係數。

8. (Law of Iterated Probability) 給定兩連續隨機變數 X 與 Y，其條件機率密度函數為: $f_{Y|X=x}(y)$。證明 law of iterated probability:
$$P(Y \leq y) = E[P(Y \leq y|X)]$$

9. (R 程式作業) 以 R 作以下的模擬。

    - 步驟 1: 擲一個公正的骰子 5 次，隨機變數 X 代表這 5 次中出現 1 點的個數，隨機變數 Y 代表這 5 次中出現 3 點的個數。

    重複 100000 次步驟 1，得到 100000 個 (X,Y) 的實現值。以 cor 計算 X 與 Y 的相關係數。

10. (R 程式作業) 給定 $X \sim U[0,1]$,
$$Y|X = x \sim U[0,x]$$

    (a) 證明聯合機率密度函數
    $$f(x,y) = \frac{1}{x}, \quad 0 < x < 1, 0 < y < x$$

(b) 找出邊際機率密度函數 $f(y)$。

(c) 以 R 製造 1000 個隨機變數實現值 $\{x,y\}$，

$$\{X_i, Y_i\}_{i=1}^{1000} \sim f(x,y)$$

其中 $f(x,y) = \frac{1}{x}$, $0 < x < 1$, $0 < y < x$。將這 1000 個 $\{x,y\}$ 畫在 X-Y 散佈圖中。

12 獨立隨機變數與轉換

12.1 什麼是獨立的隨機變數
12.2 什麼是 I.I.D. 隨機變數
12.3 獨立與相關有何不同
12.4 如何探討獨立隨機變數的加總或平均

我們在本章介紹獨立隨機變數, I.I.D. 隨機變數, 以及其相關的轉換性質。I.I.D. 隨機變數及其相關的轉換性質有助於我們了解統計推論中「隨機樣本」的性質。

12.1 什麼是獨立的隨機變數

定義 12.1 (兩獨立隨機變數). 給定兩隨機變數 X, Y, 對於所有的實現值 x 與 y 而言, 如果

$$f(x,y) = f(x)f(y)$$

則稱 X, Y 兩隨機變數相互獨立 (independent)。其中, 若 X 與 Y 為離散, 則 $f(\cdot)$ 為機率函數, 若 X 與 Y 為連續, 則 $f(\cdot)$ 為機率密度函數。

一般而言, 給定隨機變數之間的聯合機率分配, 我們可以據此找出隨機變數個別的邊際機率分配, 反之則不然。然而, **如果隨機變數為獨立**, 則給定隨機變數個別的邊際機率分配, 我們可以根據定義 12.1 找出隨機變數之間的聯合機率分配。

表 12.1: 聯合機率分配

		Y			
		2	4	6	
	1	0.04	0.08	0.08	0.2
X	3	0.12	0.24	0.24	0.6
	5	0.04	0.08	0.08	0.2
		0.2	0.4	0.4	

例 12.1. X, Y 的邊際機率分配分別為:

$$f(x) = \begin{cases} 0.2, & x = 1 \\ 0.6, & x = 3 \\ 0.2, & x = 5 \end{cases} \quad f(y) = \begin{cases} 0.2, & y = 2 \\ 0.4, & y = 4 \\ 0.4, & y = 6 \end{cases}$$

若 X, Y 為獨立, 試找出 X, Y 的聯合機率分配。

根據定義 12.1,

$$P(X = 1, Y = 2) = P(X = 1)P(Y = 2) = 0.2 \times 0.2 = 0.04$$

其他聯合機率值依此類推, X, Y 的聯合機率分配如表 12.1 所示, 注意到表 12.1 與表 10.1 都是聯合機率分配的表達方式。根據表 12.1, 不難發現, 其中最後一行就是 X 的邊際機率, 而最後一列就是 Y 的邊際機率。舉例來說,

$$\begin{aligned} P(X = 2) &= \sum_y P(X = 2, Y = y) \\ &= P(X = 2, Y = 2) + P(X = 2, Y = 4) + P(X = 2, Y = 6) \\ &= 0.12 + 0.24 + 0.24 = 0.6 \end{aligned}$$

因此, 表 12.1 的表達方式可以同時描述聯合機率與邊際機率。

最後, 我們把獨立隨機變數的定義予以一般化。

定義 12.2 (獨立隨機變數).

1. 給定 n 個獨立離散隨機變數 $X_1, X_2, \ldots, X_n$, 則對於所有可能實現值 $x_1, x_2, \ldots, x_n$,

$$P(X_1 = x_1, X_2 = x_2, \ldots, X_n = x_n) = P(X_1 = x_1)P(X_2 = x_2)\cdots P(X_n = x_n)$$

2. 給定 n 個獨立連續隨機變數 $X_1, X_2, \ldots, X_n$, 且其聯合機率密度函數為 $f(x_1, x_2, \ldots, x_n)$, 則

$$f(x_1, x_2, \ldots, x_n) = f(x_1)f(x_2)\cdots f(x_n)$$

其中 $f(x_i)$ 為 X_i 的邊際機率密度函數。

我們以

$$X \perp\!\!\!\perp Y$$

表示 X 與 Y 為獨立, 獨立隨機變數具有以下重要性質。

性質 12.1. 若隨機變數 $X \perp\!\!\!\perp Y$, 則其函數

$$g(X) \perp\!\!\!\perp h(Y)$$

此性質之證明已超出本書範圍。

性質 12.2. 若隨機變數 X 與 Y 相互獨立, 則

$$E[g(X)h(Y)] = E[g(X)]E[h(Y)]$$

Proof. 注意到,

$$\begin{aligned}
E[g(X)h(Y)] &= \sum_x \sum_y g(x)h(y)P(X = x, Y = y) \\
&= \sum_x \sum_y g(x)h(y)P(X = x)P(Y = y) \\
&= \left(\sum_x g(x)P(X = x)\right)\left(\sum_y h(y)P(Y = y)\right) \\
&= E[g(X)]E[h(Y)]
\end{aligned}$$

□

因此, 令 $g(X) = X, h(Y) = Y$,

$$E(XY) = E(X)E(Y)$$

我們更進一步可得知, 若隨機變數 X 與 Y 相互獨立,

$$Cov(X,Y) = E(XY) - E(X)E(Y) = 0$$

例 12.2. 給定隨機變數 X 與 Y 為獨立隨機變數, 則

$$Var(XY) = Var(X)Var(Y) + Var(Y)[E(X)]^2 + Var(X)[E(Y)]^2$$

根據變異數的定義,

$$Var(XY) = E(X^2Y^2) - [E(XY)]^2$$

由於 X 與 Y 為獨立,

$$\begin{aligned}Var(XY) &= E(X^2)E(Y^2) - [E(X)E(Y)]^2 \\ &= (Var(X) + [E(X)]^2)(Var(Y) + [E(Y)]^2) - [E(X)E(Y)]^2 \\ &= Var(X)Var(Y) + Var(Y)[E(X)]^2 + Var(X)[E(Y)]^2\end{aligned}$$

12.2 什麼是 I.I.D. 隨機變數

如果隨機變數具有相互獨立且來自相同分配的性質, 就稱為 I.I.D. (independent and identically distributed) 隨機變數。

定義 12.3 (I.I.D. 隨機變數). 若有一組隨機變數 $\{X_i\}_{i=1}^{n} = \{X_1, X_2, \ldots, X_n\}$ 其聯合 *pdf* 有如下性質:

$$f_\mathbf{X}(x_1, x_2, \ldots, x_n) = f_X(x_1)f_X(x_2)\cdots f_X(x_n)$$

稱之為 *I.I.D.* 隨機變數 (*I.I.D. random variables*)。

I.I.D 代表相互獨立且來自相同分配。注意到來自相同分配的假設使得:

$$f_{X_i}(x_i) = f_X(x_i)$$

習慣上, 我們會以

$$\{X_i\}_{i=1}^n \sim^{i.i.d.} f_X(x)$$

來表示 I.I.D. 隨機變數。

12.3 獨立與相關有何不同

注意到隨機變數的獨立與相關爲兩個不同的概念。一般而言, X, Y 獨立隱含 X, Y 爲無相關, 反之則不然。理由相當符合直覺亦簡單。隨機變數的獨立要求對於**所有**可能的實現值 x, y,

$$P(X = x, Y = y) = P(X = x)P(Y = y)$$

如例 12.1, 總共有 $3 \times 3 = 9$ 個等式必須符合, 然而, 要檢查 X, Y 爲無相關, 只有一個等式須符合:

$$\sum_x \sum_y (x - E[X])(y - E[Y])P(X = x, Y = y) = 0$$

亦即要符合獨立的定義, 需要較嚴格的條件。例 12.3 說明兩隨機變數爲零相關, 但是卻不是相互獨立。

例 12.3 (零相關卻非獨立). 給定隨機變數 X 的分配如下:

x	$P(X = x)$
-1	1/3
0	1/3
1	1/3

若令 $Y = X^2$, 顯而易見地, X 與 Y 並不相互獨立, 但是不難證明, $Cov(X, Y) = 0$, 亦即, X 與 Y 爲零相關。

12.4 如何探討獨立隨機變數的加總或平均

我們在統計學中時常會需要用到獨立隨機變數的加總或是平均,因此,有關獨立隨機變數在加總或是平均後的機率性質,就非常重要。

定理 12.1. 給定 $\{X_1, X_2, \ldots, X_n\} \sim^{i.i.d.} (\mu, \sigma^2)$,令 $\bar{X} = \frac{1}{n} \sum_i X_i$,

$$E(\bar{X}) = \mu \qquad Var(\bar{X}) = \frac{\sigma^2}{n}$$

Proof.

$$E(\bar{X}) = E\left(\frac{1}{n}(X_1 + X_2 + \cdots + X_n)\right) = \frac{1}{n}(\mu + \mu + \cdots + \mu) = \mu$$

$$Var(\bar{X}) = Var\left(\frac{1}{n}(X_1 + X_2 + \cdots + X_n)\right) = \frac{1}{n^2}(\sigma^2 + \sigma^2 + \cdots + \sigma^2) = \frac{\sigma^2}{n}$$

$\square$

除了了解獨立隨機變數在加總或是平均後的期望值與變異數,有時候我們想要進一步知道獨立隨機變數在加總或是平均後的機率分配。

例 12.4. 給定 $(X_1, X_2, \ldots, X_n) \sim^{i.i.d.} Bernoulli(p)$,且

$$Y = X_1 + X_2 + \cdots + X_n$$

試問 Y 的機率分配為何?

我們在第 3 中介紹過,$Y = \sum_i X_i$ 就是二項隨機變數。然而,該如何證明 $Y \sim Binomial(n, p)$?我們在此介紹隨機變數的轉換 (transforms)。

性質 12.3. 給定 $X_1, X_2, \ldots, X_n$ 相互獨立且 $M_{X_1}(t), M_{X_2}(t), \ldots, M_{X_n}(t)$ 分別為其動差生成函數。令

$$Y = \sum_{i=1}^{n} X_i$$

則

$$M_Y(t) = M_{X_1}(t) M_{X_2}(t) \cdots M_{X_n}(t) = \prod_{i=1}^{n} M_{X_i}(t)$$

Proof. 我們以 X 為連續隨機變數且 $n = 2$ 為例：

$$M_Y(t) = E\left[e^{tY}\right]$$
$$= E\left[e^{t(X_1+X_2)}\right]$$
$$= \int_{X_1}\int_{X_2} e^{t(x_1+x_2)} f_{\mathbf{X}}(x_1, x_2) dx_2 dx_1$$
$$= \int_{X_1}\int_{X_2} e^{t(x_1+x_2)} f_{X_1}(x_1) f_{X_2}(x_2) dx_2 dx_1$$
$$= \int_{X_1} e^{tx_1} f_{X_1}(x_1) dx_1 \int_{X_2} e^{tx_2} f_{X_2}(x_2) dx_2$$
$$= M_{X_1}(t) M_{X_2}(t)$$

依此類推，可延伸到 n 個獨立隨機變數。 □

我們可以透過性質 12.3 來證明以下定理：

定理 12.2. 若 $\{X_i\}_{i=1}^{n} \sim^{i.i.d.} Bernoulli(p)$，則

$$Y = \sum_i X_i \sim Binomial(n, p)$$

Proof. $\{X_i\}_{i=1}^{n} \sim^{i.i.d.} Bernoulli(p)$，則對於任意 X_i，

$$M_{X_i}(t) = pe^t + (1-p)$$

給定 $Y = \sum_i X_i$，根據性質 12.3，

$$M_Y(t) = M_{X_1}(t) M_{X_2}(t) \cdots M_{X_n}(t) = \left[pe^t + (1-p)\right]^n$$

為 Binomial 隨機變數之動差生成函數。因此，根據性質 8.3，我們可以認定 Y 為 $Binomial(n, p)$ 隨機變數。 □

練習題

1. 給定 $X \sim Poisson(\lambda)$，$Y \sim Poisson(\mu)$，且 X 與 Y 相互獨立。

(a) 證明
$$X + Y \sim \text{Poisson}(\lambda + \mu)$$

(b) 證明
$$X|X + Y = n \sim \text{Binomial}\left(n, \frac{\lambda}{\lambda + \mu}\right)$$

2. 給定 $X \sim \text{Binomial}(m,p)$, $Y \sim \text{Binomial}(n,p)$, 且 X 與 Y 相互獨立, 找出 $X + Y$ 的機率分配。

3. 令 X 與 Y 分別代表手機電池與主機板的使用年限 (lifespan), 當電池或是主機板其中一個壞掉, 手機就無法使用。給定 X 與 Y 的聯合機率分配為:
$$f(x,y) = 2e^{-x-2y}, \quad x > 0, y > 0$$

(a) 買到機王, 在一年內就無法使用的機率?

(b) 分別計算 $f(x)$ 與 $f(y)$。

(c) 電池與主機板的使用年限是否為獨立的隨機變數?

4. 給定
$$\{X_1, X_2, \ldots, X_n\} \sim^{i.i.d.} F_X(x)$$
且其 pdf 為 $f_X(x)$。令
$$Y = \max\{X_1, X_2, \ldots, X_n\}, \quad W = \min\{X_1, X_2, \ldots, X_n\}$$

(a) 找出 Y 的分配函數。

(b) 找出 Y 的機率密度函數。

(c) 找出 W 的分配函數。

(d) 找出 W 的機率密度函數。

5. 給定
$$\{X_1, X_2, \ldots, X_n\} \sim^{i.i.d.} U[0,1]$$
且其 pdf 為 $f_X(x)$。令
$$Y = \max\{X_1, X_2, \ldots, X_n\}, \quad W = \min\{X_1, X_2, \ldots, X_n\}$$

(a) 找出 $E(Y)$。

(b) 找出 $E(W)$。

(c) 證明

$$1 - E(\max\{X_1, X_2, \ldots, X_n\}) = E(\min\{X_1, X_2, \ldots, X_n\})$$

6. 給定 $\{X_1, X_2, X_3\} \sim^{i.i.d.} f(x)$,

$$f(x) = 3x^2, \quad 0 < x < 1$$

(a) 計算所有 X_i 都大於 $1/2$ 的機率。

(b) 計算至少有一個 X_i 小於 $1/2$ 的機率。

7. 給定連續隨機變數 X, 其 pdf 為

$$f(x) = \frac{\theta}{2} e^{-\theta|x|}, \quad -\infty < x < \infty, \theta > 0$$

證明其 MGF 為

$$M_X(t) = \frac{\theta^2}{\theta^2 - t^2}, \quad t < \theta$$

8. 給定

$$\{X_1, X_2, \ldots, X_n\} \sim^{i.i.d.} \exp(\beta)$$

令

$$W = \min\{X_1, X_2, \ldots, X_n\}$$

試找出 $E(W)$ 與 $Var(W)$。

9. (R 程式作業) 給定 $X \sim U[0,1]$,

$$Y = \frac{-\log X}{\theta}$$

(a) 找出 Y 的機率密度函數。

(b) 辨識 Y 的分配。

(c) 以 R 模擬驗證以上結果。

10. (R 程式作業) 以 R 作以下的模擬。

    - 步驟 1: 從 U[2,6] 的分配中抽出 100 個 X_i

    $$X_1, X_2, \ldots, X_{100}$$

    - 步驟 2: 計算 $\bar{X} = \frac{1}{100}(X_1 + X_2 + \cdots X_{100})$

    重複 10000 次步驟 1 與 步驟 2, 得到 10000 個 $\bar{X}$:

    $$\bar{X}^{(1)}, \bar{X}^{(2)}, \ldots, \bar{X}^{(10000)}$$

    (a) 以直方圖畫出這 10000 個 $\bar{X}$。

    (b) 計算這 10000 個 $\bar{X}$ 的平均數:

    $$\bar{\bar{X}} = \frac{1}{10000}(\bar{X}^{(1)} + \bar{X}^{(2)} + \cdots + \bar{X}^{(10000)})$$

    比較 $\bar{\bar{X}}$ 與 $E(X)$。

13 隨機樣本與抽樣分配

13.1 什麼是隨機樣本
13.2 如何系統性地整理資料
13.3 什麼是抽樣分配
13.4 如何模擬抽樣分配
13.5 來自常態母體的統計量有哪些性質

我們將在本章介紹母體, 抽樣, 隨機樣本, 以及敘述統計。本章前承機率理論, 後啟統計推論, 可說是兩個主題之間的一個重要橋樑。

13.1 什麼是隨機樣本

對於任何一個「具良好定義的特定事物」(well defined set of objects) 所形成的集合我們稱之為母體 (population)。舉例來說, 所有台大學生的身高, 全球人類的智商, 全台灣家計單位的所得等等, 都可視為一個母體。母體的大小可能是有限, 亦可能為無限。當母體包含一個正在持續進行的過程, 以至於不可能列出或計數出所有元素時 (例如釀酒木桶中酵母菌的數目), 則母體大小就是無限。

一般來說, 由於經費或時間上的限制, 或是母體大小為無限時, 我們無法窮究整個母體, 僅能透過觀察母體中的部份集合來推論整個母體, 此部分集合就稱作樣本 (sample)。將樣本由母體抽取出來的過程就稱作抽

樣 (sampling)。而所謂的統計推論 (statistical inferences) 就是探討如何利用樣本窺探母體資訊。我們在這介紹統計分析中最常用也是最重要的一種樣本: 隨機樣本 (random samples)。[1]

定義 13.1 (隨機樣本). 如果一組隨機變數 $\{X_i\}_{i=1}^n$ 係由如下的聯合機率分配所抽出

$$f_X(x_1, x_2, \ldots, x_n) = f_X(x_1) f_X(x_2) \cdots f_X(x_n)$$

則我們稱該組隨機變數 $\{X_i\}_{i=1}^n$ 為一組樣本大小為 n 的隨機樣本 (random sample)。

根據此定義, 我們知道隨機樣本有兩大特徵: (1) $\{X_1, X_2, \ldots, X_n\}$ 來自相同的母體分配 $f_X(\cdot)$, 以及 (2) $\{X_1, X_2, \ldots, X_n\}$ 相互獨立。這樣的性質與我們之前所介紹的「獨立且具相同分配」(independent and identically distributed) 的 I.I.D. 隨機變數完全一致, 因此, 隨機樣本又可稱為 I.I.D. 樣本 (I.I.D. sample)。以下的幾種說法代表同一個概念:

1. $\{X_i\}_{i=1}^n$ 為期望值為 μ, 變異數為 σ^2 之隨機樣本

2. $\{X_i\}_{i=1}^n$ 為期望值為 μ, 變異數為 σ^2 之 I.I.D. 樣本

3. $\{X_i\}_{i=1}^n \sim^{i.i.d.} (\mu, \sigma^2)$

當然別忘了, 如果 $\{X_i\}_{i=1}^n \sim^{i.i.d.} (\mu, \sigma^2)$, 則

$$E(X_1) = E(X_2) = \cdots = E(X_n) = \mu$$

$$Var(X_1) = Var(X_2) = \cdots = Var(X_n) = \sigma^2$$

且對於任一 $i \neq j$,
$$E(X_i X_j) = E(X_i) E(X_j)$$

---

[1]統計抽樣的方法有很多, 有興趣的讀者不妨找幾本坊間的統計學教科書來翻一翻, 增廣見聞。原則上, 我們希望所抽到的樣本為母體的縮影, 也就是說, 我們希望所抽到的樣本具有代表性。譬如說, 我們想了解全台大學生身高的分配, 如果你跑到台大籃球校隊的休息室門口抽樣, 顯然會得到台大學生平均身高為 180 公分的錯誤推論。這就是樣本不具代表性的一個例子。

值得一提的是，與隨機變數的概念一樣，"隨機樣本"一詞中的"隨機"之概念來自於"事前" (ex ante)。舉例來說，如果我們在台大校門口記錄前五個通過校門口的台大學生之身高，得到的資料樣本點為 {166, 178, 156, 180, 162}，我們將所得到的資料樣本點 (該組五個數字) 稱之為隨機樣本的實現值。數學符號上，$\{X_1, X_2, \ldots, X_n\}$ 是隨機樣本，$\{x_1, x_2, \ldots, x_n\}$ 是隨機樣本的實現值，或是稱為資料觀察值，有時簡稱為資料。

13.2 如何系統性地整理資料

用來整理資料的統計工具稱為敘述統計 (descriptive statistics)。當我們得到一組隨機樣本的實現值，也就是資料樣本點後，可以透過敘述統計提供資料的概貌。一般來說，我們會提供的資訊有：

1. 資料的次數分配 (frequency distribution)

2. 實證分配函數 (empirical distribution function)

3. 統計量 (statistics)

例 13.1 (母體). 假設我們有一組 166 名學生的期中考成績資料：

69 5 66 88 73 96 88 92 67 79 74 72 73 63 66 73 60 78 50 86 64 69 40 59 71 32 74 72 87 83 71 87 90 79 57 84 67 78 71 80 51 70 56 99 61 31 46 96 87 73 72 81 72 84 77 75 38 91 82 15 69 75 49 62 13 58 74 79 44 72 84 70 68 37 57 61 43 71 71 36 48 36 35 65 83 69 63 59 46 79 58 82 81 68 50 88 35 55 80 71 59 76 87 71 50 65 76 29 37 68 40 72 47 39 84 58 49 43 83 55 44 73 54 53 56 54 59 79 61 98 69 84 82 74 59 85 64 70 85 78 84 78 63 59 85 57 25 80 69 63 45 84 87 97 98 86 100 100 79 56 91 69 78 72 71 77

我們將這 166 位同學的成績視為母體。

假設每一位同學被抽到的機率都相同，則母體均數 (期望值) 為：

$$\mu = x_1 \times \frac{1}{166} + x_2 \times \frac{1}{166} + \cdots + x_{166} \times \frac{1}{166}$$
$$= 69 \times \frac{1}{166} + 5 \times \frac{1}{166} + \cdots + 77 \times \frac{1}{166} = 67.20,$$

而母體變異數爲:

$$\sigma^2 = (x_1 - \mu)^2 \times \frac{1}{166} + (x_2 - \mu)^2 \times \frac{1}{166} + \cdots + (x_{166} - \mu)^2 \times \frac{1}{166}$$

$$= (69 - 67.20)^2 \times \frac{1}{166} + (5 - 67.20)^2 \times \frac{1}{166} + \cdots + (77 - 67.20)^2 \times \frac{1}{166}$$

$$= 329.05$$

注意到, 一般而言我們是無法得到整個母體的資料, 因此, 在無法得知全班同學的成績的情況下 (沒有公布成績的情況下, 母體均數與母體變異數只有老師知道), 你可以隨機抽樣 50 個同學, 並記錄下他們的成績, 作爲一組隨機樣本。我們透過以下的 R 程式以抽出放回的方式, 抽出一組 $n = 50$ 的隨機樣本:

R 程式 13.1 (讀取母體資料與抽出隨機樣本).

```
setwd('D:/R')
## 讀取資料
dat = read.csv('Midtermdata.csv', header=TRUE)
mid = dat$Midterm
set.seed(12345)
Midsample = sample(mid, 50, replace=TRUE)
Midsample
```

執行後可得:

```
> Midsample
 [1]   55  57  59  80  61  72  84  83  44  71  96  32  54  69  13  43  13
[18]   74  83 100  61  77  91  43  76  13  58  58  78  48  84  69  87  39
[35]   75  69  85  45  87  40  98  70  97  61  99  84  79  92  79  71
>
```

這就是一組 $n = 50$ 隨機樣本的實現值。

表13.1: 期中考成績次數分配

$[C_i, C_{i+1})$	次數 (f_i)	相對次數 (f_i/n)
[0, 10)	0	0.00
[10, 20)	3	0.06
[20, 30)	0	0.00
[30, 40)	2	0.04
[40, 50)	6	0.12
[50, 60)	6	0.12
[60, 70)	6	0.12
[70, 80)	11	0.22
[80, 90)	9	0.18
[90, 100)	6	0.12

13.2.1 次數分配

假設我們有了前一節所抽出的那組 $n = 50$ 的隨機樣本實現值 (亦即一般所謂的資料):

55 57 59 80 61 72 84 83 44 71 96 32 54 69 13 43 13 74 83 100 61 77 91 43 76 13 58 58 78 48 84 69 87 39 75 69 85 45 87 40 98 70 97 61 99 84 79 92 79 71

我們該如何整理以及有系統地呈現這組資料? 換句話說, 如果別人想要知道這群學生的學習表現, 我們該如何統整 (summarize) 這組資料以提供有用的訊息? 事實上, 最符合直覺的方法就是把這組資料的次數分配 (frequency distribution) 找出來。簡單地說, 就是將資料依照成績分成若干組, 然後將成績隸屬該組的個數找出來。以這組資料為例, 我們可以找出分配如表 13.1 所示:

其中, $[C_i, C_{i+1})$ 為第 i 組的組距, 次數 f_i 代表第 i 組的樣本個數, 而相對次數就是將 f_i 除以全體樣本數 n。因此, 由表 13.1 我們可以知道, 成績低於 20 分的有 3 人, 佔樣本比例為 6%, 成績介於 90 分到 100 分的有 6 人, 佔樣本比例為 12%。

R 程式如下:

圖 13.1: 期中考成績分配直方圖

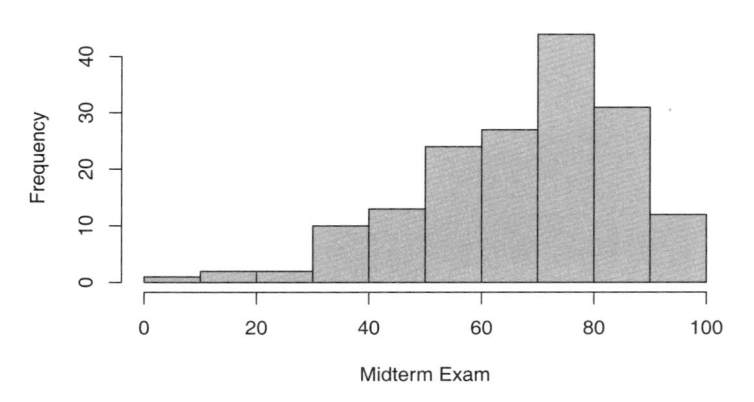

Histogram of Midterm Exam

R 程式 13.2 (建構次數分配表).

```
breaks = seq(0, 100, by=10)
Midsample.cut = cut(Midsample, breaks, right=FALSE)
Midsample.freq = table(Midsample.cut)
Midsample.freq
```

執行後可得:

```
> Midsample.freq
Midsample.cut
  [0,10)  [10,20)  [20,30)  [30,40)  [40,50)  [50,60)  [60,70)  [70,80)
       0        3        0        2        6        6        6       11
 [80,90) [90,100)
       9        6
```

我們亦可根據表 13.1 的分配, 畫出該分配的次數分配圖, 也就是所謂的直方圖 (historgram), 如圖 13.1 所示。

R 程式如下:

R 程式 13.3 (繪製直方圖).

```
hist(Midsample, breaks=10, right=FALSE, xlab='Midterm Exam',
main='Histogram of Midterm Exam')
```

13.2.2 實證分配函數

給定隨機樣本

$$\{X_i\}_{i=1}^n \sim^{i.i.d.} F_X(x)$$

概念上與理論的分配函數

$$F_X(x) = P(X \leq x)$$

一樣, 我們也可以透過隨機樣本計算實證分配函數 (empirical distribution function, EDF) 如下:

$$\hat{F}_n(x) = \frac{\text{樣本中 } X_i \leq x \text{ 的個數}}{n} = \frac{1}{n}\sum_{i=1}^n \mathbb{1}_{\{X_i \leq x\}}$$

其中, $\mathbb{1}_{\{X_i \leq x\}}$ 為一指示函數 (indicator function),

$$\mathbb{1}_{\{X_i \leq x\}} = \begin{cases} 1 & \text{if } X_i \leq x \\ 0 & \text{if } X_i > x \end{cases}$$

我們將期中考成績的實證分配函數繪製在圖 13.2 中。R 程式如下:

R 程式 13.4 (繪製直方圖與實證分配函數).

```
medf = ecdf(Midsample)
plot(medf, main='Empirical Distribution Function of Midterm')
```

我們再以財務時間序列資料當作另外一個例子。我們考慮 S&P500 股票價格指數 1871:1–2023:6 的長期月資料, 資料取自 Robert Shiller 的網站。令 p_t 代表股票價格, 則股票的月報酬率為:

$$r_t = 100 \times \left(\frac{p_t - p_{t-1}}{p_{t-1}}\right)$$

圖 13.3 繪製股票價格指數, 股票報酬率, 股票報酬率的實證機率密度函數 (empirical probability density function), 以及股票報酬率的實證分配函數 (empirical distribution function, EDF)。注意到我們在繪製股票報

圖13.2: 期中考成績實證分配函數

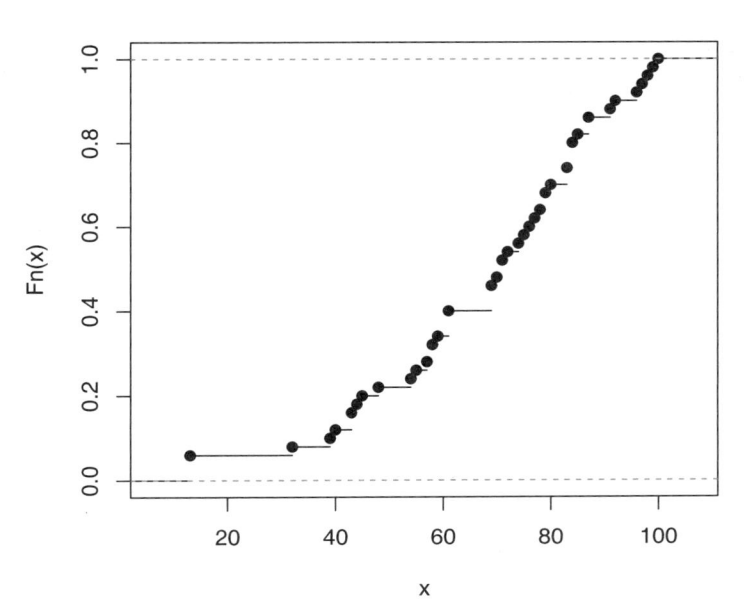

EDF of Midterm Exam

酬率的實證機率密度函數時, 特別加入了常態分配的理論 pdf 作為比較。因此, 為了配合理論 pdf, 與圖 13.1 的次數分配圖不同的是, 在實證機率密度函數圖中的縱軸單位並非次數 (f_i), 而是機率密度 (density):

$$\frac{f_i}{n(C_i - C_{i-1})}$$

為了繪製實證機率密度函數, 我們在 hist() 指令中, 設定 freq = FALSE。透過這樣的設定, 實證機率密度函數的面積加總起來為 1:

$$\sum_i (C_i - C_{i-1}) \times \frac{f_i}{n(C_i - C_{i-1})} = \sum_i \frac{f_i}{n} = \frac{\sum_i f_i}{n} = \frac{n}{n} = 1$$

繪製圖 13.3 的 R 程式如下:

R 程式 13.5 (S&P500 股票指數).

```
rm(list=ls())
library(openxlsx)
setwd("D:/66MyCode/RCode")
dat = read.xlsx("DataAll.xlsx", sheet = "sp500")
sprice = dat$sp500
sprice.ts = ts(sprice,start = c(1871, 1), freq = 12)
lsp = log(sprice)
r = diff(lsp, lag=1)*100
r.ts = ts(r,start = c(1871, 2), freq = 12)

op=par(mfrow=c(2,2))
plot(sprice.ts, main = "S&P 500 Price Index",ylab='')
plot(r.ts, main = "S&P 500 Returns",ylab='%')
hist(r, breaks=60, right=FALSE, freq = FALSE, xlab='r',
main='Histogram of Stock Returns')
curve(dnorm(x, mean=mean(r), sd=sd(r)), add=TRUE, col="red")
redf = ecdf(r)
plot(redf, main='EDF of Stock Returns')
```

13.2.3 統計量

除了利用次數分配, 直方圖與實證分配函數來刻劃隨機樣本之外, 我們也常以統計量 (statistics) 來描繪隨機樣本的性質。

定義 13.2. 給定隨機樣本 $\{X_1, X_2, \ldots, X_n\}$, 隨機變數

$$T = t(X_1, X_2, \ldots, X_n)$$

為隨機樣本的函數, 而且該函數不包含任何未知參數, 我們稱之為統計量。

圖13.3: S&P500 股票指數

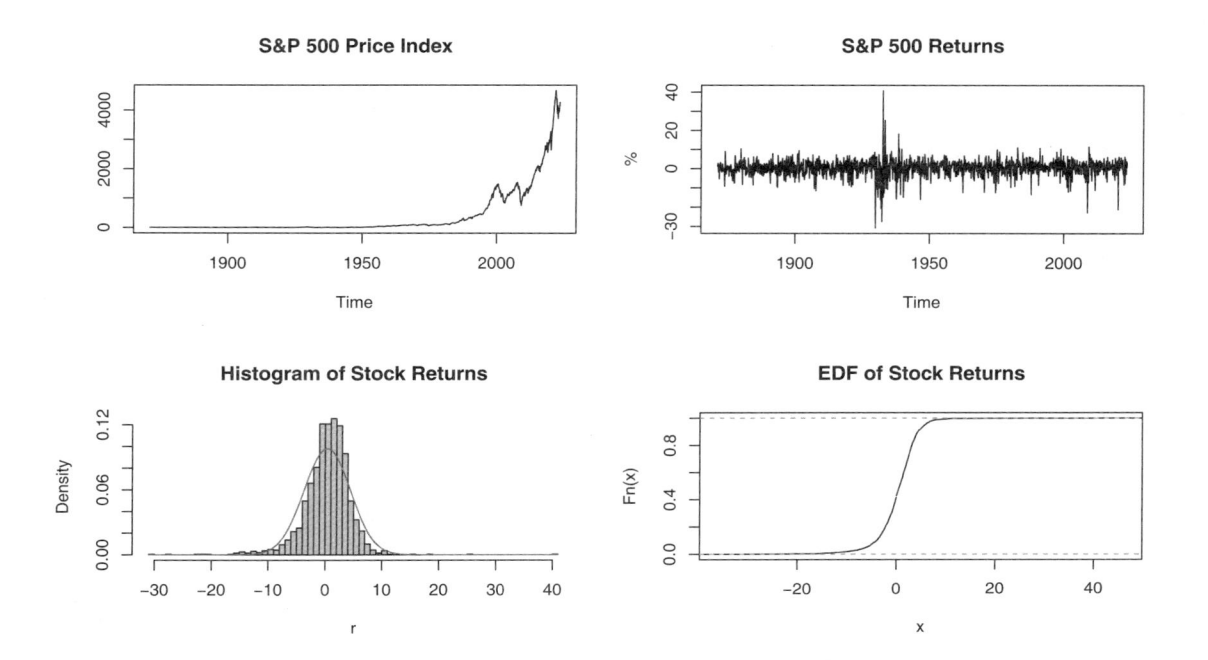

重要的統計量包含樣本均數 (sample mean), 樣本變異數 (sample variance), 樣本相關係數 (sample correlation coefficient), 以及樣本 r 階動差 (sample r-th moments)。

1. 樣本均數
$$\bar{X} = \frac{\sum_{i=1}^{n} X_i}{n}$$

2. 樣本變異數
$$S^2 = \frac{\sum_{i=1}^{n}(X_i - \bar{X}_n)^2}{n-1}$$

3. 樣本共變數
$$S_{XY} = \frac{\sum_{i=1}^{n}(X_i - \bar{X}_n)(Y_i - \bar{Y}_n)}{n-1}$$

4. 樣本相關係數
$$r_{XY} = \frac{S_{XY}}{S_X S_Y} = \frac{\sum_{i=1}^{n}(X_i - \bar{X}_n)(Y_i - \bar{Y}_n)}{\sqrt{\sum_{i=1}^{n}(X_i - \bar{X}_n)^2}\sqrt{\sum_{i=1}^{n}(Y_i - \bar{Y}_n)^2}}$$

5. 樣本 r 階動差

$$M_r = \frac{1}{n}\sum_{i=1}^{n} X_i^r$$

平均數可以用來當作一組隨機樣本的一個「代表性統計量」，值得一提的是，平均數相當容易受到極端值的影響，使用時應特別注意。其他常用的「代表性統計量」包含中位數 (median) 與眾數 (mode)。所謂中位數係指，小於中位數的資料恰有一半。至於眾數顧名思義就是出現次數最多的資料值。

樣本變異數是用來衡量資料相對其平均數的分散程度，一般來說，變異數越大，代表資料相對於平均數的分散程度就越大。[2]

總言之，這些統計量就是母體參數如期望值 (母體均數) $E(X_1)$，母體變異數 $Var(X_1)$，母體共變數 $Cov(X_i, X_j)$，母體相關係數 $\rho_{i,j}$，以及母體 r 階動差 $E(X_1^r)$ 的樣本對應 (sample counterpart)。注意到，統計量是隨機樣本的函數，因此，統計量是隨機變數。舉例來說，如果我們隨機抽樣 100 個台大學生，得到平均身高為 165 公分，則數值 165 就是樣本均數 $\bar{X}$ 這個統計量的實現值 $\bar{x}$。我們將母體參數，以及其對應的樣本統計量整理在表 13.2 中。

為了示範如何使用 R 語言中有關敘述統計量的函數，底下我們利用 R 捏造兩組樣本 (資料)，並進一步計算幾個重要的敘述統計量。

R 程式 13.6 (敘述統計量 R 函數).

```
x=c(87,86,64,84,87,88,70,47,43,84)
y=c(84,65,78,87,94,65,90,97,86,70)
mean(x)   # 樣本平均數
var(x)    # 樣本變異數
sd(x)     # 樣本標準差
cov(x,y)  # 樣本共變數
cor(x,y)  # 樣本相關係數
```

---

[2]我們會在第 15 章中說明這裡的分母為何是 $n-1$，而非 n。事實上，當樣本數 n 很大時，除以 $n-1$ 或是 n 的差異不大。

表 13.2: 母體參數及其樣本對應統計量

母體參數	樣本對應統計量	R 函數
$\mu = E(X_1)$	$\bar{X} = \frac{\sum_{i=1}^{n} X_i}{n}$	`mean()`
$\sigma^2 = Var(X_1)$	$S^2 = \frac{\sum_{i=1}^{n}(X_i - \bar{X}_n)^2}{n-1}$	`var()`
$\sigma = \sqrt{Var(X_1)}$	$S = \sqrt{\frac{\sum_{i=1}^{n}(X_i - \bar{X}_n)^2}{n-1}}$	`sd()`
$\sigma_{XY} = Cov(X_1, Y_1)$	$S_{XY} = \frac{\sum_{i=1}^{n}(X_i - \bar{X}_n)(Y_i - \bar{Y}_n)}{n-1}$	`cov()`
$\rho_{XY} = \frac{Cov(X_1,Y_1)}{\sqrt{Var(X_1)Var(Y_1)}}$	$r_{XY} = \frac{S_{XY}}{S_X S_Y} = \frac{\sum_{i=1}^{n}(X_i - \bar{X}_n)(Y_i - \bar{Y}_n)}{\sqrt{\sum_{i=1}^{n}(X_i - \bar{X}_n)^2}\sqrt{\sum_{i=1}^{n}(Y_i - \bar{Y}_n)^2}}$	`cor`
$\mu_r = E(X_1^r)$	$M_r = \frac{1}{n}\sum_{i=1}^{n} X_i^r$	需安裝套件 CoSMoS

執行後可得:

```
> mean(x)   # 樣本平均數
[1] 74
> var(x)    # 樣本變異數
[1] 298.2222
> sd(x)     # 樣本標準差
[1] 17.26911
> cov(x,y)  # 樣本共變數
[1] -94.55556
> cor(x,y)  # 樣本相關係數
[1] -0.4713651
```

我們再以之前 $n = 50$ 的期中考成績隨機樣本為例, 計算相關的敘述統計量如下。

R 程式 13.7 (敘述統計量: 期中考成績隨機樣本).

```
mean(Midsample)   # 樣本平均數
var(Midsample)    # 樣本變異數
sd(Midsample)     # 樣本標準差
```

執行後可得：

```
> mean(Midsample)    # 樣本平均數
[1] 67.12
> var(Midsample)     # 樣本變異數
[1] 494.4343
> sd(Midsample)      # 樣本標準差
[1] 22.23588
```

注意到隨機樣本來自 166 個學生期中考成績之母體，母體平均數與變異數分別為：

$$\mu = 67.20, \quad \sigma^2 = 329.05$$

而這組 $n = 50$ 的隨機樣本所算出來的樣本均數與樣本變異數分別為：

$$\bar{X} = 67.12, \quad S^2 = 494.43$$

除了上述的樣本均數，樣本變異數，樣本相關係數，以及樣本 r 階動差之外，還有一組刻劃資料分配的敘述統計量，分別是最小值 (Minimum)、0.25 分量 (0.25 quantile)、中位數 (median)、0.75 分量 (0.75 quantile)，以及最大值 (Maximum)。我們以箱形圖 (box plot) 來統整這 5 個敘述統計量，以之前 $n = 50$ 的期中考成績隨機樣本為例，R 程式如下：

R 程式 13.8 (箱形圖：期中考成績隨機樣本)．

```
boxplot(Midsample)
```

執行後可得圖 13.4。除了上下兩條線為極大與極小值之外，箱盒上緣為第 3 分位數，箱盒下緣為第 1 分位數，而箱盒中的粗線是中位數。同時，會以圓點標示若干極端值 (outliers)。

13.3　什麼是抽樣分配

給定統計量 $T_n = t(X_1, X_2, \ldots, X_n)$ 為隨機樣本的函數，則 T_n 本身自然也是一個隨機變數。我們將 T_n 的機率分配稱之為抽樣分配 (sampling distribution)。抽樣分配取決於：

圖13.4: 箱形圖: 期中考成績隨機樣本

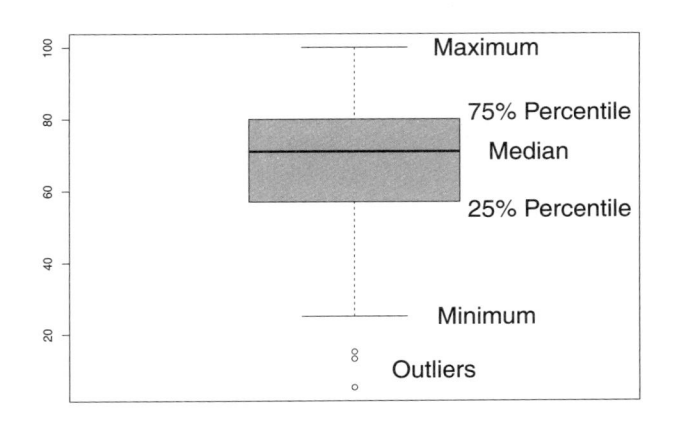

1. 隨機樣本 $\{X_1, X_2, \ldots, X_n\}$ 所來自的母體分配,

2. $t(X_1, X_2, \ldots, X_n)$ 的函數形式。

在某些已知特定的母體分配假設下, 我們可以找出某些統計量的實際抽樣分配 (exact sampling distribution),

例 13.2. 給定 $\{X_i\}_{i=1}^{n} \sim^{i.i.d.} Bernoulli(p)$, 定義統計量

$$T_n = \sum_{i=1}^{n} X_i$$

在此例中, 母體分配為 Bernoulli 分配, $t()$ 的函數形式為加總, 統計量 T_n 的抽樣分配為二項分配:

$$T_n \sim \text{Binomial}(n, p)$$

例 13.3. 隨機樣本 $\{X_1, X_2, \ldots, X_n\}$ 來自 $U[0,1]$, 定義統計量

$$T_n = \max\{X_1, X_2, \ldots, X_n\}$$

在此例中，母體分配為 $U[0,1]$，$t()$ 的函數形式為樣本極大值，則 T_n 的分配函數與機率密度函數分別為 (參見第 12 章習題 5):

$$F(t) = P(T_n \le t) = t^n$$

$$f(t) = nt^{n-1}$$

以下性質為性質 12.3 的延伸。

性質 13.1 (統計量與動差生成函數).

給定 $\{X_1, X_2, \ldots, X_n\} \sim^{i.i.d.} f_X(x)$，考慮統計量 $T_n = \sum_i X_i$ 以及 $T_n = \bar{X}$，

1. $M_{\sum_i X_i}(t) = [M_X(t)]^n$
2. $M_{\bar{X}}(t) = [M_X(\frac{t}{n})]^n$

Proof. 我們以 $n = 2$ 為例，至於一般化的情況讀者可自行延伸。

$$M_{X_1+X_2}(t) = M_{X_1}(t) M_{X_2}(t) = M_X(t) M_X(t) = [M_X(t)]^2$$

$$M_{\bar{X}}(t) = M_{\frac{X_1+X_2}{2}}(t) = M_{\frac{X_1}{2}}(t) M_{\frac{X_2}{2}}(t) = M_{X_1}(t/2) M_{X_2}(t/2)$$
$$= M_X(t/2) M_X(t/2) = [M_X(t/2)]^2$$

□

13.4 如何模擬抽樣分配

雖然我們可以透過數學證明統計量的抽樣分配，但是也可以透過電腦模擬的方式，一窺抽樣分配的長相。舉例來說，底下的 R 程式模擬例 13.3 中，假設 $n = 25$，$T_n = \max\{X_1, X_2, \ldots, X_n\}$ 的抽樣分配。模擬的方式如下:

1. 步驟 1: 從 $U[0,1]$ 抽出一組 $n = 25$ 的隨機樣本。
2. 步驟 2: 計算統計量 $T_n = \max\{X_1, X_2, \ldots, X_n\}$。

重複 10000 次步驟 1 與 2, 得到 10000 個 T_n:

$$T_n^{(1)}, T_n^{(2)}, \ldots, T_n^{(10000)}$$

其中 $T_n^{(j)}$ 代表在第 j 次模擬中所算出來的統計量 T_n, 而這 10000 個 T_n 所形成的分配就是模擬的抽樣分配。最後, 我們以直方圖畫出 10000 個 T_n, 並與理論上真正的機率密度函數 $f(t) = nt^{n-1}$ 畫在一起。

R 程式 13.9 (模擬 $T_n = \max\{X_1, X_2, \ldots, X_n\}$ 的抽樣分配).

```
set.seed(123)
B = 10000
n=25
xmaxpdf = function(x){n*x^(n-1)}
Xmax = c()
for (i in 1:B){
x = runif(n,0,1)
Xmax[i] = max(x)
}
hist(Xmax,freq=F)
curve(xmaxpdf(x), from = 0.7, to = 1,
col = "red", lwd=3, add = TRUE)
```

執行後可得圖 13.5, 不難看出, T_n 的模擬抽樣分配 (直方圖) 與理論抽樣分配 (曲線) 相當一致。

13.5 來自常態母體的統計量有哪些性質

在本節中, 我們考慮 $\{X_i\}_{i=1}^n = \{X_1, X_2, \ldots, X_n\}$ 為一組來自常態母體 $N(\mu, \sigma^2)$ 且樣本大小為 n 的隨機樣本。

定理 13.1. 若 $\{X_i\}_{i=1}^n \sim^{i.i.d.} N(\mu, \sigma^2)$, 且其 MGF 為 $M_X(t) = e^{\mu t + \frac{1}{2}\sigma^2 t^2}$, 則

$$Y = \sum_{i=1}^n X_i \sim N(n\mu, n\sigma^2)$$

圖 13.5: T_n 的模擬抽樣分配與理論抽樣分配

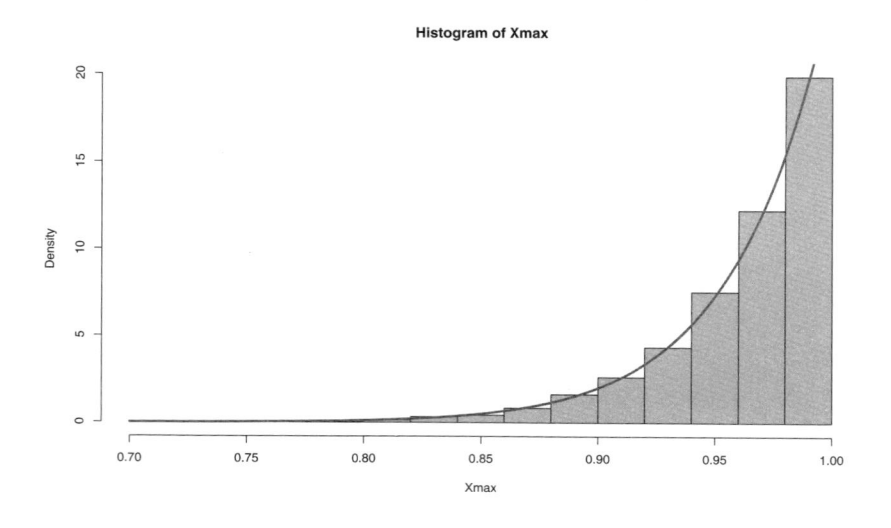

Histogram of Xmax

Proof. 根據性質 13.1,

$$M_Y(t) = [M_X(t)]^n = \left[e^{\mu t + \frac{1}{2}\sigma^2 t^2}\right]^n = e^{n\mu t + \frac{1}{2}n\sigma^2 t^2}$$

此即為 $N(n\mu, n\sigma^2)$ 之動差生成函數。 □

這個性質告訴我們將獨立的常態隨機變數加總,仍為常態隨機變數。

定理 13.2. 若 $\{X_i\}_{i=1}^n \overset{i.i.d.}{\sim} N(\mu, \sigma^2)$, 則

$$\bar{X} = \frac{\sum_{i=1}^n X_i}{n} \sim N\left(\mu, \frac{\sigma^2}{n}\right)$$

Proof. 根據性質 13.1,

$$M_{\bar{X}}(t) = [M_X(t/n)]^n = \left[e^{\mu \frac{t}{n} + \frac{1}{2}\sigma^2 \frac{t^2}{n^2}}\right]^n = e^{\mu t + \frac{1}{2}\frac{\sigma^2}{n}t^2}$$

此即為 $N(\mu, \frac{\sigma^2}{n})$ 之動差生成函數。 □

亦即, i.i.d. 常態隨機變數的平均數亦為常態隨機變數。

此外, 當隨機樣本來自常態母體, 且我們所考慮的統計量為樣本均數:

$$\bar{X}_n = \frac{\sum_{i=1}^n X_i}{n}$$

以及樣本變異數:
$$S_n^2 = \frac{\sum_{i=1}^n (X_i - \bar{X}_n)^2}{n-1}$$
我們可以利用 $\bar{X}_n$ 與 S_n^2 建構其他統計量, 而這些統計量的性質如定理 13.3 所示。

定理 13.3. 若 $\{X_i\}_{i=1}^n \sim^{i.i.d.} N(\mu, \sigma^2)$, 則

樣本均數 $\bar{X}_n$ 與樣本變異數 S_n^2 相互獨立 $\qquad (1)$

$$\bar{X}_n \sim N\left(\mu, \frac{\sigma^2}{n}\right) \qquad (2)$$

$$\frac{(n-1)S_n^2}{\sigma^2} \sim \chi^2(n-1) \qquad (3)$$

$$\frac{\sqrt{n}(\bar{X}_n - \mu)}{S_n} \sim t(n-1) \qquad (4)$$

Proof. 參閱陳旭昇 (2023, pp.233-237)。 □

練習題

1. 給定 $\{X_1, X_2, \ldots, X_n\} \sim^{i.i.d.} f_X(x)$, 證明性質 13.1:

   (a) $M_{\sum_i X_i}(t) = [M_X(t)]^n$

   (b) $M_{\bar{X}}(t) = [M_X\left(\frac{t}{n}\right)]^n$

2. 給定 $\{X_1, X_2, \ldots, X_n\} \sim^{i.i.d.} \text{Poisson}(\lambda)$, 找出 $T_n = X_1 + X_2 + \cdots + X_n$ 的抽樣分配。

3. 給定
$$\{X_1, X_2, \ldots, X_3\} \sim^{i.i.d.} f_X(x)$$
其中
$$f_X(x) = \frac{2}{x^3}, \quad x \geq 1$$

   (a) 找出 $T_n = \min\{X_1, X_2, X_3\}$ 的抽樣分配。

(b) 計算 $P(X \leq 1.5)$。

4. 給定 $\{X_1, X_2, \ldots, X_n\} \sim^{i.i.d.} \exp(\beta)$，找出 $T_n = \max\{X_1, X_2, \ldots, X_n\}$ 的抽樣分配。

5. 給定 $\{X_1, X_2, \ldots, X_{10}\} \sim^{i.i.d.} N(2,16)$，並以 $\bar{X}$ 與 S^2 分別代表樣本平均數與樣本變異數。

   (a) 計算 $P(-2 < \bar{X} < 3)$。

   (b) 計算 $P(1.64 < 2(\bar{X} - 2)/S)$

   (c) 計算 $P(S^2 < 25)$。

6. (R 程式作業) 以 R 模擬獨立標準常態隨機變數的平方相加為卡方隨機變數。

   - 步驟 1: 以 R 程式製造 10 個標準常態隨機變數

   $$\{Z_i\}_{i=1}^{10} \sim^{i.id.} N(0,1)$$

   令

   $$Y = Z_1^2 + Z_2^2 + \cdots + Z_{10}^2$$

   重複 10000 次步驟 1, 得到 10000 個 Y:

   $$Y^{(1)}, Y^{(2)}, \ldots, Y^{(10000)}$$

   (a) 以直方圖畫出這 10000 個 Y。

   (b) 在直方圖中加上 $\chi^2(10)$ 的 pdf。

   (c) 計算這 10000 個 Y 的平均數:

   $$\bar{Y} = \frac{1}{10000}(Y^{(1)} + Y^{(2)} + \cdots + Y^{(10000)})$$

   比較 $\bar{Y}$ 與 $E(Y)$。

7. (R 程式作業) 給定 $\{X_i\}_{i=1}^{10} \sim^{i.i.d.} N(5,36)$，以 R 模擬平均數 $\bar{X}$ 的抽樣分配。

- 步驟 1: 從 $N(5,36)$ 的分配中抽出 100 個 X_i

$$X_1, X_2, \ldots, X_{100}$$

- 步驟 2: 計算 $\bar{X} = \frac{1}{100}(X_1 + X_2 + \cdots X_{100})$

重複 10000 次步驟 1 與 步驟 2, 得到 10000 個 $\bar{X}$:

$$\bar{X}^{(1)}, \bar{X}^{(2)}, \ldots, \bar{X}^{(10000)}$$

(a) 以直方圖畫出這 10000 個 $\bar{X}$。

(b) 計算這 10000 個 $\bar{X}$ 的平均數:

$$\bar{\bar{X}} = \frac{1}{10000}(\bar{X}^{(1)} + \bar{X}^{(2)} + \cdots + \bar{X}^{(10000)})$$

比較 $\bar{\bar{X}}$ 與 $E(X)$。

8. (R 程式作業) 以 R 模擬中位數的抽樣分配。

- 步驟 1: 從母體 $\{1, 2, 6, 9, 12, 17, 19, 23, 37, 45, 51\}$ 中抽出 11 個 X_i (抽出放回)

$$X_1, X_2, \ldots, X_{11}$$

- 步驟 2: 將 X_i 從小排到大, 計算中位數 Med_X。

重複 10000 次步驟 1 與 步驟 2, 得到 10000 個 Med_X:

$$Med_X^{(1)}, Med_X^{(2)}, \ldots, Med_X^{(10000)}$$

以直方圖畫出這 10000 個 Med_X。

9. (R 程式作業) 給定 $\{X_i\}_{i=1}^{10} \sim^{i.i.d.} N(4,16)$, $\{Y_i\}_{i=1}^{12} \sim^{i.i.d.} N(2,49)$, 且 X 與 Y 相互獨立。令統計量 $T_n = \bar{X} + \bar{Y}$。

(a) 找出 T_n 的抽樣分配。

(b) 計算 $E(T_n)$ 與 $Var(T_n)$。

(c) 以 R 程式模擬 T_n 的抽樣分配。

10. (R 程式作業) 給定 $\{X_i\}_{i=1}^n \overset{i.i.d.}{\sim} N(4,16)$,以 R 程式模擬以下統計量的的抽樣分配:
$$\frac{(n-1)S_n^2}{\sigma^2}$$
以及
$$\frac{\sqrt{n}(\bar{X}-\mu)}{S_n}$$

14 漸近理論與漸近分配

14.1 為什麼要認識漸近理論
14.2 什麼是收斂與隨機收斂
14.3 什麼是弱大數法則
14.4 什麼是中央極限定理
14.5 如何模擬中央極限定理
14.6 有哪些與隨機收斂相關之重要定理
14.7 如何處理隨機變數的函數

本章探討當隨機樣本的樣本點變大時,統計量的極限性質與其近似的分配。我們將介紹重要的概念如弱大數法則以及中央極限定理。

14.1 為什麼要認識漸近理論

在第 13 章中,我們介紹了當隨機樣本來自**常態母體**時,我們可以推導出某些特定統計量如 $T_n = \bar{X}_n$, $T_n = \frac{(n-1)S_n^2}{\sigma^2}$, 或是 $T_n = \frac{\sqrt{n}(\bar{X}_n - \mu)}{S_n}$ 等之實際抽樣分配。然而,在大多數的情況下,隨機樣本所來自的母體並非常態分配,甚至是未知分配。此外,就算母體為常態,許多統計量的函數形式相當複雜,實際抽樣分配根本無從導出。然而,根據漸近理論 (asymptotic theory),當樣本較大時,我們可以利用漸近分配 (asymptotic distribution) 來近似 (approximate) 這些統計量的抽樣分配。因此,漸近理論

又稱大樣本理論 (large sample theory)。

注意到, 所謂的大樣本, **理論上是找出統計量在樣本數趨近於無窮大**時 $(n \to \infty)$ 的極限, 但是實務上, 我們不可能有無窮大的樣本, 所以理論上所得到的結果都只是有限樣本的近似, 但是當樣本越大, 我們期待能夠得到越好的近似。我們在本章介紹一些與漸近分配相關之重要定理, 我們將著重在解釋與應用, 並透過 R 程式說明定理的意義, 而證明將予略過。

14.2 什麼是收斂與隨機收斂

在介紹漸近理論之前, 我們必須先具備一些簡單的序列 (sequence), 極限 (limit), 不等式 (inequality) 以及隨機收斂 (stochastic convergence) 之概念。

14.2.1 實數序列與收斂

首先介紹實數序列, 收斂, 及其極限的概念。

> **定義 14.1** (實數序列之極限). 給定實數序列 $\{b_1, \ldots, b_n\}$。對於任一 $\varepsilon > 0$, 存在一實數 b 以及一整數 $N(\varepsilon)$ 使得
>
> $$|b_n - b| < \varepsilon, \quad \forall\, n > N(\varepsilon)$$
>
> 則我們稱 b 為實數序列 $\{b_1, \ldots, b_n\}$ 的極限 *(limit)*, 並寫成
>
> $$\lim_{n \to \infty} b_n = b$$

實數序列的收斂意指隨著 n 增加, b_n 會很靠近 b。有多靠近呢? 如果 n 很大且 $n > N(\varepsilon)$, 所有的 b_n 都會掉進 $(b - \varepsilon, b + \varepsilon)$ 的區間中。舉例來說, 我們以底下的 R 程式畫出序列:

$$b_n = (-1)^n n^{-1}$$

圖 14.1: 收斂序列: $b_n = (-1)^n n^{-1}$

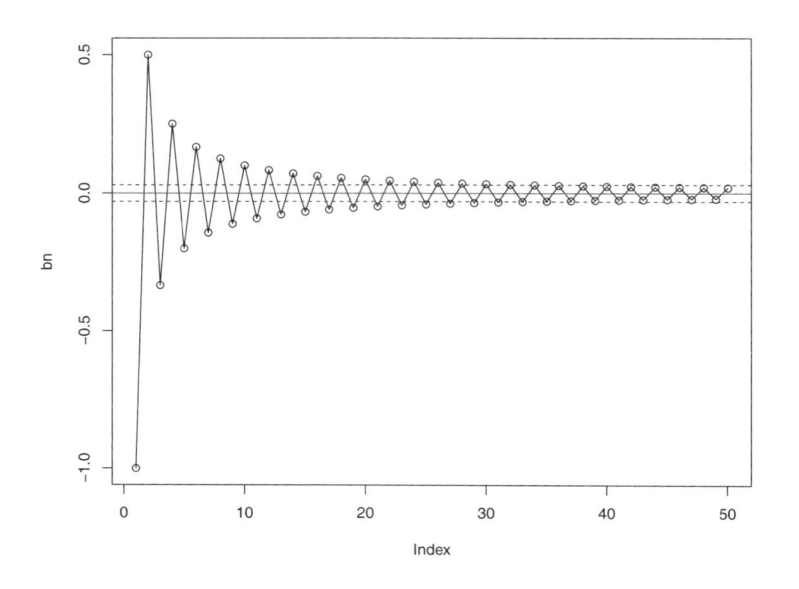

R 程式 14.1 (收斂序列).

```
n=seq(1, 50, by = 1)
bn=(-1)^n/n
plot(bn,type="o")
abline(h = 0.0, col="red")
abline(h = 0.03, col="blue", lty=2)
abline(h = -0.03, col="blue", lty=2)
```

執行程式後可得圖 14.1。我們不難看出，若取 $\varepsilon = 0.03$，當 $n > 1/0.03 \approx 34$, b_n 會落入

$$0 \pm 0.03 = (-0.03, 0.03)$$

的區間內。

14.2.2 機率收斂

隨機變數所形成之序列稱為隨機序列。隨機序列有不同的收斂方式，我

們先介紹機率收斂 (converge in probability)。

定義 14.2 (機率收斂). 給定隨機變數之序列 $\{Y_n\}$。對於任一 $\varepsilon > 0$,

$$\lim_{n \to \infty} P(|Y_n - c| < \varepsilon) = 1$$

則我們稱 Y_n 機率收斂 *(converge in probability)* 至實數 c, 並寫做

$$Y_n \xrightarrow{p} c$$

因此, 機率收斂意指隨著 n 增加, 隨機變數 $Y_n - c$ 將越來越不可能離開 $(-\varepsilon, +\varepsilon)$ 之區間, 說的更精確一點, 就是說隨著 n 增加, Y_n 非常靠近 c 的機率 (掉進 $(c - \varepsilon, c + \varepsilon)$ 區間的機率) 趨近於 1。

隨機變數 Y_n 除了機率收斂到常數 c, 亦可能機率收斂到隨機變數 Y。根據相同的定義方式, 我們寫做

$$Y_n \xrightarrow{p} Y$$

定理 14.1 (Continuous Mapping Theorem I). 給定 $X_n \xrightarrow{p} X$, 且 $g(\cdot)$ 為連續函數, 則

$$g(X_n) \xrightarrow{p} g(X)$$

舉例來說, 如果 $X_n \xrightarrow{p} X$, 則

$$\frac{1}{X_n} \xrightarrow{p} \frac{1}{X}$$

$$X_n^2 \xrightarrow{p} X^2$$

$$\sqrt{X_n} \xrightarrow{p} \sqrt{X}$$

14.2.3 分配收斂

另一種隨機變數收斂的方式, 稱為分配收斂 (converge in distribution)。

定義 14.3 (分配收斂). 給定隨機變數之序列 $\{Y_n\}$, 其對應之分配函數為 $F_n(y)$, 另有一隨機變數 Y, 其對應之分配函數為 $F_Y(y)$, 若

$$\lim_{n \to \infty} F_n(y) = F_Y(y)$$

則我們稱 Y_n 分配收斂 (converge in distribution) 至隨機變數 Y, 並寫做

$$Y_n \xrightarrow{d} Y$$

簡而言之, 分配收斂意指隨著 n 變大, Y_n 的分配函數與 Y 的分配函數越來越靠近。因此, 我們可以在 n 變大時, 以 $F_Y(y)$ 來近似 Y_n 的分配。換句話說, $F_Y(y)$ 乃是 Y_n 在 n 變大時的近似分配 (approximate distribution), 或稱極限分配 (limiting distribution)。

以下的 R 程式 14.2 以 Binomial $(n, 0.7)$ 的隨機變數為例, 亦即, $Y_n \sim$ Binomial$(n, 0.7)$。我們在圖 14.2 中畫出 Binomial $(n, 0.7)$ 的分配函數 $F_n(x)$, 並讓 $n = 10, 20, 40,$ 以及 500。由於 Binomial $(n, 0.7)$ 是離散隨機變數, 因此分配函數為階梯函數, 然而, 隨著 n 變大, 階梯函數就越來越平滑, 最後收斂到 $F_Y(y)$。事實上在此例中, $F_Y(y)$ 為常態隨機變數的分配函數。

R 程式 14.2 (分配收斂).

```
p=0.7
par(mfrow = c(2,2))
for (n in c(10,20,40,500)) {
  nm = n*p
  nsd = sqrt(n*p*(1-p))
  x=c(0:n+1)
  plot(x, pbinom(x, n, p), type="s", main = paste("n=", n))
}
```

CMT 在分配收斂上也成立, 亦即,

圖14.2: 分配收斂

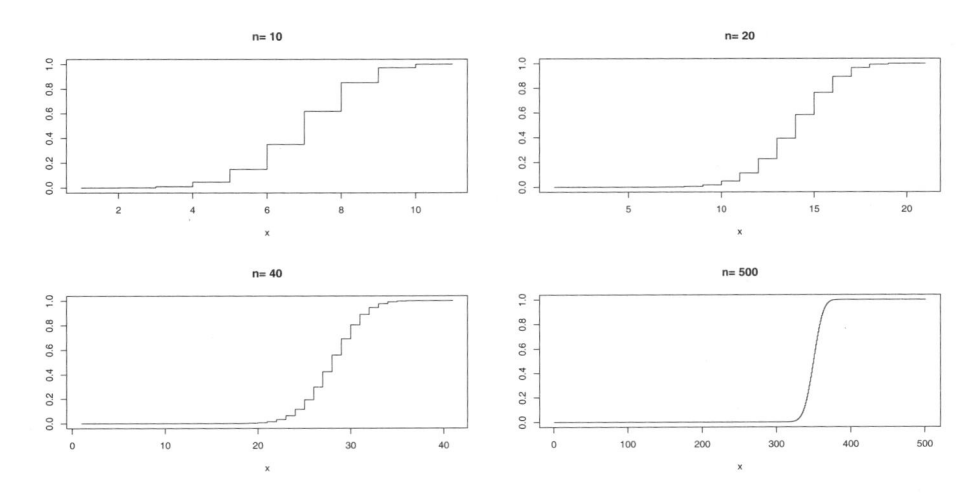

定理 14.2 (Continuous Mapping Theorem II). 給定 $X_n \xrightarrow{d} X$, 且 $g(\cdot)$ 為連續函數, 則

$$g(X_n) \xrightarrow{d} g(X)$$

以下定理連結動差生成函數與分配收斂。

定理 14.3. 給定 $X_1, X_2, \ldots, X_n$ 為隨機變數序列, X 為隨機變數, 且其 MGF, $M_{X_n}(t)$ 與 $M_X(t)$ 均存在, 若 $M_{X_n}(t) \longrightarrow M_X(t)$, 則

$$X_n \xrightarrow{d} X$$

亦即, 只要我們能證明 X_n 的 MGF 隨著樣本數 n 變大, 會趨近 X 的 MGF, 則 X_n 分配收斂 X。

14.3 什麼是弱大數法則

一個機率收斂最好的例子就是弱大數法則 (weak law of large numbers, WLLN)。弱大數法則的原型 (prototype) 來自 Jakob Bernoulli (1654-1705) 的 Bernoulli 法則。Jakob 死後 8 年, 於 1713 年, 在他的姪兒 Nicholas Bernoulli (1687-1759) 替他出版 Ars Conjectandi (The Art of Conjecturing) 一書中, Jakob 證明獨立且重複地觀測一發生機率為 p 之事件,

當觀測次數趨近無窮大時，事件發生之相對頻率 $\frac{S_n}{n}$ 接近 p 之機率，將趨近 1。Bernoulli 當時的證明，只適用於 Bernoulli 分配，無法推展到一般的分配。

底下定理為弱大數法則。

定理 14.4 (弱大數法則 WLLN). 給定隨機樣本 $\{X_i\}_{i=1}^n$ 且 $Var(X_1) = \sigma^2 < \infty$。令 $\bar{X}_n = \frac{1}{n}\sum_{i=1}^n X_i$，則

$$\bar{X}_n \xrightarrow{p} E(X_1)$$

Proof. 根據均方收斂的充要條件 (習題 1)，

$$\lim_{n\to\infty} E(\bar{X}_n) = E(X_1), \quad 且 \quad \lim_{n\to\infty} Var(\bar{X}_n) = \lim_{n\to\infty} \frac{Var(X_1)}{n} = 0$$

隱含均方收斂: $\bar{X}_n \xrightarrow{ms} E(X_1)$，進一步隱含機率收斂: $\bar{X}_n \xrightarrow{p} E(X_1)$。 □

弱大數法則說明了，當樣本很大時，樣本均數機率收斂到母體均數。也就是說，給定樣本均數的期望值為 μ，變異數為 $\frac{\sigma^2}{n}$，因此，隨著 n 增加，變異數會逐漸變小，使得 $\bar{X}_n$ 的機率分配在極限上會退化到期望值。

底下的 R 程式從 Bernoulli (0.5) 的母體中抽出一組大小為 n 的隨機樣本，然後計算其樣本均數 $\bar{X}$。注意到母體均數 $\mu = E(X_1) = 0.5$，根據弱大數法則，

$$\bar{X} \xrightarrow{p} 0.5$$

如圖 所示，隨著 n 變大，樣本均數 $\bar{X}$ 就越來越接近 0.5，

R 程式 14.3 (弱大數法則).

```
set.seed(1)
p = 0.5
meanall = c()
for (n in c(1:10000)) {
  meanall[n]=mean(rbinom(n,1,p))
}
plot(meanall,type="l")
abline(h = 0.5, col="red")
```

圖14.3: 弱大數法則

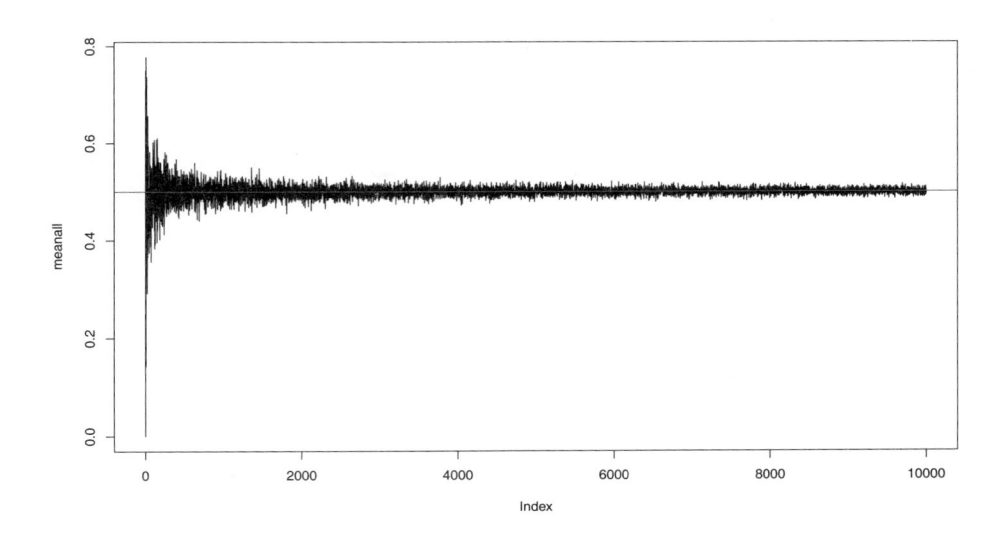

執行程式後可得圖 14.3。

14.4 什麼是中央極限定理

分配收斂的一個重要的例子就是中央極限定理 (central limit theorem, CLT)。中央極限定理的發展歷史相當長, 其原型是 de Moivre-Laplace 定理, 分別見於 Abraham de Moivre (1667–1754) 在 1733 年以及 Pierre-Simon Laplace (1749–1827) 在 1812 年所發表的著作中。de Moivre 是法裔的英國數學家。由於信仰新教 (Protestantism), 使得 de Moivre 因宗教上的迫害而鋃鐺入獄。出獄後他移居英國, 靠著擔任家庭教師與擔任賭徒以及保險經紀人的顧問謀生。儘管 de Moivre 在學術研究方面成就斐然 (英國皇家學會會員, 柏林科學院院士, 巴黎科學院會員), 卻貧困潦倒, 在困頓中以 87 歲高齡離開人世。de Moivre 是在 Nicholas Bernoulli 的建議之下, 進一步鑽研二項分配在實驗次數增大時的近似分配。其後, Laplace 以及 Gauss 將 de Moivre 的發現推廣至一般隨機變數。由於 Gauss 對於自己的研究保密到家, 使得後人不容易得知到底是 Laplace

還是 Gauss 率先發展一般化的中央極限定理。

定理 14.5 (中央極限定理 CLT). 令 $\{X_i\}_{i=1}^n$ 為一組隨機樣本, 其中 $E(X_1) = \mu < \infty$, $Var(X_1) = \sigma^2 < \infty$, 則

$$Z_n = \frac{\bar{X}_n - E(\bar{X}_n)}{\sqrt{Var(\bar{X}_n)}} \xrightarrow{d} N(0,1)$$

Proof. 證明已超出本書範圍, 不過證明方式可簡單說明如下: 先找出 Z_n 的 MGF, 然後證明, 當 $n \longrightarrow \infty$, $M_{Z_n}(t) \longrightarrow e^{\frac{1}{2}t^2}$ 即可。 □

由於 $E(\bar{X}_n) = E(X_1) = \mu$, 且 $Var(\bar{X}_n) = Var(X_1)/n = \sigma^2/n$, 則 CLT 可寫成:

$$\frac{\bar{X}_n - \mu}{\sqrt{\frac{\sigma^2}{n}}} \xrightarrow{d} N(0,1)$$

以上係將中央極限定理以極限分配的方式呈現,[1] 我們亦可將中央極限定理以漸近分配的方式寫成

$$\frac{\bar{X}_n - \mu}{\sqrt{\frac{\sigma^2}{n}}} \sim^A N(0,1)$$

或是

$$\bar{X}_n \sim^A N\left(\mu, \frac{\sigma^2}{n}\right)$$

其中 $\sim^A$ 代表漸近分配 (asymptotically distributed), A 即代表了 Asymptotically 的意思。總而言之, 中央極限定理告訴我們, 無論隨機樣本所來自的母體分配為何, 將樣本平均數 $\bar{X}_n$ 予以標準化後, 當樣本夠大時, 可以用標準常態分配 $N(0,1)$ 近似 $\bar{X}_n$ 的抽樣分配, 且無論母體分配為間斷分配或是連續分配均成立。同時, 中央極限定理也告訴我們, 樣本均數 $\bar{X}_n$ 的漸近分配為 $N(\mu, \frac{\sigma^2}{n})$ 之常態分配。

注意到我們在定理 14.5 中數學符號並不精確, 應該寫成:

$$Z_n = \frac{\bar{X}_n - E(\bar{X}_n)}{\sqrt{Var(\bar{X}_n)}} \xrightarrow{d} Z$$

---

[1] 注意到極限分配中的參數不能與樣本大小 n 有關。

其中 $Z \sim N(0,1)$。不過一般來說, 定理 14.5 中的寫法已經是約定俗成, 我們就繼續沿用。

例 14.1. 假設 $\{X_i\} \sim i.i.d. Bernoulli(p)$。則

$$\frac{\bar{X}_n - p}{\sqrt{\frac{p(1-p)}{n}}} \xrightarrow{d} N(0,1)$$

首先注意到,

$$E(\bar{X}_n) = p, \quad Var(\bar{X}_n) = \frac{p(1-p)}{n}$$

因此, 根據 CLT,

$$\frac{\bar{X}_n - E(\bar{X}_n)}{\sqrt{Var(\bar{X}_n)}} \xrightarrow{d} N(0,1)$$

亦即

$$\frac{\bar{X}_n - p}{\sqrt{\frac{p(1-p)}{n}}} \xrightarrow{d} N(0,1)$$

也可以寫成

$$\bar{X}_n \sim^A N\left(p, \frac{p(1-p)}{n}\right)$$

14.5 如何模擬中央極限定理

給定母體分配為 $F_X(\cdot)$, 模擬的過程如下。

(a) 由 $F_X(\cdot)$ 的分配中抽出一組樣本大小為 n 的隨機樣本

$$\{X_{1b}, X_{2b}, \ldots, X_{nb}\}$$

注意到下標 b 代表這組隨機樣本來自第 b 次模擬。

(b) 給定 $F_X(\cdot)$, 對於第一次模擬 ($b = 1$), 計算 $\bar{X}_{n1} = \frac{1}{n}\sum_i X_{i1}$, 並將之標準化:

$$Z_{n1} = \frac{\bar{X}_{n1} - \mu}{\sqrt{\frac{\sigma^2}{n}}}$$

其中 $\mu = E(X)$, 且 $\sigma^2 = Var(X)$。

(c) 重複步驟 (a)–(b) B 次，我們可以得到 B 個標準化後的統計量:

$$\{Z_{n1}, Z_{n2}, Z_{n3}, \ldots, Z_{nB}\}$$

(d) 根據 $\{Z_{nb}\}$，我們可以找出其實證分配函數 $\hat{G}_n(\tau) = \frac{1}{B}\sum_{b=1}^{B} \mathbb{1}_{\{Z_{nb} \leq \tau\}}$，並與標準常態隨機變數的分配函數 $\Phi(\tau)$ 做比較 (亦即 Q-Q plot)。或是以次數分配呈現統計量 $\{Z_{nb}\}$ 的實證機率分配，並與標準常態分配的機率密度函數 $\phi(\tau)$ 做比較。

我們以非對稱的卡方分配 $\chi^2(2)$ 作為母體分配，則 $\mu = k$，且 $\sigma^2 = 2k$。模擬中央極限定理的 R 程式如下。

R 程式 14.4 (模擬中央極限定理: 母體分配為 $\chi^2(2)$ 之隨機樣本).

```
chidf = 2    # Chi-square 分配參數
Zn = c()     # 宣告一個空向量，之後模擬時可以填入數值
B = 10000    # 模擬次數
op=par(mfrow=c(2,2))    # 宣告一個 2*2 的繪圖空間
n = c(1,5,10,100)       # 考慮樣本大小為 1, 5, 10 以及 100
# 開始模擬
for (j in 1:length(n))
{
for(i in 1:B) {
# 由 Chi-square 分配抽取一組隨機樣本
 X = rchisq(n[j], df=chidf)
# 標準化
 Zn[i] = (mean(X) - chidf)/sqrt((2*chidf)/n[j])
}
# 繪製直方圖，並與 N(0,1) 做比較
hist(Zn, prob=T, breaks=seq(-10, 10, by=0.5),
main = paste("n=", n[j]))
curve(dnorm(x, mean=0, sd=1), add=TRUE, col="red")
}
```

圖14.4: 模擬中央極限定理 (來自 $\chi^2(2)$ 母體的隨機樣本)

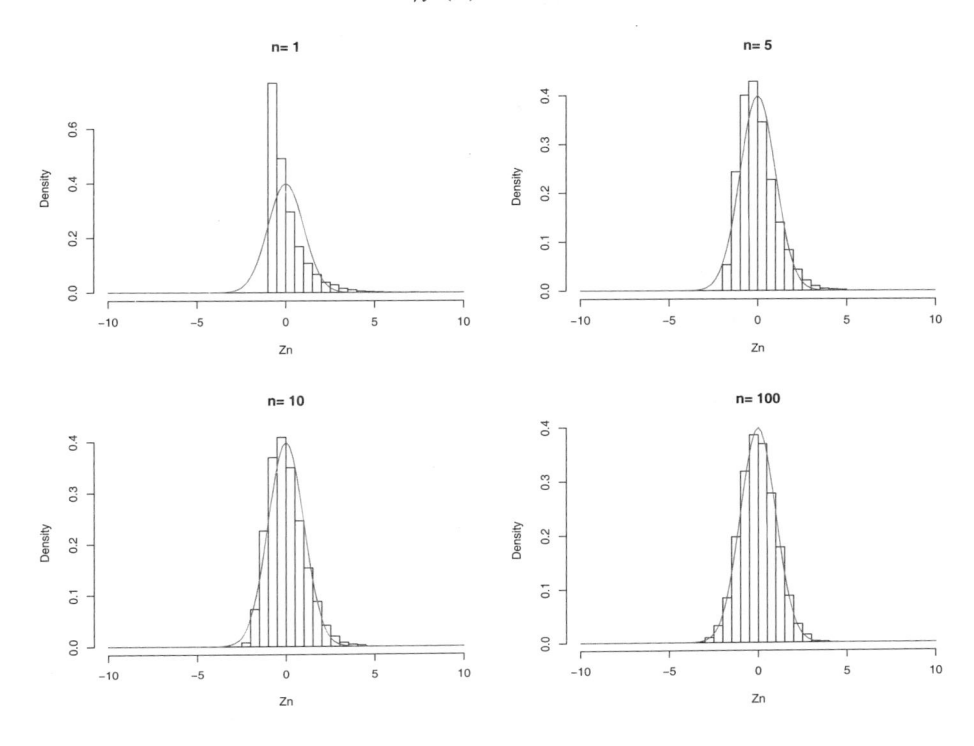

執行後如圖 14.4 所示。我們可以看出即使隨機樣本來自非對稱的分配, 樣本平均數經過標準化後, 此標準化隨機變數的極限分配為標準常態分配。根據圖 14.4, 我們不難看出, 由於隨機樣本來自非對稱的 $\chi^2(2)$ 分配, 在 $n = 1$ 時, $\{Z_n\}$ 的分配仍具有右長尾的性質, 然而隨著樣本數變大, $\{Z_n\}$ 的分配會趨於對稱的標準常態分配。

以上模擬所考慮的母體分配是連續分配。因此, 中央極限定理在樣本較小時 ($n = 10$) 就有不錯的近似表現, 底下我們考慮一個離散隨機變數。亦即, 我們改由 Bernoulli(0.8) 的分配中抽出一組樣本大小為 n 的隨機樣本 $\{X_i\}_{i=1}^n$。模擬結果如圖 14.5 所示。由於母體分配是間斷分配, 一直到 $n = 100$ 時才有不錯的近似。

圖 14.5: 模擬中央極限定理 (來自 Bernoulli (0.8) 母體的隨機樣本)

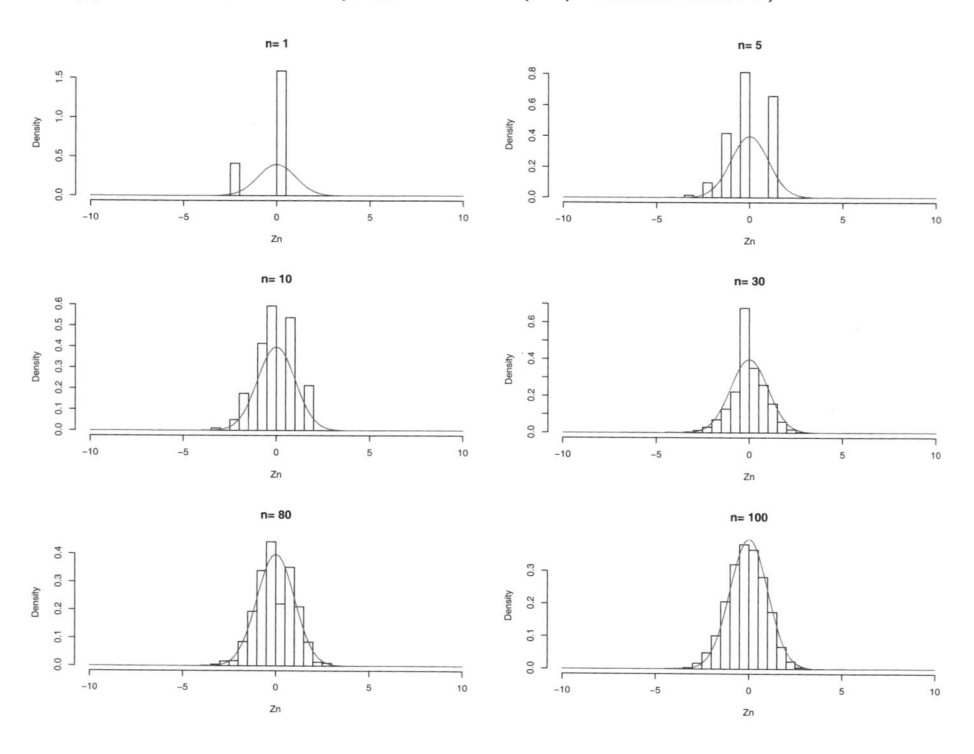

14.6 有哪些與隨機收斂相關之重要定理

底下定理與兩個機率收斂的隨機序列有關。

定理 14.6. 給定 $X_n \xrightarrow{p} X$ 且 $Y_n \xrightarrow{p} Y$, 則

1. $X_n + Y_n \xrightarrow{p} X + Y$
2. $X_n Y_n \xrightarrow{p} XY$

在統計學許多的應用中, 我們常會碰到的狀況是, 兩個隨機序列中一個是機率收斂 (到某常數), 另一個則是分配收斂。底下定理連結機率收斂與分配收斂。

定理 14.7 (Slutsky's Theorem). 給定 $X_n \xrightarrow{d} X$ 且 $Y_n \xrightarrow{p} c$, 其中 c 為常數。則

1. $X_n + Y_n \xrightarrow{d} X + c$
2. $X_n Y_n \xrightarrow{d} cX$
3. $\frac{X_n}{Y_n} \xrightarrow{d} \frac{X}{c}$ 當 $c \neq 0$

以下的例子包含 CLT, WLLN, CMT, 以及 Slutsky's Theorem 之應用。

例 14.2. 若 $\{X_i\}_{i=1}^{n} \sim^{i.i.d.} Bernoulli(p)$, 試找出

$$\frac{\bar{X}_n - p}{\sqrt{\frac{\bar{X}_n(1-\bar{X}_n)}{n}}}$$

的極限分配 (limiting distribution)。

根據 CLT (例 14.1),
$$\frac{\bar{X}_n - p}{\sqrt{\frac{p(1-p)}{n}}} \xrightarrow{d} N(0,1)$$

根據 WLLN,
$$\bar{X}_n \xrightarrow{p} E(X_1) = p$$

根據 CMT,
$$\sqrt{\bar{X}_n(1-\bar{X}_n)} \xrightarrow{p} \sqrt{p(1-p)}$$

因此, 根據 Slutsky's Theorem,

$$\frac{\bar{X}_n - p}{\sqrt{\frac{\bar{X}_n(1-\bar{X}_n)}{n}}} = \underbrace{\frac{\bar{X}_n - p}{\sqrt{\frac{p(1-p)}{n}}}}_{\xrightarrow{d} N(0,1)} \underbrace{\frac{\sqrt{\frac{p(1-p)}{n}}}{\sqrt{\frac{\bar{X}_n(1-\bar{X}_n)}{n}}}}_{\xrightarrow{p} 1} \xrightarrow{d} N(0,1)$$

14.7 如何處理隨機變數的函數

在某些情況下,給定 Y_n 的大樣本分配已知,我們該如何找出其函數 $g(Y_n)$,例如說 Y_n^2 的大樣本分配?

定理 14.8 (The Delta Method). 給定

$$\sqrt{n}(Y_n - \theta) \xrightarrow{d} N(0, \sigma^2)$$

$g(\cdot)$ 為可微函數, 以及 $g'(\theta)$ 存在且不為零, 則

$$\sqrt{n}(g(Y_n) - g(\theta)) \xrightarrow{d} N(0, [g'(\theta)]^2 \sigma^2)$$

該定理背後的直覺可根據一階 Taylor 近似來說明,

$$g(Y_n) \approx g(\theta) + g'(\theta)(Y_n - \theta)$$

則

$$\frac{\sqrt{n}(g(Y_n) - g(\theta))}{g'(\theta)} \approx \sqrt{n}(Y_n - \theta) \xrightarrow{d} N(0, \sigma^2)$$

因此, 給定隨機樣本的樣本均數 $\bar{X}$, 其函數 $g(\bar{X})$ 的極限分配可透過 Delta Method 求得。

例 14.3. 給定 $\{X_i\}_{i=1}^n \sim^{i.i.d.} (\mu, \sigma^2)$, 且 $\bar{X} = \frac{1}{n}\sum_{i=1}^n X_i$, 則

$$\sqrt{n}(\bar{X}_n^2 - \mu^2) \xrightarrow{d} N(0, [4\mu^2 \sigma^2])$$

根據 CLT,

$$\frac{\sqrt{n}(\bar{X}_n - \mu)}{\sigma} \xrightarrow{d} N(0, 1)$$

亦即

$$\sqrt{n}(\bar{X}_n - \mu) \xrightarrow{d} N(0, \sigma^2)$$

因此, 由於 $g(\bar{X}_n) = \bar{X}_n^2$, 則根據 Delta Method,

$$\sqrt{n}(\bar{X}_n^2 - \mu^2) \xrightarrow{d} N(0, [2\mu]^2 \sigma^2)$$

練習題

1. (均方收斂) 給定隨機變數之序列 $\{Y_n\}$,當 $n \longrightarrow \infty$,
$$E[(Y_n - c)^2] \longrightarrow 0$$
則我們稱 Y_n 均方收斂 (converge in mean square) 至實數 c,並以 $Y_n \stackrel{ms}{\longrightarrow} c$ 表示之。

   (a) 證明 $Y_n \stackrel{ms}{\longrightarrow} c$ 若且唯若
$$\lim_{n \to \infty} E(Y_n) = c \quad \text{且} \quad \lim_{n \to \infty} Var(Y_n) = 0$$

   (b) 證明

   若 $Y_n \stackrel{ms}{\longrightarrow} Y$, 則 $Y_n \stackrel{p}{\longrightarrow} Y$

   [提示:] (a) $E[(Y_n - c)^2] = E([(Y_n - E[Y_n]) + (E[Y_n] - c)]^2)$。(b) 根據第 8 章, 習題 8 的 Markov 不等式: $P(|Y_n - Y| \geq k) = P(|Y_n - Y|^2 \geq k^2) \leq \frac{E(|Y_n - Y|^2)}{k^2}$。

2. 若 $X_n \stackrel{d}{\longrightarrow} N(0,1)$,試找出 $5X_n + 8$ 的極限分配。

3. 給定 $Y \sim \text{Binomial}(n, \mu)$,

   (a) 證明:
$$\frac{Y - n\mu}{\sqrt{n\mu(1-\mu)}} \stackrel{d}{\longrightarrow} N(0,1)$$

   (b) 若 $n = 100, \mu = 0.25$,利用 pbinom() 計算 $P(X \leq 25)$。

   (c) 利用 pnorm() 計算 $P(X \leq 25)$ 的近似值。

4. 給定 $\{X_i\}_{i=1}^{n} \sim$ i.i.d. $N(0,1)$,且令
$$Y_n = X_1^2 + X_2^2 + \cdots + X_n^2$$

   (a) 找出 $E(X_1^2)$。

   (b) 找出 $Var(X_1^2)$。[提示:] 先計算 $E(X_1^4) = \int x^4 \frac{1}{\sqrt{2\pi}} e^{-\frac{1}{2}x^2} dx$, 分部積分, $u = x^3, v = -e^{-\frac{1}{2}x^2}$。

(c) 計算 $P(Y_{100} < 110)$ 的近似值。

5. 給定 $X_n \sim \text{Binomial}\left(n, \frac{\lambda}{n}\right)$，以 MGF 證明

$$X_n \xrightarrow{d} \text{Poisson}(\lambda)$$

6. 以抽出放回的方式從 {1,3,5,7,9} 這 5 個數字中抽出 100 個數字，假設每個數字被抽到的機率均相等。計算這 100 個數字的平均數介於 2 到 6 的機率。

7. (R 程式作業) 在考慮不同的樣本大小 (1, 5, 10 以及 100) 下，畫出 R 程式 14.4 中的 Z_n 的 Q-Q plot。

8. (R 程式作業) 令 $\{X_1, X_2, \ldots, X_n\} \sim^{i.i.d.} \text{Bernoulli}(0.7)$，給定 $n = 1000$，模擬 $Z_n = \frac{\bar{X}_n - 0.7}{\sqrt{\frac{0.7(1-0.7)}{n}}}$ 的極限分配。

    (a) 畫出 Z_n 的直方圖，並加上 $N(0,1)$ 的機率密度函數作為比較。

    (b) 畫出 Z_n 的 Q-Q plot。

9. (R 程式作業) 令 $\{X_1, X_2, \ldots, X_{9999}\} \sim^{i.i.d.} U[0,1]$，並假設這組樣本被一個離群值 (outlier), $Y \sim U[100, 200]$ 所汙染，因此，總樣本為:

$$\{X_1, X_2, \ldots, X_{9999}, Y\}$$

模擬 $\bar{X} = \frac{1}{10000}(X_1 + X_2 + \ldots + X_{9999} + Y)$ 的抽樣分配，並以直方圖呈現。

10. (R 程式作業) 令 $\{X_1, X_2, \ldots, X_{100}\} \sim^{i.i.d.} U[-1, 1]$，將 $\{X_1, X_2, \ldots, X_{100}\}$ 從小排到大，

$$X_{(1)} \leq X_{(2)} \leq \cdots \leq X_{(99)} \leq X_{(100)}$$

其中 $X_{(j)}$ 代表排序為第 j 個的隨機變數。模擬中位數 $Med_X = \frac{X_{(50)} + X_{(51)}}{2}$ 的抽樣分配，並以直方圖呈現。

15 點估計

15.1 什麼是統計推論
15.2 什麼是點估計
15.3 什麼是類比原則
15.4 什麼是動差法
15.5 什麼是最大概似法
15.6 如何利用數值計算找出最大概似估計值
15.7 如何評判點估計式的良莠
15.8 如何證明一致性
15.9 估計式與估計值有何不同

本章將介紹對於母體未知參數的點估計。我們會討論兩種重要的估計方式: 類比原則以及最大概似法。接下來, 我們會討論判斷點估計式良莠的評價準則。

15.1 什麼是統計推論

統計學重要的目的之一在於對母體的推論。一般而言, 我們有興趣的母體特徵可用母體參數予以刻劃。舉例來說, 母體均數, 母體變異數, 以及其他各階動差等參數。因此, 對於母體參數的推論就是統計學中一個相當重要的課題。如果以 $\{X_i\}_{i=1}^{n} = \{X_1, X_2, \ldots, X_n\}$ 代表樣本大小為 n 的

隨機樣本, 且

$$\{X_i\}_{i=1}^n \sim^{i.i.d.} f(x;\theta)$$

亦即, 隨機樣本 $\{X_i\}_{i=1}^n$ 來自一個參數為 θ 的機率分配 (機率模型)。一般而言, 我們用希臘字母 θ (讀作 theta) 來泛指母體未知參數。所謂的推論, 簡單地來說, 就是「猜」: 我們想要猜未知的母體參數 θ。用比較專業的說法就是, 我們想要估計 (estimate) 未知的母體參數。

舉例來說, 如果我們想要知道公館大學學生的平均身高 (μ), 在無法全面普查的情況下, 我們可以在公館大學校門口, 隨機抽樣 100 個公館大學學生, 然後利用這一百個公館大學學生身高資料所形成的隨機樣本, 來估計整個公館大學學生的平均身高。

再舉一例, 如果某候選人的支持度為 p, 也就是說,

$$p = \frac{\text{支持某候選人的選民數}}{\text{全體選民數}}$$

在投票前, 我們可以透過民意調查的方式, 隨機抽樣 1000 個選民, 然後利用這 1000 個選民的回答 (支持則 $X_i = 1$, 不支持則 $X_i = 0$), 來估計某候選人的支持度。

在上述身高資料的例子中, 我們關心的參數 θ 就是母體平均 μ, 亦即 $\theta = \mu = E(X)$。如果我們進一步對於機率分配 $f(x;\theta)$ 做多一點的假設, 舉例來說, 假設身高 X 服從常態分配:

$$f(x;\mu,\sigma) = \frac{1}{\sqrt{2\pi}\sigma} e^{-\frac{1}{2}\left(\frac{x-\mu}{\sigma}\right)^2}$$

其中 (μ,σ) 就是未知參數。

你或許會納悶, 常態分配的砥柱集合為 $(-\infty,\infty)$, 但是身高頂多是在 100 公分到 220 公分之間, 為何我們假設身高 X 服從常態分配? 事實上, 這個例子凸顯了一個重要觀念: 大多數的機率模型都只提供實際資料的一個近似 (approximation)。也就是說, 當我們「假設」身高 X 服從常態分配時, 並不是代表我們相信我們所觀察到的身高資料 $\{X_i\}$ 真的來自常態分配, 而是因為常態分配提供身高資料 $\{X_i\}$ 一個良好近似。統計

學家 George Box 曾說過: "[e]ssentially, all models are wrong, but some are useful", 就是這個道理。

在古典統計學 (classical statistics) 中, 參數 θ 被視為「未知常數」, 且利用隨機樣本對參數 θ 進行統計推論: 估計與檢定。相反地, 統計學的另一流派, 貝氏統計學 (Bayesian statistics) 則是將母體參數視為「隨機變數」, 因此貝氏統計學所分析的對象是, 給定隨機樣本下, 母體參數的條件分配:

$$f(\theta | X_1 = x_1, X_2 = x_2, \ldots, X_n = x_n)$$

我們會在第 20 章介紹貝氏統計分析。

15.2 什麼是點估計

母體未知的參數是我們有興趣了解的對象。譬如母體的均數 (μ) 或是母體的變異數 (σ^2)。此外, 許多機率分配的特性都是由參數所決定, 例如 Bernoulli 分配中的參數 p 或是常態分配中的參數 (μ, σ^2)。在某些實際的狀況下, 我們知道機率分配, 卻未必知道真正的參數值。譬如擲一枚偏誤率為 b 的銅板, 我們知道其服從於一個 Bernoulli(b) 的分配, 卻不知道 b 值為何? 當有人拿著這枚銅板來和你賭錢, 你一定會想知道這枚銅板是不是公正的? b 值是否等於 $1/2$?

當你手頭有一組隨機樣本, 接下來的問題就是: 我要怎麼猜? 也就是說, 我要如何估計? 對於母體未知參數的推論就稱作點估計。利用隨機樣本建構出來, 用來估計母體未知參數的統計量 (公式) 就是點估計式。譬如說, 樣本均數

$$\bar{X}_{100} = \frac{X_1 + X_2 + \cdots + X_{100}}{100}$$

就是利用 $n = 100$ 的隨機樣本所建構出來的一個公式。

簡單地來說, 點估計式是一個公式, 是隨機樣本的函數:

$$\hat{\theta}(X_1, X_2, \ldots, X_n)$$

是觀察到樣本資料前 (*ex post*) 的一個隨機變數。當我們有了隨機樣本實現值，所算出來的

$$\hat{\theta}(x_1, x_2, \ldots, x_n)$$

就是一個固定數值，稱之為點估計值。例如我在公館大學校門口隨機抽樣 100 個學生，算出這 100 個學生的平均身高為 165cm，則 165 這個值就是我用來估計未知母體平均數的一個點估計值。**點估計式與點估計值之間的分別，和我們之前提過的統計量與統計值之間的分別是一樣的。**

假設隨機樣本 $X_1, X_2, \ldots, X_n$ 係抽樣自機率密度函數為 $f(x, \theta)$ 的母體，其中 θ 為我們所關心的母體未知參數。我們先定義幾個重要觀念，分別為: 估計式 (estimator), 估計值 (estimate), 以及參數空間 (parameter space)。

定義 15.1 (參數空間). 所謂的參數空間 (*parameter space*) 係指一個參數所有可能數值所形成的集合。我們以大寫的希臘字母 Θ *(同樣讀作 theta)* 來表示這個集合。

舉例來說，常態分配 $N(\theta_1, \theta_2)$ 中，$\theta_1 = \mu$ 為期望值，$\theta_2 = \sigma^2$ 為變異數。既然變異數不能為負數，則 θ_1 的參數空間為:

$$\theta_1 \in \Theta_1 \equiv \{\theta_1 : -\infty < \theta_1 < \infty\}$$

而 θ_2 的參數空間為:

$$\theta_2 \in \Theta_2 \equiv \{\theta_2 : 0 \leq \theta_2 < \infty\}$$

定義 15.2 (估計式與估計值). 如果我們以 $\hat{\theta}$ 代表估計母體參數 θ 的一個估計式，則估計式 (*estimator*) $\hat{\theta}$ 就是以隨機樣本 $X_1, X_2, \ldots, X_n$ 所形成的函數，換句話說，$\hat{\theta}$ 就是利用隨機樣本 $X_1, X_2, \ldots, X_n$ 所形成的一個統計量 (*statistic*):

$$\hat{\theta} = t(X_1, X_2, \ldots, X_n)$$

因此，估計式既是一個隨機變數，也是一個統計量。估計式有其抽樣分配，我們自然也能計算估計式的期望值 $E(\hat{\theta})$ 與其變異數 $Var(\hat{\theta})$。如果我們將隨機樣本的實現值 $x_1, x_2, \ldots, x_n$ 帶入 $t(\cdot)$，則 $t(x_1, x_2, \ldots, x_n)$ 就被稱作估計值 (*estimate*)。

習慣上，我們在 θ 上面戴一頂小帽子 (hat)，以 $\hat{\theta}$ (讀作 theta hat) 代表 θ 的估計式。在表 15.1 中，我們比較了母體參數與估計式之間的相異之處。接下來，我們將會介紹三種估計方式：(1) 類比原則，(2) 動差法，以及 (3) 最大概似法。

表15.1: 母體參數與估計式之間的相異之處

	母體參數 θ	估計式 $\hat{\theta}$
種類	固定常數	隨機變數
是否已知	一般而言未知	樣本抽出前未知 樣本抽出後已知 (稱為估計值)
例子	$\mu = E(X)$ $\sigma^2 = Var(X)$	$\bar{X} = \frac{1}{n}\sum_i X_i$ $S^2 = \frac{1}{n-1}\sum_i (X_i - \bar{X})^2$

15.3 什麼是類比原則

我們首先介紹類比原則 (analogy principle)。這是最具直覺的一種估計方法。其原則為：你對於母體的任何特徵有興趣 (例如母體平均數，母體變異數，母體各階動差等)，我們就用樣本相對應的特徵 (樣本平均數，樣本變異數，樣本各階動差等) 來估計。透過類比原則所得到的估計式，就稱作類比估計式 (analog estimator)。以下為類比原則的應用：

1. 利用樣本動差估計母體動差。譬如說，我們用樣本平均數 (樣本一階動差)

$$\bar{X} = \frac{\sum_{i=1}^n X_i}{n}$$

   估計母體均數 μ (母體一階動差)，以樣本二階中央動差

$$\hat{\sigma}^2 = \frac{\sum_{i=1}^n (X_i - \bar{X})^2}{n}$$

   估計母體變異數 σ^2 (二階中央動差)。[1]

---

[1] 母體 j 階動差為 $E(X^j)$，母體 j 階中央動差為 $E[(X-E(X))^j]$，樣本 j 階動差為 $\frac{\sum_{i=1}^n X_i^j}{n}$，樣本 j 階中央動差為 $\frac{\sum_{i=1}^n (X_i - \bar{X})^j}{n}$。

2. 對於母體動差的函數則以相對應樣本動差的函數來估計。譬如說, 以 $\sqrt{\bar{X}}$ 來估計 $\sqrt{\mu}$

3. 欲估計機率 $P(X \le c)$, 就用樣本裡面具備 $X \le c$ 性質的比例予以估計。譬如說, 想知道任選一名公館大學學生, 其身高不大於 166 公分的機率。我們可以隨機抽樣 100 名公館大學學生, 計算樣本中, 身高不大於 166 公分的學生人數佔樣本總人數比例, 然後就用該比例估計 $P(X \le 166)$。換句話說, 就是以實證分配函數

$$\hat{F}_n(166) = \frac{\sum_i \mathbb{1}_{\{X_i \le 166\}}}{n}$$

估計 $F_X(166) = P(X \le 166)$

4. 利用樣本比率估計母體比率。舉例來說, 假設公館大學學生中, 有 $p = 30\%$ 的比率已經脫魯 (母體比率)。我們可以隨機抽樣 $n = 100$ 名公館大學學生, 以 $X_i = 1$ 代表已脫魯, $X_i = 0$ 代表尚未脫魯, 計算樣本中已經脫魯的比率 $\hat{p}$ (樣本比率) 為:

$$\hat{p} = \frac{X_1 + X_2 + \cdots + X_n}{n}$$

就用該比率 $\hat{p}$ 估計母體比率 p。

5. 利用樣本中位數估計母體中位數。

6. 利用樣本極大值 (極小值) 估計母體極大值 (極小值)。

15.4 什麼是動差法

假設隨機樣本來自母體 pdf:

$$f(x, \theta_1, \theta_2, \ldots, \theta_k)$$

則母體 j 階動差

$$E(X^j) = m_j(\theta_1, \theta_2, \ldots, \theta_k)$$

為參數 $\theta_1, \theta_2, \ldots, \theta_k$ 的函數。

例 15.1 (均勻隨機變數及其母體動差). 給定 $X \sim U[\theta_1, \theta_2]$, 其參數分別爲 θ_1 與 θ_2, 則其一階與二階母體動差分別爲:

$$E(X) = m_1(\theta_1, \theta_2) = \int_{\theta_1}^{\theta_2} x \frac{1}{\theta_2 - \theta_1} dx = \frac{\theta_1 + \theta_2}{2}$$

$$E(X^2) = m_2(\theta_1, \theta_2) = \int_{\theta_1}^{\theta_2} x^2 \frac{1}{\theta_2 - \theta_1} dx = \frac{\theta_2^2 + \theta_1 \theta_2 + \theta_1^2}{3}$$

亦即, 這些母體動差爲參數 θ_1 與 θ_2 的函數。

由於母體 j 階動差所對應的樣本 j 階動差爲:

$$\frac{1}{n} \sum_{i=1}^{n} X_i^j$$

根據類比原則, $\frac{1}{n} \sum_{i=1}^{n} X_i^j$ 是 $E(X^j) = m_j(\theta_1, \theta_2, \ldots, \theta_k)$ 最符合直覺的估計式, 因此, 對於 $j = 1, 2, \ldots, k$, 下列 k 個方程式 (稱爲動差條件, moment conditions):

$$m_j(\hat{\theta}_1, \hat{\theta}_2, \ldots, \hat{\theta}_k) = \frac{1}{n} \sum_{i=1}^{n} X_i^j$$

的解 $\hat{\theta}_1, \hat{\theta}_2, \ldots, \hat{\theta}_k$ 自然是 $(\theta_1, \theta_2, \ldots, \theta_k)$ 最符合直覺的估計式。直觀地想, 如果 $m_j(\hat{\theta}_1, \hat{\theta}_2, \ldots, \hat{\theta}_k)$ 跟 $m_j(\theta_1, \theta_2, \ldots, \theta_k)$ 很靠近的話, 我們自然期待 $(\hat{\theta}_1, \hat{\theta}_2, \ldots, \hat{\theta}_k)$ 跟 $(\theta_1, \theta_2, \ldots, \theta_k)$ 也會很靠近。亦即, 根據 WLLN,

$$\underbrace{m_j(\hat{\theta}_1, \hat{\theta}_2, \ldots, \hat{\theta}_k) = \frac{1}{n} \sum_{i=1}^{n} X_i^j}_{\text{動差條件}} \xrightarrow{p} E(X^j) = m_j(\theta_1, \theta_2, \ldots, \theta_k)$$

這樣的估計法稱作動差法, 利用動差法所得到的估計式稱作動差估計式 (method of moments estimator, MME), 其背後的理論基礎來自 WLLN。

定義 15.3 (動差估計式). 給定隨機樣本來自母體 pdf:

$$f(x, \theta_1, \theta_2, \ldots, \theta_k)$$

則參數 $\theta_1, \theta_2, \ldots, \theta_k$ 的動差估計式 $\hat{\theta}_1, \hat{\theta}_2, \ldots, \hat{\theta}_k$ 為 k 個動差條件

$$\underbrace{\frac{1}{n}\sum_{i=1}^{n} X_i^j}_{\text{樣本 } j \text{ 階動差}} = \underbrace{m_j(\hat{\theta}_1, \hat{\theta}_2, \ldots, \hat{\theta}_k)}_{\text{母體 } j \text{ 階動差}}, \ j = 1, 2, \ldots, k$$

之解。

注意到如果我們有 k 個參數待估計, 一般而言, 我們需要 k 個動差條件。底下我們提供一個動差法的例子。

例 15.2. 令 $\{X_i\}_{i=1}^{n}$ 為來自均勻分配 $U[0, \theta]$ 的隨機樣本, 試求參數 θ 的動差估計式。

首先我們知道母體一階動差為:

$$m_1(\theta) = E(X_i) = \frac{\theta}{2}$$

則動差條件為:

$$\frac{\sum_{i=1}^{n} X_i}{n} = m_1(\hat{\theta}) = \frac{\hat{\theta}}{2}$$

因此, 動差估計式為 $\hat{\theta} = 2\bar{X}$。

15.5 什麼是最大概似法

當我們應用類比估計法時, 並不需要知道母體分配。在本節中, 我們介紹另一種假設母體分配已知的估計法: 最大概似法 (method of maximum likelihood)。

15.5.1 最大概似估計式

假設 $\{X_i\}_{i=1}^n$ 為來自母體分配 $f(x,\theta)$ 的隨機樣本,其中函數 $f(\cdot)$ 已知,但 θ 為未知的母體參數。由於 $X_1,\ldots,X_n$ 為隨機樣本,其聯合機率分配可以寫成:

$$f(x_1,\ldots,x_n;\theta) = f(x_1,\theta)\cdots f(x_n,\theta) = \prod_i f(x_i;\theta) \tag{1}$$

對於第 (1) 式,我們過去習慣解讀成**給定 θ 下,$x_1,\ldots,x_n$ 的函數**。然而,我們也可以將第 (1) 式解讀為**給定 $x_1,\ldots,x_n$ 下,θ 的函數**。在第二種解讀下,我們把這樣的函數稱作 θ 的概似函數 (likelihood function)。

定義 15.4 (概似函數). 給定隨機樣本的實現值 $x_1,\ldots,x_n$,概似函數為:

$$\mathcal{L}(x_1,\ldots,x_n;\theta) = \mathcal{L}(\mathbf{x};\theta) = \prod_i f(x_i;\theta)$$

亦即,將這組隨機樣本實現值出現的可能性視為參數 θ 的函數。在不會造成混淆的情況下,我們有時會以 $\mathcal{L}(\theta)$ 替代 $\mathcal{L}(\mathbf{x};\theta)$,以減少數學符號的負擔。

最大概似估計式 (maximum likelihood estimator, MLE) 就是要找到一個參數值 θ 使得概似函數 $\mathcal{L}$ 極大:

$$\hat{\theta} = \arg\max_{\theta \in \Theta} \mathcal{L}(\theta)$$

其中,Θ 為參數空間。用白話解釋就是說,**我們要找出一個參數值 $\theta = \hat{\theta}$ 使得該組樣本出現的可能性最大**。亦即,給定某組樣本 $\{X_1 = x_1, X_2 = x_2,\ldots,X_n = x_n\}$,如果參數值 $\theta = \hat{\theta}_1$ 相對於 $\theta = \hat{\theta}_2$ 能夠讓我們**更有可能** (more likely) 觀察到這組樣本,則毫無疑問地 $\hat{\theta}_1$ 會是一個優於 $\hat{\theta}_2$ 的估計式。而最大概似法就是要在參數空間中找出能夠讓我們**最有可能** (most likely) 觀察到這組樣本的參數。

求解 MLE 的步驟十分簡單,許多人能夠依樣畫葫蘆地將 MLE 求出,卻沒有弄懂 MLE 的意義。在此,我們提供一個例子給讀者,希望能讓大家理解什麼是最大概似法。

例 15.3. 一個箱子裏放置五顆球，分別為藍球與綠球。令 p 代表箱中藍球比例，而 p 為一未知參數，亦即，我們不知道箱子裏藍球與綠球的確切個數。為了估計 p，我們以抽出放回的方式隨機選取 10 顆球。亦即，我們得到一組 $\{X_1, X_2, \ldots, X_{10}\}$ 的隨機樣本。

如果我們令

$$X_i = \begin{cases} 1, & \text{抽出藍球} \\ 0, & \text{抽出綠球} \end{cases}$$

則根據這個例子，我們知道 $X_i \sim \text{Bernoulli}(p)$，而 p 就是箱中藍球比例。同時，我們令 $Y = \sum_{i=1}^{10} X_i$，則 Y 代表 10 顆球中，藍球的個數，且

$$Y \sim \text{Binomial}(10, p)$$

茲討論以下兩組可能的樣本實現值：

- 樣本實現值 I: 在 10 顆球中有 7 顆藍球，$Y = 7$，因此，在不同的參數值 p 下，樣本實現值 I 出現的可能性分別列在表 15.2。

表15.2: 樣本實現值 I: 在 10 顆球中有 7 顆藍球，$Y = 7$

p	$P(Y = 7) = \binom{10}{7} p^7 (1-p)^3$	
0	0	
1/5	0.000786	
2/5	0.042467	
3/5	0.214991	⇐ 極大值
4/5	0.201327	
5/5	0	

- 樣本實現值 II: 在 10 顆球中有 2 顆藍球，$Y = 2$，同理，在不同的參數值 p 下，樣本實現值 II 出現的可能性分別列在表 15.3。

因此，給定樣本實現值 I，$\hat{p} = 3/5$ 會使樣本實現值 I 出現的可能性最大，我們就以 3/5 當作 p 的最大概似估計值。而給定樣本實現值 II，$\hat{p} = 1/5$ 會使樣本 II 出現的可能性最大，我們就以 1/5 當作 p 的最大概

表15.3: 樣本實現值 II: 在 10 顆球中有 2 顆藍球, $Y = 2$

p	$P(Y = 2) = \binom{10}{2}p^2(1-p)^8$	
0	0	
1/5	0.301990	← 極大值
2/5	0.120932	
3/5	0.010617	
4/5	0.000074	
5/5	0	

表15.4: 概似函數

p	$P(Y = 7) = \binom{10}{7}p^7(1-p)^3$	$P(Y = 2) = \binom{10}{2}p^2(1-p)^8$
0	0	0
1/5	0.000786	**0.301990**
2/5	0.042467	0.120932
3/5	**0.214991**	0.010617
4/5	0.201327	0.000074
5/5	0	0

似估計值。我們將表 15.2 與表 15.3 結合在一起, 則表 15.4 中的任一數字就是在不同隨機樣本與不同參數值下的概似函數值。

這個例子也同時說明了一件事: 估計式是隨機樣本的函數, 給定不同的樣本實現值 (例子中為 $Y = 7$ 或 $Y = 2$), 我們就會得到不同的估計值 ($\hat{p} = 3/5$ 或 $\hat{p} = 1/5$)。

注意到在表 15.4 的例子中, 我們的參數空間為有限:

$$\Theta = \left\{0, \frac{1}{5}, \frac{2}{5}, \frac{3}{5}, \frac{4}{5}, 1\right\}$$

如果 $\mathcal{L}(\theta)$ 對於 θ 是可微的, 且參數空間為實數線, 則 MLE 就是以下方程式 (最大概似方程式, maximum likelihood equation) 之解:

$$\frac{\partial \mathcal{L}(\theta)}{\partial \theta} = 0$$

由於任何極大化 $\mathcal{L}(\theta)$ 的參數值 θ 也同時極大化對數概似函數 (log-likelihood

function):
$$\hat{\theta} = \arg\max_{\theta \in \Theta} \log \mathcal{L}(\theta)$$

其中,
$$\log \mathcal{L}(\theta) = \sum_i \log f(x_i, \theta)$$

因此, 為了計算上的方便, 我們有時會轉而計算以下的極大化條件:
$$\frac{\partial \log \mathcal{L}(\theta)}{\partial \theta} = 0$$

例 15.4. 假設
$$\{X_i\}_{i=1}^n \sim^{i.i.d.} Bernoulli(\mu),$$
試找出 μ 的 MLE。

由於 $f(x, \mu) = \mu^x (1-\mu)^{1-x}$, 概似函數為:
$$\begin{aligned}\mathcal{L}(\mu) &= f(x_1, \ldots, x_n, \mu) = f(x_1, \mu) f(x_2, \mu) \cdots f(x_n, \mu) \\ &= (\mu^{x_1}(1-\mu)^{1-x_1})(\mu^{x_2}(1-\mu)^{1-x_2}) \cdots (\mu^{x_n}(1-\mu)^{1-x_n}) \\ &= \mu^{\sum_i x_i} (1-\mu)^{\sum_i (1-x_i)}\end{aligned}$$

則對數概似函數為:
$$\log \mathcal{L}(\mu) = \log \mu \sum_i x_i + \log(1-\mu) \sum_i (1-x_i)$$

且
$$\frac{d \log \mathcal{L}(\mu)}{d\mu} = \frac{1}{\mu} \sum_i x_i - \frac{1}{1-\mu} \sum_i (1-x_i) = 0 \tag{2}$$

亦即我們可以求得
$$\frac{\sum_i x_i}{n} = \arg\max_{\mu} \mathcal{L}(\mu)$$

就是 μ 的最大概似估計值。當然我們可以驗證該極值確實為極大值:
$$\frac{d^2 \log \mathcal{L}(\mu)}{d\mu^2} = -\mu^{-2} \sum_i x_i - (1-\mu)^{-2} \sum_i (1-x_i) < 0 \tag{3}$$

因此, μ 的最大概似估計式為:
$$\hat{\mu} = \frac{\sum_i X_i}{n} = \bar{X}$$

15.5.2 MLE 不變性

MLE 有一個相當重要的性質: MLE 不變性 (invariance property), 或是稱作不變原則。[2]

定理 15.1 (MLE 不變性). 如果 $\hat{\theta}$ 是 θ 的 MLE, 且 $\tau(\theta)$ 為 θ 的函數, 則 $\hat{\tau} = \tau(\hat{\theta})$ 為 $\tau(\theta)$ 的 MLE。

舉例來說, 若 $\{X_i\}_{i=1}^n$ 為來自母體分配 Bernoulli(p) 的隨機樣本, 則根據上一個例子, p 的 MLE 為 $\hat{p} = \bar{X}$。而 $Var(X_1) = p(1-p)$ 的 MLE 就是 $\hat{p}(1-\hat{p}) = \bar{X}(1-\bar{X})$。

不變性可以推廣到一個以上的參數, 舉例來說, 若 $(\hat{\theta}_1, \hat{\theta}_2)$ 分別為 (θ_1, θ_2) 的 MLE, 則 $\tau = \frac{\theta_1 + \theta_2}{2}$ 的 MLE 為:

$$\hat{\tau} = \frac{\hat{\theta}_1 + \hat{\theta}_2}{2}$$

15.6 如何利用數值計算找出最大概似估計值

延續例 15.4, 假設 $n = 5$, 且隨機樣本實現值為:

$$\{1, 1, 0, 1, 0\}$$

則概似函數為:

$$\mathcal{L}(\mu) = \mu^3(1-\mu)^2$$

對數概似函數為:

$$\log \mathcal{L}(\mu) = 3\log\mu + 2\log(1-\mu)$$

底下 R 程式畫出概似函數與對數概似函數。

---
[2]也有人翻成代入原則。

圖 15.1: 概似函數與對數概似函數

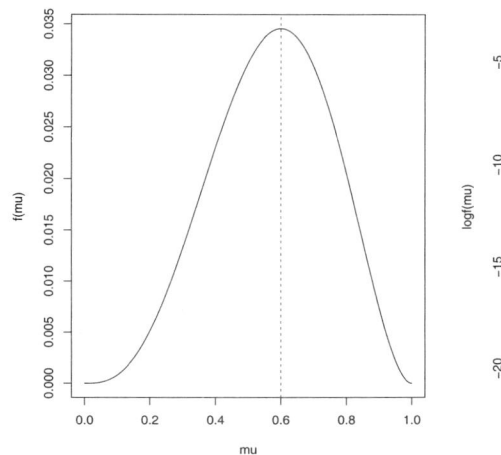

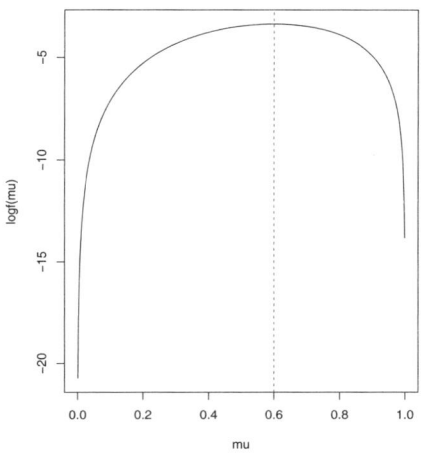

執行程式後可得圖 15.1

R 程式 15.1.

```
n=5
x=c(1,1,0,1,0)
mu= seq(0,1,by=0.01)
f = function(mu) {mu^sum(x)*(1-mu)^(n-sum(x))}
logf = function(mu) {log(mu^sum(x)*(1-mu)^(n-sum(x)))}

par(mfrow = c(1,2))
plot(mu,f(mu),type="l")
 abline(v=0.6, col="red",lty=2)
plot(mu,logf(mu),type="l")
 abline(v=0.6, col="red",lty=2)
```

執行程式後可得圖 15.1

利用 optimize() 函數，我們可以進一步透過數值計算找出函數的極值，

```
opt = optimize(f, c(a,b), maximum=TRUE)
```

```
# 找出函數 f 在 [a,b] 間的極大值
```

```
opt$maximum
```
```
# 達到最大值的點
```

```
opt$objective
```
```
# 極大值
```

以下的 R 程式先寫下概似函數, 然後找出最大概似估計值。

R 程式 15.2 (最大概似估計).

```
n=5
x=c(1,1,0,1,0)
Like = function(mu){mu^sum(x)*(1-mu)^(n-sum(x))}
opt = optimize(Like, c(0,1), maximum=TRUE)
opt$maximum
opt$objective
```

執行程式後可得:

```
> opt$maximum
[1] 0.6000006
> opt$objective
[1] 0.03456
>
```

與理論上的估計值 $\bar{X} = (1+1+0+1+0)/5 = 0.6$ 以及 $\mathcal{L}(0.6) = (0.6)^3(0.4)^2 = 0.03456$ 相去不遠。

15.7 如何評判點估計式的良窳

我們在本節介紹一些評價準則 (criteria) 來評斷點估計式。這些性質分別為: (1) 不偏性 (unbiased), (2) 有效性 (efficient), 以及 (3) 一致性 (consistent)。

15.7.1 不偏性

一個估計式 $\hat{\theta}$ 的期望值等於母體參數 θ，亦即，

$$E(\hat{\theta}) = \theta$$

我們稱該估計式 $\hat{\theta}$ 為一不偏估計式 (unbiased estimator)。簡單地說，就是當你用 $\hat{\theta}$ 來猜 θ，「平均而言」會猜對。因此，如果一個估計式沒有具備不偏性，則其偏誤 (bias) 可以定義成：

$$B(\hat{\theta}) = E(\hat{\theta}) - \theta$$

例 15.5. 若 $\{X_i\}_{i=1}^n \sim^{i.i.d.} (\mu, \sigma^2)$，令

$$\bar{X} = \frac{\sum_{i=1}^n X_i}{n}, \quad S^2 = \frac{\sum_{i=1}^n (X_i - \bar{X})^2}{n-1}, \quad \hat{\sigma}^2 = \frac{\sum_{i=1}^n (X_i - \bar{X})^2}{n}$$

則 $\bar{X}$ 與 S^2 分別為 μ 與 σ^2 的不偏估計式，而 $\hat{\sigma}^2$ 則為 σ^2 的偏誤估計式。

茲分述如下：

$$E(\bar{X}) = E\left(\frac{\sum_i X_i}{n}\right) = \frac{\sum_i E(X_i)}{n} = \frac{\sum_i \mu}{n} = \frac{n\mu}{n} = \mu$$

根據變異數的定義

$$\sigma^2 = Var(X_i) = E(X_i^2) - [E(X_i)]^2 = E(X_i^2) - \mu^2$$

$$\frac{\sigma^2}{n} = Var(\bar{X}) = E(\bar{X}^2) - [E(\bar{X})]^2 = E(\bar{X}^2) - \mu^2$$

因此，

$$E\left[\sum_i (X_i - \bar{X})^2\right] = E\left[\sum_i X_i^2 - n\bar{X}^2\right]$$

$$= \sum_i E(X_i^2) - nE(\bar{X}^2)$$

$$= n(\sigma^2 + \mu^2) - n\left[\frac{\sigma^2}{n} + \mu^2\right]$$

$$= (n-1)\sigma^2$$

$$E(S^2) = E\left(\frac{\sum_i(X_i - \bar{X})^2}{n-1}\right) = \frac{(n-1)\sigma^2}{n-1} = \sigma^2$$

最後, 我們知道

$$\hat{\sigma}^2 = \frac{\sum_{i=1}^n(X_i - \bar{X})^2}{n} = \frac{n-1}{n}S^2$$

是故

$$E(\hat{\sigma}^2) = \frac{n-1}{n}E(S^2) = \frac{n-1}{n}\sigma^2$$

其偏誤爲:

$$B(\hat{\sigma}^2) = E(\hat{\sigma}^2) - \sigma^2 = \frac{-1}{n}\sigma^2$$

15.7.2 有效性

我們在前一小節中介紹了「不偏」這個性質。我們之所以認爲不偏性是估計式一個好的性質, 是因爲不偏估計式給我們一個「平均而言猜得準」的估計公式。然而, 一如之前所述, 估計式有其自己的抽樣分配, 我們不但關心估計式的期望值, 也應該要關心其變異程度 (亦即其精確度)。

當我們比較兩個不偏估計式時, 我們會選擇變異數較小的不偏估計式。舉例來說, 我們抽 100 個公館大學學生並算出樣本平均身高 $\bar{X}$ 來估計 μ, 我們也可以任選兩個樣本點 X_1, X_{15}, 算出另一個估計式 $\check{X} = \frac{X_1 + X_{15}}{2}$ 來估計公館大學學生的平均身高。值得注意的是, $\bar{X}$ 與 $\check{X}$ 都是不偏估計式 (請自行驗證), 但是

$$Var(\bar{X}) = \frac{\sigma^2}{n}, \quad Var(\check{X}) = \frac{\sigma^2}{2}$$

亦即, 當 $n > 2$ 時, $\check{X}$ 的變異數大於 $\bar{X}$ 的變異數, 其精確度自然不及 $\bar{X}$ 來得高。

注意到, 在做統計分析時, 我們除了報告估計值之外, 同時也要報告標準差 (standard error), 才能判斷估計的精確度。在估計式爲 $\bar{X}$ 的例子中, 由於其變異數 $Var(\bar{X}) = \frac{\sigma^2}{n}$ 包含未知的參數 σ^2, 我們在計算標準差時, 會以 σ^2 的估計式 $S_n^2 = \frac{1}{n-1}\sum_i(X_i - \bar{X}_n)^2$ 替代之, 因此, 估計式 $\bar{X}$ 的標準爲:

$$se(\hat{\theta}) = \sqrt{\frac{S_n^2}{n}} = \frac{S_n}{\sqrt{n}}$$

如果兩個估計式都具不偏性，我們把變異數較小的不偏估計式稱作有效估計式 (efficient estimator)，更精確地說，這是一種「相對有效」的概念。相對有效性的定義如下：

定義 15.5 (相對有效性)。兩個不偏估計式中，具有較小變異者，較有效率。舉例來說，令 $\hat{\theta}_1$ 以及 $\hat{\theta}_2$ 均為 θ 的不偏估計式。

1. 如果 $Var(\hat{\theta}_1) < Var(\hat{\theta}_2)$，則我們說 $\hat{\theta}_1$ 比 $\hat{\theta}_2$ 相對有效。

2. $\hat{\theta}_1$ 與 $\hat{\theta}_2$ 的相對有效性可用以下指標衡量：

$$相對有效性 = \frac{Var(\hat{\theta}_1)}{Var(\hat{\theta}_2)}$$

底下我們提供一個 R 程式模擬的例子，考慮兩個不偏估計式，但是其中一個具有較小變異。

例 15.6. 給定 $\{X_1, X_2, \ldots, X_n\} \sim^{i.i.d.} \exp(\beta)$，考慮以下兩個估計式

$$\hat{\beta} = \bar{X},$$
$$\tilde{\beta} = nX_{\min}$$

其中，$X_{\min} = \min\{X_1, X_2, \ldots, X_n\}$。我們知道 (參見習題 2)，

$$E(\hat{\beta}) = E(\tilde{\beta}) = \beta$$

$$Var(\hat{\beta}) \leq Var(\tilde{\beta})$$

我們可以透過 R 程式驗證此結果。

在 $n = 40, \beta = 2$ 的設定下，我們製造來自母體分配 $\exp(2)$ 的隨機樣本，接下來製造 10000 個 $\hat{\beta}$ 與 $\tilde{\beta}$，藉以模擬估計式的抽樣分配。最後我們以 `density()` 估計密度函數後，將 10000 個 $\hat{\beta}$ 與 $\tilde{\beta}$ 的密度函數畫在一起。藉以比較這兩個估計式。事實上，我們也可以畫出直方圖來比較，但是密度函數圖讓兩個模擬抽樣分配作比較時，在視覺上更為清楚。R 程式如下。

R 程式 15.3 (模擬估計式的抽樣分配).

```
set.seed(123)
beta = 2            # exp 隨機變數參數值
n = 40              # 樣本大小
B = 10000           # 模擬次數
betahat = c()
betatilde = c()
for (i in 1:B){                 # 開始模擬
x = rexp(n,rate=1/beta)  #   製造 n=40 來自 exp(2) 分配的隨機樣本
betahat[i] = mean(x)     #     計算 beta-hat = 樣本均數
betatilde[i] = n*min(x)  #    計算 beta-tilde = n*樣本最小值
}
denhat = density(betahat)     # 估計密度函數
dentilde = density(betatilde) # 估計密度函數
plot(denhat, xlim=c(0,10),ylab="", main="")     # 繪圖
lines(dentilde,lty=2)
abline(v=2, col="red",lty=1)


mean(betahat)
mean(betatilde)
var(betahat)/var(betatilde)
```

執行後可得圖 15.2, 以及:

```
> mean(betahat)
[1] 1.998221
> mean(betatilde)
[1] 1.992287
> var(betahat)/var(betatilde)
[1] 0.02403959
>
```

不難看出, 模擬出來的這 10000 個 $\hat{\beta}$ 與 $\tilde{\beta}$ 的模擬樣本平均數很接近 $\beta = 2$, 驗證 $\hat{\beta}$ 與 $\tilde{\beta}$ 都是 $\beta = 2$ 的不偏估計式, 但是從圖 15.2 可看出, $\hat{\beta}$ 的

圖15.2: 估計式抽樣分配: $\hat{\beta}$ (實線) $\tilde{\beta}$ (虛線)

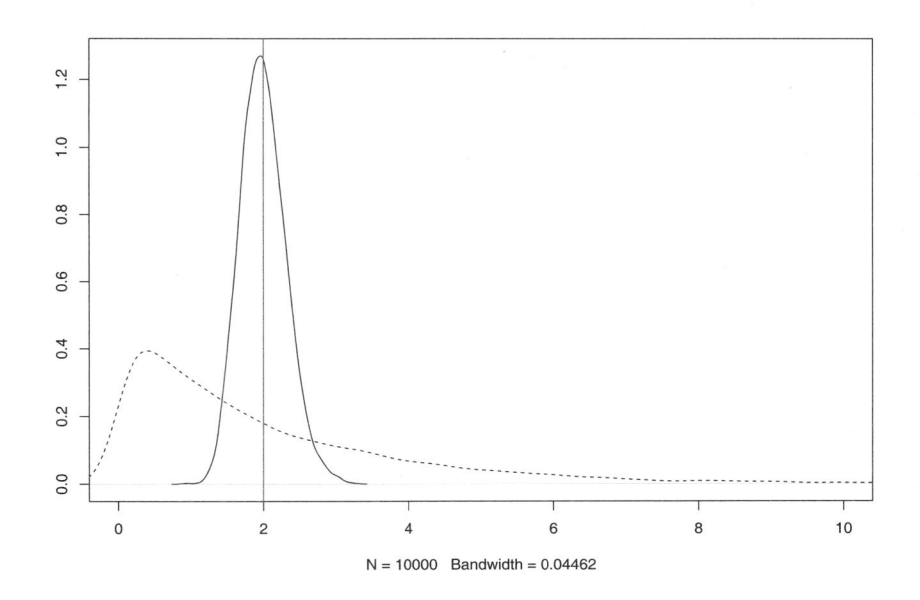

模擬抽樣分配的離散程度遠小於 $\tilde{\beta}$ 的離散程度, 或是計算 $Var(\hat{\beta})/Var(\tilde{\beta})$ = 0.024 < 1, 代表 $\hat{\beta}$ 相對於 $\tilde{\beta}$ 是一個更爲有效 (more efficient) 的估計式。

最後, 值得一提的是, 我們可以透過均方誤 (mean square error) 的概念同時考慮不偏性與有效性:

定義 15.6 (均方誤). 估計式 $\hat{\theta}$ 的均方誤定義為:

$$MSE = E[(\hat{\theta} - \theta)^2]$$

透過簡單整理, 均方誤可寫成估計式變異數與其偏誤平方的加總 (參見習題 1):

$$MSE = Var(\hat{\theta}) + \left[E(\hat{\theta}) - \theta\right]^2$$

一般而言, 我們傾向於選取 MSE 較小的估計式。如果比較兩個不偏估計式, 則 MSE 中的第二項為 0, 挑選的就是變異數較小的不偏估計式。

15.7.3 一致性

以上討論的性質 (不偏性與有效性) 均為固定樣本數 n 下, 估計式所具備的性質。我們將進一步討論估計式的大樣本性質 (large sample property), 或是說, 估計式的極限性質 (limiting property)。在某些情況下, 即使估計式為偏誤估計式, 且在較少樣本下, 不具備「有效」的良好性質, 如果當樣本數 n 增加時, 該估計式具有優良的大樣本性質, 我們仍然會將之視為一個不錯的估計式。在此, 我們將會把估計式 $\hat{\theta}$ 寫成 $\hat{\theta}_n$ 用以提醒讀者估計式與樣本大小 n 有關。

一個重要的大樣本性質就是一致性 (consistent), 一個具備一致性的估計式就叫做一致估計式 (consistent estimator)。其定義如下:

定義 15.7 (一致估計式). 給定
$$\hat{\theta}_n \xrightarrow{p} \theta$$
我們稱 $\hat{\theta}_n$ 為 θ 的一致估計式,

換句話說, 如果 $\hat{\theta}_n$ 機率收斂到 θ, 則稱 $\hat{\theta}_n$ 為 θ 的一致估計式。亦即, 當樣本數越來越大時, 點估計式的值與母體參數靠近的可能性越來越大, 其機率值趨近於 1。

例 15.7. 若 $\{X_i\}_{i=1}^n \sim^{i.i.d.} (\mu, \sigma^2)$, 則 $\bar{X}_n$ 為母體均數 μ 的一致估計式。

根據 WLLN,
$$\bar{X}_n \xrightarrow{p} E(X_1) = \mu$$

15.8 如何證明一致性

一般來說, 要證明一致性有以下幾種方法:

1. 如果估計式具樣本均數之形式 (滿足 WLLN 所需條件), 或是其函數, 則可利用 WLLN 以及 CMT, 如例 15.7 所示。

2. 直接從機率收斂的定義著手。

3. 證明 MSE 一致性。

透過機率收斂的定義去證明, 有時相當複雜。在此, 我們說明如何以均方收斂證明估計式的一致性。首先介紹兩個新觀念: MSE 一致性 (MSE consistent), 與漸近不偏性 (asymptotically unbiased)。

定義 15.8 (MSE 一致性). 當

$$\hat{\theta}_n \xrightarrow{ms} \theta$$

我們稱 $\hat{\theta}_n$ 為 θ 的一個 MSE 一致估計式,

注意到所謂的 MSE 一致性, 事實上, 這就是第 14 章習題 1 中所定義的均方收斂。

定義 15.9 (漸近不偏). 當

$$\lim_{n \to \infty} E(\hat{\theta}_n) = \theta$$

則 $\hat{\theta}_n$ 為漸近不偏。

接下來, 我們介紹以下定理:

定理 15.2. 若 $\hat{\theta}_n$ 為不偏, 則 $\hat{\theta}_n$ 亦為漸近不偏。

這個定理並不難理解, 如果 $\hat{\theta}_n$ 為不偏估計式, 則對於所有的樣本數 n,

$$E(\hat{\theta}_n) = \theta$$

既然這是對所有 n 都成立, 當然在 $n \to \infty$ 時也成立。也就是說,

$$\lim_{n \to \infty} E(\hat{\theta}_n) = \lim_{n \to \infty} \theta = \theta$$

最後, 根據第 14 章習題 1, MSE 一致性的充分與必要條件為:

定理 15.3.

$$\hat{\theta}_n \xrightarrow{ms} \theta$$

若且唯若 $\quad \lim_{n \to \infty} E(\hat{\theta}_n) = \theta \quad$ 且 $\quad \lim_{n \to \infty} Var(\hat{\theta}_n) = 0$

此定理相當實用, 如果我們可以證明 $E(\hat{\theta}_n)$ 趨近於 θ (漸進不偏), 而 $Var(\hat{\theta}_n)$ 趨近於零, 則隱含 $\hat{\theta}_n$ 均方收斂到 θ, 為 MSE 一致估計式。

定理 15.4 (MSE 一致性與一致性). 若估計式具 MSE 一致性, 則估計式為一致估計式。

Proof. 參見第 14 章習題 1。 □

因此, 只要我們能夠證明 $\hat{\theta}$ 為 MSE 一致性:

$$\hat{\theta}_n \xrightarrow{ms} \theta$$

則 $\hat{\theta}$ 為 θ 的一致估計式:

$$\hat{\theta}_n \xrightarrow{p} \theta$$

15.9　估計式與估計值有何不同

最後, 關於估計式與估計值有幾點想法值得進一步討論。首先, 我們一再強調估計式是一個由隨機樣本組成的公式, 是一個統計量, 同時也是一個隨機變數。因此, 每個估計式會有自己的抽樣分配, 也會有期望值 $E(\hat{\theta})$ 以及變異數 $Var(\hat{\theta})$ 等動差。而估計式的性質就是立基在其隨機性之上。簡言之, 當我們在討論估計式的性質時, 都是在樣本實現 (realize) 之前才有意義, 也就是說, 這些好性質都是事前的 (*ex ante*)。

然而, 一旦我們抽出某特定樣本 (樣本實現之後), 所得到的就不再是估計式, 而是估計值。估計值本身是一個常數, 並無任何隨機性質可以討論。假設我們抽樣 100 個公館大學學生並算出樣本平均身高 $\bar{X} = 166$。此時, $E(166)$ 不一定等於母體平均 μ: 當你運氣好, $\mu = 166$ 時,

$$E(166) = 166 = \mu$$

當你運氣不好, $\mu \neq 166$ 時,

$$E(166) = 166 \neq \mu$$

你或許想問, 照這麼說, 一旦樣本實現之後, 166 這個值本身不就沒有任何意義了? 答案就是, 166 這個值有沒有意義, 值不值得作為參考, 取決於將 166 這個值「製造出來」的估計式有沒有具備良好性質。如果

估計式具備良好性質,則透過估計式所算出來的估計值就會是一個對於母體參數有意義且值得參考的猜測值。想像估計式為製造產品的一部機器,而估計值就是這部機器所製造出來的產品。假設我們無法直接判斷製造出來的產品品質優劣 (例如說, 產品被密封在罐子中), 但重要的是,如果我們知道製造該產品的機器具有良好品質,自然較能確定產品具有良好品質。

練習題

1. 證明
$$MSE(\hat{\theta}) = Var(\hat{\theta}) + \left[E(\hat{\theta}) - \theta\right]^2$$

2. 給定 $\{X_1, X_2, \ldots, X_n\} \sim^{i.i.d.} \exp(\beta)$,考慮以下估計式
$$\hat{\beta} = \bar{X}, \quad \tilde{\beta} = n \times \min\{X_1, X_2, \ldots, X_n\}$$

    (a) 證明 $E(\hat{\beta}) = E(\tilde{\beta}) = \beta$。

    (b) 證明 $\hat{\beta}$ 為 β 的相對有效估計式: $Var(\hat{\beta}) \leq Var(\tilde{\beta})$。

3. 給定 $\{X_1, X_2, \ldots, X_n\} \sim^{i.i.d.} U[\theta_1, \theta_2]$,

    (a) 找出 θ_1 與 θ_2 的動差估計式。

    (b) 若 $\bar{X} = 5, \hat{\sigma} = 2.3$ 估計 $P(X_1 > 5)$ 的機率值。

4. 給定
$$\{X_1, X_2, \ldots, X_n\} \sim^{i.i.d.} \text{Bernoulli}(p)$$
$$\{Y_1, Y_2, \ldots, Y_n\} \sim^{i.i.d.} \text{Bernoulli}(p/2)$$

   且兩隨機樣本相互獨立。令 p 的估計式為
$$\tilde{p} = \frac{2(\bar{X} + \bar{Y})}{3}$$

   與
$$\hat{p} = \frac{\bar{X}}{2} + \bar{Y}$$

(a) $\tilde{p}$ 與 $\hat{p}$ 何者為 p 的不偏估計式?

(b) $\tilde{p}$ 與 $\hat{p}$ 何者為 p 的相對有效估計式?

5. 給定兩估計式 $\hat{\theta}_1$ 與 $\hat{\theta}_2$，其中 $E(\hat{\theta}_1) = E(\hat{\theta}_2) = \theta$，且 $Var(\hat{\theta}_i) = \sigma_i^2$，$i = 1, 2$。考慮估計式

$$\hat{\theta}_w = w\hat{\theta}_1 + (1-w)\hat{\theta}_2, \quad 0 \leq w \leq 1$$

(a) $\hat{\theta}_w$ 是否為 θ 的不偏估計式?

(b) 找出能夠極小化 $Var(\hat{\theta}_w)$ 的 w 值。

6. 若 $\{X_i\}_{i=1}^{n} \sim^{i.i.d.} (\mu, \sigma^2)$，令

$$\bar{X}_n = \frac{\sum_{i=1}^{n} X_i}{n}, \quad S_n^2 = \frac{\sum_{i=1}^{n}(X_i - \bar{X}_n)^2}{n-1}, \quad \hat{\sigma}_n^2 = \frac{\sum_{i=1}^{n}(X_i - \bar{X}_n)^2}{n}$$

證明 S_n^2 與 $\hat{\sigma}_n^2$ 均為 σ^2 的一致估計式。

7. 給定 $\{X_1, X_2, \ldots, X_n\} \sim^{i.i.d.} U[0, \theta]$，

(a) 找出 θ 的動差估計式，以 $\hat{\theta}_{mm}$ 表示。

(b) $\hat{\theta}_{mm}$ 是否為不偏估計式? 如果不是，修正為不偏估計式。

(c) 找出 θ 的最大概似估計式，以 $\hat{\theta}_{mle}$ 表示。

(d) $\hat{\theta}_{mle}$ 是否為不偏估計式? 如果不是，修正為不偏估計式。

8. (R 程式作業) 給定 $\{X_1, X_2, \ldots, X_n\} \sim^{i.i.d.} N(\mu, \sigma^2)$，考慮以下估計式

$$\hat{\mu} = \bar{X}, \quad \tilde{\mu} = \text{Median of } \{X_1, X_2, \ldots, X_n\}$$

在 $n = 40$, $\mu = 5$, $\sigma^2 = 1$ 的設定下製造來自母體分配 $N(5, 1)$ 的隨機樣本，接下來模擬 10000 個 $\hat{\mu}$ 與 $\tilde{\mu}$，並以先以 density() 估計密度函數後，將 10000 個 $\hat{\mu}$ 與 $\tilde{\mu}$ 的密度函數畫在一起。比較這兩個估計式。

9. (R 程式作業) 給定 $\{X_1, X_2, \ldots, X_5\} \sim^{i.i.d.} \text{Poisson}(\lambda)$，隨機樣本實現值為:

$$\{4, 3, 8, 6, 6\}$$

(a) 寫下概似函數與對數概似函數。

(b) 以 R 程式畫出概似函數與對數概似函數。

(c) 計算最大概似估計值。

10. (R 程式作業) 給定 $\{X_1, X_2, \ldots, X_n\} \sim^{i.i.d.} f_X(x)$，其中，

$$f_X(x) = \frac{1}{\pi(1+(x-\theta)^2)}, \ -\infty < x < \infty, \ -\infty < \theta < \infty$$

隨機樣本實現值為：

$$\{1, 2, 2, 3, 4\}$$

(a) 寫下概似函數。

(b) 以 R 程式畫出概似函數。

(c) 以數值計算找出最大概似估計值。

16 區間估計

16.1 什麼是區間估計
16.2 如何將區間估計式建構程序予以一般化
16.3 樞紐量有什麼用處
16.4 如果樞紐量的抽樣分配未知該怎麼辦
16.5 區間估計式一定是含上下界的區間嗎

本章介紹區間估計式。根據估計式的抽樣分配,我們會介紹兩種重要的區間估計方式: 實際區間估計與近似區間估計。

16.1 什麼是區間估計

16.1.1 區間估計的定義與概論

我們在第 15 章中介紹的點估計就是利用一個「點」去估計母體未知參數,而本章所要介紹的區間估計就是以一個「區間」去估計母體未知參數。利用區間估計可以比點估計提供更多的資訊:

1. 透過建構某個「隨機區間」, 使該隨機區間有特定的機率 (譬如說 0.9) 會包含母體未知參數 (稱作涵蓋機率)。也就是說, 我們不但能提供一個捕捉到母體未知參數的可能範圍, 還能說明這個可能範圍捕捉到母體未知參數的的機率有多高。

2. 在給定相同的涵蓋機率下, 該隨機區間越窄, 就代表我們的估計越準確。

值得注意的是, 我們會設定一個相當高的涵蓋機率, 如 90%, 95% 或是 99%, 然而, 我們不會追求 100% 的涵蓋機率, 因為一般而言, 100% 的涵蓋機率會建構出一個包含整個母體參數空間的區間, 這樣的區間沒有統計應用與決策上的價值。舉例來說, 如果我們有興趣的參數是支持率的母體比率 p, 則區間 $[0,1]$ 會有 100% 的涵蓋機率, 但是這樣的區間毫無意義。

我們定義區間估計式 (interval estimator) 如下:

定義 16.1 (區間估計式). 令 $\{X_i\}_{i=1}^n$ 為來自母體分配 $f(x,\theta)$ 的隨機樣本, 考慮兩個統計量 L 跟 U 滿足

1. $L(X_1, X_2, \ldots, X_n) < U(X_1, X_2, \ldots, X_n)$

2. $P\big(L(X_1, X_2, \ldots, X_n) \leq \theta \leq U(X_1, X_2, \ldots, X_n)\big) = 1 - \alpha$

則隨機區間 (random interval)

$$[L(X_1, X_2, \ldots, X_n), U(X_1, X_2, \ldots, X_n)]$$

稱作 θ 的 $100(1-\alpha)\%$ 區間估計式 (interval estimator), 其中 $1-\alpha$ 稱作涵蓋機率 (coverage probability), 或是涵蓋 (coverage)。一般來說, 我們會設定 $1-\alpha$ 為 95% 或是 90%。

這個定義看起來有點抽象, 一個重要的觀念是, θ 是一個固定參數, 而 L 與 U 才是隨機變數。亦即, 機率 $P(\cdot)$ 是定義在 L 與 U 之上。譬如說, 對於 95% 區間估計式的解釋為, 不斷用相同的程序抽樣與建構區間, 當我們重複很多次後, 在所建構出來千千萬萬個區間中, 大約會有 95% 的這類區間會包含母體參數 θ, 因此, 這又是個樣本抽出前 (ex ante) 的概念。

此外, 我們必須強調的是, 95% 的區間估計式是在重複多次後, 我們才能得到有大約 95% 的這類區間會包含母體參數。在重複次數不多的

情況下, 譬如說重複建構 95% 的區間估計 20 次, 則並非這 20 個區間恰好會有 19 個包含母體參數。因此, 有時你會聽到: "100 個區間恰有 95 個會包含母體參數" 的說法, 但這樣的說法並不適當。一個比較好的說法是: "**平均而言**, 100 個區間有 95 個會包含母體參數", 或者是, "100 個區間中, **約略**有 95 個會包含母體參數"。這就像是擲一個公正銅板 100 次, 未必會恰有 50 次出現正面。

$L(\cdot)$ 與 $U(\cdot)$ 可能為線性, 也可能為非線性。然而, 一個最符合直覺的區間估計式, 就是以點估計式 $\hat{\theta}$ 為中心, 上下加減一個常數 c:

$$[\hat{\theta} - c, \hat{\theta} + c]$$

亦即, $L(\cdot)$ 與 $U(\cdot)$ 為線性函數,

$$L(X_1, X_2, \ldots, X_n) = \hat{\theta} - c$$

$$U(X_1, X_2, \ldots, X_n) = \hat{\theta} + c$$

其中, c 又被稱作點估計式的誤差邊界 (margin of error)。因此, 區間估計式又可視為點估計式加減誤差邊界。

例 16.1 (給定 σ^2 已知, 建構 μ 的區間估計式). 令 $\{X_i\} \overset{i.i.d.}{\sim} N(\mu, \sigma^2)$ 且假設 σ 已知。若 $\bar{X}_n$ 為樣本平均數, 試找出一個固定常數 c 值使得

$$P(\bar{X}_n - c \leq \mu \leq \bar{X}_n + c) = 0.95 \tag{1}$$

並稱此區間 $[\bar{X}_n - c, \bar{X}_n + c]$ 為母體均數 μ 的一個 95% 區間估計式。

首先, 「給定 σ^2 已知」是一個不切實際的假設, 一般而言, μ 與 σ^2 均為未知參數。在此, 我們是為了簡化問題, 才作出這樣的假設, 當讀者對區間估計式的建構, 透過此簡化的例子能夠有一粗淺了解之後, 我們將放寬此假設, 讓 μ 與 σ^2 均未知。

基本上, 我們要找出一個 c 值使得隨機區間 $[\bar{X}_n - c, \bar{X}_n + c]$ 包含母體均數 μ 的機率為 0.95。由於

$$\bar{X}_n \sim N\left(\mu, \frac{\sigma^2}{n}\right)$$

亦即,
$$\frac{\bar{X}_n - \mu}{\frac{\sigma}{\sqrt{n}}} \sim N(0,1)$$

根據標準常態分配,
$$P\left(-Z_{0.025} \leq \frac{\bar{X}_n - \mu}{\frac{\sigma}{\sqrt{n}}} \leq Z_{0.025}\right) = 0.95$$

整理後可得:
$$P\left(\bar{X}_n - Z_{0.025}\frac{\sigma}{\sqrt{n}} \leq \mu \leq \bar{X}_n + Z_{0.025}\frac{\sigma}{\sqrt{n}}\right) = 0.95 \tag{2}$$

比較 (1) 與 (2) 兩式後可算出 c 值:
$$c = Z_{0.025}\frac{\sigma}{\sqrt{n}} = 1.96\frac{\sigma}{\sqrt{n}}$$

從而我們得到
$$P\left(\bar{X}_n - 1.96\frac{\sigma}{\sqrt{n}} \leq \mu \leq \bar{X}_n + 1.96\frac{\sigma}{\sqrt{n}}\right) = 0.95 \tag{3}$$

我們稱隨機區間
$$\left[\bar{X}_n - 1.96\frac{\sigma}{\sqrt{n}}, \ \bar{X}_n + 1.96\frac{\sigma}{\sqrt{n}}\right]$$

為母體均數 μ 的區間估計式 (interval estimator)。亦可寫作
$$\left[\bar{X}_n \pm 1.96\frac{\sigma}{\sqrt{n}}\right]$$

給定相同的涵蓋機率 0.95 下,

1. 標準差 (σ) 越小, 則區間估計式的區間越窄。

2. 樣本點 (n) 越多, 區間估計式的區間越窄。

如果我們調整信心水準，則區間估計式中 ±1.96 那個數字就會改變。如果信心水準以 $1-\alpha$ 表示，則區間估計式為：

$$\left[\bar{X}_n \pm Z_{\frac{\alpha}{2}} \frac{\sigma}{\sqrt{n}}\right]$$

所謂的區間估計式就是一組公式，或是一套程序。一旦我們得到樣本實現值，將 $\bar{X}_n = \bar{x}$ ($\bar{x}$ 為一實際數值) 帶入這套公式，就會得到 95% 的區間估計值 (interval estimate)。區間估計值是一個固定區間 (fixed interval)，也稱作信心水準 (confidence level) 為 95% 的「信賴區間」(confidence interval)。

以下我們討論一些非常容易混淆的觀念。首先，在部分教科書中，以「信賴區間」這個名詞同時來指涉區間估計式 (interval estimator) 與區間估計值 (interval estimates)，我們必須小心分辨。此外，信心水準 (confidence level) 並不是機率 (probability)。那你一定好奇地想問，例子中的 95% 到底是不是機率？答案為：是也不是 (yes and no)。

給定例 16.1 中 $c = 1.96 \frac{\sigma}{\sqrt{n}}$，如果你指的是區間估計式，則 95% 是一個涵蓋機率，對於任何母體均數 μ，該隨機區間 $[\bar{X}_n - c, \bar{X}_n + c]$ 包含 μ 的機率為 95%。舉例來說，若真實的 μ 為 5，則 $P(5 \in [\bar{X}_n - c, \bar{X}_n + c]) = 0.95$，同理，若真實的 μ 為 20，則 $P(20 \in [\bar{X}_n - c, \bar{X}_n + c]) = 0.95$ 必然成立。

然而，如果你已經得到樣本實現值，並帶入區間估計式後，所得到的信賴區間 (區間估計值) 為 $[\bar{x} - c, \bar{x} + c]$ (注意 $\bar{X}_n$ 與 $\bar{x}$ 的區別)，則我們說：我們有 95% 的**信心**，$[\bar{x} - c, \bar{x} + c]$ 會包含 μ，而這個信心是來自於我們知道透過相同的程序所建構出來的區間，在多次抽樣後，約略有 95% 這類的固定區間會包含 μ，但是**信心不是機率**。

最後要強調的是，一旦算出區間估計值 $[\bar{x} - c, \bar{x} + c]$，則該區間包含 μ 的機率非 0 即 1，亦即要嘛 $[\bar{x} - c, \bar{x} + c]$ 包含 μ，要嘛則是 $[\bar{x} - c, \bar{x} + c]$ 不包含 μ，原因在於 $[\bar{x} - c, \bar{x} + c]$ 是一個固定區間，而非隨機區間。

舉例來說，如果我們假設 $n = 100$，$\mu = 10$，$\sigma = 5$，亦即，隨機樣本為：

$$\{X_1, X_2, \ldots, X_{100}\} \sim^{i.i.d.} N(10, 25)$$

當我們從 $N(10,25)$ 的常態分配中反覆抽樣, 例如, 重複 1000 次, 就會有 1000 組樣本大小為 100 的隨機樣本實現值, 接下來, 針對每一組樣本, 我們得到樣本均數實現值 $\bar{x}$ 後, 計算區間估計值：

$$\left[\bar{x} - 1.96\frac{5}{\sqrt{100}},\ \bar{x} + 1.96\frac{5}{\sqrt{100}}\right]$$

也就是說, 我們就能得到 1000 個信賴區間。接下來我們計算, 在這 1000 個信賴區間中, 有幾個包含母體參數 $\mu = 10$。R 程式如下所示。

R 程式 16.1 (模擬信賴區間).

```
set.seed(123)
count = 0
n = 100    # 樣本大小
mu = 10    # 期望值
sig = 5    # 標準差
B= 1000    # 模擬次數
plot(x= c(7,13), y=c(1,100), type="n", xlab="", ylab="")
# 預先設定繪圖空間
for (i in 1:B)
{
x = rnorm(n,mu,sig)    # 從 N(mu,sig^2) 抽出隨機樣本
L = mean(x) - 1.96*sig/sqrt(n) # 區間下界
U = mean(x) + 1.96*sig/sqrt(n) # 區間上界
if (L<mu && mu<U)       # 檢查[L,U] 是否包含 mu
 count = count + 1      # 若包含, 則 count + 1
if (i <= 100)           # 畫出前 100 個區間
  segments(L, i, U, i)
}
abline(v=mu, col="red")
count/B
```

執行後可得圖 16.1 以及：

圖 16.1: 模擬信賴區間

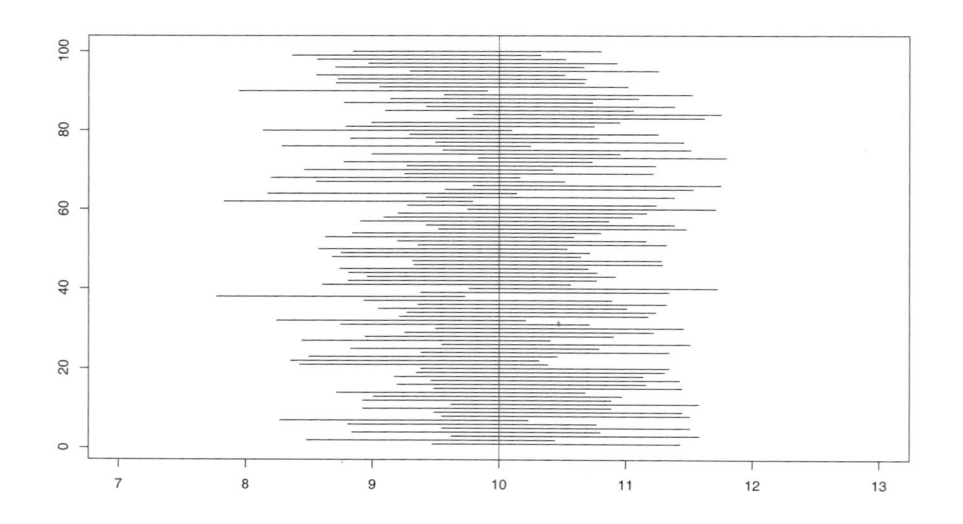

```
> count/B
[1] 0.963
```

亦即, 1000 個信賴區間中, 有 963 個包含 $\mu = 10$, 而圖 16.1 畫出前 100 個區間, 不難看出, 並非所有區間都能涵蓋 $\mu = 10$。

16.2 如何將區間估計式建構程序予以一般化

針對母體未知參數 θ 更為一般化的區間估計式建構程序, 稱為樞紐量法 (pivotal method)。在介紹樞紐量法之前, 我們首先定義什麼是樞紐量。

定義 16.2 (樞紐量). 給定一個隨機樣本的函數, $\varphi(\theta, X_1, X_2, \ldots, X_n)$, 樞紐量 $\varphi(\cdot)$ 符合以下性質:

1. $\varphi(\cdot)$ 包含母體未知參數 θ

2. $\varphi(\cdot)$ 的抽樣分配與 θ 無關, 亦不包含任何未知參數:

$$P(\varphi(\theta, X_1, X_2, \ldots, X_n) \leq x) = F_n(x)$$

樞紐量 (pivotal quantity) 又可簡稱樞紐 (pivot)。

例 16.2. 給定 $\{X_i\}_{i=1}^n \sim i.i.d.\ N(\mu,\sigma^2)$，則

$$\varphi(\mu, X_1, X_2, \ldots, X_n) = \frac{\sqrt{n}(\bar{X} - \mu)}{S_n}$$

是一個樞紐量。

首先注意到, $\varphi(\mu, X_1, X_2, \ldots, X_n)$ 包含母體未知參數 μ, 而根據第 13 章的定理 13.3,

$$\frac{\sqrt{n}(\bar{X} - \mu)}{S_n} \sim t(n-1)$$

亦即 $\varphi(\mu, X_1, X_2, \ldots, X_n)$ 的抽樣分配已知, 且該分配與 μ 無關, 亦不包含任何未知參數。因此, $\frac{\sqrt{n}(\bar{X}-\mu)}{S_n}$ 是一個樞紐量。

16.3 樞紐量有什麼用處

由於樞紐量包含我們有興趣的母體參數, 同時, 樞紐量的抽樣分配已知, 且不包含任何未知參數。根據這兩個性質, 樞紐量可以幫助我們建構區間估計式。以樞紐量建構區間估計式的步驟如下:

1. 決定信心水準 $1 - \alpha$, 一般來說, $1 - \alpha = 0.90, 0.95$, 或是 0.99

2. 建構樞紐量, $\varphi(\theta, X_1, X_2, \ldots, X_n)$

3. 利用 $\varphi(\cdot)$ 的抽樣分配決定兩個臨界值 l 與 u 使得

    (a) $P(l \leq \varphi(\theta, X_1, X_2, \ldots, X_n) \leq u) = 1 - \alpha$

    (b) $P(\varphi(\theta, X_1, X_2, \ldots, X_n) \leq l) = \frac{\alpha}{2}$

    (c) $P(\varphi(\theta, X_1, X_2, \ldots, X_n) \geq u) = \frac{\alpha}{2}$

   注意到 (b) 與 (c) 的要求, 使得區間估計式為對稱 (symmetric)。

4. 重新整理 $l \leq \varphi(\theta, X_1, X_2, \ldots, X_n) \leq u$ 爲:

$$L(X_1, X_2, \ldots, X_n) \leq \theta \leq U(X_1, X_2, \ldots, X_n)$$

顯而易見地,以下的機率值應該相等,且都等於 $1-\alpha$:

$$1-\alpha = P\big(l \leq \varphi(\theta, X_1, X_2, \ldots, X_n) \leq u\big)$$
$$= P\big(L(X_1, X_2, \ldots, X_n) \leq \theta \leq U(X_1, X_2, \ldots, X_n)\big)$$

因此,θ 的區間估計式爲:

$$\big[L(X_1, X_2, \ldots, X_n), U(X_1, X_2, \ldots, X_n)\big]$$

例 16.3 (給定 σ^2 未知,建構 μ 的區間估計式). 給定

$$\{X_i\} \sim^{i.i.d.} N(\mu, \sigma^2)$$

且 σ^2 未知。試找出 μ 的 $100 \cdot (1-\alpha)\%$ 區間估計式。

根據抽樣分配性質,

$$\frac{\bar{X}_n - \mu}{\frac{\sigma}{\sqrt{n}}} = \sqrt{n}\left(\frac{\bar{X}_n - \mu}{\sigma}\right) \sim N(0,1)$$

$$\frac{(n-1)S_n^2}{\sigma^2} \sim \chi^2(n-1)$$

且兩者爲獨立。樞紐量爲:

$$\varphi = \sqrt{n}\left(\frac{\bar{X}_n - \mu}{S_n}\right) = \frac{\sqrt{n}\left(\frac{\bar{X}_n - \mu}{\sigma}\right)}{\sqrt{\frac{(n-1)S_n^2}{\sigma^2}/(n-1)}} \sim t(n-1)$$

因此,根據 t 分配

$$1-\alpha = P\left(-t_{\frac{\alpha}{2}}(n-1) \leq t(n-1) \leq t_{\frac{\alpha}{2}}(n-1)\right)$$

亦即,

$$1-\alpha = P\left(-t_{\frac{\alpha}{2}}(n-1) \leq \sqrt{n}\left(\frac{\bar{X}_n - \mu}{S_n}\right) \leq t_{\frac{\alpha}{2}}(n-1)\right)$$
$$= P\left(\bar{X}_n - t_{\frac{\alpha}{2}}(n-1)\frac{S_n}{\sqrt{n}} \leq \mu \leq \bar{X}_n + t_{\frac{\alpha}{2}}(n-1)\frac{S_n}{\sqrt{n}}\right)$$

從而 μ 的 $100 \cdot (1-\alpha)$% 區間估計式為:

$$\left[\bar{X}_n - t_{\frac{\alpha}{2}}(n-1)\frac{S_n}{\sqrt{n}},\ \bar{X}_n + t_{\frac{\alpha}{2}}(n-1)\frac{S_n}{\sqrt{n}} \right] \tag{4}$$

當隨機樣本 $\{X_i\}$ 都假設來自常態母體:

$$\{X_i\}_{i=1}^n \overset{i.i.d.}{\sim} N(\mu, \sigma^2)$$

有關於參數 μ 與 σ^2 的區間估計式,及其所需要的樞紐量,我們整理於表 16.1 中,情況 (3) 與 (4) 的推導留作習題。這四種不同情況中,只有情況 (2) 與 (4) 在實務上有意義,而情況 (1) 與 (3) 只是單純理論上的討論與分析。

表16.1: 實際區間估計式: $\{X_i\}_{i=1}^n \overset{i.i.d.}{\sim} N(\mu, \sigma^2)$

	未知參數 θ	情況	樞紐量 φ	φ 的實際抽樣分配
(1)	μ	σ 已知	$\dfrac{\bar{X}_n - \mu}{\sqrt{\frac{\sigma^2}{n}}}$	$N(0,1)$
(2)	μ	σ 未知	$\dfrac{\bar{X}_n - \mu}{\sqrt{\frac{S_n^2}{n}}}$	$t(n-1)$
(3)	σ^2	μ 已知	$\dfrac{\sum_i (X_i - \mu)^2}{\sigma^2}$	$\chi^2(n)$
(4)	σ^2	μ 未知	$\dfrac{(n-1)S_n^2}{\sigma^2}$	$\chi^2(n-1)$

16.4 如果樞紐量的抽樣分配未知該怎麼辦

在前一節的例子中,由於假設隨機樣本 $\{X_i\}$ 來自 i.i.d. 常態分配,從而所建構出來的樞紐量 $\varphi(\cdot)$ 具有已知的抽樣分配,我們得以找出實際區間估計式。然而,如果有以下任一種情況:

- $\{X_i\}$ 來自未知的分配,則樞紐量的抽樣分配未知。

- $\{X_i\}$ 來自已知分配，但樞紐量的抽樣分配卻未知。

此時，我們就必須藉由大樣本理論建構近似區間估計式。

例 16.4. 給定 $\{X_i\} \sim^{i.i.d.} (\mu, \sigma^2)$，且 σ 未知。試找出 μ 的 $100 \cdot (1-\alpha)\%$ 近似區間估計式。

樞紐量為：
$$\varphi = \frac{\sqrt{n}(\bar{X}_n - \mu)}{S_n}$$

根據 CLT, CMT, 與 Slutsky's theorem,

$$\frac{\sqrt{n}(\bar{X}_n - \mu)}{S_n} = \underbrace{\frac{\sqrt{n}(\bar{X}_n - \mu)}{\sigma}}_{\xrightarrow{d} N(0,1)} \underbrace{\frac{\sigma}{S_n}}_{\xrightarrow{p} 1} \xrightarrow{d} N(0,1)$$

亦即，
$$P\left(-Z_{\frac{\alpha}{2}} \leq \frac{\sqrt{n}(\bar{X}_n - \mu)}{S_n} \leq Z_{\frac{\alpha}{2}}\right) \longrightarrow 1 - \alpha$$

因此，μ 的 $100 \cdot (1-\alpha)\%$ 近似區間估計式為：
$$\left[\bar{X}_n - Z_{\frac{\alpha}{2}} \frac{S_n}{\sqrt{n}}, \quad \bar{X}_n + Z_{\frac{\alpha}{2}} \frac{S_n}{\sqrt{n}}\right] \tag{5}$$

細心的讀者不難發現第 (4) 式與第 (5) 式之間的異同。這兩個 μ 的區間估計式都是在 σ^2 未知的假設下所建構出來的。然而，第 (4) 式是在 $\varphi(\cdot)$ 的抽樣分配已知為 t 分配的情況下，所得到的實際區間估計式，**無論樣本數多寡均成立**。相反的，第 (5) 式是在**樣本夠大時才會成立**的近似區間估計式，$\varphi(\cdot)$ 的抽樣分配則是以 $N(0,1)$ 來近似。

至於樣本數要多大才叫夠大，並無定論。一般來說，只要 X_i 來自的分配不要太奇怪 (嚴重左偏斜或右偏斜)，則 $n \geq 30$ 就會給我們一個不錯的近似。再者，即使 X_i 來自非常態分配，如果該分配大致上來說具對稱性 (roughly symmetric)，甚至只要 $n \geq 15$ 就可以得到不錯的近似。當然我們不排除會遇到一些少見但奇怪的分配，在此情況下，即使 $n \geq 30$ 甚至 $n \geq 50$ 都還是無法良好地以標準常態近似。

例 16.5. 給定 $\{X_i\}_{i=1}^n \sim^{i.i.d.} Bernoulli(p)$, 試找出母體比例 p 的 $100 \cdot (1-\alpha)\%$ 近似區間估計式。

建構母體比例之區間估計式也是近似區間估計的重要應用之一。我們考慮的樞紐量為:

$$\varphi = \frac{\bar{X} - p}{\sqrt{\frac{\bar{X}(1-\bar{X})}{n}}}$$

根據 CMT, 與 Slutsky's theorem,

$$\varphi = \frac{\bar{X} - p}{\sqrt{\frac{\bar{X}(1-\bar{X})}{n}}} = \underbrace{\frac{\bar{X} - p}{\sqrt{\frac{p(1-p)}{n}}}}_{\xrightarrow{d} N(0,1)} \underbrace{\frac{\sqrt{\frac{p(1-p)}{n}}}{\sqrt{\frac{\bar{X}(1-\bar{X})}{n}}}}_{\xrightarrow{p} 1} \xrightarrow{d} N(0,1)$$

則母體比例 p 的 $100 \cdot (1-\alpha)\%$ 近似區間估計式為:

$$\left[\bar{X} - Z_{\frac{\alpha}{2}} \sqrt{\frac{\bar{X}(1-\bar{X})}{n}},\ \bar{X} + Z_{\frac{\alpha}{2}} \sqrt{\frac{\bar{X}(1-\bar{X})}{n}} \right]$$

16.5 區間估計式一定是含上下界的區間嗎

我們在之前所介紹的區間估計式 $[L(X_1, X_2, \ldots, X_n), U(X_1, X_2, \ldots, X_n)]$, 具有以下性質:

$$1 - \alpha = P(L(X_1, X_2, \ldots, X_n) \leq \theta \leq U(X_1, X_2, \ldots, X_n))$$

這種包含上下界的區間稱為雙邊區間估計式。

我們也可以建構單邊區間估計式 (one-sided interval estimator):

$$[L(X_1, X_2, \ldots, X_n), \infty)$$

使得

$$1 - \alpha = P(L(X_1, X_2, \ldots, X_n) \leq \theta)$$

或是 $(-\infty, U(X_1, X_2, \ldots, X_n)]$ 使得

$$1 - \alpha = P(\theta \leq U(X_1, X_2, \ldots, X_n))$$

例 16.6. 給定 $\{X_1, X_2, \ldots, X_n\} \sim^{i.i.d.} N(\mu, \sigma^2)$, 其中 σ^2 未知。試找出 μ 的單邊區間估計式 $[L(X_1, X_2, \ldots, X_n), \infty)$, 以及 $(-\infty, U(X_1, X_2, \ldots, X_n)]$。

根據
$$\frac{\sqrt{n}(\bar{X} - \mu)}{S_n} \xrightarrow{d} N(0,1)$$

因此,
$$1 - \alpha \approx P\left(-Z_\alpha \leq \frac{\sqrt{n}(\bar{X} - \mu)}{S_n}\right)$$

整理後可得:
$$1 - \alpha \approx P\left(\mu \leq \bar{X} + Z_\alpha \frac{S_n}{\sqrt{n}}\right)$$

則單邊區間估計式為:
$$\left(-\infty, \bar{X} + Z_\alpha \frac{S_n}{\sqrt{n}}\right]$$

同理, 另一個單邊區間估計式為:
$$\left[\bar{X} - Z_\alpha \frac{S_n}{\sqrt{n}}, \infty\right)$$

練習題

1. 給定 $\{X_1, X_2, \ldots, X_n\} \sim^{i.i.d.} N(\mu, 1)$, 根據以下機率:
$$P\left(-2.92 \leq \sqrt{n}(\bar{X} - \mu) \leq 1.67\right) = c$$

   (a) 找出 c 值。

   (b) 根據以上機率, 建構 μ 的區間估計式。

   (c) 這個區間估計式的涵蓋機率是多少?

   (d) 建構一個對稱且跟上述區間估計式具有相同涵蓋機率的區間估計式。

2. 給定 $\{X_1, X_2, \ldots, X_n\} \sim^{i.i.d.} N(\mu, \sigma^2)$, 且 μ 已知。找出 σ^2 的 $100 \cdot (1 - \alpha)\%$ 區間估計式。

3. 給定 $\{X_1, X_2, \ldots, X_n\} \sim^{i.i.d.} N(\mu, \sigma^2)$，且 μ 未知。找出 σ^2 的 $100 \cdot (1 - \alpha)\%$ 區間估計式。

4. 給定 $\{X_1, X_2, \ldots, X_n\} \sim^{i.i.d.} U[0, \theta]$，若選擇 θ 的估計式為

$$\hat{\theta} = X_{\max} = \max\{X_1, X_2, \ldots, X_n\}$$

   (a) 為了建構 θ 的區間估計式，找出適當的樞紐量，並說明其抽樣分配。

   (b) 透過樞紐量找出 θ 的 $100 \cdot (1 - \alpha)\%$ 區間估計式。

5. 給定 X_1, X_2, X_3 與 X_4 為獨立的常態隨機變數，假設 $E(X_1) = E(X_3) = 3$, $E(X_2) = E(X_4) = 2$, 且 $Var(X_i) = \sigma^2$, $i = 1, 2, 3, 4$。

   (a) 為了建構 σ^2 的區間估計式，找出適當的樞紐量，並說明其抽樣分配。

   (b) 透過樞紐量找出 σ^2 的 95% 區間估計式。

   (c) 給定資料 $\{X_1, X_2, X_3, X_4\} = \{1, -2, 4, 3\}$，計算 σ^2 的 95% 信賴區間。

6. 給定 $\{X_1, X_2, \ldots, X_n\} \sim^{i.i.d.} \text{Bernoulli}(\mu)$，找出 μ 的 90% 單邊區間估計式。

7. 給定 $\{X_1, X_2, \ldots, X_n\} \sim^{i.i.d.} \exp(\beta)$，

   (a) 利用 $\varphi = \frac{\sqrt{n}(\bar{X} - \beta)}{\beta}$ 找出 β 的 95% 的近似區間估計式。

   (b) 利用 $\varphi = \frac{\sqrt{n}(\bar{X} - \beta)}{\hat{\beta}}$ 找出 β 的 95% 的近似區間估計式。

8. 給定 $\{X_1, X_2, \ldots, X_n\} \sim^{i.i.d.} \text{Poisson}(\lambda)$，並得到 95% 區間估計值 $[2, 3]$。找出 $P(X_1 = 0)$ 的 95% 區間估計值。

9. 給定 $\{X_1, X_2, \ldots, X_n\} \sim^{i.i.d.} N(\mu, \mu^2)$，找出 μ 的 95% 區間估計式。

10. (R 程式作業) 給定 $\{X_1, X_2, \ldots, X_n\} \sim^{i.i.d.}$ Bernoulli(μ), 參數 μ 的 90% 近似區間估計式為:

$$\left[\bar{X} - Z_{0.05}\sqrt{\frac{\bar{X}(1-\bar{X})}{n}}, \ \bar{X} + Z_{0.05}\sqrt{\frac{\bar{X}(1-\bar{X})}{n}}\right]$$

給定 $\mu = 0.7$, 模擬 10000 個信賴區間, 計算這 10000 個信賴區間涵蓋 $\mu = 0.7$ 的比例。

17 假設檢定

17.1 什麼是假設
17.2 什麼是虛無假設與對立假設
17.3 如何執行假設檢定
17.4 如何以樞紐量進行假設檢定
17.5 什麼是 p-值
17.6 什麼是誤差機率與檢定力
17.7 假設檢定與區間估計有何關聯性

我們將在本章介紹假設檢定。也就是利用統計上的「檢定」方法，來推論我們對於母體參數做出的「假設」是否正確。

17.1 什麼是假設

在統計學中，所謂的「假設」(hypothesis) 就是我們對於母體參數的宣稱，譬如說，宣稱柴山獼猴的平均身長為 50 公分，或是宣稱本校學生有穩定交往對象的比例為 35%，而 hypothesis 也被翻譯成「假說」。對於未知的母體參數，我們可以有各式各樣不同的假設，舉例來說，若 $\mu = E(X)$，$\sigma^2 = Var(X)$，可能的假設有：

- $\mu = 50$
- $\mu \geq 50$

- $\sigma^2 \neq 5$

17.2 什麼是虛無假設與對立假設

在假設檢定中,我們考慮兩個互斥的假設:

1. 虛無假設 (null hypothesis) 就是研究者所要檢定的假設,一般以 H_0 的符號代表。

2. 對立假設 (alternative hypothesis) 就是與虛無假設完全相反的假設,如果虛無假設不成立,則對立假設就為真,一般以 H_1 或是 H_A 的符號代表。

舉例來說,若虛無假設為:

$$H_0 : \mu = 50$$

則對立假設可以是

$$H_1 : \mu > 50, \quad H_1 : \mu < 50, \quad H_1 : \mu \neq 50$$

在以上的例子中,如果假設中,僅包含一個特定的假設值,如 $\mu = 50$,則該假設稱作簡單假設 (simple hypothesis),反之,如果假設中,可能的參數假設值不只一個,則該假設稱為複合假設 (composite hypothesis),如 $\mu > 50$。我們通常將虛無假設以簡單假設的方式呈現,而對立假設則為複合假設。

17.3 如何執行假設檢定

假設檢定 (hypothesis testing) 的目的就是針對這些宣稱提供統計上的檢驗,以統計的檢定方法來推論假設的真偽。我們用底下的例子來說明如何執行假設檢定。

例 17.1. 某藥廠宣稱只有 5% 的人在服用過他們的新藥後, 出現嚴重副作用。食品藥物管理局對此感到懷疑, 決定應用統計方法予以檢定。在給予 287 個受試者服用此藥後, 發現, 在 287 名受試者有 25 位出現嚴重副作用, 根據這組樣本, 食品藥物管理局該如何檢定藥廠的宣稱?

在這個簡單的例子中, 包含了執行假設檢定所需要的各個要素:

1. 資料 (隨機樣本): 以 $X_i = 1$ 代表第 i 個受試者有嚴重副作用, $X_i = 0$ 代表沒有嚴重副作用產生。顯而易見地, 在這 287 個 X 中, 有 25 個 1, 以及 262 個 X 為 0。

$$\bar{X} = \frac{\sum_{i=1}^{287} X_i}{287} = \frac{25}{287} = 0.0871$$

2. 機率模型:

$$\{X_i\}_{i=1}^{287} \sim^{i.i.d.} \text{Bernoulli}(\mu),$$

$$E(X_i) = \mu, \quad Var(X_i) = \mu(1-\mu)$$

3. 假設: 我們所要檢定的虛無假設為 $\mu = 0.05$, 並設定:

$$\begin{cases} H_0: & \mu = 0.05 \\ H_1: & \mu > 0.05 \end{cases}$$

4. 根據資料與統計檢定程序, 做出決策。

假設檢定的基本邏輯在於, 且讓我們**姑且暫時相信** H_0 為真 (the benefit of the doubt)。這也跟無罪推定的邏輯一致: 我們先預設嫌疑人無罪, 如果要對嫌疑人定罪, 我們必須蒐集到強烈的證據足以證明嫌疑人有罪。

在假設 $H_0: \mu = 0.05$ 為真的情況下, 即使我們所抽出來的每一組樣本的平均值 $\bar{X}$ 不會「剛好」等於 0.05, 卻應該會「相當接近」0.05。換言之, 給定虛無假設成立的情況下, 樣本均數遠大於 0.05 的可能性極低 (very unlikely, but not impossible), 亦即, 在假設 H_0 為真的情況下出現一個極端值的可能性將會十分微小。因此, 如果這種「不太可能」的事件真的發生了，我們就可以據此拒絕虛無假設。簡而言之，如果 $\bar{X}$ 的值太大，大過於某個常數 c，我們就拒絕虛無假設。

接下來問題就來了，這樣的極端事件發生的機率要多小才算是「不太可能」？根據過去的慣例，我們選取一個極小的機率，如 $\alpha = 0.10, 0.05$ 或是 0.01，來作為拒絕虛無假設的基礎。

根據虛無假設為真的機率分配下 (我們通常稱之為虛無分配，null distribution)，$\bar{X}$ 的值大過於某個常數 c，且發生此極端事件的條件機率

$$P(\bar{X} > c | H_0 \text{為真})$$

非常小，我們就做出拒絕虛無假設的決策。此微小機率 α 通常被稱作顯著水準 (significance level)。假設檢定又被叫做顯著性檢定 (test of significance)，意指根據隨機樣本來決定是否足以顯著地拒絕 (具有充分證據拒絕) 虛無假設。因此，**統計上的「顯著」並不是指「數值」的大小，而是指「機率」的大小。發生此極端事件的機率小，才稱此極端事件具顯著性**。如果希望得到較強的證據拒絕虛無假設，不建議使用 10% 的顯著水準。一般來說，對於顯著水準的看法是：

- $\alpha = 0.10$: 建議性的證據 (suggestive evidence)

- $\alpha = 0.05$: 合理的證據 (reasonable evidence)

- $\alpha = 0.01$: 強烈的證據 (strong evidence)

如果利用例 17.1 來說明的話，就是要找出一個臨界值 c 使得

$$P(\bar{X} \geq c | \mu = 0.05) = \alpha \tag{1}$$

一旦我們找到此臨界值 c 後，並且根據隨機樣本實現值得知 $\bar{X} = \bar{x}$，則我們的決策法則為：

「拒絕虛無假設，當 $\bar{X} > c$」

或是說，定義一個拒絕域 (rejection region, RR)：

$$RR = \left\{ \text{拒絕} H_0, \text{當 } \bar{X} \geq c \right\}$$

當 $\bar{x}$ 落入拒絕區域: $\bar{x} \in RR$, 則拒絕虛無假設。

值得一提的是, 我們的決策法則乃是樣本實現前所確立下來的法則, 亦即, c 值是在樣本實現前所找出來的臨界值, 這又是一個樣本實現前 (ex ante) 的概念。至於拒絕與否的決策則是由樣本實現後的 $\bar{x}$ 與 c 做比較。再者, 第 (1) 式中的機率值有兩大特徵: 第一, 這是一個樣本實現前 (ex ante) 的機率, 第二, 這是一個條件機率, 受限於 (conditional on) $H_0: \mu = 0.05$ 為真的這個條件。

我們回到藥廠的例子, 根據第 (1) 式,

$$P(\bar{X} \geq c | \mu = 0.05) = \alpha$$

由於 $E(\bar{X}) = \mu$, $Var(\bar{X}) = \frac{\mu(1-\mu)}{n}$, 標準化後可得

$$P\left(\frac{\bar{X} - \mu}{\sqrt{\frac{\mu(1-\mu)}{n}}} \geq \frac{c - \mu}{\sqrt{\frac{\mu(1-\mu)}{n}}} \bigg| \mu = 0.05\right) = \alpha$$

既然這是條件機率, 我們就直接將 $\mu = 0.05$ 的條件代入,

$$P\left(\frac{\bar{X} - 0.05}{\sqrt{\frac{0.05(1-0.05)}{n}}} \geq \frac{c - 0.05}{\sqrt{\frac{0.05(1-0.05)}{n}}}\right) = \alpha$$

因此, 只要我們能夠知道 $\frac{\bar{X} - 0.05}{\sqrt{\frac{0.05(1-0.05)}{n}}}$ 這個統計量的抽樣分配, 我們就能找出 c 值。然而, 在此例子中, 我們並不知道 $\frac{\bar{X} - 0.05}{\sqrt{\frac{0.05(1-0.05)}{n}}}$ 的分配。所幸, 我們還有大樣本理論可以幫助我們。

在 $\mu = 0.05$ 的虛無假設下, 根據 CLT, 我們知道

$$\frac{\bar{X} - 0.05}{\sqrt{\frac{0.05(1-0.05)}{n}}} \xrightarrow{d} N(0,1)$$

也就是說, 雖然我們不知道 $\frac{\bar{X} - 0.05}{\sqrt{\frac{0.05(1-0.05)}{n}}}$ 的抽樣分配是什麼, 但是我們知道在樣本夠大時, 我們可以用標準常態分配 $N(0,1)$ 來近似 $\frac{\bar{X} - 0.05}{\sqrt{\frac{0.05(1-0.05)}{n}}}$ 的分配。亦即, 若我們設定

$$\frac{c - 0.05}{\sqrt{\frac{0.05(1-0.05)}{n}}} = Z_\alpha$$

圖 17.1: 拒絕域 I

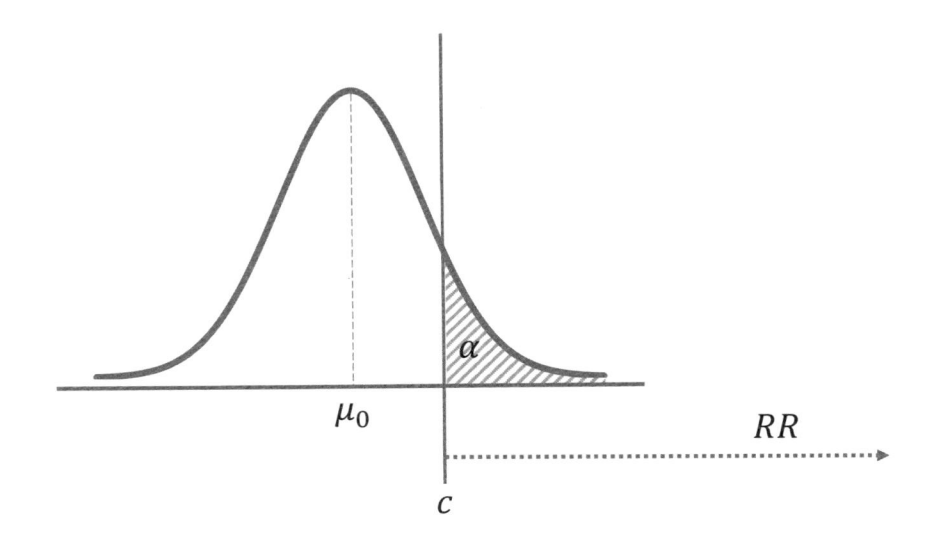

則該條件機率爲:

$$P\left(\frac{\bar{X} - 0.05}{\sqrt{\frac{0.05(1-0.05)}{n}}} \geq \frac{c - 0.05}{\sqrt{\frac{0.05(1-0.05)}{n}}}\right) = P\left(\frac{\bar{X} - 0.05}{\sqrt{\frac{0.05(1-0.05)}{n}}} \geq Z_\alpha\right) \approx \alpha$$

也就是說, $\{$拒絕H_0, 當$\bar{X} \geq c\}$ 就是一個顯著水準近似 α 的檢定。

因此, c 值爲:

$$c = 0.05 + Z_\alpha \sqrt{\frac{0.05(1-0.05)}{n}}$$

若選取的 $\alpha = 0.01$, 則 $Z_\alpha = 2.33$, 且 $\sqrt{\frac{0.05(1-0.05)}{287}} = 0.0128$, 故 $c = 0.05 + 2.33 \times 0.0128 = 0.079824 \approx 0.08$。亦即, 拒絕域爲:

$$RR = \{拒絕H_0, 當\bar{X} \geq 0.08\} \tag{2}$$

拒絕域如圖 17.1 所示。

在本例中, $\bar{X} = \bar{x} = 0.0871 > 0.08 = c$, 意即 $\bar{x} \in RR$, 我們據此在 $\alpha = 0.01$ 的顯著水準下, 拒絕 $H_0 : \mu = 0.05$, 接受 $H_1 : \mu > 0.05$ 的對立假設。

一般來說, 透過統計上的檢定程序, 我們的決策為:

- 拒絕 (reject) 虛無假設 H_0 且接受對立假設 H_1 為真
- 無法拒絕 (fail to reject) 虛無假設 H_0。

注意到我們不說「接受 H_0」的原因在於, 即使我們找不到證據推翻 H_0, 並不代表 H_0 就是無庸置疑地為真, 只不過是目前找不到充分證據來推翻 H_0 罷了。你或許會在某些場合或是某些書上聽到或看到「接受 H_0」的說法, 但是請記得「接受 H_0」並不代表 H_0 是無庸置疑地為真 (absolutely true)。

17.4 如何以樞紐量進行假設檢定

我們有兩種方法執行假設檢定, 假設給定特定常數 μ_0, 我們所要檢定的虛無假設為:

$$\mu = \mu_0$$

我們可以採用的第一種方法如上所示, 利用第 (1) 式找出臨界值 c 之後, 當

$$\bar{x} \in RR = \left\{拒絕 H_0, 當 \bar{X} \geq c\right\}$$

則拒絕虛無假設。

另一種方法則是呼應上一章區間估計式的建構。我們可以先找出樞紐量:

$$\varphi = \varphi(X_1, \ldots, X_n, \mu) = \frac{\bar{X} - \mu}{\sqrt{\frac{\mu(1-\mu)}{n}}}$$

在假設檢定中, 代入虛無假設下 μ_0,

$$\varphi(X_1, \ldots, X_n, \mu_0) = \frac{\bar{X} - \mu_0}{\sqrt{\frac{\mu_0(1-\mu_0)}{n}}}$$

的 $\varphi(X_1, \ldots, X_n, \mu_0)$ 又稱作檢定統計量 (test statistic), 簡稱檢定量。由於檢定量來自樞紐量, 所以我們可以得到檢定量的抽樣分配。注意到檢

定量的抽樣分配是在虛無假設成立下的分配，又稱為虛無分配 (null distribution)。

在藥廠的例子中 (例 17.1)，根據 CLT，

$$\varphi \xrightarrow{d} N(0,1)$$

接著根據 $\varphi(\cdot)$ 的大樣本抽樣分配 $P(N(0,1) \geq \varphi^*) = \alpha$ 找出臨界值 $\varphi^* = Z_\alpha$ 使得

$$P(\varphi \geq \varphi^*) = P(\varphi \geq Z_\alpha) \approx \alpha$$

而決策法則，或是稱為檢定 (test)，我們以拒絕域的形式呈現：

$$RR = \left\{ 拒絕 H_0, \ 當 \ \varphi \geq \varphi^* \right\} \tag{3}$$

最後，將隨機樣本實現值 $x_1, \ldots, x_n$ 帶入統計量 $\varphi(\cdot)$ 中，求算出：[1]

$$\varphi_{obs} = \varphi(x_1, \ldots, x_n, \mu_0)$$

若

$$\varphi_{obs} \in RR = \left\{ 拒絕 H_0, \ 當 \ \varphi \geq \varphi^* \right\}$$

則我們拒絕 $H_0 : \mu = \mu_0$ 的虛無假設。由於

$$P(\varphi \geq \varphi^*) \approx \alpha$$

也就是說，我們在顯著水準近似於 α 之下，拒絕虛無假設。這樣的檢定稱之為近似檢定，或叫做大樣本檢定。然而，若 $\varphi(\cdot)$ 的抽樣分配已知，就是顯著水準等於 α 的檢定，稱之為實際檢定。

17.4.1 假設檢定程序

以下說明如何透過樞紐量執行假設檢定，其中，θ 代表我們所欲檢定的母體參數。

---

[1]注意到在陳旭昇 (2023) 中，我們將這裡的 φ_{obs} 寫成 φ_0，不過我現在覺得 φ_{obs} 是一個比較好的表示法。

1. 設立虛無假設 (H_0) 與對立假設 (H_1)

    - $H_0 : \theta = \theta_0$
    - H_1: 三種可能:
        (a) $\theta > \theta_0$: 右尾檢定 (right-tailed test, RTT)
        (b) $\theta < \theta_0$: 左尾檢定 (left-tailed test, LTT)
        (c) $\theta \neq \theta_0$: 雙尾檢定 (two-tailed test, TTT)

2. 透過樞紐量 $\varphi(X_1, \ldots, X_n, \theta)$ 建構統計量:
$$\varphi(X_1, \ldots, X_n, \theta_0)$$

3. 找出 $\varphi(\cdot)$ 的抽樣分配, (如標準常態分配, t 分配, χ^2 分配, F 分配等)。若實際抽樣分配未知, 可使用樞紐量的極限分配。一般來說, 會透過 CLT 配合其他大樣本理論之定理, 以標準常態分配近似 $\varphi(\cdot)$ 的抽樣分配。

4. 選擇顯著水準, $\alpha = 0.01$ 或是 0.05。

5. 根據 $\varphi(\cdot)$ 的抽樣分配或近似分配找出臨界值 φ^*, 並建構拒絕域 (rejection region, RR)。舉例來說, 如果 $\varphi \sim N(0,1)$, 則其臨界值為 Z_α (右尾檢定), $-Z_\alpha$ (左尾檢定), 或是 $Z_{\frac{\alpha}{2}}$ (雙尾檢定)。其拒絕域為:

    (a) RTT:
    $$RR = \left\{ 拒絕\ H_0, 當\ \varphi \geq Z_\alpha \right\}$$
    (b) LTT:
    $$RR = \left\{ 拒絕\ H_0, 當\ \varphi \leq -Z_\alpha \right\}$$
    (c) TTT:
    $$RR = \left\{ 拒絕\ H_0, 當\ |\varphi| \geq Z_{\frac{\alpha}{2}} \right\},$$
    或是寫成
    $$RR = \left\{ 拒絕\ H_0, 當\ \varphi \geq Z_{\frac{\alpha}{2}}\ 或是\ \varphi \leq -Z_{\frac{\alpha}{2}} \right\}$$

圖 17.2: 拒絕域 II

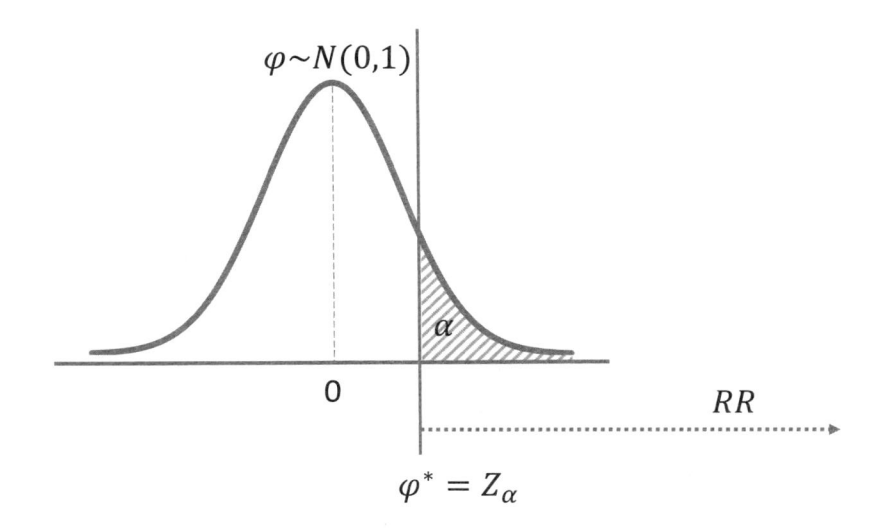

$$\varphi \sim N(0,1)$$

$$\varphi^* = Z_\alpha$$

6. 檢視帶入實際資料的檢定量 $\varphi_{obs} = \varphi(x_1,\ldots,x_n,\theta_0)$ 是否掉入拒絕域並做出決策。

若以 $\varphi \sim N(0,1)$ 為例, 拒絕域如圖 17.2 所示。

17.4.2 以樞紐量進行檢定

再以藥廠的例子來說明, 我們選擇的樞紐量是

$$\varphi = \frac{\bar{X} - \mu}{\sqrt{\frac{\mu(1-\mu)}{n}}} \tag{4}$$

在虛無假設下, 根據 CLT 可得檢定量及其抽樣分配,

$$\varphi = \frac{\bar{X} - \mu_0}{\sqrt{\frac{\mu_0(1-\mu_0)}{n}}} \xrightarrow{d} N(0,1)$$

根據標準常態以及所選取的顯著水準 α = 0.01, 臨界值為 $Z_{0.01}$ 使得

$$0.01 = P(N(0,1) \geq Z_{0.01})$$

查表得知 $\varphi^* = Z_{0.01} = 2.33$，則拒絕域為：

$$RR = \left\{ 拒絕 H_0, \; 當 \; \varphi \geq 2.33 \right\} \qquad (5)$$

則

$$\varphi_{obs} = \frac{\bar{x} - \mu_0}{\sqrt{\frac{\mu_0(1-\mu_0)}{n}}} = \frac{0.0871 - 0.05}{0.0128} = 2.8984$$

顯而易見地，$\varphi_{obs} = 2.8984 > 2.33$ 落入拒絕域，因此，我們據此在顯著水準 $\alpha = 0.01$ 下拒絕 $H_0 : \mu = 0.05$ 的虛無假設。

再次提醒，以上的藥廠例子中，由於 $\{X_i\}_{i=1}^{287} \sim^{i.i.d.} \text{Bernoulli}(\mu)$，因此我們無法得知

$$\varphi = \frac{\bar{X} - \mu_0}{\sqrt{\frac{\mu_0(1-\mu_0)}{n}}}$$

的實際分配，而是利用 CLT 找出 $\frac{\bar{X} - \mu_0}{\sqrt{\frac{\mu_0(1-\mu_0)}{n}}}$ 的極限分配，並據以作檢定。亦即，這是一個顯著水準**近似於** 0.01 的近似檢定 (大樣本檢定)。

17.4.3 另一個樞紐量

由於這是一個大樣本檢定，我們也可以考慮另一個樞紐量：

$$\varphi = \frac{\bar{X} - \mu}{\sqrt{\frac{\bar{X}(1-\bar{X})}{n}}} \qquad (6)$$

在虛無假設 $\mu = \mu_0$，且根據 CLT, CMT 與 Slutsky's theorem，檢定量及其抽樣分配為：

$$\varphi = \frac{\bar{X} - \mu_0}{\sqrt{\frac{\bar{X}(1-\bar{X})}{n}}} = \frac{\bar{X} - \mu_0}{\sqrt{\frac{\mu_0(1-\mu_0)}{n}}} \frac{\sqrt{\frac{\mu_0(1-\mu_0)}{n}}}{\sqrt{\frac{\bar{X}(1-\bar{X})}{n}}} \xrightarrow{d} N(0,1)$$

注意到分母的部分，$\sqrt{\frac{\mu_0(1-\mu_0)}{n}}$ 被我們以 $\sqrt{\frac{\bar{X}(1-\bar{X})}{n}}$ 替代。同理，φ_{obs} 的計算如下：

$$\varphi_{obs} = \frac{\bar{x} - \mu_0}{\sqrt{\frac{\bar{x}(1-\bar{x})}{n}}} = \frac{0.0871 - 0.05}{\sqrt{\frac{0.0871(1-0.0871)}{287}}} = 2.2289$$

亦即, 在 $\alpha = 0.01$ 的顯著水準下,

$$\varphi_{obs} = 2.2289 < Z_{0.01} = 2.33$$

我們無法拒絕 H_0, 這跟之前透過第 (4) 式的樞紐量所得到的結論並不一致。不過在 $\alpha = 0.05$ 的顯著水準下,

$$\varphi_{obs} = 2.2289 > Z_{0.05} = 1.64$$

我們就可以拒絕 $H_0 : \mu = 0.05$ 的虛無假設。

由於這是大樣本近似檢定, 所以第 (4) 式與第 (6) 式都是合理的樞紐量, 不過使用第 (6) 式的優點是, 該樞紐量與建構區間估計式的樞紐量一致。參見 Hogg, McKean, et al. (2018, p.278), 以及 Hogg, Tanis, et al. (2015, p.378) 之討論。

17.4.4 實際檢定

給定
$$\{X_i\}_{i=1}^{n} \sim^{i.i.d.} N(\mu, \sigma^2)$$

且 σ^2 未知。我們想在顯著水準為 α 下, 檢定

$$\begin{cases} H_0 : & \mu = \mu_0 \\ H_1 : & \mu \neq \mu_0 \end{cases}$$

根據第 16 章所學, 在 σ^2 未知的情況下, 我們所選的樞紐量 $\varphi(\cdot)$ 為 $\varphi = \frac{\bar{X} - \mu}{\frac{S_n}{\sqrt{n}}}$, 則檢定量為:

$$\varphi = \frac{\bar{X} - \mu_0}{\frac{S_n}{\sqrt{n}}} \sim t(n-1)$$

亦即, $\varphi(\cdot)$ 為自由度等於 $n-1$ 的 t 分配。因此, 根據

$$P\left(t \leq t_{1-\frac{\alpha}{2}}(n-1)\right) = P\left(t \leq -t_{\frac{\alpha}{2}}(n-1)\right) = \frac{\alpha}{2}$$

$$P\left(t \geq t_{\frac{\alpha}{2}}(n-1)\right) = \frac{\alpha}{2}$$

圖17.3: t 分配臨界值

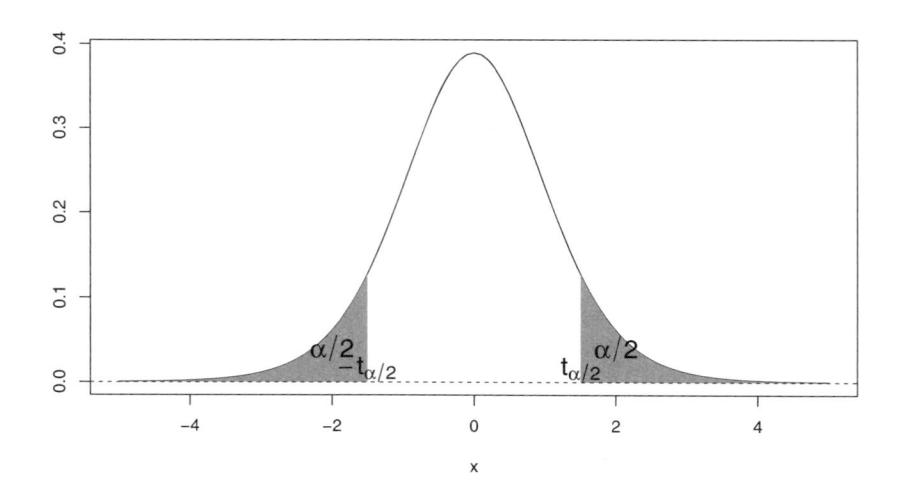

我們知道

$$\varphi_1^* = -t_{\frac{\alpha}{2}}(n-1), \quad \varphi_2^* = t_{\frac{\alpha}{2}}(n-1)$$

如圖 17.3 所示。因此, 拒絕域為:

$$RR = \left\{ 拒絕 H_0, 當 \varphi \leq -t_{\frac{\alpha}{2}}(n-1) 或 \varphi \geq t_{\frac{\alpha}{2}}(n-1) \right\}$$

接下來, 我們求算

$$\varphi_{obs} = \frac{\bar{x} - \mu_0}{\frac{S_n}{\sqrt{n}}}$$

若 $\varphi_{obs} \leq -t_{\frac{\alpha}{2}}(n-1)$ 或是 $\varphi_{obs} \geq t_{\frac{\alpha}{2}}(n-1)$, 則拒絕 $H_0 : \mu = \mu_0$ 之虛無假設。

例 17.2. 給定 $\{X_1, X_2, \ldots, X_n\} \sim^{i.i.d.} N(\mu, \sigma^2)$, 我們想要在 5% 的顯著水準下, 根據一組 $n = 16$ 的隨機樣本, 檢定 $H_0 : \mu = 10$ vs. $H_1 : \mu \neq 10$。

1. 找出一個樞紐量與檢定量, 並說明其抽樣分配。

2. 在 5% 的顯著水準下, 寫出拒絕域。

3. 若 $\bar{X} = 11$, $S_n^2 = 4$, 做出假設檢定決策。

透過樞紐量 $\varphi = \frac{\bar{X}-\mu}{\frac{S_n}{\sqrt{n}}}$, 我們可得檢定量及其抽樣分配:

$$\varphi = \frac{\bar{X} - 10}{\frac{S_n}{\sqrt{n}}} \sim t(n-1)$$

因此, 臨界值為:

$$\varphi_1^* = -t_{0.025}(15) = -2.13, \quad \varphi_2^* = t_{0.025}(15) = 2.13$$

拒絕域為:

$$RR = \{拒絕\ H_0, 當\ |\varphi| > 2.13\}$$

因此, 根據資料,

$$\varphi_{obs} = \frac{11-10}{\frac{2}{\sqrt{16}}} = 2 \notin RR$$

我們無法拒絕虛無假設 $H_0: \mu = 10$。

17.5 什麼是 p-值

在上一節假設檢定程序的討論中, 我們的決策法則為:

1. 決定一顯著水準 α, 並透過樞紐量找出檢定量 φ, 臨界值 φ^* 以及拒絕域 RR。

2. 檢視 φ_{obs} 是否落入拒絕域。

這樣的作法有一個麻煩的地方, 那就是給定一個特定的顯著水準 α, 我們就得查出相對應的 φ^*, 以及找出相對應的拒絕域。

在此, 我們將介紹一個有用的概念: p-值 (p-value)。所謂的 p-值就是在 H_0 為真的情況下, 比觀測值至少同樣極端之區域的機率, 亦即, 回到之前藥廠的例子, 我們知道 $\bar{X} = 0.0871$。給定 H_0 為真的情況下 ($\mu =$

0.05)，樣本均數 $\bar{X}$ 會大於 0.0871 的機率就是其 p-值：

$$p\text{-值} = P(\bar{X}_{287} \geq 0.0871 | \mu = 0.05) = P\left(\frac{\bar{X}_{287} - 0.05}{0.0128} \geq \frac{0.0871 - 0.05}{0.0128}\right)$$

$$= P\left(\frac{\bar{X}_{287} - 0.05}{0.0128} \geq 2.90\right)$$

$$\approx P(Z \geq 2.90)$$

$$= 0.0019$$

其中 $Z \sim N(0,1)$。以統計量 φ 的方式表達，p-值就是

$$p\text{-值} = P(\varphi \geq \varphi_{obs}) \approx P(Z \geq 2.90) = 0.0019$$

由於 0.0019 很小，代表在 H_0 為真的情況下，我們觀察到一件「幾乎不可能發生的事」，因此，這將使我們懷疑原先的 H_0 為真的假設，進而獲致拒絕 H_0 的決策。

p-值在研究上相當便利好用，對於研究者而言，p-值讓我們不必再一個一個辛苦查表。許多的統計套裝軟體都會幫我們計算出檢定的 p-值，你只需決定喜愛的顯著水準，再比較 p-值與 α 孰大孰小即可。決策法則為：

- 拒絕 H_0，當 p-值 $\leq \alpha$
- 無法拒絕 H_0，當 p-值 $> \alpha$

舉例來說，如果計算出來的 p-值=0.048。當 $\alpha = 0.05$ 時，我們「拒絕 H_0」，然而，當 $\alpha = 0.01$ 時，我們的決策為「無法拒絕 H_0」。

17.6 什麼是誤差機率與檢定力

在檢定的過程中，我們被迫要在虛無假設與對立假設之間做出選擇，一如法官必須在有罪與無罪的判決上做出決策。法官可能會冤枉好人，將一名無罪的人送入監獄，法官亦可能會錯縱罪人，將一名有罪之人當庭開釋。

表 17.1: 檢定誤差

	無法拒絕 H_0	拒絕 H_0
H_0 為真	正確決策	型一誤差
H_0 為假	型二誤差	正確決策

　　同理, 在假設檢定的過程中, 我們可能會在 H_0 為真的情況下拒絕 H_0, 亦有可能在 H_0 為假的情況下, 作出無法拒絕 H_0 的決策。前者稱為型一誤差 (type I error), 後者稱為型二誤差 (type II error), 我們以表 17.1 說明檢定誤差。

　　犯下型一誤差的機率我們以 α 表示,[2] 亦即

$$\alpha = P(型一誤差) = P(拒絕H_0 \mid H_0為真)$$

我們亦稱 α 為該檢定的「檢定範圍」或是「檢定大小」(size of the test)。

　　而犯下型二誤差的機率我們以 β 表示, 亦即

$$\beta = P(型二誤差) = P(無法拒絕H_0 \mid H_0為假)$$

值得注意的是, β 取決於 H_0 為假, 也就是取決於母體參數的真值。如果我們以 θ 代表母體參數的真值, 則 β 就是 θ 的函數

$$\beta = \beta(\theta)$$

此外, 令

$$\pi(\theta) = 1 - \beta(\theta) = 1 - P(型二誤差) = P(拒絕H_0 \mid H_0為假)$$

代表了我們的檢定正確地拒絕了不為真的 H_0, 我們稱 $\pi(\theta)$ 為檢定的檢定力 (power)。我們以右尾檢定為例, 將型一誤差的機率 (α) 與型二誤差的機率 (β) 畫在圖 17.4 中。

---

　　[2]細心的讀者不難發現, 我們用同一個符號 α 來代表顯著水準以及犯型一誤差的機率, 這是否隱含 $P(型一誤差) = \alpha = 顯著水準$? 答案為, 當虛無假設是簡單假設時, $P(型一誤差)$ 確實等於顯著水準。然而, 如果虛無假設是複合假設時, 則兩者未必相等, 顯著水準是可容忍的最大型一誤差的機率。不過本書只考慮虛無假設為簡單假設, 所以就用 α 來同時代表顯著水準以及犯型一誤差的機率。

圖17.4: 型一誤差的機率 (α) 與型二誤差的機率 (β)

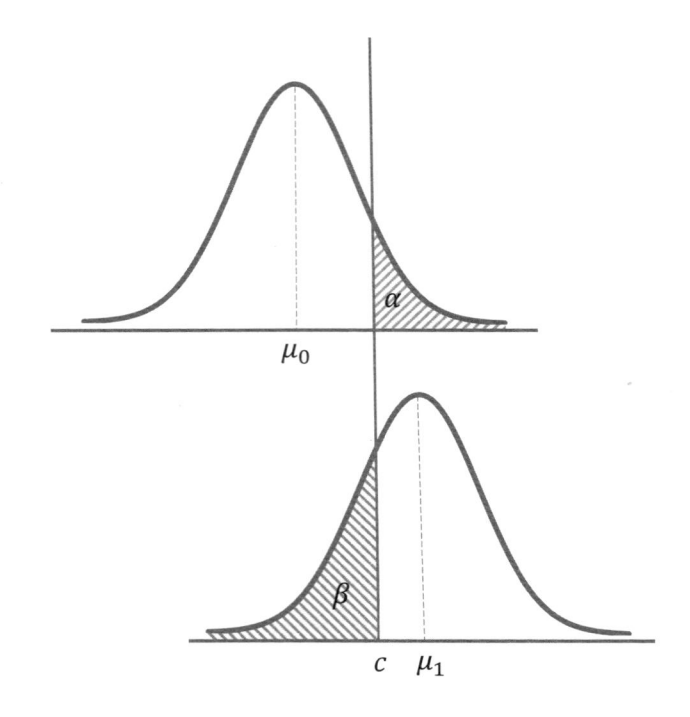

再以藥廠為例, 依照之前提及, 在 $\alpha = 0.01$ 的顯著水準下, 拒絕域為 (參見第 (2) 式): $RR = \left\{ 拒絕 H_0, 當 \bar{X} \geq 0.08 \right\}$, 如果母體參數 μ 的真值為 0.09, 則

$$\beta = P(型二誤差) = P(無法拒絕 H_0 \mid H_0 為假)$$

$$= P(\bar{X} < 0.08 \mid \mu = 0.09)$$

$$= P\left(\frac{\bar{X} - 0.09}{\sqrt{\frac{0.09(1-0.09)}{287}}} < \frac{0.08 - 0.09}{\sqrt{\frac{0.09(1-0.09)}{287}}} \right) \approx P\left(Z < \frac{0.08 - 0.09}{\sqrt{\frac{0.0819}{287}}} \right)$$

$$= P\left(Z < \frac{0.08 - 0.09}{0.016892} \right) = P(Z < -0.59) = 0.2776$$

而檢定力 $\pi = 1 - \beta = 1 - 0.2776 = 0.7224$。

17.7 假設檢定與區間估計有何關聯性

本節探討**雙尾假設檢定與區間估計**之關係,[3] 我們在此以一個例子來說明兩者之間的關係。

例 17.3. 給定 $\{X_i\}_{i=1}^n \sim^{i.i.d.} Bernoulli(\mu)$,

1. 建構母體比例 μ 的近似 $(1-\alpha)$ 的區間估計式。

2. 在顯著水準近似 α 下, 檢定 $H_0 : \mu = \mu_0$ vs. $H_1 : \mu \neq \mu_0$。

給定第 (6) 式的樞紐量:

$$\varphi = \frac{\bar{X} - \mu}{\sqrt{\frac{\bar{X}(1-\bar{X})}{n}}} \xrightarrow{d} N(0,1)$$

我們知道 μ 的 $(1-\alpha)$ 的區間估計式為:

$$\left[\bar{X} - Z_{\frac{\alpha}{2}} \sqrt{\frac{\bar{X}(1-\bar{X})}{n}}, \;\; \bar{X} + Z_{\frac{\alpha}{2}} \sqrt{\frac{\bar{X}(1-\bar{X})}{n}} \right]$$

若已知樣本均數的實現值為 $\bar{x}$, 且令

$$\delta = Z_{\frac{\alpha}{2}} \sqrt{\frac{\bar{x}(1-\bar{x})}{n}}$$

則區間估計值 (信賴區間) 為:

$$[\bar{x} - \delta, \;\; \bar{x} + \delta] \tag{7}$$

給定相同的樞紐量做假設檢定, 大樣本分配為標準常態分配, 由於是雙尾檢定, 所選定的臨界值分別為 $Z_{\frac{\alpha}{2}}$ 與 $-Z_{\frac{\alpha}{2}}$, 因此, 拒絕域為:

$$RR = \left\{ \text{拒絕 } H_0, \text{ 當 } \varphi \geq Z_{\frac{\alpha}{2}} \text{ 或是 } \varphi \leq -Z_{\frac{\alpha}{2}} \right\}$$

若 $\varphi_{obs} = \varphi(x_1, \ldots, x_n, \mu_0)$ 落入拒絕域:

$$\varphi_{obs} \geq Z_{\frac{\alpha}{2}} \;\; \text{或是} \;\; \varphi_{obs} \leq -Z_{\frac{\alpha}{2}}$$

---

[3]如果是左尾檢定或是右尾檢定則要搭配單邊的信賴區間 (one-sided confidence intervals)。

我們就拒絕虛無假設。重新整理可得, 拒絕虛無假設的條件是

$$\frac{\bar{x} - \mu_0}{\sqrt{\frac{\bar{x}(1-\bar{x})}{n}}} \geq Z_{\frac{\alpha}{2}} \quad \text{或是} \quad \frac{\bar{x} - \mu_0}{\sqrt{\frac{\bar{x}(1-\bar{x})}{n}}} \leq -Z_{\frac{\alpha}{2}}$$

亦即,

$$\bar{x} \geq \mu_0 + Z_{\frac{\alpha}{2}}\sqrt{\frac{\bar{x}(1-\bar{x})}{n}} \quad \text{或是} \quad \bar{x} \leq \mu_0 - Z_{\frac{\alpha}{2}}\sqrt{\frac{\bar{x}(1-\bar{x})}{n}}$$

代入 $\delta = Z_{\frac{\alpha}{2}}\sqrt{\frac{\bar{x}(1-\bar{x})}{n}}$ 可得, 拒絕虛無假設的條件是

$$\bar{x} \geq \mu_0 + \delta \quad \text{或是} \quad \bar{x} \leq \mu_0 - \delta \tag{8}$$

因此, 如果區間估計值 (信賴區間) $[\bar{x} - \delta, \bar{x} + \delta]$ 不包含虛無假設下的參數值 μ_0:

$$\mu_0 \notin [\bar{x} - \delta, \bar{x} + \delta]$$

亦即

$$\mu_0 > \bar{x} + \delta, \text{ or } \mu_0 < \bar{x} - \delta$$

代表樣本均數實現值 $\bar{x}$ 落入右尾拒絕域或是左尾拒絕域, 則拒絕虛無假設。舉例來說, 若信賴區間的下界 $\bar{x} - \delta$ 大於 μ_0, 則如圖 17.5 所示。反之, 當區間估計值 (信賴區間) $[\bar{x} \pm \delta]$ 會包含虛無假設下的參數值 μ_0, 樣本均數實現值 $\bar{x}$ 就不會落入拒絕域 ($\bar{x} < \mu_0 + \delta$), 如圖 17.6 所示。

總而言之, 我們可以整理假設檢定與區間估計之間的關係如下。當假設檢定的設定為雙尾檢定時, 對於母體參數 θ 而言,

1. 若涵蓋機率為 $100 \cdot (1 - \alpha)\%$ 的區間估計值 (信賴區間) 不包含虛無假設下的參數值 θ_0, 則我們在顯著水準 $100 \cdot \alpha\%$ 下, 可以拒絕 $\theta = \theta_0$ 的虛無假設。

2. 若涵蓋機率為 $100 \cdot (1-\alpha)\%$ 的區間估計值 (信賴區間) 包含虛無假設下的參數值 θ_0, 則我們在顯著水準 $100 \cdot \alpha\%$ 下, 無法拒絕 $\theta = \theta_0$ 的虛無假設。

圖 17.5: 信賴區間與拒絕域 I

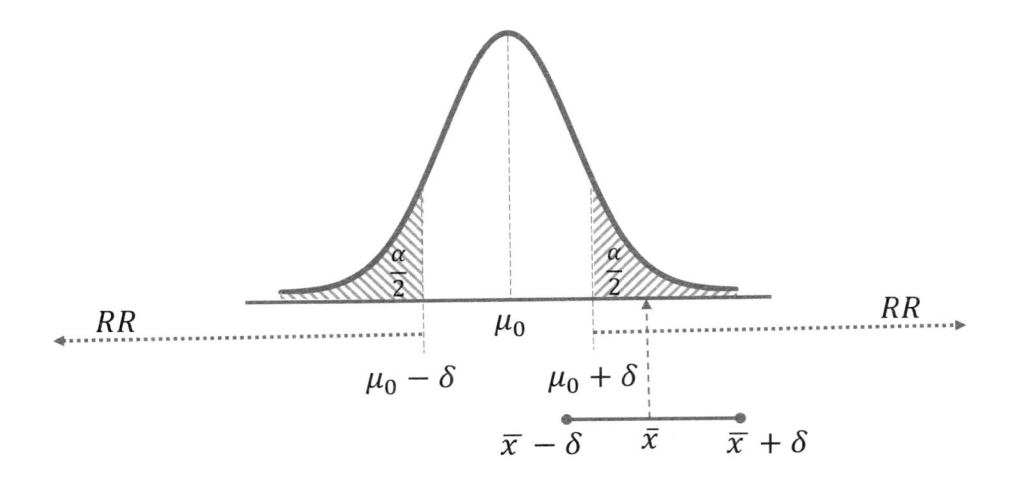

圖 17.6: 信賴區間與拒絕域 II

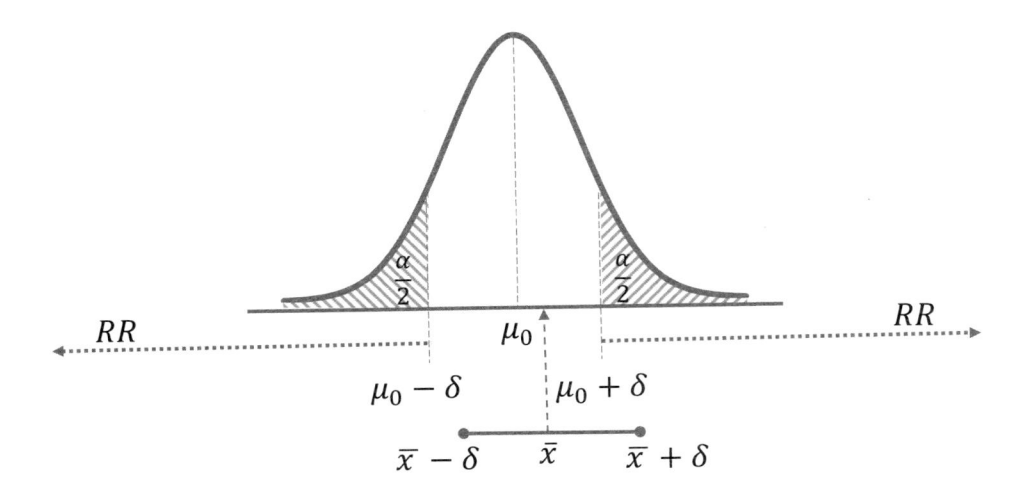

練習題

1. 給定 $\{X_1, X_2, X_3\}$ 為獨立常態隨機變數，且 $E(X_i) = \mu$, $Var(X_i) = i^2$, $i = 1, 2, 3$。我們想要檢定 $H_0 : \mu = 50$ vs. $H_1 : \mu > 50$。

    (a) 找出一個樞紐量與檢定量，並說明其抽樣分配。

    (b) 在 5% 的顯著水準下，寫出拒絕域。

    (c) 在給定資料 $X_1 = 54, X_2 = 48, X_3 = 53$ 下，做出決策。

2. 給定 $\{X_1, X_2, \ldots, X_n\} \sim^{i.i.d.} N(\mu, 1)$，我們想要檢定 $H_0 : \mu = 0$ vs. $H_1 : \mu > 0$。

    (a) 找出一個樞紐量與檢定量，並說明其抽樣分配。

    (b) 在 5% 的顯著水準下，寫出拒絕域。

    (c) 在給定資料 $n = 100, \bar{X} = 0.2$ 下，做出假設檢定決策。

3. 給定 $\{X_1, X_2, \ldots, X_{10}\} \sim^{i.i.d.} N(0, \sigma^2)$，我們想要檢定 $H_0 : \sigma^2 = 1$ vs. $H_1 : \sigma^2 > 1$。

    (a) 考慮一個顯著水準為 1% 的檢定：
    $$RR = \left\{ 拒絕\ H_0,\ 當\ \sum_{i=1}^{10} X_i^2 > c \right\}$$
    找出 c 值。

    (b) 在 $\sigma^2 = 2$ 之下，計算此檢定的檢定力。

4. 給定 $\{X_1, X_2\} \sim^{i.i.d.} U[0, \theta]$，我們想要檢定 $H_0 : \theta = 2$ vs. $H_1 : \theta > 2$，並在 5% 的顯著水準下，考慮如下的檢定：
    $$RR = \{拒絕\ H_0,\ 當\ X_{\max} > c\}$$
    其中，$X_{\max} = \max\{X_1, X_2\}$。找出 c 值。

5. 給定 $\{X_1, X_2, \ldots, X_n\} \sim^{i.i.d.} N(\mu, \sigma^2)$，我們想要在 5% 的顯著水準下，根據一組 $n = 16$ 的隨機樣本實現值，檢定 $H_0 : \mu = 10$ vs. $H_1 : \mu > 10$。

(a) 找出一個樞紐量與檢定量,並說明其抽樣分配。

(b) 在 5% 的顯著水準下,寫出拒絕域。

(c) 若 $\bar{X} = 11, S_n^2 = 4$, 做出假設檢定決策。

6. 給定 $\{X_1, X_2, \ldots, X_n\} \sim^{i.i.d.}$ Poisson(λ), 我們想要檢定 $H_0: \lambda = \lambda_0$ vs. $H_1: \lambda > \lambda_0$。

  (a) 找出一個樞紐量與檢定量,並說明其抽樣分配。

  (b) 在 $100 \cdot \alpha$% 的顯著水準下,寫出拒絕域。

7. 給定 $\{X_1, X_2, \ldots, X_n\} \sim^{i.i.d.}$ Bernoulli(μ)。

  (a) 建構 μ 的 95% 信賴區間。

  (b) 根據一組 $n = 16$ 的隨機樣本實現值, $\bar{X} = 0.38$, 在 5% 的顯著水準下, 以 95% 信賴區間檢定 $H_0: \mu = 0.3$ vs. $H_1: \mu \neq 0.3$。

8. (R 程式作業) 給定 $\{X_1, X_2, \ldots, X_n\} \sim^{i.i.d.} N(0,1)$, 我們想要在 5% 顯著水準下, 透過 $n = 20$ 的隨機樣本, 以 t 檢定量檢定 $H_0: \mu = 0$。然而, 我們在觀察到樣本實現值之後, 才設定對立假設。當 $\bar{x} > 0$, 我們設定 $H_1: \mu > 0$, 當 $\bar{x} \leq 0$, 我們設定 $H_1: \mu < 0$。執行以下模擬:

  (a) 步驟 1: 製造 $n = 20$ 的 $\{X_1, X_2, \ldots, X_n\} \sim^{i.i.d.} N(0,1)$。

  (b) 步驟 2: 以上述程序進行檢定。

  重複 10000 次步驟 1 與步驟 2, 計算 10000 模擬中, 錯誤拒絕虛無假設的比率。一般來說, 我們將此比率稱為實證檢定大小 (empirical size)。

9. (R 程式作業) 給定 $n = 1$ 的隨機樣本 $X \sim f(x)$, 其中,

$$f(x) = (1+\theta)x^\theta, \quad 0 \leq x \leq 1, \quad \theta > 0$$

我們想要檢定 $H_0: \theta = 2$ vs. $H_1: \theta > 2$, 並考慮如下的檢定:

$$RR = \left\{ 拒絕\ H_0, 當\ X > \frac{3}{4} \right\}$$

(a) 找出檢定力函數 $\pi(\theta)$。

(b) 以 R 畫出檢定力函數。

10. (R 程式作業) 給定 $\{X_1, X_2, \ldots, X_8\}$ 為獨立常態隨機變數，且 $E(X_i) = 0$, $Var(X_i) = \sigma^2$, $i = 1,2,3,4$，且 $Var(X_i) = 2\sigma^2$, $i = 5,6,7,8$。我們想要檢定 $H_0: \sigma^2 = 10$ vs. $H_1: \sigma^2 > 10$。

(a) 找出一個樞紐量與檢定量，並說明其抽樣分配。

(b) 在 10% 的顯著水準下，寫出拒絕域。

(c) 在 $\sigma^2 = 12$ 之下，計算此檢定的檢定力。

(d) 以 R 程式模擬檢定力。製造 $\{X_1, X_2, \ldots, X_8\}$，然後計算檢定量，模擬 10000 次，將 10000 次中，正確拒絕虛無假設的次數記錄下來後，計算正確拒絕虛無假設的比率。

18 Gamma 分配

18.1 什麼是 Gamma 隨機變數
18.2 有哪些特殊的 Gamma 隨機變數

我們將在本章介紹 Gamma 分配。常態分配雖然應用很廣泛，然而其對稱性質 (symmetric) 有時候無法刻劃某一些具有不對稱 (asymmetric) 分配的現象。亦即，在某些時候我們需要具有偏態曲線 (skewed curve) 的機率密度函數來描繪一些隨機現象。我們之前介紹過具有偏態的指數分配與卡方分配，其實都是 Gamma 分配的特例。

18.1 什麼是 Gamma 隨機變數

如果我們以 $X \geq 0$ 代表企業在市場上存續 X 期，又可稱 X 為企業的存續時間 (survival time)。一般來說，存續時間具有偏態的性質，亦即，給定 $\mu = E(X)$，

$$P(X > \mu) < P(X < \mu)$$

「存續時間大於平均存續時間」的機率小於「存續時間小於平均存續時間」的機率，如圖 18.1 所示。

舉例來說，根據經濟部中小企業處《2006 年中小企業白皮書》統計數字顯示，台灣中小企業平均壽命只有 13 年，企業總數中只有 18.34% 的企業，經營年數超過 20 年。在這個圖例中，$\mu = 13$，而中位數 $q_{0.5} = 10.91$，

圖 18.1: 偏態分配 ($\mu = 13$, $q_{0.5} = 10.91$)

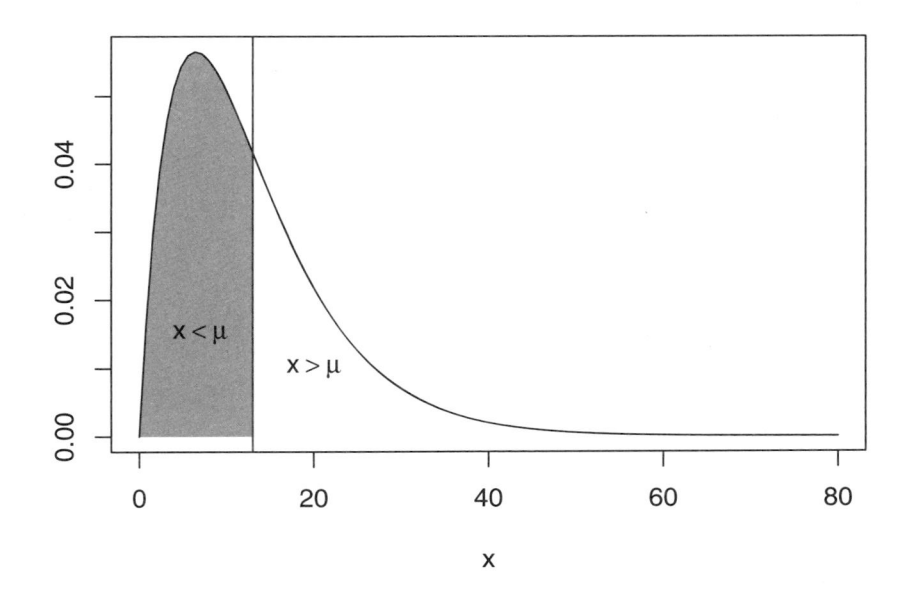

亦即, 期望值大於中位數: $0.5 = P(X < 10.91) < P(X < 13)$, 因此,

$$P(X < 13) > \frac{1}{2} > P(X > 13)$$

也就是說, 企業「能夠超過全體企業平均經營壽命 13 年」的機率, 小於「未達全體企業平均經營壽命 13 年即倒閉」的機率。企業存續年數就是一個具有偏態的分配。[1]

許多分配具有偏態性質, 我們在第 13 章中介紹過的卡方分配就是偏態分配。我們在此進一步介紹一個重要的偏態分配: Gamma 分配, 事實上, 卡方分配也是 Gamma 分配的一個特例。在介紹 Gamma 分配之前, 我們先介紹 Gamma 函數。

定義 18.1 (Gamma 函數). 對於任何 $\alpha > 0$,

$$\Gamma(\alpha) = \int_0^\infty x^{\alpha-1} e^{-x} dx$$

稱為 *Gamma* 函數。

---

[1]參見廖瑞真 (2011), 中小企業如何打破成長魔咒? 天下雜誌 374 期。

關於 Gamma 函數, 有如下的重要性質。

性質 18.1.

(a) $\Gamma(1) = 1$ 且 $\Gamma\left(\frac{1}{2}\right) = \sqrt{\pi}$

(b) 對於 $\alpha > 1$, $\Gamma(\alpha + 1) = \alpha\Gamma(\alpha)$

(c) 對於任何正整數 n, $\Gamma(n) = (n-1)!$

(d) 對於 $\xi > 0$,
$$\int_0^\infty x^{\alpha-1} e^{-\xi x} dx = \left(\frac{1}{\xi}\right)^\alpha \Gamma(\alpha)$$

Proof. 證明陳旭昇 (2023, pp.373–375)。其中性質 18.1 (d) 只需用到 $y = \xi x$ 的變數變換。 □

接下來我們介紹 Gamma 分配。

定義 18.2 (Gamma 隨機變數)**.** 我們稱隨機變數 X 為一 *Gamma 隨機變數 (Gamma random variable),* 如果其機率密度函數為:
$$f(x) = \frac{x^{\alpha-1} e^{-\frac{1}{\beta}x}}{\beta^\alpha \Gamma(\alpha)}, \quad \text{supp}(X) = \{x : 0 < x < \infty\}, \quad \alpha, \beta > 0$$
我們以 $X \sim Gamma(\alpha, \beta)$ 表示之。

給定 $\beta > 0$, 根據性質 18.1 (d), 我們可以驗證
$$\int_0^\infty f(x)dx = \int_0^\infty \frac{x^{\alpha-1} e^{-\frac{1}{\beta}x}}{\beta^\alpha \Gamma(\alpha)} dx = \frac{1}{\beta^\alpha \Gamma(\alpha)} \int_0^\infty x^{\alpha-1} e^{-\frac{1}{\beta}x} dx$$
$$= \frac{1}{\beta^\alpha \Gamma(\alpha)} \beta^\alpha \Gamma(\alpha) = 1$$

Gamma 分配有兩個參數, 其中, α 稱之為形態參數 (shape parameter), 而 β 稱之為尺度參數 (scale parameter)。我們將 $\beta = 2$, 但對應不同的形態參數值 ($\alpha = 2$ 以及 8) 的 Gamma 隨機變數機率密度函數繪於圖 18.2 中。我們不難看出, 當 α 值越大, Gamma 分配的偏態程度就越小, 趨向於對稱。

圖18.2: Gamma 隨機變數的機率密度函數

Gamma Probability Densities for Various Shapes

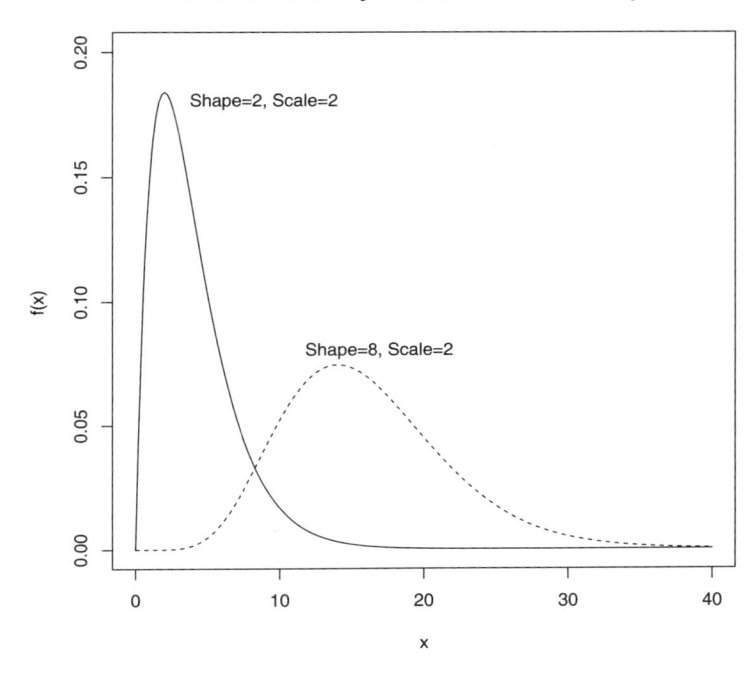

我們也將 Gamma 分配的機率密度函數在 $\alpha = 2$, 但考慮不同的尺度參數值 ($\beta = 2$ 以及 8) 下的情況繪於圖 18.3 中。根據圖 18.3, 當 β 值越大時, 其機率密度函數就越扁平。

底下定理提供 Gamma 隨機變數的動差生成函數。

定理 18.1 (Gamma 隨機變數 MGF). 給定 $X \sim Gamma(\alpha,\beta)$, 則其 MGF 為:

$$M_X(t) = \left(\frac{1}{1-\beta t}\right)^\alpha \quad for \ t < \frac{1}{\beta}$$

Proof.

$$M_X(t) = E(e^{tX}) = \int_0^\infty e^{tx} \frac{x^{\alpha-1} e^{-\frac{1}{\beta}x}}{\beta^\alpha \Gamma(\alpha)} dx = \frac{1}{\beta^\alpha \Gamma(\alpha)} \int_0^\infty x^{\alpha-1} e^{-\frac{1}{\beta}(1-\beta t)x} dx$$

$$= \frac{1}{\beta^\alpha \Gamma(\alpha)} \left(\frac{1}{\frac{1}{\beta}(1-\beta t)}\right)^\alpha \Gamma(\alpha) = \left(\frac{1}{1-\beta t}\right)^\alpha$$

圖18.3: Gamma 隨機變數的機率密度函數

Gamma Probability Densities for Various Scales

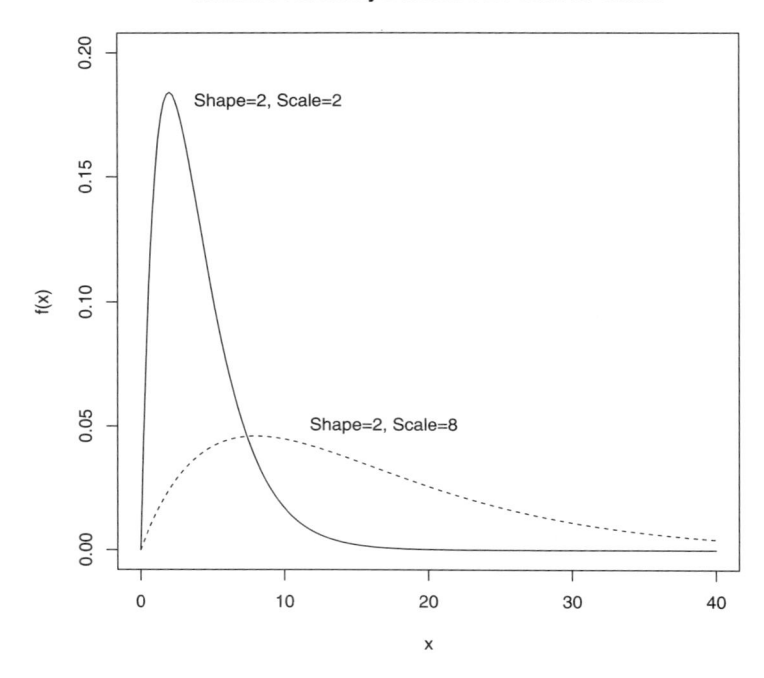

注意到我們用到了性質 18.1 (d), 其中, 由於 $t < \frac{1}{\beta}$, 因此, 符合性質 18.1 的條件:

$$\xi = \frac{1}{\beta}(1 - \beta t) > 0$$

注意到當 $1 - \beta t \leq 0$, 積分的結果將會是無限大。這也就是為什麼我們要將 Gamma 隨機變數的動差生成函數定義在 $t < \frac{1}{\beta}$ 的範圍內。

除了透過動差生成函數機算動差, 我們也可以直接求算 Gamma 隨機變數的 r 階動差。

定理 18.2 (Gamma 隨機變數的的 r 階動差). 給定 $X \sim Gamma(\alpha, \beta)$, 則其 r 階動差為:

$$E(X^r) = \frac{\beta^r \Gamma(\alpha + r)}{\Gamma(\alpha)}$$

因此, 我們可以得到各階動差:

$$E(X) = \frac{\beta\Gamma(\alpha+1)}{\Gamma(\alpha)} = \frac{\beta\alpha\Gamma(\alpha)}{\Gamma(\alpha)} = \alpha\beta$$

$$E(X^2) = \frac{\beta^2\Gamma(\alpha+2)}{\Gamma(\alpha)} = \frac{\beta^2(\alpha+1)\Gamma(\alpha+1)}{\Gamma(\alpha)} = \frac{\beta^2(\alpha+1)\alpha\Gamma(\alpha)}{\Gamma(\alpha)} = \alpha(\alpha+1)\beta^2$$

$$Var(X) = E(X^2) - [E(X)]^2 = \alpha\beta^2$$

底下為 Gamma 隨機變數的重要性質。

定理 18.3. 給定 $X \sim Gamma(\alpha,\beta)$, 且 $c > 0$, 則

$$cX \sim Gamma(\alpha,c\beta)$$

Proof. 根據 MGF 的性質 $M_{aX}(t) = M_X(at)$ 即得證。 □

根據以上定理, Gamma 隨機變數乘上 c 倍, 則尺度參數值亦等比例乘上 c 倍。據此, 我們可以得知為何 Gamma 隨機變數的第二個參數稱為尺度參數值 (尺度的放大或縮小)。

定理 18.4. 給定 $\{X_i\}_{i=1}^n \sim^{i.i.d.} Gamma(\alpha,\beta)$, 則

$$\sum_i X_i = X_1 + X_2 + \cdots + X_n \sim Gamma(n\alpha,\beta)$$

Proof.

$$M_{X_1+X_2+\cdots+X_n}(t) = M_{X_1}(t)M_{X_2}(t)\cdots M_{X_n}(t)$$
$$= \left[\left(\frac{1}{1-\beta t}\right)^\alpha\right]^n = \left(\frac{1}{1-\beta t}\right)^{n\alpha}$$

□

定理 18.5. 給定 $\{X_i\}_{i=1}^n \sim^{i.i.d.} Gamma(\alpha,\beta)$, 則

$$\bar{X} \sim Gamma\left(n\alpha, \frac{1}{n}\beta\right)$$

Proof. 根據定理 18.3,

$$\frac{1}{n}X \sim \text{Gamma}\left(\alpha, \frac{1}{n}\beta\right)$$

因此,

$$\left\{\frac{X_i}{n}\right\}_{i=1}^{n} \sim^{i.i.d.} \text{Gamma}\left(\alpha, \frac{1}{n}\beta\right)$$

再根據定理 18.4,

$$\bar{X} = \frac{\sum_i X_i}{n} = \frac{X_1}{n} + \frac{X_2}{n} + \cdots + \frac{X_n}{n} \sim \text{Gamma}\left(n\alpha, \frac{1}{n}\beta\right)$$

□

最後我們介紹如何利用 R 製造 Gamma 隨機變數的實現值。底下的 R 程式造出 10 個 Gamma(2,2) 隨機變數的實現值。其中, rgamma 為生成 Gamma 隨機變數實現值的 R 指令, n 代表要製造的隨機變數實現值個數, shape 指的就是參數 α, scale 就是參數 β,

R 程式 18.1 (Gamma 隨機變數).

```
set.seed(123)
rgamma(n=10, shape=2, scale = 2)
```

執行程式後可得:

```
[1] 1.7841871 6.6236948 0.2887499 3.3250466 8.6717580 4.2352314 0.7014354
[8] 0.2608002 6.7475639 3.9460933
```

18.2 有哪些特殊的 Gamma 隨機變數

18.2.1 指數隨機變數

當 $\alpha = 1$, Gamma(1,β) 隨機變數就是我們在第 4 章中所介紹的指數隨機變數 (exponential random variables), 以其機率密度函數呈現指數曲線而得名。

性質 18.2 (指數隨機變數與 Gamma 隨機變數).

$$exp(\beta) \stackrel{d}{=} Gamma(1,\beta)$$

Proof. 給定 $\alpha = 1$,

$$f(x) = \frac{x^{\alpha-1}e^{-\frac{1}{\beta}x}}{\beta^{\alpha}\Gamma(\alpha)} = \frac{e^{-\frac{1}{\beta}x}}{\beta} = \frac{1}{\beta}e^{-\frac{1}{\beta}x}$$

□

由於 $exp(\beta) \stackrel{d}{=} Gamma(1,\beta)$, $exp(\beta)$ 隨機變數的動差生成函數與重要動差分別為:

$$M_X(t) = \frac{1}{1-\beta t}$$

$$E(X) = 1 \times \beta = \beta$$

$$Var(X) = 1 \times \beta^2 = \beta^2$$

指數隨機變數除了用來刻劃「等待時間」, 也可用來刻劃「存續時間」(length of life or duration)。因此, 參數 $\beta = E(X)$ 除了可以詮釋為預期等待時間, 也可以看做是預期存續時間, 或稱預期壽命。然而, 值得注意的是, 跟 Gamma 隨機變數不一樣的地方在於, Gamma 隨機變數的 pdf 具有倒 U 形式 (hump shape), 先遞增後遞減, 而指數隨機變數的 pdf 則是單調遞減 (monotonic decreasing)。參見圖 18.2 與 4.6。此外, 由於 $exp(\beta) \stackrel{d}{=} Gamma(1,\beta)$, 我們也可以用

```
rgamma(n=10,shape=1,scale=2)
```

來製造 $exp(2)$ 的隨機變數的實現值。

18.2.2 χ^2 隨機變數

在 $\alpha = \frac{k}{2}$, $\beta = 2$ 的參數設定下, 就是一個自由度為 k 的卡方分配。亦即, 根據定義可得以下性質:

358　Ch.18　Gamma 分配

圖18.4: Gamma 隨機變數的機率密度函數

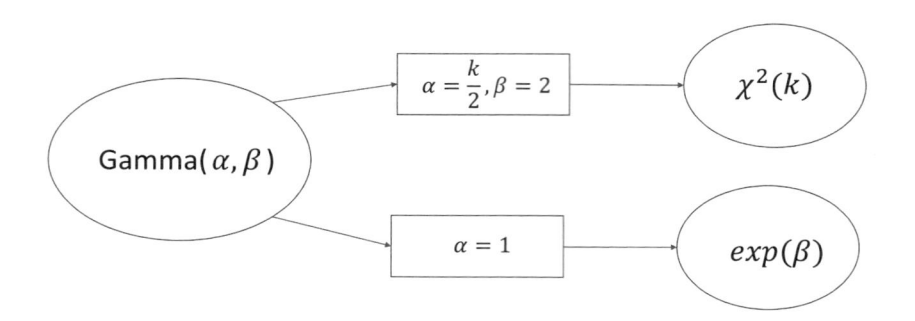

性質 18.3 (卡方隨機變數與 Gamma 隨機變數).

$$\chi^2(k) \stackrel{d}{=} Gamma\left(\frac{k}{2}, 2\right)$$

Proof. 給定 $\alpha = \frac{k}{2}$, 以及 $\beta = 2$,

$$f(x) = \frac{x^{\alpha-1} e^{-\frac{1}{\beta}x}}{\beta^\alpha \Gamma(\alpha)} = \frac{x^{\frac{k}{2}-1} e^{-\frac{1}{2}x}}{2^{\frac{k}{2}} \Gamma\left(\frac{k}{2}\right)}$$

□

我們將 Gamma 隨機變數, χ^2 隨機變數, 以及指數隨機變數的關係提供於圖 18.4 中。

定理 18.6. 給定 $W \sim \chi^2(k)$,

$$E(W^{-1}) = \frac{1}{k-2}$$

Proof. 給定 $W \sim \chi^2(k)$, 則 $W \sim Gamma\left(\frac{k}{2}, 2\right)$。因此, 根據定理 18.2,

$$E(W^{-1}) = \frac{2^{-1} \Gamma\left(\frac{k}{2} - 1\right)}{\Gamma\left(\frac{k}{2}\right)} = \frac{2^{-1} \Gamma\left(\frac{k}{2} - 1\right)}{\left(\frac{k}{2} - 1\right) \Gamma\left(\frac{k}{2} - 1\right)} = \frac{1}{k-2}$$

□

定理 18.7. 給定 $\{X_i\}_{i=1}^n \overset{i.i.d.}{\sim} N(\mu,\sigma^2)$, 且

$$S_n^2 = \frac{1}{n-1}\sum_i (X_i - \bar{X}_n)^2, \quad \hat{\sigma}^2 = \frac{n-1}{n}S_n^2$$

則

$$S_n^2 \sim \text{Gamma}\left(\frac{n-1}{2}, \frac{2\sigma^2}{n-1}\right)$$

$$\hat{\sigma}^2 \sim \text{Gamma}\left(\frac{n-1}{2}, \frac{2\sigma^2}{n}\right)$$

Proof. 根據第 13 定理 13.3,

$$\frac{(n-1)S_n^2}{\sigma^2} \overset{d}{=} \chi^2(n-1) \overset{d}{=} \text{Gamma}\left(\frac{n-1}{2}, 2\right)$$

因此, 根據定理 18.3,

$$S_n^2 \overset{d}{=} \text{Gamma}\left(\frac{n-1}{2}, \frac{2\sigma^2}{n-1}\right)$$

$$\hat{\sigma}^2 = \frac{n-1}{n}S_n^2 \overset{d}{=} \text{Gamma}\left(\frac{n-1}{2}, \frac{2\sigma^2}{n}\right)$$

$\square$

練習題

1. 給定 $X \sim \text{Gamma}(\alpha,\beta)$, 其中 $\alpha > 0, \beta < 1$, 計算 $E(e^X)$。

2. 給定 $X \sim \text{Gamma}(\alpha,\beta)$, 其中 $\alpha > 2, \beta > 0$, 證明:

$$E\left(\frac{1}{X}\right) = \frac{1}{\beta(\alpha-1)}$$

$$\text{Var}\left(\frac{1}{X}\right) = \frac{1}{\beta^2(\alpha-1)^2(\alpha-2)}$$

3. 給定 $\{X_1, X_2, \ldots, X_n\} \overset{i.i.d.}{\sim} \exp(\beta)$,

   (a) 證明
   $$\frac{2}{\beta}X_i \sim \chi^2(2)$$

(b) 證明
$$\frac{2}{\beta}\sum_{i=1}^{n} X_i \sim \chi^2(2n)$$

(c) 以隨機樣本 $\{X_1, X_2, \ldots, X_n\}$ 建構 β 的 95% 區間估計式。

4. 計算
$$\int_0^\infty x^7 e^{-3x} dx$$

5. 找出 c 值使得
$$f(x) = cx^3 e^{-5x}, \quad x > 0$$
是一個機率密度函數。

6. 證明定理 18.2。

7. (R 程式作業) 給定 $Y \sim \text{Gamma}(n, \beta)$，其中 n 為正整數。試證明：

(a) 當 $n \longrightarrow \infty$，Y 的機率分配可被常態分配近似。

(b) 請計算此大樣本分配的期望值與變異數。

(c) 請以 R 程式驗證。

8. (R 程式作業) 給定 $X \sim \text{Gamma}(5, 2)$，以 R 計算 $P(X > 10)$。

9. (R 程式作業) 給定 $\{X_1, X_2, \ldots, X_{80}\} \sim \text{Gamma}(5, 1/2)$，

(a) 透過 CLT 計算 $P(\bar{X} > 3)$ 的機率值。

(b) 給定模擬次數 10000 次，利用 R 模擬 $\bar{X}$ 的抽樣分配。

10. (R 程式作業) 以 R 程式繪製圖 18.2 與 18.3。

19 The Bootstrap

19.1 什麼是樣本重抽
19.2 什麼是 Bootstrap
19.3 Bootstrap 分配的應用有哪些?
19.4 如何建構 Bootstrap 偏誤
19.5 如何建構 Bootstrap 標準誤
19.6 如何建構 Bootstrap 信賴區間
19.7 如何執行 Bootstrap 檢定
19.8 如何重抽成對的 bootstrap 樣本
19.9 應用 Bootstrap 時該注意什麼

本章將介紹一個重要的樣本重抽法: bootstrap。我們將介紹 bootstrap 在統計推論上的應用, 包含偏誤, 變異數 (標準差), 與信賴區間的建構, 以及假設檢定。

19.1 什麼是樣本重抽

傳統的統計學在做統計推論時, 必須仰賴實際抽樣分配或是大樣本漸近分配。樣本重抽法 (resampling method) 則是一個與實際抽樣分配或是大樣本漸近分配完全不一樣的做法, 其統計推論的基礎, 來自「原有樣本的重複抽樣」。樣本重抽法的優點如下:

1. 較少假設。舉例來說, 樣本重抽法不需假設母體分配為常態或是其他特定分配。

2. 較為精確。一般而言, 在大多數的情況下, 樣本重抽法的統計推論較傳統大樣本漸近理論來的精確。

3. 較易操作。樣本重抽法在大多數的情況下都可以使用, 你不必辛苦地尋找樞紐統計量 (pivotal statistics)。此外, 傳統大樣本漸近理論需要 Delta Method 來處理非線性函數, 而樣本重抽法可以輕易地應用到各種不同設定如非線性函數。

Bootstrap 重抽法為統計學中應用最廣的樣本重抽法。

19.2 什麼是 Bootstrap

Bootstrap 重抽法是由美國統計學家 Bradley Efron (1938–) 於 1979 年所提出。這個單字是指一種靴子兩側 (或是在後側) 的小環帶, 拉著可以讓自己方便脫下靴子, 而不需他人幫助 (pull oneself up by one's bootstraps), 因此 bootstrap 引申為由原有樣本不斷重複抽樣後得到許多新樣本。有趣的是, "pull oneself up by one's bootstraps" 在 19 世紀時, 本意是指試圖去嘗試或是宣稱要完成不可能的任務, 然而, 現代的用語已經轉換成不假他人協助, 自己完成工作。根據 Efron 在 2010 年受訪時表示, 他將這個統計方法命名為 bootstrap 的靈感, 是來自德國作家 Rudolf Erich Raspe 所虛構的小說人物 Baron Münchhausen 男爵, 拉著自己的 bootstrap (有一說是頭髮), 從沼澤中自行脫身而出的故事 (Champkin, 2010)。在 Efron (1979) 中也曾提及, 許多人也給他很多命名的建議, 諸如: Swiss Army Knife, Meat Axe, Swan-Dive, Jack-Rabbit, 以及 Shotgun, 藉以跟另一種 Jackknife 重抽法相抗衡。在漢語的翻譯中, 常見的直譯為「靴帶法」,「拔靴法」或是「脫靴法」, 至於意譯則為「自助法」或是「自助重抽法」。

區間估計式, 以及假設檢定在傳統的統計學中必須使用實際抽樣分配或是大樣本漸近分配。然而, 在許多情況下, 我們無法推導出實際抽樣分配, 而樣本數又不足以讓漸近理論提供好的近似, bootstrap 可以幫助我們解決這些問題。

Bootstrap 的基本想法非常簡單, 把我們手頭擁有的這組樣本視為母體, 然後重複多次抽樣進而得到 bootstrap 分配。接下來的統計推論則不再使用抽樣分配, 而是以 bootstrap 分配取代之。

19.2.1 回想一下什麼是抽樣分配

假設隨機樣本 $\{X_i\}_{i=1}^n$ 來自未知的分配 F, 且令

$$T_n = T_n(X_1, \ldots, X_n, F)$$

為我們有興趣的統計量。注意到我們特別在 $T_n(\cdot)$ 中標註 F, 用來強調隨機樣本來自的分配為 F。令

$$G_n(\tau, F) = P(T_n \leq \tau | F)$$

為 T_n 的實際抽樣分配函數。舉例來說, 若

$$\{X_i\}_{i=1}^n \sim^{i.i.d.} N(\mu, \sigma^2),$$

則根據第 13 章, 統計量

$$T_n = T_n(X_1, \ldots, X_n) = \frac{1}{n} \sum_{i=1}^n X_i = \bar{X} \sim N\left(\mu, \frac{\sigma^2}{n}\right)$$

也就是說, 其 $T_n = \bar{X}$ 的實際抽樣分配 $G_n(\tau, F)$ 也是常態分配。

理想上, T_n 的統計推論應該根據實際抽樣分配函數, $G_n(\tau, F)$, 然而, 由於一般來說 F 未知, 則實務上是不可能知道實際抽樣分配函數。譬如說, 當

$$\{X_i\}_{i=1}^n \sim^{i.i.d.} (\mu, \sigma^2)$$

來自未知分配, 則我們無法得知

$$T_n = T_n(X_1, \ldots, X_n) = \bar{X}$$

的實際抽樣分配函數。

19.2.2　代入原則 (選讀)

Bootstrap 的核心想法來自代入原則 (plug-in principle)。首先找出 F 的一致估計式, 以 F_n 表示。由於

$$F(x) = P(X_i \leq x) = E[\mathbb{1}_{\{X_i \leq x\}}]$$

則根據類比原則 (analogy principle), $F(x)$ 的類比估計式 (analog estimator) 為實證分配函數 (empirical distribution function, EDF),

$$F_n(x) = \frac{1}{n} \sum_{i=1}^{n} \mathbb{1}_{\{X_i \leq x\}}$$

根據 WLLN, 對於任意 x,

$$F_n(x) \xrightarrow{p} F(x)$$

是 F 的一致估計式。

接下來, 我們將 F_n 代入 $G_n(\tau,F)$ 函數後, 得到

$$G_n^*(\tau) = G_n(\tau,F_n)$$

作為 $G_n(\tau,F)$ 的估計式。我們將 $G_n^*(\tau)$ 稱做 bootstrap 分配, 而 T_n 的統計推論就是根據 $G_n^*(\tau)$ 的 bootstrap 分配, 並具有以下性質:

$$\lim_{n \to \infty} G_n^*(\tau) = G_n(\tau,F)$$

也就是說, bootstrap 分配函數, $G_n^*(\tau)$ 在樣本夠大時, 會趨近於 T_n 的實際抽樣分配函數 $G_n(\tau,F)$。

19.2.3　模擬 Bootstrap 分配

Bootstrap 分配為: $G_n^*(\tau) = G_n(\tau,F_n)$, 然而, 在大多數的情況下, 我們無法得到 $G_n(\tau,F_n)$ 確切的函數形式, Efron (1979) 建議以模擬的方式來近似 $G_n^*(\tau)$ 函數, 其程序如下。

1. 以抽出放回 (draw with replacement) 的方式, 從樣本實現值 $\{x_i\}_{i=1}^n$ 抽出一組 bootstrap 樣本 (bootstrap sample), 習慣上我們會加上星號標註 bootstrap 樣本, 以 $\{X_i^*\}_{i=1}^n$ 表示之。簡言之, 任一 bootstrap 樣本 X^* 來自以下機率函數:

$$P(X^* = x_i) = \frac{1}{n}, 1 = 1, 2, \ldots, n$$

注意到相同的樣本點可能會被抽到一次以上, 而有的樣本點可能沒被抽到。

2. 利用這組 bootstrap 樣本計算 bootstrap 的統計量

$$T_n^* = T_n(X_1^*, \ldots, X_n^*, \hat{\theta})$$

其中 $\hat{\theta}$ 為 θ 的估計式。

3. 重複步驟 1 與步驟 2 共 B 次, 得到 B 個 bootstrap 統計量: $\{T_{n1}^*, \ldots, T_{nB}^*\}$, 因此, T_{nb}^* 的實證分配函數 (EDF) 為:

$$\hat{G}_n^*(\tau) = \frac{1}{B} \sum_{b=1}^{B} \mathbb{1}_{\{T_{nb}^* \leq \tau\}}$$

當 $B \to \infty$,

$$\hat{G}_n^*(\tau) \xrightarrow{p} G_n^*(\tau)$$

這樣的作法稱為無母數 bootstrap (nonparametric bootstrap)。理由在於, 我們在做重抽時, 沒有使用任何母體參數的資訊。一般而言, 我們設定很大的 B 值, 如 $B = 1000$ 或是 $B = 5000$。無母數 bootstrap 的步驟參見圖 19.1。

總而言之, 利用模擬 bootstrap 分配來近似實際抽樣分配 $G_n(\tau)$ 的概念如下:

$$\underbrace{\hat{G}_n^*(\tau)}_{\text{模擬 Bootstrap 分配}} \approx \underbrace{G_n^*(\tau)}_{\text{Bootstrap 分配}} \approx \underbrace{G_n(\tau)}_{\text{實際抽樣分配}}$$

由於模擬 bootstrap 分配讀來拗口, 之後我們將遵循一般的習慣, 直接簡稱 $\hat{G}_n^*(\tau)$ 為 bootstrap 分配。

圖 19.1: 無母數 Bootstrap 程序與 Bootstrap 分配

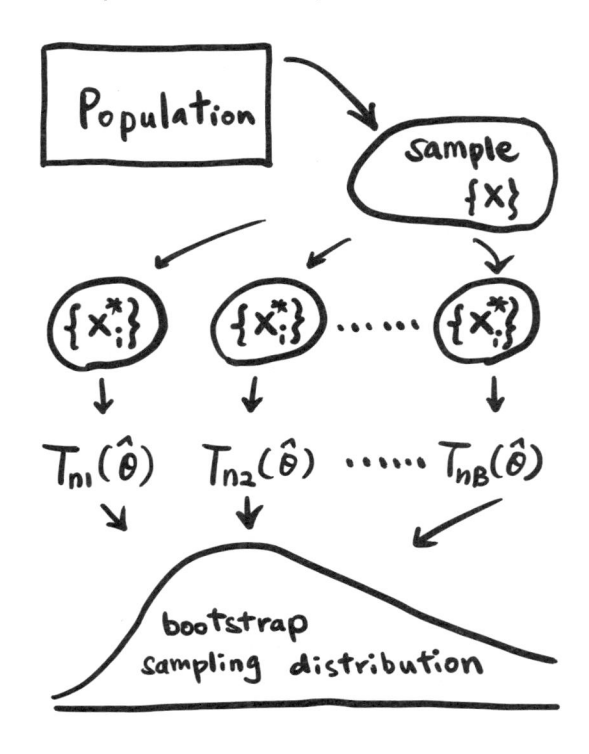

19.2.4 無母數 Bootstrap 的實際執行方式

以下說明實務上如何對樣本 $\{X_1, X_2, \ldots, X_n\}$ 執行無母數 bootstrap 的重抽。

1. 首先，我們從均勻分配 (uniform distribution)，U[0,1] 抽出 n 個隨機變數 $\{v_i\}_{i=1}^n$。

2. 對於每一個 v_i，計算

$$\kappa_i = \min(round(0.5 + v_i \times n), n)$$

其中 $round$ 代表取到最接近的整數。因此, $\kappa_i \in [1, n]$.

3. 令第 i 個 bootstrap 樣本，X_i^* 為第 κ_i 個樣本點。

舉例來說, 給定 $n = 10$, 原有樣本 $\{X_i\}_{i=1}^{10}$ 為:

$$\{X_1, X_2, X_3, X_4, X_5, X_6, X_7, X_8, X_9, X_{10}\}$$

假設抽出來的 v_i 為:

0.631, 0.277, 0.745, 0.202, 0.914, 0.136, 0.851, 0.878, 0.120, 0.00

則 κ_i 等於

7, 3, 8, 3, 10, 2, 9, 9, 2, 1

因此, bootstrap 樣本 $\{X_i^*\}_{i=1}^{10}$ 為:

$$\{X_1^*, X_2^*, X_3^*, X_4^*, X_5^*, X_6^*, X_7^*, X_8^*, X_9^*, X_{10}^*\}$$
$$= \{X_7, X_3, X_8, X_3, X_{10}, X_2, X_9, X_9, X_2, X_1\}$$

顯然地, 如前所述, 原來樣本點會在 bootstrap 樣本中出現一次以上 (如 X_2, X_3 以及 X_9), 或是完全沒被選到 (如 X_4, X_5 以及 X_6)。

好消息是, 我們不必自己撰寫以上 bootstrap 重抽的程式, 我們可以利用 R 所提供的 sample 這個指令來進行無母數 bootstrap 重抽。

R 程式 19.1 (無母數 Bootstrap 重抽).

```
set.seed(567812)
# I.I.D. 標準常態隨機變數
X = rnorm(10,0,1)
X
# Bootstrap 重抽
Xstar = sample(X,replace=T)
Xstar
```

其中, replace=T 代表抽出放回。執行程式後可得結果如下:

```
> set.seed(567812)
>
> # I.I.D. 標準常態隨機變數
> X = rnorm(10,0,1)
```

```
> X
 [1] -0.661523117  0.154907189 -0.088880849 -0.788980598 -0.065401056
 [6]  1.406390540  0.316324027  0.318056824 -0.002589387 -0.480821243
> # Bootstrap 重抽
> Xstar = sample(X,replace=T)
> Xstar
 [1] -0.002589387 -0.002589387 -0.661523117  0.318056824 -0.002589387
 [6]  0.318056824 -0.788980598 -0.661523117  0.154907189  1.406390540
```

程式中, 一組抽自標準常態的隨機樣本 $\{X_i\}_{i=1}^{10}$ 經過重抽一次後, 得到一組 bootstrap 樣本 $\{X_i^*\}_{i=1}^{10}$, 注意到 -0.002589387, -0.661523117, 0.318056824 被重複抽到, 而 -0.088880849, -0.065401056, 0.316324027 跟 -0.480821243 在此次重抽中, 完全未被選到。

19.3 Bootstrap 分配的應用有哪些?

要回答這個問題, 首先需要了解 bootstrap 分配的性質。

例 19.1. 給定 $\{X_i\}_{i=1}^{n} \sim^{i.i.d.} N(25,36)$, 並考慮統計量:

$$\bar{X}_n = \frac{1}{n}\sum_i X_i$$

假設我們有一組 $n = 10$ 的樣本實現值, 且 $\bar{X}_n = 20.88756, S_n^2 = 35.72155$。我們知道 $\bar{X}$ 的抽樣分配為:

$$\bar{X}_n \sim N\left(25, \frac{36}{10}\right)$$

圖 19.2 分別畫出 (a) 母體分配, (b) 一組特定樣本實現值, (c) 抽樣分配, 以及 (d) Bootstrap 分配。

我們可以從圖 19.2 中發現, bootstrap 分配與抽樣分配非常相似: 類似的散佈程度與形狀 (same spread and shape), 抽樣分配的變異數為 3.6, 而 bootstrap 分配的變異數為 3.28433。唯一不同處是中心位置不同, 抽樣分配的中心位置為 $\mu = 25$, 而 bootstrap 分配的中心位置則是 $\bar{X}_n = 20.88756$。

圖 19.2: 母體 $N(25,36)$ 分配, 隨機樣本實現值, $\bar{X}$ 的抽樣分配, 以及 Bootstrap 分配

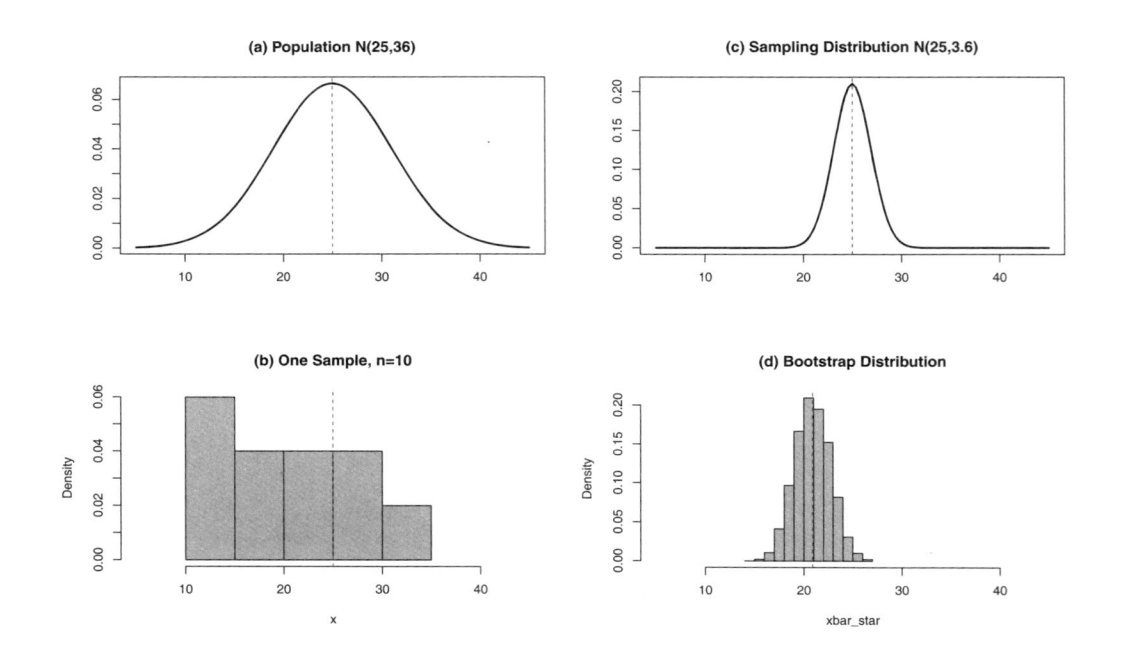

例 19.2. 給定 $\{X_i\}_{i=1}^n \sim^{i.i.d.} Gamma(1,2)$, 並考慮統計量:

$$\bar{X}_n = \frac{1}{n} \sum_i X_i$$

假設我們有一組 $n = 10$ 的樣本實現值, 且 $\bar{X}_n = 1.397388$, $S_n^2 = 3.21463$。我們知道 $\bar{X}$ 的抽樣分配為 (參見第 18 章定理 18.5):

$$\bar{X}_n \sim Gamma\left(10, \frac{2}{10}\right)$$

圖 19.3 分別畫出 (a) 母體分配, (b) 一組特定樣本實現值, (c) 抽樣分配, 以及 (d) Bootstrap 分配。

根據圖 19.3, 我們依然可以觀察到 bootstrap 分配與抽樣分配非常相似: 類似的變異程度與形狀 (same spread and shape), 也都具有相同的右長尾。抽樣分配的變異數為 0.2, 而 bootstrap 分配的變異數為 0.2859185。唯一不同處是中心位置不同, 抽樣分配是以 $\mu = E(X) = 2$ 為中心, 而 bootstrap 分配則是以 $\bar{X}_n = 1.397388$ 為中心。

圖19.3: 母體 Gamma(1,2) 分配, 隨機樣本實現值, $\bar{X}$ 的抽樣分配, 以及 Bootstrap 分配

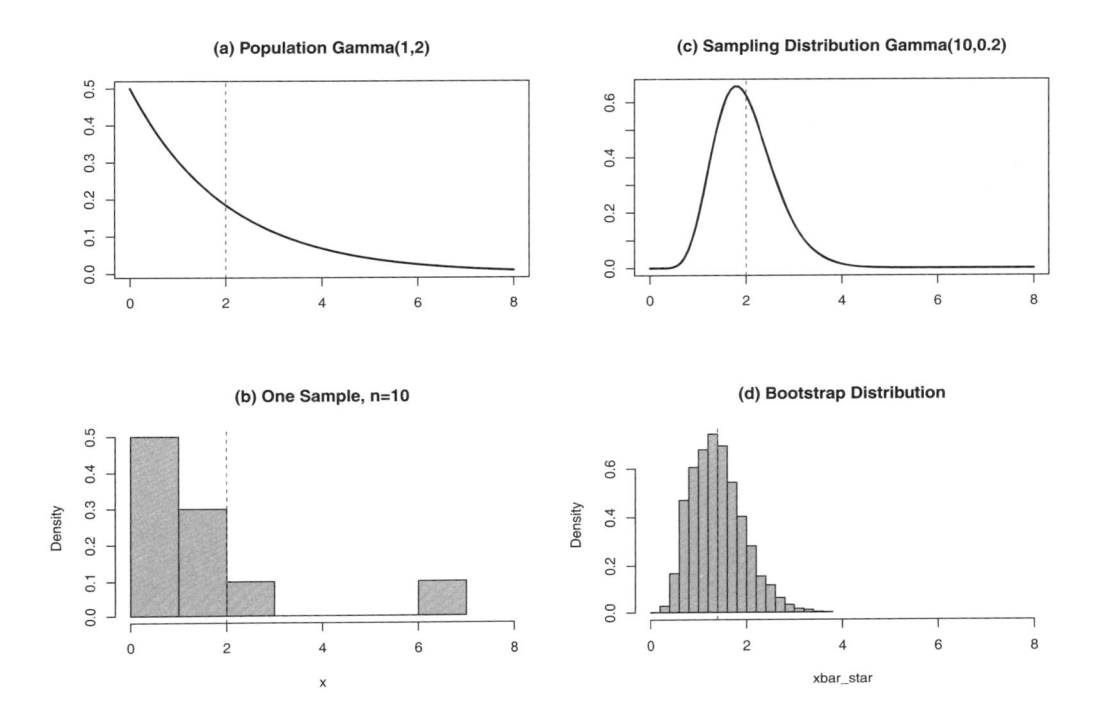

在例 19.1 與 19.2 兩個例子中, $\bar{X}$ 是 μ 的不偏估計式, 我們底下來看一個偏誤估計式的例子。

例 19.3. 給定 $\{X_i\}_{i=1}^n \sim^{i.i.d.} N(25,36)$, 並考慮統計量:

$$\hat{\sigma}^2 = \frac{1}{n} \sum_i (X_i - \bar{X}_n)^2$$

我們在第 13 章學過, $\hat{\sigma}^2$ 是 σ^2 的一個偏誤估計式,

$$E(\hat{\sigma}^2) = \left(\frac{n-1}{n}\right) \sigma^2$$

且 $\hat{\sigma}^2$ 的抽樣分配為 (參見第 18 章定理 18.7):

$$\hat{\sigma}^2 \sim \text{Gamma}\left(\frac{n-1}{2}, \frac{2\sigma^2}{n}\right)$$

圖 19.4: 母體 $N(25,36)$ 分配, 隨機樣本實現值, $\hat{\sigma}^2$ 的抽樣分配, 以及 Bootstrap 分配

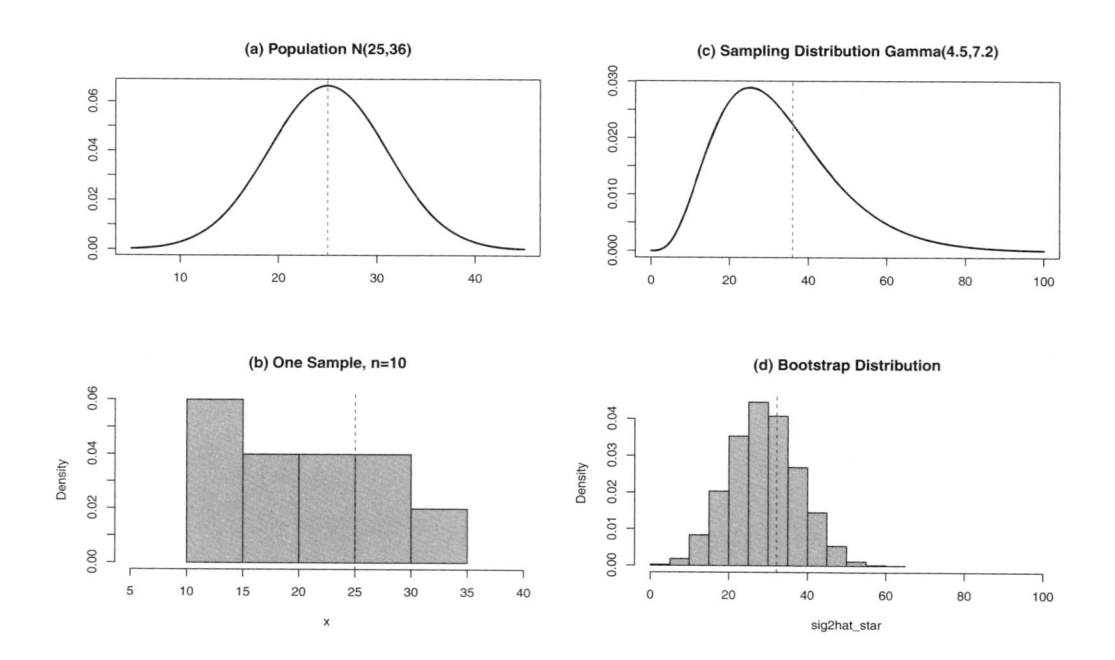

假設我們有一組 $n = 10$ 的樣本實現值, $\hat{\sigma}^2 = 32.1494$, 且 $\hat{\sigma}^2 \sim \text{Gamma}(4.5, 7.2)$。圖 19.4 分別畫出 (a) 母體分配 $N(25,36)$, (b) 一組特定樣本實現值, (c) $\hat{\sigma}^2$ 的抽樣分配, 以及 (d) Bootstrap 分配。

我們可以看到, $\hat{\sigma}^2$ 為偏誤估計式, 亦即,

$$E(\hat{\sigma}^2) = 4.5 \times 7.2 = 32.4 < 36 = \sigma^2$$

偏誤為 $36 - 32.4 = 3.6$, 而 bootstrap 分配的平均值為 $28.9459 < 32.1494 = \hat{\sigma}^2$, 偏誤為 $32.1494 - 28.9459 = 3.2035$, 亦即, 抽樣分配與 bootstrap 分配具有類似的偏誤。

看完例 19.1-19.3 後, 我們大致上可觀察到, bootstrap 分配性質為: (1) 在散佈程度 (spread), 偏態 (skewness), 以及偏誤 (bias) 等分配的形態上, bootstrap 分配與抽樣分配相當類似。(2) Bootstrap 分配與抽樣分配的中心位置並不相同, bootstrap 分配是以參數估計式為中心, 而抽樣分配是以母體參數為中心。

性質 19.1. 對於多數的統計量 T_n 而言, *bootstarp* 分配可良好近似實際抽樣分配的散佈程度 *(spread)*, 形態 *(shape)*, 以及偏誤 *(bias)*。

綜上所述, bootstrap 分配通常被用來

1. 建構 bootstrap 偏誤, 並建構以 bootstrap 修正後的不偏估計式。

2. 建構 bootstrap 變異數 (標準差)。

3. 建構 bootstrap 信賴區間。

19.4 如何建構 Bootstrap 偏誤

估計式 $\hat{\theta}$ 的偏誤 (bias) 定義成 $\omega_n = E(\hat{\theta} - \theta)$, 如果我們令統計量

$$T_n(\theta) = \hat{\theta} - \theta$$

則偏誤可以寫成 $\omega_n = E[T_n(\theta)]$, 而對應的 bootstrap 估計式為:

$$\hat{\theta}^* = \hat{\theta}(X_1^*, \ldots, X_n^*)$$

統計量則是 $T_n^* = \hat{\theta}^* - \hat{\theta}$, 因此, bootstrap 偏誤 (bootstrap bias) 為:

$$\omega_n^* = E[T_n^*(\theta)]$$

由於 bootstrap 偏誤不易直接計算, 我們以模擬的方式估計, 亦即, ω_n^* 的模擬估計式 (simulation estimator) 為:

$$\hat{\omega}_n^* = \frac{1}{B}\sum_{b=1}^{B} T_{nb}^* = \frac{1}{B}\sum_{b=1}^{B}(\hat{\theta}_b^* - \hat{\theta}) = \left(\frac{1}{B}\sum_{b=1}^{B}\hat{\theta}_b^*\right) - \hat{\theta} = \overline{\hat{\theta}^*} - \hat{\theta}$$

其中, 我們定義 $\overline{\hat{\theta}^*} = \frac{1}{B}\sum_{b=1}^{B}\hat{\theta}_b^*$。給定 $\hat{\theta}$ 為偏誤估計式, 則 θ 的不偏估計式為:

$$\ddot{\theta} = \hat{\theta} - \omega_n$$

使得

$$E(\ddot{\theta}) = E(\hat{\theta}) - \omega_n = E(\hat{\theta}) - E(\hat{\theta} - \theta) = \theta$$

因此, 偏誤修正 (bias-adjusted) 的 bootstrap 估計式為:

$$\ddot{\theta}^* = \hat{\theta} - \hat{\omega}_n^* = \hat{\theta} - (\overline{\hat{\theta}^*} - \hat{\theta}) = 2\hat{\theta} - \overline{\hat{\theta}^*}$$

簡單地說, 我們先透過 bootstrap 估計偏誤, 然後建構出偏誤修正的 bootstrap 估計式。

> **例 19.4.** 給定 $\{X_i\}_{i=1}^n \sim^{i.i.d.} N(0,10^2)$, 我們已知 $S_n^2 = \frac{1}{n-1}\sum_i(X_i - \bar{X}_n)^2$ 為 σ^2 的不偏估計式, 然而, 根據 Jensen 不等式 (定理 7.2),
>
> $$(E(S_n))^2 < E(S_n^2) = \sigma^2$$
>
> 因此, $E(S_n) < \sigma$ 為 σ 的偏誤估計式。

我們在 $n = 5$ 的情況下, 得到 S_n 的抽樣分配如圖 19.5 (a) 所示, 如前所述, S_n 存在向下偏誤 (downward bais)。偏誤修正的 bootstrap 估計式為:

$$\ddot{S}_n^* = 2S_n - \overline{S_n^*}$$

圖 19.5 (b) 則同時畫出 S_n 的抽樣分配 (實線) 與 $\ddot{S}_n^*$ 的抽樣分配 (虛線), 不難發現, 以 bootstrap 修正偏誤後, 偏誤修正的 bootstrap 估計式就會以 $\sigma = 10$ 為中心。

19.5 如何建構 Bootstrap 標準誤

令 $T_n = \hat{\theta}$, 則其變異數為:

$$V_n = Var(\hat{\theta}) = E\left(\left[\hat{\theta} - E(\hat{\theta})\right]^2\right)$$

在 bootstrap 分配中, 若 $T_n^* = \hat{\theta}^*$, 則其變異數為:

$$V_n^* = Var(\hat{\theta}^*) = E\left(\left[\hat{\theta}^* - E(\hat{\theta}^*)\right]^2\right)$$

因此, bootstrap 變異數 V_n^* 為 (注意到計算時, 也可以除上 B):

$$\hat{V}_n^* = \frac{1}{B-1}\sum_{b=1}^B \left(\hat{\theta}_b^* - \overline{\hat{\theta}^*}\right)^2$$

圖19.5: 偏誤修正前後的估計式抽樣分配

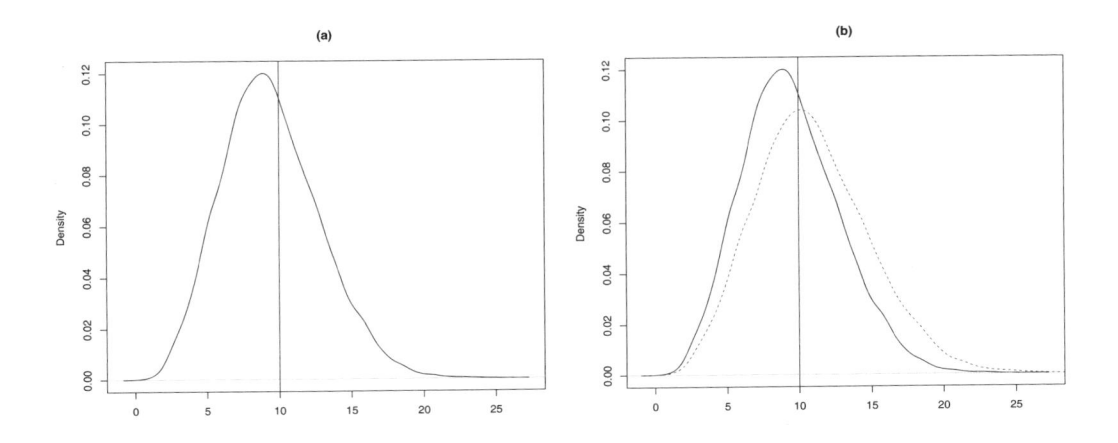

而 $\sqrt{\hat{V}_n^*}$ 就是 bootstrap 標準誤。

舉例來說, 在例 19.1 中, 圖 19.2 (d) 的 bootstrap 分配的變異數 $\hat{V}_n^* = 3.28433$, 標準差 $\hat{V}_n^* = 1.812272$, 參見底下 R 程式。

R 程式 19.2 (Bootstrap 變異數/標準差).

```
n = 10
mu = 25
sderr = 6
B = 10000
set.seed(3^12)
x = rnorm(n,mu,sderr)
xbar_star = c()
for (i in 1:B) {
xstar = sample(x,n,replace=T)
xbar_star[i] = mean(xstar)
}
var(xbar_star)
sd(xbar_star)
```

執行指令後可得,

```
> var(xbar_star)
[1] 3.28433
> sd(xbar_star)
[1] 1.812272
```

19.6 如何建構 Bootstrap 信賴區間

除了估計偏誤以及找出 bootstrap 標準誤, 我們還能進一步建構 bootstrap 信賴區間。給定 T_n 的實際抽樣分配為 $G_n(\tau, F)$, 若

$$\alpha = G_n(q_n(\alpha, F), F)$$

我們稱 $q_n(\alpha, F)$ 為 $100\alpha\%$ 的分量函數 (quantile function)。同理, bootstrap 分配中的分量函數為:

$$q_n^*(\alpha) = q_n(\alpha, F_n)$$

給定 $T_n = \hat{\theta}$ 為我們有興趣的統計量, 則樣本中有 $100 \cdot (1-\alpha)\%$ 的比例, $\hat{\theta}$ 被以下區間所包含:

$$\left[q_n\left(\frac{\alpha}{2}\right), \ q_n\left(1 - \frac{\alpha}{2}\right) \right]$$

以上的區間提供我們建構 bootstrap 信賴區間的靈感。亦即, Efron 提出以下的 bootstrap 信賴區間

$$CI^* = \left[q_n^*\left(\frac{\alpha}{2}\right), \ q_n^*\left(1 - \frac{\alpha}{2}\right) \right]$$

一般來說, 我們稱此區間為百分位信賴區間 (percentile confidence interval)。而實務上 CI 的模擬估計式為:

$$\widehat{CI}^* = \left[\hat{q}_n^*\left(\frac{\alpha}{2}\right), \ \hat{q}_n^*\left(1 - \frac{\alpha}{2}\right) \right]$$

其中 $\hat{q}_n^*(\cdot)$ 為 bootstrap 統計量 $\{T_{n1}^*, \ldots, T_{nB}^*\}$ 的樣本分量 (sample quantile)。也就是說, 我們透過模擬得到 bootstrap 統計量, $\{T_{n1}^*, \ldots, T_{nB}^*\}$, 將

它們由小排到大, 然後找出第 $B\alpha$ 個 T_{nb}^* 作為分量 $q_n^*(\alpha)$ 的模擬估計式。舉例來說, 在 1000 次的重複抽樣中 ($B = 1000$), 95% 的百分位信賴區間就是第 25 位以及第 975 位的 T_{nb}^* (排序後)。

百分位信賴區間 $\widehat{CI}^*$ 建構程序簡單, 從而成為實證研究中, 最常使用的一種 bootstrap 信賴區間。在此我們用一個例子來說明 bootstrap 信賴區間之建構。

例 19.5 (建構 Bootstrap 信賴區間). 給定一組隨機樣本 $\{X_1, X_2, \ldots, X_{10}\}$:

(3.384687,　9.472060,　1.084455,　5.417201,　11.894236, 6.563767,　1.799715,　1.029623,　9.620075,　6.202564)

試建構 μ 的 95% 大樣本近似信賴區間與 *bootstrap* 百分位信賴區間。

首先注意到 $\bar{X} = 5.646838$, 且 $S_n = 3.839892$。給定 $1 - \alpha = 0.95$, 透過樞紐量

$$\frac{\sqrt{n}(\bar{X} - \mu)}{S_n} \xrightarrow{d} N(0, 1)$$

μ 的 95% 大樣本近似區間估計為:

$$CI = \left[\bar{X} \pm Z_{0.025} \frac{S_n}{\sqrt{n}}\right] = [3.266892,\ 8.026784]$$

而 bootstrap 百分位信賴區間則是:

$$\widehat{CI}^* = [3.466989,\ 7.933018]$$

顯而易見, bootstrap 百分位信賴區間寬度較大樣本近似信賴區間為窄, 亦即, bootstrap 百分位信賴區間提供較為精確的區間估計。

此例子的 R 程式如下。

R 程式 19.3 (95% 大樣本近似信賴區間).

```
## 95% Asymptotic CI
n=10
set.seed(123)
y=c(3.384687, 9.472060, 1.084455, 5.417201, 11.894236,
6.563767, 1.799715, 1.029623, 9.620075, 6.202564)
L = mean(y) - qnorm(p=0.975,mean=0,sd=1)*(sd(y)/sqrt(n))
U = mean(y) + qnorm(p=0.975,mean=0,sd=1)*(sd(y)/sqrt(n))
ACI = c(L,U)
cat('Asymptotic CI:', ACI, '\n')
```

執行指令後可得,

```
Asymptotic CI: 3.266892 8.026784
```

R 程式 19.4 (95% Bootstrap 百分位信賴區間).

```
## 95% Bootstrap CI
n=10
set.seed(123)
y=c(3.384687, 9.472060, 1.084455, 5.417201, 11.894236,
6.563767, 1.799715, 1.029623, 9.620075, 6.202564)
B = 10000
Bootmean = c()
for(i in 1:B){
ystar = sample(y,size=n,replace=TRUE)
Bootmean[i] = mean(ystar)
}
Lboot =  quantile(Bootmean, prob=0.025)
Uboot =  quantile(Bootmean, prob=0.975)
BCI = c(Lboot,Uboot)
cat('Bootstrap CI:', BCI, '\n')
```

執行指令後可得,

```
Bootstrap CI: 3.466989  7.933018
```

偷偷告訴大家,這組隨機樣本 $\{X_1, X_2, \ldots, X_{10}\}$ 來自 Gamma(3,2) 分配,亦即,

$$E(X) = \mu = \alpha\beta = 3 \times 2 = 6$$

以下 R 程式製造出例 19.5 中的隨機樣本實現值:

```
> n=10
> set.seed(123)
> y=rgamma(n=n, shape=3, scale=2)
> y
 [1]  3.384687  9.472060  1.084455  5.417201 11.894236  6.563767  1.799715
 [8]  1.029623  9.620075  6.202564
>
```

19.7　如何執行 Bootstrap 檢定

我們可以透過 bootstrap 執行假設檢定。除了利用 bootstrap 分配找出臨界值,也可以建構 bootstrap 的 p-value。

19.7.1　單尾檢定

我們想要在顯著水準為 α 之下檢定底下的假設,

$$\begin{cases} H_0: & \theta = \theta_0 \\ H_1: & \theta > \theta_0 \end{cases}$$

令

$$T_n(\theta_0) = \frac{\hat{\theta} - \theta_0}{se(\hat{\theta})}$$

為我們感興趣的檢定統計量,其中 $se(\hat{\theta}) = \sqrt{\widehat{Var(\hat{\theta})}}$ 是 $\hat{\theta}$ 的標準差估計式。傳統的大樣本檢定為找出一個臨界值 c 使得

$$P(T_n(\theta_0) > c) = \alpha$$

則根據 $T_n(\theta_0)$ 的虛無分配，$c = q_n(1-\alpha)$，舉例來說，若 $T_n(\theta_0)$ 的虛無分配爲 $N(0,1)$，則 $c = q_n(1-\alpha) = Z_\alpha$。

而 bootstrap 檢定的步驟則是先模擬

$$T_n^* = \frac{\hat{\theta}^* - \hat{\theta}}{se(\hat{\theta}^*)}$$

的 bootstrap 分配，其中 $se(\hat{\theta}^*)$ 爲 $\hat{\theta}^*$ 的 bootstrap 標準誤。接下來，我們找出 bootstrap 臨界值 $q_n^*(1-\alpha)$ 使得

$$P(T_n^* > q_n^*(1-\alpha)) = \alpha$$

且拒絕域爲：

$$RR = \{拒絕 H_0, 當 T_n(\theta_0) > q_n^*(1-\alpha)\}$$

此外，我們也可以計算 bootstrap p-value：

$$p^* = \frac{1}{B} \sum_{b=1}^{B} \mathbb{1}_{\{T_{nb}^* > T_n(\theta_0)\}}$$

亦即，在 B 個 T_{nb}^* 中，有多少比例的 T_{nb}^* 大於 $T_n(\theta_0)$。

19.7.2 雙尾檢定

我們想要在顯著水準爲 α 之下檢定底下的假設，

$$\begin{cases} H_0: & \theta = \theta_0 \\ H_1: & \theta \neq \theta_0 \end{cases}$$

令

$$T_n(\theta_0) = \frac{\hat{\theta} - \theta_0}{se(\hat{\theta})}$$

爲我們感興趣的檢定統計量。如同單尾檢定的例子，我們模擬

$$T_n^* = \frac{\hat{\theta}^* - \hat{\theta}}{se(\hat{\theta}^*)}$$

的 bootstrap 分配。接著將 $|T_{nb}^*|$ 由小排到大，然找出 $100 \cdot (1-\alpha)\%$ 的分量函數，$q_n^*(1-\alpha)$，則拒絕域為：

$$RR = \{拒絕 H_0, 當 |T_n(\theta_0)| > q_n^*(1-\alpha)\}$$

而 bootstrap p-value 為：

$$p^* = \frac{1}{B} \sum_{b=1}^{B} \mathbb{1}_{\{|T_{nb}^*| > |T_n(\theta_0)|\}}$$

此外，根據 Hansen (2022, p.293)，在使用 bootstarp 檢定時，我們也可以使用 non-studentized 的檢定量 (non-studentized statistic)：

$$T_n = \hat{\theta} - \theta_0$$

對應的 bootstrap 檢定量為：

$$T_n^* = \hat{\theta}^* - \hat{\theta}$$

而 non-studentized bootstrap p-value 則為：

$$p^* = \frac{1}{B} \sum_{b=1}^{B} \mathbb{1}_{\{|\hat{\theta}^* - \hat{\theta}| > |\hat{\theta} - \theta_0|\}}$$

例 19.6. 給定一組隨機樣本 $\{X_1, X_2, \ldots, X_{10}\}$：

(3.384687, 9.472060, 1.084455, 5.417201, 11.894236, 6.563767, 1.799715, 1.029623, 9.620075, 6.202564)

試在顯著水準 $\alpha = 0.05$ 之下，以大樣本檢定以及 *bootstrap* 檢定兩種檢定方法，檢定：

$$H_0: \mu = 3, \quad H_1: \mu \neq 3$$

注意到這是一個雙尾檢定，如果是用大樣本檢定，給定樞紐量

$$\varphi = \frac{\sqrt{n}(\bar{X} - \mu)}{S_n}$$

則檢定量為：

$$\varphi = \frac{\sqrt{n}(\bar{X} - 3)}{S_n} \xrightarrow{d} N(0,1)$$

由於 $\bar{X} = 5.646838$，且 $S_n = 3.839892$,

$$\varphi_{obs} = \frac{\sqrt{10}(5.646838 - 3)}{3.839892} = 2.179759$$

則其大樣本檢定 p-value 為：

$$p = 2 \times P(\varphi > 2.179759) = 2 \times P(Z > 2.179759) = 0.02927536$$

至於計算 bootstrap p-value 時，我們首先重抽樣本，給定第 b 次的 bootstrap 樣本為 $(X^*_{1b}, X^*_{2b}, \ldots, X^*_{nb})$，並計算

$$\varphi_b = \frac{\sqrt{n}(\bar{X}^*_b - \bar{X})}{S^*_{nb}}$$

其中，

$$\bar{X}^*_b = \frac{1}{n}(X^*_{1b} + X^*_{2b} + \cdots + X^*_{nb})$$

且

$$S^*_{nb} = \sqrt{\frac{1}{n-1}\sum_{i=1}^{n}(X^*_{ib} - \bar{X}^*_b)^2}$$

則 bootstrap p-value 為：

$$p^* = \frac{1}{B}\sum_{b=1}^{B} \mathbb{1}_{\{|\varphi^*_b| > |\varphi_{obs}|\}} = \frac{1}{B}\sum_{b=1}^{B} \mathbb{1}_{\{|\varphi^*_b| > |2.179759|\}}$$

而 non-studentized bootstrap p-value 則為：

$$p^* = \frac{1}{B}\sum_{b=1}^{B} \mathbb{1}_{\{|\bar{X}^*_b - \bar{X}| > |\bar{X} - \mu_0|\}} = \frac{1}{B}\sum_{b=1}^{B} \mathbb{1}_{\{|\bar{X}^*_b - \bar{X}| > |5.646838 - 3|\}}$$

計算 p-value 的 R 程式如下。

R 程式 19.5.

```
n=10
set.seed(123)
y=c(3.384687, 9.472060, 1.084455, 5.417201, 11.894236,
6.563767, 1.799715, 1.029623, 9.620075, 6.202564)
varphi0 = sqrt(n)*(mean(y)-3)/sd(y)

## Asymptotic p-value
Apv = 2*(1-pnorm(q=abs(varphi0),mean=0,sd=1))

## Bootstrap p-value
B = 10000
Bootvarphi = c()
Bootvarphi2 = c()
for(i in 1:B){
ystar = sample(y,size=n,replace=TRUE)
Bootvarphi[i] = sqrt(n)*(mean(ystar)-mean(y))/sd(ystar)
Bootvarphi2[i] = (mean(ystar)-mean(y))
}
Ind = ifelse(abs(Bootvarphi)>abs(varphi0),1,0)
Bootpv = mean(Ind)
Ind2 = ifelse(abs(Bootvarphi2)>abs(mean(y)-3),1,0)
Bootpv2 = mean(Ind2)

cat('Asymptotic p-value:', Apv, '\n')
cat('Bootstrap p-value:', Bootpv, '\n')
cat('non-studentized Bootstrap p-value:', Bootpv2, '\n')
```

執行程式後可得:

```
> cat('Asymptotic p-value:', Apv, '\n')
```

```
Asymptotic p-value: 0.02927536
> cat('Bootstrap p-value:', Bootpv, '\n')
Bootstrap p-value: 0.0611
> cat('non-studentized Bootstrap p-value:', Bootpv2, '\n')
non-studentized Bootstrap p-value: 0.0195
```

亦即, bootstrap p-value 為:

$$p^* = \frac{1}{10000} \sum_{b=1}^{10000} \mathbb{1}_{\{|\varphi_b^*|>|2.179759|\}} = 0.0611$$

non-studentized bootstrap p-value 為:

$$p^* = \frac{1}{10000} \sum_{b=1}^{10000} \mathbb{1}_{\{|\bar{X}_b^* - \bar{X}|>|2.646838|\}} = 0.0195$$

最後值得一提的是, 根據第 17 章有關檢定與信賴區間之討論, 如果我們想要在顯著水準為 α 之下作雙尾檢定,

$$\begin{cases} H_0: & \theta = \theta_0 \\ H_1: & \theta \neq \theta_0 \end{cases}$$

只要建構 θ 的 $100(1-\alpha)\%$ 的 bootstrap 信賴區間, 然後檢查信賴區間是否包含 θ_0, 若不包含 θ_0, 則拒絕虛無假設。若要作單尾檢定, 就建構單邊的 bootstrap 信賴區間即可。

19.8 如何重抽成對的 bootstrap 樣本

有時我們的資料是成對, 舉例來說, 第 1 章的表 1.2 中, 每個國家的外匯存底與 GDP 就是成對的資料 $\{X_i, Y_i\}$。

當資料為成對時, bootstrap 樣本就要從原來的樣本中, 成對重抽出來。底下的 R 程式示範如何重抽成對的 bootstrap 樣本。

19.8 如何重抽成對的 bootstrap 樣本

R 程式 19.6.

```
set.seed(123)
x = c(2, 4, 6, 8, 10, 12, 14, 16)
y = c(1, 3, 5, 7, 9, 11, 13, 15)
data = cbind(x,y)
data


bootidx = sample(c(1:nrow(data)),nrow(data),replace=T)
bootidx


bootdata = data[bootidx,]
bootdata
```

執行程式後可得:

```
> data
      x  y
[1,]  2  1
[2,]  4  3
[3,]  6  5
[4,]  8  7
[5,] 10  9
[6,] 12 11
[7,] 14 13
[8,] 16 15
>
>
>
> bootidx = sample(c(1:nrow(data)),nrow(data),replace=T)
> bootidx
[1] 7 7 3 6 3 2 2 6
>
> bootdata = data[bootidx,]
> bootdata
      x  y
[1,] 14 13
[2,] 14 13
```

```
[3,]   6  5
[4,]  12 11
[5,]   6  5
[6,]   4  3
[7,]   4  3
[8,]  12 11
>
```

19.9 應用 Bootstrap 時該注意什麼

雖然 bootstrap 的應用很廣泛, 也十分容易執行, 但是在實際應用上有若干需要注意的地方。

1. Bootstrap 不可用來改變你的資料樣本大小。如果你原有資料的樣本大小為 n: $\{X_1, X_2, \ldots, X_n\}$, 則你每一次模擬的 bootstrap 樣本也要有相同的樣本大小: $\{X_{1b}^*, X_{2b}^*, \ldots, X_{nb}^*\}$。理由在於, 統計量 T_n 的變異與樣本大小有關, 舉例來說, 樣本平均 $\bar{X}_n$ 的變異為 $Var(\bar{X}_n) = \sigma^2/n$, 與樣本大小有關。

   利用 bootstrap 所建構的 T_n^* 就是想要近似或是說重現統計量 T_n 的變異, 因此, 樣本重抽的樣本大小自然要跟原有資料的樣本大小一致。實務上常見的錯誤就是研究者誤以為可以透過 bootstrap 增加樣本數, 進而製造出具有統計顯著性的實證結果。

2. 使用 bootstrap 的前提假設是, 你的原有資料必須是隨機樣本, 亦即, 原有資料必須具備 i.i.d. 性質。如果資料具有相關性 (如時間序列資料), 就需要使用殘差 bootstrap (residual bootstrap), 或是區塊 bootstrap (block bootstrap)。想要進一步了解的讀者可參閱陳旭昇 (2022)。

練習題

1. 給定隨機樣本 $\{X_1, X_2, \ldots, X_n\} \sim^{i.i.d.} N(\mu, 1)$, 並有一組實現值 $\{x_1, x_2, \ldots, x_n\}$, 且樣本均數為 $\bar{x}_n$。而 bootstarp 樣本 $\{X_1^*, X_2^*, \ldots, X_n^*\}$ 從 $\{x_1, x_2, \ldots, x_n\}$

中以抽出放回的方式重抽。

(a) 證明 $E(X_1^*) = \bar{x}_n$。

(b) 證明 $Var(X_1^*) = \frac{1}{n}\sum_{i=1}^{n}(x_i - \bar{x}_n)^2$。

2. (Parametric Bootstrap 分配) 給定隨機樣本 $\{X_1, X_2, \ldots, X_n\} \sim^{i.i.d.} N(\mu, 1)$，並有一組實現值 $\{x_1, x_2, \ldots, x_n\}$，且樣本均數為 $\bar{x}_n$。給定 bootstarp 樣本為：
$$\{X_1^*, X_2^*, \ldots, X_n^*\} \sim^{i.i.d.} N(\bar{x}_n, 1)$$
注意到這種重抽 bootstarp 樣本的方法跟我們之前所介紹的 bootstarp 重抽程序不同。我們在之前所介紹的方法，是從 F_n 重抽，那樣的做法稱為無母數 bootstrap (nonparametric bootstrap)。定義 $\bar{X}_n^* = \frac{1}{n}\sum_i X_i^*$，試找出 $\bar{X}_n^* - \bar{x}_n$ 的 bootstrap 分配。

3. (R 程式作業) 給定一組隨機樣本 $\{X_1, X_2, \ldots, X_8\} \sim^{i.i.d.} N(2, 16)$：

```
> set.seed(123)
> n=8
> x = rnorm(n,2,4)
> x
[1] -0.2419026  1.0792900  8.2348333  2.2820336  2.5171509  8.8602599  3.8436648
[8] -3.0602449
```

我們知道 $\hat{\sigma}^2 = \frac{1}{n}\sum_i(X_i - \bar{X})^2$ 是 σ^2 的偏誤估計式，而 $S_n^2 = \frac{1}{n-1}\sum_i(X_i - \bar{X})^2$ 則是不偏估計式。

(a) 計算 S_n^2 的估計值。

(b) 計算 σ^2 的估計值。

(c) 以 bootstrap 估計偏誤，並對 σ^2 做出修正。報告經 bootstrap 偏誤修正後 σ^2 的估計值。模擬次數設為 $B = 10000$ 次。

4. (R 程式作業) 給定樣本：
$$(2\ 5\ 3\ 3\ 7\ 12\ 15\ 21\ 7\ 16)$$
抽出 10000 組 bootstrap 樣本，計算 $\bar{X}^*$，並以直方圖畫出 $\bar{X}^*$。

5. (R 程式作業) 給定樣本:

$$(2\ 5\ 3\ 3\ 7\ 12\ 15\ 21\ 7\ 16)$$

抽出 10000 組 bootstrap 樣本,計算中位數 $q^*_{0.5}$,並以直方圖畫出 $q^*_{0.5}$。

6. (R 程式作業) 給定一組隨機樣本 $\{X_1, X_2, \ldots, X_{10}\}$:

(-1.1209513 -0.4603550   3.1174166   0.1410168   0.2585755   3.4301300
 0.9218324 -2.5301225 -1.3737057 -0.8913239)

(a) 建構 μ 的 95% Bootstrap 百分位區間估計式。

(b) 建構 σ^2 的 95% Bootstrap 百分位區間估計式。

(c) 建構 σ 的 95% Bootstrap 百分位區間估計式。

(d) 建構中位數 $q_{0.5}$ 的 95% Bootstrap 百分位區間估計式。模擬次數設為 $B = 10000$ 次。

7. 給定一組隨機樣本 $\{X_1, X_2, \ldots, X_{100}\} \sim \exp(\beta)$ 實現值 ($\beta = 2$):

```
> set.seed(123)
> n=100
> x = rexp(n,rate=1/2)
```

在顯著水準 5% 下,以 bootstrap 程序檢定 $H_0: \beta = 2$ vs. $H_1: \beta \neq 2$。模擬次數設為 $B = 10000$ 次。

(a) 計算 bootstrap p-值。

(b) 我們是否能拒絕虛無假設?

(c) 找出 β 的 95% bootstrap 百分位區間估計值。

8. (R 程式作業) 給定各國股票報酬率資料:

	臺灣 加權指數	美國 道瓊工業指數	日本 日經225	英國 金融時報
22-Nov	6.03	2.40	0.60	2.83
22-Dec	-2.22	-1.85	-3.01	-0.70
23-Jan	3.33	1.21	2.00	1.83
23-Feb	0.67	-1.86	0.19	0.58
23-Mar	1.01	0.81	0.93	-1.37
23-Apr	-0.80	1.06	1.24	1.34
23-May	2.70	-1.54	2.95	-2.41

我們有興趣的母體參數為:

$$\theta = \frac{E(X)}{\sqrt{Var(X)}}$$

並以

$$\hat{\theta} = \frac{\bar{X}}{\sqrt{S_n^2}}$$

估計。

(a) 計算各國 θ 的估計值。

(b) 找出 θ 的 95% bootstrap 百分位區間估計值。模擬次數設為 $B = 10000$ 次。

9. (R 程式作業) 給定以下台灣消費者物價年增率 (通貨膨脹率) 與失業率資料:

(a) 計算通貨膨脹率與失業率的相關係數。

(b) 找出相關係數的 95% bootstrap 百分位信賴區間。模擬次數設為 $B = 10000$ 次。

日期	通貨膨脹率 (%)	失業率 (%)
2022M08	2.68	3.79
2022M09	2.76	3.66
2022M10	2.74	3.64
2022M11	2.35	3.61
2022M12	2.71	3.52
2023M01	3.05	3.50
2023M02	2.42	3.53
2023M03	2.35	3.56
2023M04	2.35	3.50
2023M05	2.02	3.46
2023M06	1.75	3.49
2023M07	1.88	3.56

10. (R 程式作業)

給定一組隨機樣本 $\{X_1, X_2, \ldots, X_{100}\} \sim$ Bernoulli(μ)，已知 $Var(X_1) = \mu(1-\mu)$，其估計式為 $\widehat{Var(X_1)} = \hat{\mu}(1-\hat{\mu}) = \bar{X}(1-\bar{X})$。根據 Casella and Berger (2002, p.475)，估計式 $\bar{X}(1-\bar{X})$ 的變異數為 $Var(\bar{X}(1-\bar{X}))$，透過 Delta Method (定理 14.8)，該變異數的大樣本估計式為

$$Var(\widehat{\bar{X}(1-\bar{X})}) = \frac{\bar{X}(1-\bar{X})(1-2\bar{X})^2}{n}$$

當 $\mu = 0.2$，透過以下 R 程式，我們可得到樣本實現值。

```
> set.seed(123)
> n=100
> x = rbinom(n,size=1,prob=0.2)
```

(a) 根據Casella and Berger (2002, p.475) 所提供的大樣本估計式，找出 $\bar{X}(1-\bar{X})$ 的大樣本變異數估計值。

(b) 模擬次數設為 $B = 10000$ 次，找出 $\bar{X}(1-\bar{X})$ 的 bootstrap 變異數。

20 貝氏統計推論

20.1 客觀機率與主觀機率有何不同
20.2 什麼是貝氏統計學
20.3 如何以連續隨機變數來刻劃信念
20.4 主觀機率與客觀機率有何關連
20.5 貝氏統計的適用時機為何

在統計學中存在兩大派別，一派稱作古典統計學，另一派稱作貝氏統計學。本章的目的在於淺介貝氏統計學。古典統計學立基於客觀機率，而貝氏統計學則仰賴於主觀機率。我們將在本章中，對於主客觀機率的分野，以及古典統計與貝氏統計的區別，做一個粗淺的探討。讀者如果想進一步了解貝氏統計分析，一本相當平易近人的書為 Donovan and Mickey (2019)。

20.1 客觀機率與主觀機率有何不同

如果有人拿出一個銅板跟你賭錢，結果丟一百次都出現正面。到了第一百零一次時，你認為銅錢出現正面的機率是多少？別急著回答這個問題，先讀讀下面這個小故事。

宋朝的狄青欲征討南蠻儂智高，大軍剛出桂林之南，狄青就祝禱說：「勝負沒有根據。」於是拿出一百個銅錢與神約定說：「我們的軍隊真能大

20.1 客觀機率與主觀機率有何不同

勝的話,就讓銅錢的錢面都朝上!」左右的官員都勸他不要這樣做,擔心倘若不如意,會動搖軍心。狄青不聽,一定要投擲銅錢。這時成千上萬的官兵都緊張地注視著狄青,只見狄青揮手一擲,一百個銅錢落地,竟然全部錢面朝上,於是全軍歡呼,聲震山林田野。狄青非常高興,讓左右的人取一百個釘子來,按著銅錢落地時疏疏密密的原狀,貼地將銅錢釘住,然後用青紗將這塊地面籠罩起來。狄青親自用手把它封死說:「等到我們凱旋回來時,一定拜謝神靈,然後再取起這些銅錢。」之後,狄青率軍平定了邕州後,凱旋歸來,履行前言來取錢。拔開釘子,幕府士大夫們共看這一百個錢時,原來錢的兩面都是錢面。

這個故事告訴我們什麼?如果對方拿出的銅板是公正的,即使已經出現一百次正面,第一百零一次出現正面的機率還是 1/2。我們之前已然學過,這就是所謂的獨立事件。然而,不幸的是,你也可能碰到像狄青一樣的"詐賭客",在看到出現一百次正面的情況下,你是否開始信心動搖,認為這枚銅板在第一百零一次出現正面的機率應該遠大於出現反面的機率? 當你說:「這枚銅板在第一百零一次出現正面的機率為 1/2」,這句話中的「機率」所指為何?要對這些問題有更進一步的了解,我們就必須重新思考「機率」這個概念。

事實上,對於「機率」的詮釋有兩種,第一種稱作**客觀機率** (objective probability),指的是這枚銅板的**物理性質**。亦即,如果我們把這枚銅板送到實驗室作檢驗,確定這枚銅板是完全對稱的 (perfectly balanced),根據物理性質,出現正面或反面的機會將會是一半一半,這就是所謂的客觀機率。

相對的,另外一種機率的詮釋稱作**主觀機率**(subjective probability),當我們說「這枚銅板在第一百零一次出現正面的機率為 1/2」,這裡的機率代表我們個人主觀的「信念」,我們「相信」這枚銅板出現正面或反面的機會是一半一半。因此,主觀機率又可以稱作**個人機率**(personal probability)。

也許你會認為,客觀機率不涉及個人主觀判斷,應該是一個對於機率較佳的詮釋。然而,問題是**我們並無法總是有機會獲知任何一枚特定銅板的物理特性**。相反的,姑且不論個人判斷能力的好壞,我們總是能夠胡

表 20.1: 客觀機率與主觀機率

客觀機率	主觀機率
物理性質	個人主觀信念
可用統計工具驗證	不需 (也不能) 被驗證
一般而言未知	總是能給出一個機率值

謅一個機率值出來。

　　一般而言, 客觀機率與主觀機率並不相等, 然而, 在某些特殊的情形下, 客觀機率會等於主觀機率。舉例來說, 在美國拉斯維加斯的賭場中, 所有的賭具都受到政府法令嚴格的控管, 因此, 如果我們要去玩美式輪盤, 我們主觀的信念是, 小球落入輪盤中任何一個的機率為 1/38, 而客觀機率值也是 1/38。表 20.1 簡單地描繪客觀機率與主觀機率的相異之處。

　　我們用下面這個例子對於客觀機率與主觀機率做進一步的討論。在此, 我們以 $P^*(\cdot)$ 代表客觀機率, 以 $\tilde{P}(\cdot)$ 代表主觀機率。

例 20.1. 如果我們投擲一枚不公正的銅板, 其偏誤率 (出現正面機率) 為 p^*。令 $X_i = 1$ 代表出現正面, $X_i = 0$ 代表出現反面。顯而易見地,

$$\{X_i\}_{i=1}^n \sim Bernoulli(p^*)$$

令 $Y_n = \sum_{i=1}^n X_i$ 代表投擲 n 次中, 出現正面的次數。試問 $P(Y_n = y) = ?$

既然我們可以從兩種角度來詮釋機率, 對於這個問題自然可以有兩種答案。

1. 客觀見解: 根據物理性質 $P^*(\cdot)$

    (a) 每次試驗有兩種可能性 (正面或反面)
    (b) $P^*(X_i = 1) = P^*(X_j = 1) = p^* \ \forall \ i,j = 1,\ldots,n$
    (c) $\{X_i\}$ 為 i.i.d.

因此, 根據 $P^*(\cdot)$, 我們知道 Y_n 為二項分配: $Y_n \sim \text{Binomial}(n, p^*)$, 是故

$$P^*(Y_n = y) = \binom{n}{y}(p^*)^y(1-p^*)^{n-y}$$

2. 主觀見解: 根據個人信念 $\tilde{P}(\cdot)$

   (a) 每次試驗有兩種可能性 (正面或反面)

   (b) 每次試驗應具有相同的機率值: $\tilde{P}(X_i = 1) = \tilde{P}(X_j = 1)\ \forall\ i, j = 1, \ldots, n$

   (c) 每次試驗是否獨立? 假設我們原有的信念為 $\tilde{P}(X_i = 1) = 1/2$。亦即, 如果拿出這枚銅板與你賭錢的人, 並非貌似騙子, 在沒有任何資訊的情況下, 我們認為出現正面或反面的機會是一半一半。

   (d) 為了瞭解這枚銅板, 我們將其投擲 100 次, 結果發現, 出現 75 次正面。這個發現將讓我們相信這枚銅板出現正面的機率較大。因此,

   $$\tilde{P}(X_{101} = 1 | Y_{100} = 75) > \frac{1}{2} = \tilde{P}(X_{101} = 1) \qquad (1)$$

亦即, 根據主觀機率 $\tilde{P}(\cdot)$, 每次試驗並非獨立。[1] 因此, 根據 $\tilde{P}(\cdot)$, Y_n 並非二項分配。**值得注意的是**, 根據 $P^*(\cdot)$, 由於 $\{X_i\}$ 為 i.i.d., 我們可以得到

$$P^*(X_{101} = 1 | Y_{100} = 75) = P^*(X_{101} = 1) = p^* \qquad (2)$$

亦即, 在客觀機率的概念下, 即使我們已經觀察到 75 次的正面, 第 101 次出現正面的機率依舊是 p^*。

---

[1] 如果每次試驗是獨立的, 我們應該看到:

$$\tilde{P}(\cdot|\cdot) = \tilde{P}(\cdot)$$

以上說明客觀機率與主觀機率的概念。而古典統計學 (classical statistics) 與貝氏統計學 (Bayesian statistcs) 的相異之處就在於它們在統計分析中分別應用不同的機率概念：

- **古典統計學**：立基於未知的客觀機率 $P^*(\cdot)$ 且其每次試驗為 i.i.d.。雖然我們不知道 $P^*(\cdot)$，但是整個古典統計學仰賴此未知的客觀機率與 i.i.d. 的假設 (techniques use the fact that trials are i.i.d. under $P^*(\cdot)$)。

- **貝氏統計學**：根據主觀機率 (信念) $\tilde{P}(\cdot)$，且在主觀信念下，每次試驗並非獨立。既然每次試驗並非獨立，我們可以藉由過去經驗再塑 (update) 我們對於下次試驗的信念。

20.2 什麼是貝氏統計學

貝氏統計學的基礎來自我們在第 2 章所學過的貝氏定理，因而命名為貝氏統計學，或是貝氏統計推論。

事實上，貝氏定理並不是一個有關條件機率的單純定理，如果我們以現代的統計學語言來詮釋 Thomas Bayes 的研究，Bayes 所探討的問題就是，如何在給定先驗分配為均勻分配下，找出二項隨機變數 Binomial(n,p) 參數 p 的後驗分配。

雖然貝氏定理於 1763 年問世，但根據研究顯示，遲至 20 世紀，"Bayesian" 一詞才首見於 R.A. Fisher 在 1921 年的著作 *Contributions to Mathematical Statistics* 中。貝氏機率 (當時稱之逆機率, inverse probability) 曾經困惑統計學家許久，是為逆機率悖論 (paradox of inverse probability)。在 20 世紀初，將貝氏定理運用於參數估計，亦即把未知參數視為隨機變數的作法被認為是不恰當的。在當時，大多數統計學家都會盡量避免使用貝氏的相關理論，包括著名的統計學家 R.A. Fisher 與 Jerzy Neyman。

一直到 20 世紀中葉 (1950s) 之後，由於統計決策理論開始受到重視，以主觀機率為依據的貝氏統計推論又開始蓬勃發展起來。其中，最重要的領導者當屬美國數學家/統計學家 Leonard Jimmie Savage (1917–1971)。

經濟學家 Milton Friedman (1912–2006) 曾讚譽 Savage 為少有的天才 ("one of the few people I have met whom I would unhesitatingly call a genius")。

發展至今, 貝氏學派在統計學中已與古典學派 (頻率學派) 得以分庭抗禮。一如 Hogg, Tanis, et al. (2015, p.300) 所述:

> "It is our opinion that the Bayesians will continue to expand and Bayes methods will be a major approach to statistical inferences, possibly even dominating professional applications. This is difficult for three fairly classical (non-Bayesian) statisticians (as we are) to admit, but, in all fairness, we cannot ignore the strong trend toward Bayesian methods."

以下為貝氏統計學的一般性原則:

1. 對於所關心的隨機事件建構一個適當的客觀機率模型, 其中包含了我們所關心的未知參數 (specify an objective probability model of the trials in terms of some unknown parameters)。

2. 對所關心的未知參數形成主觀的信念 (form subjective beliefs about the unknown parameters)。亦即, 對未知參數形成**先驗機率** (prior probabilities)。

3. 在觀察樣本後, 根據貝氏法則再塑我們的信念 (after viewing the sample, update beliefs using Bayes' Rule), 形成**後驗機率** (posterior probabilities)。

4. 根據後驗機率作出決策 (base decisions on posterior probabilities)。

我們將用一個例子來說明貝氏統計的推論過程。在我們以下的討論中, 為了避免符號的繁瑣, 我們將不區分 $P^*(\cdot)$ 與 $\tilde{P}(\cdot)$, 一律以 $P(\cdot)$ 示之。至於所應用的機率概念為客觀機率或是主觀機率, 則視討論時的上下文而定。

表20.2: 先驗分配

	b	$P(B=b)$
優	0.01	0.65
普通	0.03	0.30
劣	0.05	0.05

例 20.2. 記憶體製造廠以一特定機器製造 DRAM。製造出來的 DRAM 品質或為良品，或為不良品。假設由物理性質觀之，此機器以一 i.i.d. 的隨機過程製造 DRAM，而其不良率 b^* 為一未知的參數。亦即，該機器每製造一個 DRAM，有 b^* 的機率會製造出不良品。

最近工廠添購一台新機器，我們對於該台新機器毫無所悉，然而，根據我們過去的經驗，對於同型的機器我們已有相當的認識。假設我們知道該型機器有三種可能的不良率: 1% (優), 3% (普通), 以及 5% (劣)，且根據經驗，機器為優，普通以及劣的可能性分別為 0.65, 0.30 以及 0.05。亦即，有 65% 的機率我們會買到優質機器，其餘依此類推。

在機器試用期，為了決定是否要留下此機器，或是要退貨，身為經理人的你先對機器進行測試。結果發現，在 100 個 DRAM 中有 6 個不良品。試問，在觀察到這組樣本後，你對這台新機器的評價為何？

首先，令隨機變數 $X_i = 1$ 代表該機器所製造出的第 i 個 DRAM 為不良品，則對於這個隨機事件的客觀機率模型為:

$$\{X_i\}_{i=1}^n \sim^{i.i.d.} \text{Bernoulli}(b^*), \quad b^* \text{ 未知}$$

且令 $Y_n = \sum_{i=1}^n X_i$。根據我們所觀察到的樣本，100 個 DRAM 中有 6 個不良品，亦即 $Y_{100} = 6$。

接下來，將我們對於未知參數 (未知不良率) 的信念以一個隨機變數 B 來表示。亦即，我們將先驗分配 (prior distribution) 敘述於表 20.2。

其中，b 為對於該機器任何物理性質的描述，B 則是你對於各個物理性質 (所有可能的 b 值) 的信念，為一隨機變數。

根據條件機率, 我們可以算出對於任一 b 值的後驗機率為:

$$P(B = b|Y_{100} = 6) = \frac{P(B = b, Y_{100} = 6)}{P(Y_{100} = 6)}$$
$$= \frac{P(Y_{100} = 6|B = b)P(B = b)}{P(Y_{100} = 6)}$$

因此, 欲計算出 $P(B = b|Y_{100} = 6)$, 我們必須先求出:

1. $P(B = b)$

2. $P(Y_{100} = 6|B = b)$

3. $P(Y_{100} = 6)$

$P(B = b)$ 來自我們的先驗分配 (表 20.2), 而 $P(Y_{100} = 6|B = b)$ 與 $P(Y_{100} = 6)$ 則在下面詳加討論。

A. 計算 $P(Y_{100} = 6|B = b)$

事實上, 一旦我們確定知道這是一台優質機器 ($B = 0.01$), 則此時主觀機率與客觀機率一致 (記不記得前一節所舉的美國拉斯維加斯賭場的例子?), 每次試驗將視為獨立。無論看到多少不良品, 都不會改變我們的信念。參見式 (2)。因此, 給定 $B = 0.01$, $B = 0.03$, 或是 $B = 0.05$, Y_{100} 為二項分配:

$$P(Y_{100} = 6|B = 0.01) = \binom{100}{6}(0.01)^6(0.99)^{94} = 0.00046$$

$$P(Y_{100} = 6|B = 0.03) = \binom{100}{6}(0.03)^6(0.97)^{94} = 0.04961$$

$$P(Y_{100} = 6|B = 0.05) = \binom{100}{6}(0.05)^6(0.95)^{94} = 0.15001$$

B. 計算 $P(Y_{100} = 6)$

根據總機率法則，

$$P(Y_{100} = 6) = \sum_{b=0.01, 0.03, 0.05} P(Y_{100} = 6|B = b)P(B = b)$$

$$= P(Y_{100} = 6|B = 0.01)P(B = 0.01)$$
$$+ P(Y_{100} = 6|B = 0.03)P(B = 0.03)$$
$$+ P(Y_{100} = 6|B = 0.05)P(B = 0.05)$$
$$= (0.00046)(0.65) + (0.04961)(0.30) + (0.15001)(0.05)$$
$$= 0.02268$$

C. 求算出後驗機率 $P(B = b|Y_{100} = 6)$

$$P(B = 0.01|Y_{100} = 6) = \frac{P(B = 0.01, Y_{100} = 6)}{P(Y_{100} = 6)}$$
$$= \frac{P(Y_{100} = 6|B = 0.01)P(B = 0.01)}{P(Y_{100} = 6)} = \frac{(0.00046)(0.65)}{0.02268} = 0.0132$$

$$P(B = 0.03|Y_{100} = 6) = \frac{P(B = 0.03, S_{100} = 6)}{P(Y_{100} = 6)}$$
$$= \frac{P(Y_{100} = 6|B = 0.03)P(B = 0.03)}{P(Y_{100} = 6)} = \frac{(0.04961)(0.30)}{0.02268} = 0.6561$$

$$P(B = 0.05|Y_{100} = 6) = \frac{P(B = 0.05, Y_{100} = 6)}{P(Y_{100} = 6)}$$
$$= \frac{P(Y_{100} = 6|B = 0.05)P(B = 0.05)}{P(Y_{100} = 6)} = \frac{(0.15001)(0.05)}{0.02268} = 0.3307$$

細心的讀者不難發現，由步驟 A 到步驟 C 正是貝氏法則。

我們可以把先驗機率與後驗機率統整在同一表中 (參見表 20.3)。亦即，在觀察到樣本 $Y_{100} = 6$ 後，我們評估新機器是普通品質的可能性約略兩倍於它是劣質機器的可能性。你或許想問，既然樣本呈現 100 個 DRAM 中有 6 個不良品，其樣本不良率為 6%，已然非常接近劣質機器的不良率 5%，為什麼我們的信念依然認為新機器是普通品質的可能性

表20.3: 先驗機率與後驗機率

b	先驗機率 (Prior) $P(B=b)$	後驗機率 (Posterior) $P(B=b\|Y_{100}=6)$
0.01	0.65	0.0132
0.03	0.30	0.6561
0.05	0.05	0.3307

表20.4: 後驗機率: 當樣本數增加

	後驗機率	
b	$P(B=b\|Y_{100}=6)$	$P(B=b\|Y_{200}=12)$
0.01	0.0132	0.00007
0.03	0.6561	0.3962
0.05	0.3307	0.6038

	後驗機率	
b	$P(B=b\|Y_{500}=30)$	$P(B=b\|Y_{1000}=60)$
0.01	0.0000	0.000
0.03	0.0232	0.00009
0.05	0.9768	0.9999

較高? 理由在於, 我們先驗上的信念認為新機器是劣質的可能性非常低 ($P(B=0.05)=0.05$)。因此, 即使我們觀察到的樣本強烈暗示它是劣質機器, 由於原有的信念, 我們不會馬上修正到相信它就是劣質機器。這就是貝氏統計的精髓: **貝氏統計推論講求在 (1) 個人先驗信念與 (2) 觀察到的樣本之間取得一個平衡點。**

此外, 隨著所觀察到的樣本點增加, 我們的後驗機率分配亦將改變。根據表 20.4, 當我們由 100 個 DRAM 中發現 6 個不良品, 一直到在 1000 個 DRAM 中發現 60 個不良品, 雖然樣本不良率都是 6%, 但是隨著所樣本增加, 我們將越來越相信買到的新機器是劣質機器 (機率高達 0.9999)。

因此, 根據貝氏統計推論, 我們對於第 i 個製造出來的 DRAM 是不良品的機率評估, $P(X_i=1)$, 將會因為觀察到樣本後有所不同。在觀察到樣本之前，我們根據先驗機率可以得知：

$P(X_i = 1)$
$= P(X_i = 1, B = 0.01) + P(X_i = 1, B = 0.03) + P(X_i = 1, B = 0.05)$
$= P(X_i = 1|B = 0.01)P(B = 0.01) + P(X_i = 1|B = 0.03)P(B = 0.03)$
$\quad + P(X_i = 1|B = 0.05)P(B = 0.05)$
$= (0.01)(0.65) + (0.03)(0.30) + (0.05)(0.05)$
$= 0.018$

然而，在觀察樣本發現 $Y_{100} = 6$ 後，

$P(X_i = 1|Y_{100} = 6) = \sum_{b=0.01, 0.03, 0.05} P(X_i = 1|Y_{100} = 6, B = b)(B = b|Y_{100} = 6)$
$= (0.01)(0.0132) + (0.03)(0.6561) + (0.05)(0.3307)$
$= 0.03635$

亦即，
$$P(X_i = 1) < P(X_i = 1|Y_{100} = 6)$$

也就是說，在觀察到 100 個 DRAM 中發現 6 個不良品後，我們對於第 i 個製造出來的 DRAM 是不良品的機率評估增加了。

20.3 如何以連續隨機變數來刻劃信念

在討論如何以連續隨機變數來刻劃信念之前，我們先介紹一個分配，稱作 Beta 分配。

定義 20.1 (Beta 分配). 給定隨機變數 Y 具有以下 *pdf*

$$f_Y(y) = \frac{\Gamma(\alpha + \beta)}{\Gamma(\alpha)\Gamma(\beta)} y^{\alpha-1}(1 - y)^{\beta-1}, \; supp(Y) = \{y | 0 \leq y \leq 1\}$$

則稱 Y 為一 Beta 隨機變數，並以 $Y \sim Beta(\alpha, \beta)$ 表示之。

注意到給定 $Y \sim \text{Beta}(\alpha,\beta)$,

$$E(Y) = \frac{\alpha}{\alpha + \beta}$$

此外, 由於 $\frac{\Gamma(\alpha+\beta)}{\Gamma(\alpha)\Gamma(\beta)} y^{\alpha-1}(1-y)^{\beta-1}$ 爲一機率密度函數, 則可知以下積分:

$$\int_0^1 y^{\alpha-1}(1-y)^{\beta-1} dy = \frac{\Gamma(\alpha)\Gamma(\beta)}{\Gamma(\alpha+\beta)} \tag{3}$$

當參數 B 的先驗分配是以連續隨機變數予以刻劃, 貝氏統計推論的步驟如下:

1. 給定參數的先驗分配, 以機率密度函數表示: $f(b)$。

2. 給定 $B = b$, 找出隨機樣本 $\{X_i\}_{i=1}^n$ 的條件機率密度函數:

$$f_{\boldsymbol{X}|B=b}(x_1, x_2, \ldots, x_n)$$

此條件機率密度函數又稱爲概似函數 (likelihood function)。

3. 找出隨機樣本 $\{X_1, X_2, \ldots, X_n\}$ 與參數 B 的聯合機率密度函數:

$$f(x_1, x_2, \ldots, x_n, b) = f_{\boldsymbol{X}|B=b}(x_1, x_2, \ldots, x_n) f(b) = \mathcal{L}(b) f(b)$$

4. 找出隨機樣本 $\{X_1, X_2, \ldots, X_n\}$ 的邊際機率密度函數:

$$f(x_1, x_2, \ldots, x_n) = \int_{\text{supp}(B)} f(x_1, x_2, \ldots, x_n, b) db$$

5. 找出參數的後驗分配:

$$f(b|x_1, x_2, \ldots, x_n) = \frac{f(x_1, x_2, \ldots, x_n, b)}{f(x_1, x_2, \ldots, x_n)} = \frac{\mathcal{L}(b)f(b)}{\int_b \mathcal{L}(b)f(b) db}$$

6. 利用後驗分配建構點估計式, 區間估計式以及模型比較 (model comparison)。

接下來我們就以一個例子來說明, 給定連續的先驗分配, 要如何進行貝氏統計推論。

例 20.3. 給定隨機樣本

$$\{X_i\}_{i=1}^n \sim^{i.i.d.} Bernoulli(B)$$

若將參數 B 的先驗分配設為 $U[0,1]$, 試找出 B 的貝氏估計式。

根據 B 的先驗分配,

$$f(b) = 1$$

且給定 $B = b$, X 的條件分配為:

$$f_{X|B=b}(x) = b^x(1-b)^{1-x}$$

因此, 由於 $\{X_i\}_{i=1}^n$ 為隨機樣本, 給定 $B = b$ 下, $\{X_1, X_2, \ldots, X_n\}$ 的條件分配 (概似函數) 為:

$$f_{\mathbf{X}|B=b}(x_1, x_2, \ldots, x_n) = b^{\sum_i x_i}(1-b)^{n-\sum_i x_i}$$

且 $\{X_1, X_2, \ldots, X_n\}$ 與 B 的聯合機率分配為:

$$f(x_1, x_2, \ldots, x_n, b) = f_{\mathbf{X}|B=b}(x_1, x_2, \ldots, x_n)f(b) = b^{\sum_i x_i}(1-b)^{n-\sum_i x_i}$$

則 $\{X_1, X_2, \ldots, X_n\}$ 的聯合機率分配為:

$$f(x_1, x_2, \ldots, x_n) = \int_0^1 f(x_1, x_2, \ldots, x_n, b)db = \int_0^1 b^{\sum_i x_i}(1-b)^{n-\sum_i x_i}db$$

$$= \int_0^1 b^{(\sum_i x_i+1)-1}(1-b)^{(n-\sum_i x_i+1)-1}db$$

$$= \frac{\Gamma(\sum_i x_i + 1)\Gamma(n - \sum_i x_i + 1)}{\Gamma(n+2)}$$

其中, 最後的積分是根據第 (3) 式。

因此, 參數 B 的後驗分配為:

$$f_{B|\mathbf{X}=x}(b) = \frac{f(x_1, x_2, \ldots, x_n, b)}{f(x_1, x_2, \ldots, x_n)}$$

$$= \frac{\Gamma(n+2)}{\Gamma(\sum_i x_i + 1)\Gamma(n - \sum_i x_i + 1)} b^{\sum_i x_i}(1-b)^{n-\sum_i x_i}$$

$$= \frac{\Gamma(\sum_i x_i + 1 + n - \sum_i x_i + 1)}{\Gamma(\sum_i x_i + 1)\Gamma(n - \sum_i x_i + 1)} b^{(\sum_i x_i+1)-1}(1-b)^{(n-\sum_i x_i+1)-1}$$

意即, B 的後驗分配為:

$$B|X=x \sim \text{Beta}\left(\sum_i x_i + 1, n - \sum_i x_i + 1\right)$$

一般來說, 給定參數的分配為連續型時, 我們會以條件期望值 $\hat{B} = E(B|X)$ 作為參數的貝氏估計式。注意到

$$E(B|X=x) = \frac{\sum_i x_i + 1}{(\sum_i x_i + 1) + (n - \sum_i x_i + 1)} = \frac{\sum_i x_i + 1}{n+2}$$

因此, B 的貝氏估計式為:

$$\hat{B} = E(B|X) = \frac{\sum_i X_i + 1}{n+2}$$

我們可以將 B 的貝氏估計式進一步寫成

$$\hat{B} = \left(\frac{\sum_{i=1}^n X_i}{n}\right)\left(\frac{n}{n+2}\right) + \frac{1}{2}\left(\frac{2}{n+2}\right)$$

其中, 樣本均數 $\bar{X} = \frac{\sum_{i=1}^n X_i}{n}$ 其實就是透過類比原則或是最大概似法所得到的 B 的古典統計估計式, 而 $E(B) = \frac{1}{2}$ 就是透過先驗分配所得到的 B 的期望值。也就是說, 貝氏估計式是古典統計估計式與先驗期望值的加權平均, 其權重分別為 $\frac{n}{n+2}$ 與 $\frac{2}{n+2}$。最後, 顯而易見地, 當 $n \to \infty$, $\hat{B} \longrightarrow \bar{X}$, 也就是當樣本變大時, 先驗信念的影響會遞減, 使得重塑之後驗信念 (主觀機率) 與客觀機率趨於一致。亦即, 隨著樣本數增加時, 貝氏估計式會趨近於古典統計估計式。

我們在圖 20.1 中畫出 B 的先驗分配 (實線) 與後驗分配 (虛線), 而垂直線則是 $\hat{B}$ 的估計值, R 程式如下所示。

R 程式 20.1.

```
set.seed(123)
p_prior = runif(1,0,1)
p_prior
n = 20
y = rbinom(n,size=1,p_prior)
alp = sum(y)+1
beta = n-sum(y)+1
x = seq(-0.1, 1.1, length=200)
prior = dunif(x,0,1)
posterior = dbeta(x,alp,beta)
matplot(x, col=1, cbind(prior,posterior), type = "l",
xlab = "x", ylab = "f(x)", ylim = c(0, 4),
main = "Prior and Posterior Distribution")
abline(v=pmean, col="red",lty=2, lwd=1)
```

當我們得到參數 B 的後驗分配, 除了以條件期望值 $E(B|X)$ 估計 B, 也可以利用條件中位數作為 B 的貝氏估計式。此外, 也可以建構貝氏區間估計式, 一般稱為 $(1-\alpha)\%$ 後驗區間 (posterior interval): $[b_1, b_2]$,

$$\int_{-\infty}^{b_1} f_{B|X=x}(b)db = \int_{b_2}^{\infty} f_{B|X=x}(b)db = \frac{\alpha}{2}$$

後驗區間又稱可信區間 (credible interval)。

以例 20.3 以及對應的 R 程式 20.1 為例, 我們已經知道參數 B 的後驗分配為:

$$B|X=x \sim \text{Beta}\left(\sum_i x_i + 1, n - \sum_i x_i + 1\right)$$

所以只要在程式中加上:

```
L=qbeta(0.025,alp,beta)
U=qbeta(0.975,alp,beta)
CI = c(L,U)
```

圖 20.1: B 的先驗分配與後驗分配

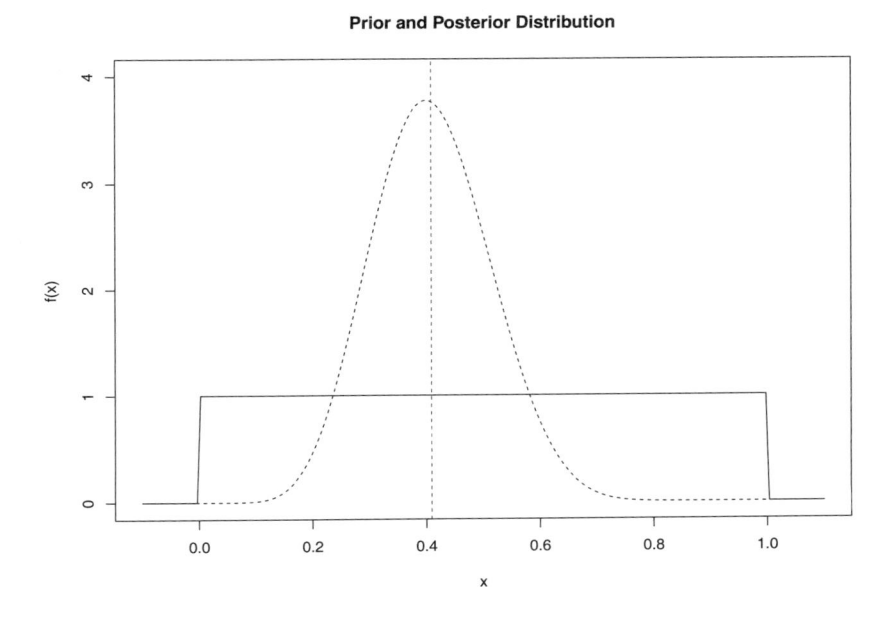

Prior and Posterior Distribution

```
cat('Credible Interval:', CI, '\n')
```

執行後可得:

```
> cat('Credible Interval:', CI, '\n')
Credible Interval: 0.2181969 0.6156456
>
```

注意到貝氏統計推論與古典統計推論不同的地方, 就是把參數 B 視為隨機變數, 因此, 我們可以很大方地說:「參數 B 落在可信區間 $[0.22, 0.62]$ 的機率為 0.95。」

20.4 主觀機率與客觀機率有何關連

我們將在此小節中, 討論主觀機率與客觀機率的關連性。在此之前, 我們必須先介紹一個概念: 敞開心胸的信念 (open-minded beliefs)。

圖20.2: 一個敞開心胸信念的例子

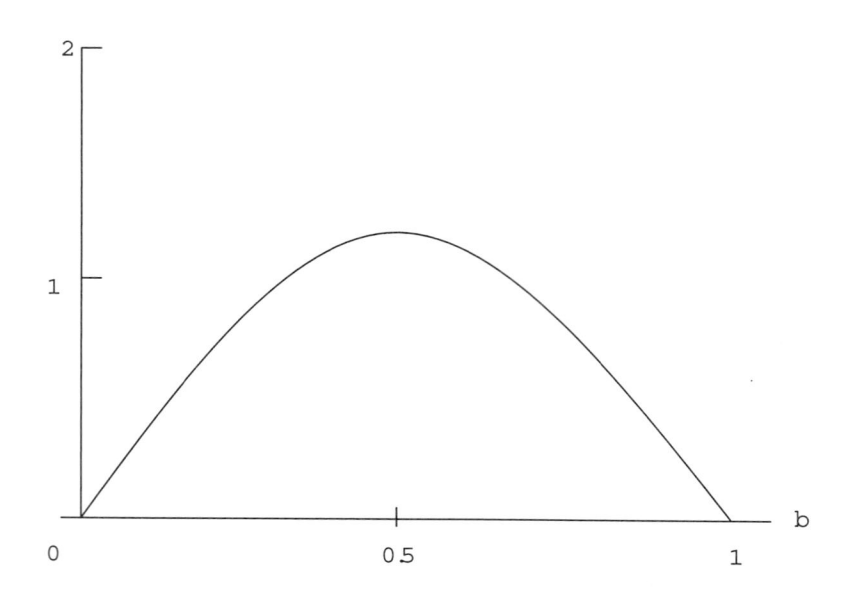

20.4.1 敞開心胸的信念

一個信念 B 是「敞開心胸」，當 B 是**連續隨機變數**且其**機率密度函數恆不為零**。注意到我們有兩個條件必須符合: 一是 B 必須是連續的, 另一個則是對於任何可能的不良率我們都不予排除。圖 20.2 畫出一個敞開心胸信念的例子。值得注意的是, 我們要求 B 為連續隨機變數。雖然我們在 DRAM 廠的例子中, 將 B 設為間斷的隨機變數 ($B = 0.01, 0.03$ 或 0.05), 然而, 一般而言, 我們如果沒有任何理由排除某一特定不良率, 以連續隨機變數來刻劃信念是一個比較好的選擇。我們之所以在 DRAM 廠的例子中假設 B 為間斷, 是為了計算上的方便, 以加總替代積分的繁瑣。

20.4.2 貝氏極限定理

透過以下的定理, 我們可以將主觀機率與客觀機率連結在一起。

定理 20.1 (貝氏極限定理). 當先驗的信念是敞開心胸的, 則

$$\tilde{P}(\cdot|Y_n) \longrightarrow P^*(\cdot) \ as \ n \longrightarrow \infty$$

換句話說, 當先驗信念是敞開心胸的, 主觀機率會隨著樣本增加而趨近於客觀機率。

此外, 我們之前就已經討論過, 當我們知道真實的參數時, 主觀機率與客觀機率將會一致:

$$\tilde{P}(\cdot|B = b^*) = P^*(\cdot)$$

20.5　貝氏統計的適用時機為何

貝氏統計與古典統計各有其適用之處, 一般的看法是: 個人決策時適用貝氏統計, 提供他人諮詢時, 適用古典統計。貝氏統計強調個人的主觀信念, 而個人的主觀信念則反映其過去的經驗累積。因此, 當你在做決策時需要參考過去經驗時, 貝氏統計是一個不錯的選擇。

相對的, 如果別人不認同你的先驗主觀信念, 即使之後的分析再精妙, 依然無法使人認同。因此, 如果運用統計學的目的是為了提供他人諮詢, 或是要據此說服別人, 則古典統計就是一個較佳的選擇。

如果我們簡單地以二元抽樣過程 (binary sampling process) 為例, 抽出的隨機樣本為 $\{X_i\}_{i=1}^n$, 其中 X_i 的實現值為 0 或 1。例子包括: 投擲銅板 (出現正面或反面), 以及製造出的 DRAM 產品 (良品或不良品)。對於這樣的二元抽樣過程, 一個**客觀機率模型**就是

$$\{X_i\}_{i=1}^n \sim^{i.i.d.} \text{Bernoulli}(\mu)$$

亦即, X_i 為獨立且

$$P(X_i = 1) = \mu, P(X_i = 0) = 1 - \mu, E(X_i) = \mu$$

值得注意的是, μ 是一個母體未知參數, 我們可以透過貝氏統計或古典統計分析來猜測 μ 是多少。茲以表 20.5 比較貝氏統計與古典統計之不同處。

表 20.5: 貝氏統計與古典統計之不同

	貝氏統計	古典統計
基本觀察	μ 未知。根據我的主觀機率評估, 一連串的試驗並非獨立, 亦即觀察到的樣本不是 i.i.d. 樣本。	μ 未知但是依據客觀機率, 一連串的試驗為 i.i.d.。
基本原理	將我對未知參數 μ 的信念以隨機變數 B 來表示。以我的信念作為統計分析的基礎。	統計分析立基於以上的客觀觀察, 不帶任何主觀信念。
機率性質	主觀機率。	客觀機率。
統計分析	(a) 首先將我的主觀信念以隨機變數 B 來表示, 形成先驗分配。 (b) 觀察樣本後, 以貝氏法則再塑我對 B 分配的信念, 形成後驗分配。 (c) 最後, 利用 B 的後驗分配做統計分析。	由於一連串的試驗為 i.i.d., 即使我不知道 μ, 只要我觀察的樣本夠多, WLLN 提供我猜測 μ 的準度。
主要應用	個人決策	提供諮詢, 說服他人

練習題

1. 給定 $Y \sim \text{Binomial}(5, \mu)$, 我們考慮 2 個可能的 μ 值: 0.4 和 0.6, 且先驗上認為這 2 個值具有相同的可能性。假設觀察到 $Y = 3$,

    (a) 寫出 μ 的先驗分配。

    (b) 寫出 μ 的後驗分配。

2. 給定隨機樣本
$$\{X_i\}_{i=1}^{n} \sim^{i.i.d.} \text{Bernoulli}(B)$$
若將參數 B 的先驗分配設為 $\text{Beta}(\alpha, \beta)$,

    (a) 寫下 X 的條件分配 $f_{X|B=b}(x)$

    (b) 給定 $B = b$ 下, 寫下 $\{X_1, X_2, \ldots, X_n\}$ 的條件分配 $f_{X|B=b}(x_1, x_2, \ldots, x_n)$。

(c) 寫下 $\{X_1, X_2, \ldots, X_n\}$ 與 B 的聯合機率分配 $f(x_1, x_2, \ldots, x_n, b)$。

(d) 寫下 $\{X_1, X_2, \ldots, X_n\}$ 的聯合機率分配 $f(x_1, x_2, \ldots, x_n)$。

(e) 找出 B 的條件機率密度函數 $f_{B|X=x}(b)$。

(f) 辨識 B 的後驗分配。

3. 給定隨機樣本
$$\{X_i\}_{i=1}^n \overset{i.i.d.}{\sim} \text{Geo}(B)$$
若將參數 B 的先驗分配設為 $\text{Beta}(\alpha, \beta)$，

(a) 寫下 X 的條件分配 $f_{X|B=b}(x)$

(b) 給定 $B = b$ 下，寫下 $\{X_1, X_2, \ldots, X_n\}$ 的條件分配 $f_{\boldsymbol{X}|B=b}(x_1, x_2, \ldots, x_n)$。

(c) 寫下 $\{X_1, X_2, \ldots, X_n\}$ 與 B 的聯合機率分配 $f(x_1, x_2, \ldots, x_n, b)$。

(d) 寫下 $\{X_1, X_2, \ldots, X_n\}$ 的聯合機率分配 $f(x_1, x_2, \ldots, x_n)$。

(e) 找出 B 的條件機率密度函數 $f_{B|X=x}(b)$。

(f) 辨識 B 的後驗分配。

4. 給定隨機樣本
$$\{X_i\}_{i=1}^n \overset{i.i.d.}{\sim} f_X(x)$$
其中
$$f_X(x) = Be^{-Bx}, \quad 0 < x < \infty$$
若將參數 B 的先驗分配設為
$$f(b) = \lambda e^{-\lambda b}, \quad 0 < b < \infty$$

(a) 寫下 X 的條件分配 $f_{X|B=b}(x)$

(b) 給定 $B = b$ 下，寫下 $\{X_1, X_2, \ldots, X_n\}$ 的條件分配 $f_{\boldsymbol{X}|B=b}(x_1, x_2, \ldots, x_n)$。

(c) 寫下 $\{X_1, X_2, \ldots, X_n\}$ 與 B 的聯合機率分配 $f(x_1, x_2, \ldots, x_n, b)$。

(d) 寫下 $\{X_1, X_2, \ldots, X_n\}$ 的聯合機率分配 $f(x_1, x_2, \ldots, x_n)$。

(e) 找出 B 的條件機率密度函數 $f_{B|X=x}(b)$。

(f) 辨識 B 的後驗分配。

5. 給定隨機樣本
$$\{X_i\}_{i=1}^n \sim^{i.i.d.} \text{Poisson}(B)$$
若將參數 B 的先驗分配設為
$$f(b) = \frac{b^{\alpha-1}e^{-\frac{1}{\beta}b}}{\beta^\alpha \Gamma(\alpha)},\ 0 < b < \infty$$

(a) 寫下 X 的條件分配 $f_{X|B=b}(x)$
(b) 給定 $B = b$ 下，寫下 $\{X_1, X_2, \ldots, X_n\}$ 的條件分配 $f_{X|B=b}(x_1, x_2, \ldots, x_n)$。
(c) 寫下 $\{X_1, X_2, \ldots, X_n\}$ 與 B 的聯合機率分配 $f(x_1, x_2, \ldots, x_n, b)$。
(d) 寫下 $\{X_1, X_2, \ldots, X_n\}$ 的聯合機率分配 $f(x_1, x_2, \ldots, x_n)$。
(e) 找出 B 的條件機率密度函數 $f_{B|X=x}(b)$。
(f) 辨識 B 的後驗分配。

6. (R 程式作業) 給定隨機樣本
$$\{X_i\}_{i=1}^n \sim^{i.i.d.} \text{Bernoulli}(B)$$
若將參數 B 的先驗分配設為 Beta(2,4)，找出 B 的 95% 可信區間。

7. (R 程式作業) 給定隨機樣本
$$\{X_i\}_{i=1}^n \sim^{i.i.d.} \text{Poisson}(B)$$
若將參數 B 的先驗分配設為
$$f(b) = \frac{b^{\alpha-1}e^{-\frac{1}{\beta}b}}{\beta^\alpha \Gamma(\alpha)},\ 0 < b < \infty$$
其中 $\alpha = 2, \beta = 4$，找出 B 的 95% 可信區間。

8. (R 程式作業) 給定隨機樣本
$$\{X_i\}_{i=1}^n \sim^{i.i.d.} \text{Geo}(B)$$
若將參數 B 的先驗分配設為 Beta(2,4)，找出 B 的 95% 可信區間。

9. (R 程式作業) 畫出以下隨機變數的機率密度函數:

    (a) $X \sim \text{Beta}(1,1)$。

    (b) $X \sim \text{Beta}(2,2)$。

    (c) $X \sim \text{Beta}(4,2)$。

    (d) $X \sim \text{Beta}(2,4)$。

    (e) $X \sim \text{Beta}(0.5,0.5)$。

    (f) $X \sim \text{Beta}(10,10)$。

    (g) $X \sim \text{Beta}(100,100)$。

10. (R 程式作業) 給定以下 Bernoulli(B) 隨機樣本實現值:

    0 1 0 1 1 0 0 1 0 0

    請根據以下先驗分配, 畫出 B 的後驗分配。

    (a) $B \sim \text{Beta}(0.5,0.5)$。

    (b) $B \sim \text{Beta}(1,1)$。

    (c) $B \sim \text{Beta}(10,10)$。

    (d) $B \sim \text{Beta}(100,100)$。

A 機率分配與統計相關的 R 函數

A.1 有哪些與機率相關的 R 函數

A.2 有哪些統計相關的 R 函數

A.1 有哪些與機率相關的 R 函數

與機率相關的 R 函數主要有: d (機率密度函數, density), p (分配函數, probability distribution), q (分量函數, quantile), 以及 r (隨機變數, random variable), 函數的命名方式是在 d, p, q, r 後面加上特定機率分配之簡稱。我們以常態分配為例, 在 R 中的簡稱為 norm (normal distribution), 則四種函數分別為: dnorm, pnorm, qnorm 以及 rnorm。一般的用法是:

R 程式 A.1.

```
dnorm(x, mean = 0, sd = 1)
pnorm(q, mean = 0, sd = 1)
qnorm(p, mean = 0, sd = 1)
rnorm(n, mean = 0, sd = 1)
```

表 A.1: 常用機率分配

特定分配	R 函數	參數
Bernoulli (p)	binom	size = number of trials = 1, prob= p
Binomial (n,p)	binom	size = number of trials = n, prob= p
Poisson (λ)	pois	lambda = mean
U (l, h)	unif	min = lower limit = l, max = upper limit = h
$N(\mu,\sigma^2)$	norm	mean = mean = μ, sd = standard deviation = σ
Gamma (α, β)	gamma	shape = α, scale = β, rate=1/scale
exp (β)	exp	rate = 1/mean = $1/\beta$
$\chi^2(k)$	chisq	df = degree of freedom = k
$F(k_1,k_2)$	f	df1, df2 = degree of freedom = k_1, k_2
$t(k)$	t	df = degree of freedom = k

其中, mean = 0, sd = 1 代表期望值為 0, 標準差為 1 的參數設定, x 與 q 為數值, p 為機率值, 而 n 為隨機變數實現值的個數。我們將依序討論重要的機率分配如表 A.1 所示。

(1) 隨機變數:

以 n = 5 為例, 回傳隨機變數實現值

$$\{x_1, x_2, x_3, x_4, x_5\}$$

```
> set.seed(123)
> rbinom(n=5,size=1,prob=0.3)      # Bernoulli(0.3)
[1] 0 0 1 0 0

> rbinom(n=5,size=10,prob=0.5)     # Binomial(10,0.5)
[1] 4 6 5 7 7

> rpois(n=5,lambda=2)              # Poisson(2)
[1] 5 2 3 2 0

> runif(n=5,min=-1,max=1)          # Uniform[-1,1]
[1]  0.7996499 -0.5078245 -0.9158809 -0.3441586  0.9090073

> rnorm(n=5, mean = 2, sd = 5)     # N(2,5^2)
[1]  8.1204090  3.7990691  4.0038573  2.5534136 -0.7792057

> rgamma(n=5,shape=3,scale=2)      # Gamma(3,2)
```

```
[1] 12.247245   6.698269   0.714802   2.827193   2.193369

> rexp(n=5,rate=1/2)              # exp(2)
[1] 2.33705797 3.21170469 2.99348574 3.14130509 0.06353549

> rchisq(n=5,df=10)               # Chi-square(10)
[1] 12.905373   9.662469   4.818972   7.693334   7.791651

> rf(n=5,df1=2,df2=5)             # F(2,5)
[1] 0.3097600 0.9663232 0.4711704 0.0136595 0.2398669

> rt(n=5,df=7)                    # t(7)
[1] -1.3727507 -1.5461487  0.2758888  1.2288960 -1.3335363
>
```

(2) 回傳累積機率值:

給定 q 值, 回傳

$$p = F(q) = P(X \le q)$$

```
> set.seed(123)
> pbinom(q=1,size=1,prob=0.3)     # Bernoulli(0.3)
[1] 1

> pbinom(q=3,size=10,prob=0.5)    # Binomial(10,0.5)
[1] 0.171875

> ppois(q=5,lambda=2)             # Poisson(2)
[1] 0.9834364

> punif(q=0,min=-1,max=1)         # Uniform[-1,1]
[1] 0.5

> pnorm(q=2, mean = 2, sd = 5)    # N(2,5^2)
[1] 0.5

> pgamma(q=6,shape=3,scale=2)     # Gamma(3,2)
[1] 0.5768099

> pexp(q=2,rate=1/2)              # exp(2)
[1] 0.6321206

> pchisq(q=10,df=10)              # Chi-square(10)
[1] 0.5595067
```

```
> pf(q=5,df1=2,df2=5)              # F(2,5)
[1] 0.93585

> pt(q=0,df=7)                     # t(7)
[1] 0.5
>
```

(3) 找出分量:

給定機率值 p, 回傳

$$q = F^{-1}(p)$$

```
> set.seed(123)
> qbinom(p=0.5,size=1,prob=0.3)    # Bernoulli(0.3)
[1] 0

> qbinom(p=0.5,size=10,prob=0.5)   # Binomial(10,0.5)
[1] 5

> qpois(p=0.5,lambda=2)            # Poisson(2)
[1] 2

> qunif(p=0.5,min=-1,max=1)        # Uniform[-1,1]
[1] 0

> qnorm(p=0.5, mean = 2, sd = 5)   # N(2,5^2)
[1] 2

> qgamma(p=0.5,shape=3,scale=2)    # Gamma(3,2)
[1] 5.348121

> qexp(p=0.5,rate=1/2)             # exp(2)
[1] 1.386294

> qchisq(p=0.5,df=10)              # Chi-square(10)
[1] 9.341818

> qf(p=0.5,df1=2,df2=5)            # F(2,5)
[1] 0.7987698

> qt(p=0.5,df=7)                   # t(7)
[1] 0
>
```

(4) 連續隨機變數的機率密度值或是離散隨機變數的機率值:

```
> set.seed(123)
> dbinom(x=0,size=1,prob=0.3)      # Bernoulli(0.3)
[1] 0.7

> dbinom(x=0,size=10,prob=0.5)     # Binomial(10,0.5)
[1] 0.0009765625

> dpois(x=0,lambda=2)              # Poisson(2)
[1] 0.1353353

> dunif(x=0,min=-1,max=1)          # Uniform[-1,1]
[1] 0.5

> dnorm(x=0, mean = 2, sd = 5)     # N(2,5^2)
[1] 0.07365403

> dgamma(x=1,shape=3,scale=2)      # Gamma(3,2)
[1] 0.03790817

> dexp(x=1,rate=1/2)               # exp(2)
[1] 0.3032653

> dchisq(x=1,df=10)                # Chi-square(10)
[1] 0.0007897535

> df(x=1,df1=2,df2=5)              # F(2,5)
[1] 0.3080008

> dt(x=1,df=7)                     # t(7)
[1] 0.2256749
>
```

A.2 有哪些統計相關的 R 函數

給定向量 $x = (x_1, x_2, \ldots, x_n)$，與統計相關的函數茲整理如下。

1. sum(x):

    加總 (summation) 函數，回傳 $y = \sum_{i=1}^{n} x_i$

2. `cumsum(x)`:

   累加 (cumulative sum) 函數, 回傳 $y_t = \sum_{s=1}^{t} x_s, s \leq t$

3. `diff(x)`:

   一階差分 (first difference) 函數, 回傳 `x[i+1]-x[i]`

4. `prod(x)`:

   連乘 (product) 函數, 回傳 $y = \prod_{i=1}^{n} x_i$

5. `mean(x)`:

   樣本平均數 (mean) 函數, 回傳 $\bar{x} = \frac{1}{n} \sum_{i=1}^{n} x_i$

6. `var(x)`:

   樣本變異數 (variance) 函數, 回傳 $s^2 = \frac{1}{n-1} \sum_{i=1}^{n} (x_i - \bar{x})^2$

7. `sd(x)`:

   樣本標準差 (standard deviation) 函數, 回傳 $s = \sqrt{\frac{1}{n-1} \sum_{i=1}^{n} (x_i - \bar{x})^2}$

8. `min(x)`:

   極小值 (minimum) 函數, 回傳 $x_{(1)} = \min\{x_1, x_2, \ldots, x_n\}$

9. `max(x)`:

   極大值 (maximum) 函數, 回傳 $x_{(n)} = \max\{x_1, x_2, \ldots, x_n\}$

10. `range(x)`:

    全距 (range) 函數, 回傳 `[min(x), max(x)]`

11. `quantile(x)`:

    分量 (quantile) 函數, 回傳 0%, 25%, 50%, 75% 以及 100% 之分量

12. `median(x)`:

    中位數 (median) 函數, 亦即 50% 之分量

B 機率分配表

標準常態分配表: $P(0 < N(0,1) < z_\alpha)$

z	0.000	0.010	0.020	0.030	0.040	0.050	0.060	0.070	0.080	0.090
0.0	0.000	0.004	0.008	0.012	0.016	0.020	0.024	0.028	0.032	0.036
0.1	0.040	0.044	0.048	0.052	0.056	0.060	0.064	0.068	0.071	0.075
0.2	0.079	0.083	0.087	0.091	0.095	0.099	0.103	0.106	0.110	0.114
0.3	0.118	0.122	0.126	0.129	0.133	0.137	0.141	0.144	0.148	0.152
0.4	0.155	0.159	0.163	0.166	0.170	0.174	0.177	0.181	0.184	0.188
0.5	0.192	0.195	0.199	0.202	0.205	0.209	0.212	0.216	0.219	0.222
0.6	0.226	0.229	0.232	0.236	0.239	0.242	0.245	0.249	0.252	0.255
0.7	0.258	0.261	0.264	0.267	0.270	0.273	0.276	0.279	0.282	0.285
0.8	0.288	0.291	0.294	0.297	0.300	0.302	0.305	0.308	0.311	0.313
0.9	0.316	0.319	0.321	0.324	0.326	0.329	0.332	0.334	0.337	0.339
1.0	0.341	0.344	0.346	0.349	0.351	0.353	0.355	0.358	0.360	0.362
1.1	0.364	0.367	0.369	0.371	0.373	0.375	0.377	0.379	0.381	0.383
1.2	0.385	0.387	0.389	0.391	0.393	0.394	0.396	0.398	0.400	0.402
1.3	0.403	0.405	0.407	0.408	0.410	0.412	0.413	0.415	0.416	0.418
1.4	0.419	0.421	0.422	0.424	0.425	0.427	0.428	0.429	0.431	0.432
1.5	0.433	0.435	0.436	0.437	0.438	0.439	0.441	0.442	0.443	0.444
1.6	0.445	0.446	0.447	0.448	0.450	0.451	0.452	0.453	0.454	0.455
1.7	0.455	0.456	0.457	0.458	0.459	0.460	0.461	0.462	0.463	0.463
1.8	0.464	0.465	0.466	0.466	0.467	0.468	0.469	0.469	0.470	0.471
1.9	0.471	0.472	0.473	0.473	0.474	0.474	0.475	0.476	0.476	0.477
2.0	0.477	0.478	0.478	0.479	0.479	0.480	0.480	0.481	0.481	0.482
2.1	0.482	0.483	0.483	0.483	0.484	0.484	0.485	0.485	0.485	0.486
2.2	0.486	0.486	0.487	0.487	0.488	0.488	0.488	0.488	0.489	0.489
2.3	0.489	0.490	0.490	0.490	0.490	0.491	0.491	0.491	0.491	0.492
2.4	0.492	0.492	0.492	0.493	0.493	0.493	0.493	0.493	0.493	0.494
2.5	0.494	0.494	0.494	0.494	0.495	0.495	0.495	0.495	0.495	0.495
2.6	0.495	0.496	0.496	0.496	0.496	0.496	0.496	0.496	0.496	0.496
2.7	0.497	0.497	0.497	0.497	0.497	0.497	0.497	0.497	0.497	0.497
2.8	0.497	0.498	0.498	0.498	0.498	0.498	0.498	0.498	0.498	0.498
2.9	0.498	0.498	0.498	0.498	0.498	0.498	0.499	0.499	0.499	0.499
3.0	0.499	0.499	0.499	0.499	0.499	0.499	0.499	0.499	0.499	0.499

t 分配表: $P(t(\text{df}) \geq t_\alpha)$

df	α 0.400	0.250	0.100	0.050	0.025	0.010	0.005
1	0.325	1.000	3.078	6.314	12.706	31.821	63.657
2	0.289	0.816	1.886	2.920	4.303	6.965	9.925
3	0.277	0.765	1.638	2.353	3.182	4.541	5.841
4	0.271	0.741	1.533	2.132	2.776	3.747	4.604
5	0.267	0.727	1.476	2.015	2.571	3.365	4.032
6	0.265	0.718	1.440	1.943	2.447	3.143	3.707
7	0.263	0.711	1.415	1.895	2.365	2.998	3.499
8	0.262	0.706	1.397	1.860	2.306	2.896	3.355
9	0.261	0.703	1.383	1.833	2.262	2.821	3.250
10	0.260	0.700	1.372	1.812	2.228	2.764	3.169
11	0.260	0.697	1.363	1.796	2.201	2.718	3.106
12	0.259	0.695	1.356	1.782	2.179	2.681	3.055
13	0.259	0.694	1.350	1.771	2.160	2.650	3.012
14	0.258	0.692	1.345	1.761	2.145	2.624	2.977
15	0.258	0.691	1.341	1.753	2.131	2.602	2.947
16	0.258	0.690	1.337	1.746	2.120	2.583	2.921
17	0.257	0.689	1.333	1.740	2.110	2.567	2.898
18	0.257	0.688	1.330	1.734	2.101	2.552	2.878
19	0.257	0.688	1.328	1.729	2.093	2.539	2.861
20	0.257	0.687	1.325	1.725	2.086	2.528	2.845
21	0.257	0.686	1.323	1.721	2.080	2.518	2.831
22	0.256	0.686	1.321	1.717	2.074	2.508	2.819
23	0.256	0.685	1.319	1.714	2.069	2.500	2.807
24	0.256	0.685	1.318	1.711	2.064	2.492	2.797
25	0.256	0.684	1.316	1.708	2.060	2.485	2.787
26	0.256	0.684	1.315	1.706	2.056	2.479	2.779
27	0.256	0.684	1.314	1.703	2.052	2.473	2.771
28	0.256	0.683	1.313	1.701	2.048	2.467	2.763
29	0.256	0.683	1.311	1.699	2.045	2.462	2.756
30	0.256	0.683	1.310	1.697	2.042	2.457	2.750
∞	0.253	0.674	1.282	1.645	1.960	2.326	2.576

χ^2 分配表: $P(\chi^2(\text{df}) \geq \chi^2_\alpha)$

df	0.995	0.990	0.975	0.950	0.900	0.750	0.500	0.250	0.100	0.050	0.025	0.010	0.005
1	0.000	0.000	0.001	0.004	0.016	0.102	0.455	1.323	2.706	3.841	5.024	6.635	7.879
2	0.010	0.020	0.051	0.103	0.211	0.575	1.386	2.773	4.605	5.991	7.378	9.210	10.597
3	0.072	0.115	0.216	0.352	0.584	1.213	2.366	4.108	6.251	7.815	9.348	11.345	12.838
4	0.207	0.297	0.484	0.711	1.064	1.923	3.357	5.385	7.779	9.488	11.143	13.277	14.860
5	0.412	0.554	0.831	1.145	1.610	2.675	4.351	6.626	9.236	11.071	12.833	15.086	16.750
6	0.676	0.872	1.237	1.635	2.204	3.455	5.348	7.841	10.645	12.592	14.449	16.812	18.548
7	0.989	1.239	1.690	2.167	2.833	4.255	6.346	9.037	12.017	14.067	16.013	18.475	20.278
8	1.344	1.647	2.180	2.733	3.490	5.071	7.344	10.219	13.362	15.507	17.535	20.090	21.955
9	1.735	2.088	2.700	3.325	4.168	5.899	8.343	11.389	14.684	16.919	19.023	21.666	23.589
10	2.156	2.558	3.247	3.940	4.865	6.737	9.342	12.549	15.987	18.307	20.483	23.209	25.188
11	2.603	3.053	3.816	4.575	5.578	7.584	10.341	13.701	17.275	19.675	21.920	24.725	26.757
12	3.074	3.571	4.404	5.226	6.304	8.438	11.340	14.845	18.549	21.026	23.337	26.217	28.300
13	3.565	4.107	5.009	5.892	7.042	9.299	12.340	15.984	19.812	22.362	24.736	27.688	29.819
14	4.075	4.660	5.629	6.571	7.790	10.165	13.339	17.117	21.064	23.685	26.119	29.141	31.319
15	4.601	5.229	6.262	7.261	8.547	11.037	14.339	18.245	22.307	24.996	27.488	30.578	32.801
16	5.142	5.812	6.908	7.962	9.312	11.912	15.339	19.369	23.542	26.296	28.845	32.000	34.267
17	5.697	6.408	7.564	8.672	10.085	12.792	16.338	20.489	24.769	27.587	30.191	33.409	35.718
18	6.265	7.015	8.231	9.390	10.865	13.675	17.338	21.605	25.989	28.869	31.526	34.805	37.156
19	6.844	7.633	8.907	10.117	11.651	14.562	18.338	22.718	27.204	30.144	32.852	36.191	38.582
20	7.434	8.260	9.591	10.851	12.443	15.452	19.337	23.828	28.412	31.410	34.170	37.566	39.997
21	8.034	8.897	10.283	11.591	13.240	16.344	20.337	24.935	29.615	32.671	35.479	38.932	41.401
22	8.643	9.542	10.982	12.338	14.041	17.240	21.337	26.039	30.813	33.924	36.781	40.289	42.796

23	9.260	10.196	11.689	13.091	14.848	18.137	22.337	27.141	32.007	35.172	38.076	41.638	44.181
24	9.886	10.856	12.401	13.848	15.659	19.037	23.337	28.241	33.196	36.415	39.364	42.980	45.559
25	10.520	11.524	13.120	14.611	16.473	19.939	24.337	29.339	34.382	37.652	40.646	44.314	46.928
26	11.160	12.198	13.844	15.379	17.292	20.843	25.336	30.435	35.563	38.885	41.923	45.642	48.290
27	11.808	12.879	14.573	16.151	18.114	21.749	26.336	31.528	36.741	40.113	43.195	46.963	49.645
28	12.461	13.565	15.308	16.928	18.939	22.657	27.336	32.620	37.916	41.337	44.461	48.278	50.993
29	13.121	14.256	16.047	17.708	19.768	23.567	28.336	33.711	39.087	42.557	45.722	49.588	52.336
30	13.787	14.953	16.791	18.493	20.599	24.478	29.336	34.800	40.256	43.773	46.979	50.892	53.672

F 分配表：$P(F(df_1, df_2) \geq F_\alpha)$, $\alpha = 0.10$

df2\df1	1	2	3	4	5	6	7	8	12	15	20	30	60	∞
1	39.86	49.50	53.59	55.83	57.24	58.20	58.91	59.44	60.71	61.22	61.74	62.265	62.794	63.328
2	8.53	9.00	9.16	9.24	9.29	9.33	9.35	9.37	9.41	9.42	9.44	9.458	9.475	9.491
3	5.54	5.46	5.39	5.34	5.31	5.28	5.27	5.25	5.22	5.20	5.18	5.168	5.151	5.134
4	4.54	4.32	4.19	4.11	4.05	4.01	3.98	3.95	3.90	3.87	3.84	3.817	3.790	3.761
5	4.06	3.78	3.62	3.52	3.45	3.40	3.37	3.34	3.27	3.24	3.21	3.174	3.140	3.105
6	3.78	3.46	3.29	3.18	3.11	3.05	3.01	2.98	2.90	2.87	2.84	2.800	2.762	2.722
7	3.59	3.26	3.07	2.96	2.88	2.83	2.78	2.75	2.67	2.63	2.59	2.555	2.514	2.471
8	3.46	3.11	2.92	2.81	2.73	2.67	2.62	2.59	2.50	2.46	2.42	2.383	2.339	2.293
9	3.36	3.01	2.81	2.69	2.61	2.55	2.51	2.47	2.38	2.34	2.30	2.255	2.208	2.159
10	3.29	2.92	2.73	2.61	2.52	2.46	2.41	2.38	2.28	2.24	2.20	2.155	2.107	2.055
11	3.23	2.86	2.66	2.54	2.45	2.39	2.34	2.30	2.21	2.17	2.12	2.076	2.026	1.972
12	3.18	2.81	2.61	2.48	2.39	2.33	2.28	2.24	2.15	2.10	2.06	2.011	1.960	1.904
13	3.14	2.76	2.56	2.43	2.35	2.28	2.23	2.20	2.10	2.05	2.01	1.958	1.904	1.846
14	3.10	2.73	2.52	2.39	2.31	2.24	2.19	2.15	2.05	2.01	1.96	1.912	1.857	1.797
15	3.07	2.70	2.49	2.36	2.27	2.21	2.16	2.12	2.02	1.97	1.92	1.873	1.817	1.755
16	3.05	2.67	2.46	2.33	2.24	2.18	2.13	2.09	1.99	1.94	1.89	1.839	1.782	1.718
17	3.03	2.64	2.44	2.31	2.22	2.15	2.10	2.06	1.96	1.91	1.86	1.809	1.751	1.686
18	3.01	2.62	2.42	2.29	2.20	2.13	2.08	2.04	1.93	1.89	1.84	1.783	1.723	1.657
19	2.99	2.61	2.40	2.27	2.18	2.11	2.06	2.02	1.91	1.86	1.81	1.759	1.699	1.631

接續下頁

承接上頁

df2	1	2	3	4	5	6	7	8	12	15	20	30	60	∞
20	2.97	2.59	2.38	2.25	2.16	2.09	2.04	2.00	1.89	1.84	1.79	1.738	1.677	1.607
21	2.96	2.57	2.36	2.23	2.14	2.08	2.02	1.98	1.87	1.83	1.78	1.719	1.657	1.586
22	2.95	2.56	2.35	2.22	2.13	2.06	2.01	1.97	1.86	1.81	1.76	1.702	1.639	1.567
23	2.94	2.55	2.34	2.21	2.11	2.05	1.99	1.95	1.84	1.80	1.74	1.686	1.622	1.549
24	2.93	2.54	2.33	2.19	2.10	2.04	1.98	1.94	1.83	1.78	1.73	1.672	1.607	1.533
25	2.92	2.53	2.32	2.18	2.09	2.02	1.97	1.93	1.82	1.77	1.72	1.659	1.593	1.518
26	2.91	2.52	2.31	2.17	2.08	2.01	1.96	1.92	1.81	1.76	1.71	1.647	1.581	1.504
27	2.90	2.51	2.30	2.17	2.07	2.00	1.95	1.91	1.80	1.75	1.70	1.636	1.569	1.491
28	2.89	2.50	2.29	2.16	2.06	2.00	1.94	1.90	1.79	1.74	1.69	1.625	1.558	1.478
29	2.89	2.50	2.28	2.15	2.06	1.99	1.93	1.89	1.78	1.73	1.68	1.616	1.547	1.467
30	2.88	2.49	2.28	2.14	2.05	1.98	1.93	1.88	1.77	1.72	1.67	1.606	1.538	1.456
40	2.84	2.44	2.23	2.09	2.00	1.93	1.87	1.83	1.71	1.66	1.61	1.541	1.467	1.377
60	2.79	2.39	2.18	2.04	1.95	1.87	1.82	1.77	1.66	1.60	1.54	1.476	1.395	1.291
120	2.75	2.35	2.13	1.99	1.90	1.82	1.77	1.72	1.60	1.55	1.48	1.409	1.320	1.193
∞	2.71	2.30	2.08	1.94	1.85	1.77	1.72	1.67	1.55	1.49	1.42	1.342	1.240	1.000

df1

F 分配表: $P(F(\mathrm{df_1,df_2}) \geq F_\alpha)$, $\alpha = 0.05$

df2 \ df1	1	2	3	4	5	6	7	8	12	15	20	30	60	∞
1	161.45	199.50	215.71	224.58	230.16	233.99	236.77	238.88	243.91	245.95	248.01	250.10	252.20	254.31
2	18.51	19.00	19.16	19.25	19.30	19.33	19.35	19.37	19.41	19.43	19.45	19.46	19.48	19.50
3	10.13	9.55	9.28	9.12	9.01	8.94	8.89	8.85	8.74	8.70	8.66	8.62	8.57	8.53
4	7.71	6.94	6.59	6.39	6.26	6.16	6.09	6.04	5.91	5.86	5.80	5.75	5.69	5.63
5	6.61	5.79	5.41	5.19	5.05	4.95	4.88	4.82	4.68	4.62	4.56	4.50	4.43	4.37
6	5.99	5.14	4.76	4.53	4.39	4.28	4.21	4.15	4.00	3.94	3.87	3.81	3.74	3.67
7	5.59	4.74	4.35	4.12	3.97	3.87	3.79	3.73	3.57	3.51	3.44	3.38	3.30	3.23
8	5.32	4.46	4.07	3.84	3.69	3.58	3.50	3.44	3.28	3.22	3.15	3.08	3.01	2.93
9	5.12	4.26	3.86	3.63	3.48	3.37	3.29	3.23	3.07	3.01	2.94	2.86	2.79	2.71
10	4.96	4.10	3.71	3.48	3.33	3.22	3.14	3.07	2.91	2.85	2.77	2.70	2.62	2.54
11	4.84	3.98	3.59	3.36	3.20	3.09	3.01	2.95	2.79	2.72	2.65	2.57	2.49	2.40
12	4.75	3.89	3.49	3.26	3.11	3.00	2.91	2.85	2.69	2.62	2.54	2.47	2.38	2.30
13	4.67	3.81	3.41	3.18	3.03	2.92	2.83	2.77	2.60	2.53	2.46	2.38	2.30	2.21
14	4.60	3.74	3.34	3.11	2.96	2.85	2.76	2.70	2.53	2.46	2.39	2.31	2.22	2.13
15	4.54	3.68	3.29	3.06	2.90	2.79	2.71	2.64	2.48	2.40	2.33	2.25	2.16	2.07
16	4.49	3.63	3.24	3.01	2.85	2.74	2.66	2.59	2.42	2.35	2.28	2.19	2.11	2.01
17	4.45	3.59	3.20	2.96	2.81	2.70	2.61	2.55	2.38	2.31	2.23	2.15	2.06	1.96
18	4.41	3.55	3.16	2.93	2.77	2.66	2.58	2.51	2.34	2.27	2.19	2.11	2.02	1.92
19	4.38	3.52	3.13	2.90	2.74	2.63	2.54	2.48	2.31	2.23	2.16	2.07	1.98	1.88

接續下頁

承接上頁

df2	1	2	3	4	5	6	7	8	12	15	20	30	60	∞
20	4.35	3.49	3.10	2.87	2.71	2.60	2.51	2.45	2.28	2.20	2.12	2.04	1.95	1.84
21	4.32	3.47	3.07	2.84	2.68	2.57	2.49	2.42	2.25	2.18	2.10	2.01	1.92	1.81
22	4.30	3.44	3.05	2.82	2.66	2.55	2.46	2.40	2.23	2.15	2.07	1.98	1.89	1.78
23	4.28	3.42	3.03	2.80	2.64	2.53	2.44	2.37	2.20	2.13	2.05	1.96	1.86	1.76
24	4.26	3.40	3.01	2.78	2.62	2.51	2.42	2.36	2.18	2.11	2.03	1.94	1.84	1.73
25	4.24	3.39	2.99	2.76	2.60	2.49	2.40	2.34	2.16	2.09	2.01	1.92	1.82	1.71
26	4.23	3.37	2.98	2.74	2.59	2.47	2.39	2.32	2.15	2.07	1.99	1.90	1.80	1.69
27	4.21	3.35	2.96	2.73	2.57	2.46	2.37	2.31	2.13	2.06	1.97	1.88	1.79	1.67
28	4.20	3.34	2.95	2.71	2.56	2.45	2.36	2.29	2.12	2.04	1.96	1.87	1.77	1.65
29	4.18	3.33	2.93	2.70	2.55	2.43	2.35	2.28	2.10	2.03	1.94	1.85	1.75	1.64
30	4.17	3.32	2.92	2.69	2.53	2.42	2.33	2.27	2.09	2.01	1.93	1.84	1.74	1.62
40	4.08	3.23	2.84	2.61	2.45	2.34	2.25	2.18	2.00	1.92	1.84	1.74	1.64	1.51
60	4.00	3.15	2.76	2.53	2.37	2.25	2.17	2.10	1.92	1.84	1.75	1.65	1.53	1.39
120	3.92	3.07	2.68	2.45	2.29	2.18	2.09	2.02	1.83	1.75	1.66	1.55	1.43	1.25
∞	3.84	3.00	2.60	2.37	2.21	2.10	2.01	1.94	1.75	1.67	1.57	1.46	1.32	1.00

F 分配表: $P(F(\text{df}_1, \text{df}_2) \geq F_\alpha)$, $\alpha = 0.01$

df2 \ df1	1	2	3	4	5	6	7	8	12	15	20	30	60	∞
1	4052	5000	5403	5625	5764	5859	5928	5981	6106	6157	6209	6261	6313	6366
2	98.50	99.00	99.17	99.25	99.30	99.33	99.36	99.37	99.42	99.43	99.45	99.47	99.48	99.50
3	34.12	30.82	29.46	28.71	28.24	27.91	27.67	27.49	27.05	26.87	26.69	26.51	26.32	26.13
4	21.20	18.00	16.69	15.98	15.52	15.21	14.98	14.80	14.37	14.20	14.02	13.84	13.65	13.46
5	16.26	13.27	12.06	11.39	10.97	10.67	10.46	10.29	9.89	9.72	9.55	9.38	9.20	9.02
6	13.75	10.93	9.78	9.15	8.75	8.47	8.26	8.10	7.72	7.56	7.40	7.23	7.06	6.88
7	12.25	9.55	8.45	7.85	7.46	7.19	6.99	6.84	6.47	6.31	6.16	5.99	5.82	5.65
8	11.26	8.65	7.59	7.01	6.63	6.37	6.18	6.03	5.67	5.52	5.36	5.20	5.03	4.86
9	10.56	8.02	6.99	6.42	6.06	5.80	5.61	5.47	5.11	4.96	4.81	4.65	4.48	4.31
10	10.04	7.56	6.55	5.99	5.64	5.39	5.20	5.06	4.71	4.56	4.41	4.25	4.08	3.91
11	9.65	7.21	6.22	5.67	5.32	5.07	4.89	4.74	4.40	4.25	4.10	3.94	3.78	3.60
12	9.33	6.93	5.95	5.41	5.06	4.82	4.64	4.50	4.16	4.01	3.86	3.70	3.54	3.36
13	9.07	6.70	5.74	5.21	4.86	4.62	4.44	4.30	3.96	3.82	3.67	3.51	3.34	3.17
14	8.86	6.52	5.56	5.04	4.70	4.46	4.28	4.14	3.80	3.66	3.51	3.35	3.18	3.00
15	8.68	6.36	5.42	4.89	4.56	4.32	4.14	4.00	3.67	3.52	3.37	3.21	3.05	2.87
16	8.53	6.23	5.29	4.77	4.44	4.20	4.03	3.89	3.55	3.41	3.26	3.10	2.93	2.75
17	8.40	6.11	5.19	4.67	4.34	4.10	3.93	3.79	3.46	3.31	3.16	3.00	2.84	2.65
18	8.29	6.01	5.09	4.58	4.25	4.02	3.84	3.71	3.37	3.23	3.08	2.92	2.75	2.57
19	8.19	5.93	5.01	4.50	4.17	3.94	3.77	3.63	3.30	3.15	3.00	2.84	2.67	2.49

接續下頁

承接上頁

df2	1	2	3	4	5	6	7	8	12	15	20	30	60	∞
20	8.10	5.85	4.94	4.43	4.10	3.87	3.70	3.56	3.23	3.09	2.94	2.78	2.61	2.42
21	8.02	5.78	4.87	4.37	4.04	3.81	3.64	3.51	3.17	3.03	2.88	2.72	2.55	2.36
22	7.95	5.72	4.82	4.31	3.99	3.76	3.59	3.45	3.12	2.98	2.83	2.67	2.50	2.31
23	7.88	5.66	4.77	4.26	3.94	3.71	3.54	3.41	3.07	2.93	2.78	2.62	2.45	2.26
24	7.82	5.61	4.72	4.22	3.90	3.67	3.50	3.36	3.03	2.89	2.74	2.58	2.40	2.21
25	7.77	5.57	4.68	4.18	3.86	3.63	3.46	3.32	2.99	2.85	2.70	2.54	2.36	2.17
26	7.72	5.53	4.64	4.14	3.82	3.59	3.42	3.29	2.96	2.82	2.66	2.50	2.33	2.13
27	7.68	5.49	4.60	4.11	3.79	3.56	3.39	3.26	2.93	2.78	2.63	2.47	2.29	2.10
28	7.64	5.45	4.57	4.07	3.75	3.53	3.36	3.23	2.90	2.75	2.60	2.44	2.26	2.06
29	7.60	5.42	4.54	4.05	3.73	3.50	3.33	3.20	2.87	2.73	2.57	2.41	2.23	2.03
30	7.56	5.39	4.51	4.02	3.70	3.47	3.30	3.17	2.84	2.70	2.55	2.39	2.21	2.01
40	7.31	5.18	4.31	3.83	3.51	3.29	3.12	2.99	2.67	2.52	2.37	2.20	2.02	1.81
60	7.08	4.98	4.13	3.65	3.34	3.12	2.95	2.82	2.50	2.35	2.20	2.03	1.84	1.60
120	6.85	4.79	3.95	3.48	3.17	2.96	2.79	2.66	2.34	2.19	2.04	1.86	1.66	1.38
∞	6.64	4.61	3.78	3.32	3.02	2.80	2.64	2.51	2.19	2.04	1.88	1.70	1.47	1.00

索引與英漢名詞對照

16 劃
F distribution, 194
F 分配, 194
(consistent, 304
(margin of error, 312

1 劃
一致估計式, 304
一致性, 298, 304

3 劃
大樣本性質, 304
大樣本理論, 267
大樣本檢定, 333
小樣本性質, 304

4 劃
不自覺的統計學家法則, 152
不相交, 69
不偏估計式, 299
不偏性, 298
不等式, 267
中央動差, 164
中央極限定理, 273
中位數, 254
互斥, 69
公平賭局, 152
分配收斂, 270
分配函數, 124
分割, 69
分量, 129, 130
分量函數, 130, 376
反分配函數, 130
文氏圖, 67

5 劃
主觀機率, 72, 393
代入原則, 365
出象, 66
加總法則, 74
卡方分配, 357
古典統計學, 286, 396
古典觀點, 70
可信區間, 406
可數, 92
右尾檢定, 334
左尾檢定, 334
母體, 57, 244

6 劃
交集, 67
先驗機率, 80, 397
共變數, 212
存續時間, 350
有限, 92
有效估計式, 301
有效性, 298
百分位數, 129
自由度, 192, 357

7 劃
估計式, 287, 288
估計值, 287, 288
均勻分配, 116
均勻隨機變數, 116
均方誤, 156, 303
完全正相關, 215
完全負相關, 215
序列, 267
貝氏定理, 79

貝氏法則, 79
貝氏統計學, 396

8 劃
事件, 66
固定區間, 314
抽出放回, 366
抽樣, 245
抽樣分配, 256
拒絕域, 330
狀態空間, 66
空集合, 68
近似分配, 270
近似檢定, 333

9 劃
信心水準, 314
信賴區間, 314
型一誤差, 341
型二誤差, 341
客觀機率, 72, 393
後驗區間, 406
後驗機率, 80, 397
指數隨機變數, 119
相對有效性, 301
相關係數, 214
風險, 157
風險趨避, 158

10 劃
個人機率, 72
值域, 92
弱大數法則, 272
砥柱集合, 94
高斯分配分配, 178

11 劃

假設, 326
假設檢定, 327
偏態曲線, 350
偏誤, 299
動差, 164
動差生成函數, 169
動差估計式, 290
動差法, 290
動差條件, 290
區間估計式, 311, 313
區間估計值, 314
參數空間, 287
常態分配, 178
條件期望值, 223
條件機率, 77
條件機率函數, 221
條件變異數, 228
涵蓋, 311
涵蓋機率, 311
理性預期模型, 226
眾數, 254
累積分配函數, 124
組內變異, 229
組間差異, 229
統計推論, 245
統計量, 252
連續隨機變數, 91, 115, 126
連續隨機變數之動差, 164
連續隨機變數轉換, 137

12 劃

最大概似方程式, 294
最大概似估計式, 292
最大概似法, 291
期望值, 151
無母數 bootstrap, 366
無相關, 215
無限但是可數, 92
虛無分配, 329

虛無假設, 327
集合分割, 69

13 劃

微積分基本定理, 127
極限, 267
極限分配, 267, 270
極限性質, 304
概似函數, 292
補集, 67
較小條件集合主宰法則, 226
零相關, 215

14 劃

實現值, 91
實際抽樣分配, 257
實際檢定, 333
實證分配函數, 250
實證檢定大小, 347
對立假設, 327
對數概似函數, 295
漸近不偏性, 305
漸近分配, 266
漸近理論, 266
誤差邊界, 312

15 劃

標準化動差, 164
標準柯西分配, 192
標準差, 157
標準常態隨機變數, 181
樞紐, 317
樞紐統計量, 363
樞紐量, 317
樣本, 57, 244
樣本共變數, 253
樣本均數, 253
樣本空間, 66
樣本相關係數, 253
樣本 r 階動差, 253
樣本變異數, 253

箱形圖, 256
線性運算子, 155
複合假設, 327
餘集, 67

16 劃

機率, 69, 73
機率收斂, 269
機率函數, 70, 93
機率密度函數, 111
機率測度, 73
機率模型, 74
機率質量函數, 93
機率積分轉換, 144
獨立, 77
獨立事件, 77
獨立與相關, 238
獨立隨機變數, 234
隨機收斂, 267
隨機區間, 311
隨機樣本, 245
隨機變數, 90
頻率觀點, 71

17 劃

檢定力, 341
檢定大小, 341
檢定統計量, 332
檢定量, 332
檢定範圍, 341
總機率法則, 80
聯合分配函數, 201
聯合機率函數, 202
聯集, 67

18 劃

簡單假設, 327
簡單雙重期望值法則, 225
轉換法, 137, 141
雙尾檢定, 334
雙變量隨機變數, 201
離散機率分配, 93

離散機率密度函數, 93
離散隨機變數, 91, 126

19 劃

邊際機率分配, 203
邊際機率函數, 204
類比估計式, 288
類比原則, 288

23 劃

變異數, 157
變異數分解, 229
顯著水準, 329
顯著性檢定, 329

A

across group variance, 229
additive rule, 74
alternative hypothesis, 327
analog estimator, 288
analogy principle, 288
approximate distribution, 270
asymptotically unbiased, 305
asymptotic distribution, 266
asymptotic theory, 266

B

Bayes' rule, 79
Bayes' theorem, 79
Bayes, Thomas, 79
Bayesian statistcs, 396
Bernoulli, Jakob, 95, 272
Bernoulli distributions, 95
Bernoulli random variable, 95
Bernoulli trials, 95
Bernoulli 分配, 95
Bernoulli 試驗, 95
Bernoulli 隨機變數, 95
bias, 299
bivariate random variables, 201
bootstrap sample, 366
bootstrap 樣本, 366
box plot, 256
braham de Moivre, 99

C

CDF, 124
CDF technique, 137
CDF 法, 137
central limit theorem, 273
central moments, 164
Chi-square distribution, 357
classical statistics, 286, 396
classical view, 70
CLT, 273
complement, 67
composite hypothesis, 327
conditional expectation, 223
conditional probability, 77
conditional probability mass function, 221
conditional variance, 228
confidence interval, 314
confidence level, 314
consistent, 298
consistent estimator, 304
Continuous Mapping Theorem, 269, 271
continuous random variable, 115, 126
converge in distribution, 270
converge in probability, 269
correlation coefficient, 214
countable, 92
countably infinite, 92
covariance, 212
coverage, 311
coverage probability, 311
credible interval, 406
cumulative distribution function, 124

D

degree of freedom, 192, 357
Delta Method, 280, 363
de Moivre, Abraham, 179, 274
De Morgan's laws, 86
De Morgan 法則, 86
DF, 124
DF technique, 137
DF 法, 137
discrete probability density function, 93
discrete probability distribution, 93
discrete random variable), 91
disjoint, 69
distribution function, 124
draw with replacement, 366

E

efficient, 298
efficient estimator, 301
Efron, Bradley, 364

empirical distribution function, 250
empirical size, 347
empty set, 68
estimate, 287, 288
estimator, 287, 288
event, 66
exact sampling distribution, 257
ex ante, 91
expectation, 151
expected value, 151
exponential random variables, 119
ex post, 91

F

fair game, 152
finite, 92
fixed interval, 314
frequency view, 71
fundamental theorem of calculus, 127

G

Gamma random variables, 352
Gamma 隨機變數, 352
Gauss, Johann Carl Friedrich, 178, 179
Gaussian distribution, 178
Gosset, William Sealy, 99

H

hypothesis, 326
hypothesis testing, 327

I

I.I.D. random variables, 237
I.I.D. sample, 245

I.I.D. 樣本, 245
I.I.D. 隨機變數, 237
independent, 77, 234
inequality, 267
intersection, 67
interval estimate, 314
interval estimator, 311, 313
invariance property, 296
inverse distribution function, 130

J

Jensen 不等式, 153
joint distribution function, 201
joint probability mass function, 202

K

Kolmogorov, Andrey Nikolaevich, 76

L

Laplace, Pierre-Simon, 79, 179, 274
large sample properties, 304
large sample theory, 267
law of iterated expectations, 225
Law of the Unconscious Statistician, 152
law of total probability, 80
left-tailed test, 334
likelihood function, 292
limit, 267
limiting distribution, 267, 270
limiting properties, 304
linear operator, 155

log-likelihood function, 295
logistic random variable, 143

M

marginal probability distribution, 203
marginal probability function, 204
maximum likelihood equation, 294
maximum likelihood estimator, 292
mean squared error, 156
mean square error, 303
median, 254
method of maximum likelihood, 291
method of moments, 290
method of moments estimator, 290
MGF, 169
MLE, 292
MLE 不變性, 296
MLE 代入原則, 296
MME, 290
mode, 254
moment conditions, 290
moment generating functions, 169
moments, 164
MSE consistent, 305
MSE 一致性, 305
mutually exclusive, 69

N

no correlation, 215
nonparametric bootstrap, 366
normal distribution, 178
null distribution, 329

null hypothesis, 327

O

objective probability, 72, 393
ontinuous random variable, 91
outcomes, 66

P

parameter space, 287
partition, 69
percentile, 129
perfect correlation, 215
perfect negative correlation, 215
personal probability, 72, 393
pivot, 317
pivotal quantity, 317
pivotal statistics, 363
plug-in principle, 365
Poisson, Siméon Denis, 99
population, 57, 244
posterior interval, 406
posterior probabilities, 397
posterior probability, 80
power, 341
prior probabilities, 397
prior probability, 80
probability, 69, 73
probability density function, 111
probability distribution, 91
probability function, 70, 93
probability integral transformation, 144

probability mass function, 93
probability measure, 73
probability model, 74

Q

quantile, 129, 130
quantile function, 130, 376

R

random interval, 311
random sample, 245
random samples, 245
random variable, 90
range, 92
rational expectation model, 226
realization, 91
rejection region, 330
relative complement, 67
right-tailed test, 334
risk, 157
risk averse, 158
Robert Gentleman, 22
Ross Ihaka, 22

S

sample, 57, 244
sample covariance, 253
sample mean, 253
sample space, 66
sample variance, 253
sampling, 57, 245
sampling distribution, 256
Savage, Leonard Jimmie, 397
SCSWR, 226
sequence, 267
significance level, 329
simple hypothesis, 327

size of the test, 341
skewed curve, 350
Slutsky's Theorem, 279
Small Conditioning Set Wins Rule, 226
small sample properties, 304
standard Cauchy distribution, 192
standard deviation, 157
standardized moments, 164
standard normal random variables, 181
state space, 66
statistic, 252
statistical inferences, 245
stochastic convergence, 267
Student's t distribution, 192
Student's t 分配, 192
subjective probability, 72, 393
support, 94
survival time, 350

T

test of significance, 329
test statistic, 332
transformation method, 137
two-tailed test, 334
type I error, 341
type II error, 341

U

unbiased, 298
unbiased estimator, 299
uncorrelated, 215
uniform distribution, 116

uniform random variable, 116
union, 67

V

variance, 157
variance decomposition, 229
Venn diagram, 67
von Bortkiewicz, Ladislaus, 99

W

weak law of large numbers, 272
within group variance, 229
WLLN, 272

Z

zero correlation, 215

參考文獻

陳旭昇 (2022),《時間序列分析: 總體經濟與財務金融之應用》, 3 版, 雙葉書廊。

——— (2023),《機率與統計推論: R語言的應用》, 2 版, 東華書局。

黃文璋 (2010),《機率論》, 2 版, 台北市: 華泰文化。

趙民德・李紀難 (2005),《統計學》, 東華書局。

Casella, George and Roger Berger (2002), *Statistical Inference*, Thomson Learning.

Champkin, Julian (2010), "Bradley Efron," *Significance*, 7(4), 178–181.

DeGroot, Morris H. and Mark J. Schervish (2012), *Probability and Statistics*, 4th ed., Addison Wesley.

Donovan, Therese and Ruth Mickey (2019), *Bayesian Statistics for Beginners: A Step-by-step Approach*, Oxford University Press.

Efron, Bradly (1979), "Bootstrap Methods: Another Look at the Jackknife," *The Annals of Statistics*, 7(1), 1–26.

Hansen, B. (2022), *Econometrics*, Princeton University Press.

Hogg, Robert V., Joseph W. McKean, and Allen T. Craig (2018), *Introduction to Mathematical Statistics*, 8th ed., Pearson.

Hogg, Robert V., Elliot A. Tanis, and Dale L. Zimmerman (2015), *Probability and Statistical Inference*, 9th ed., Pearson.

Johnson, Mark E., Gary L. Tietjen, and Richard J. Beckman (1980), "A New Family of Probability Distributions with Applications to Monte Carlo Studies," *Journal of the American Statistical Association*, 75(370), 276–279.

Matloff, Norman (2011), *The Art of R Programming: A Tour of Statistical Software Design*, 1st ed., No Starch Press.

R Core Team (2017), *R: A Language and Environment for Statistical Computing*, R Foundation for Statistical Computing, Vienna, Austria.

Reinhart, Carmen M. and Kenneth Rogoff (2010), "Growth in a Time of Debt," *American Economic Review*, 100(2), 573–78.

Robert, Christian and George Casella (2010), *Introducing Monte Carlo Methods with R*, 1st ed., Use R, Springer-Verlag New York.

Smith, Gary (2015), *Standard deviations: flawed assumptions, tortured data, and other ways to lie with statistics*, Overlook Press; Duckworth Overlook.

Teetor, Paul (2011a), *25 Recipes for Getting Started with R*, 1st ed., O'Reilly Media.

——— (2011b), *R cookbook*, 1st ed., O'Reilly.

Varian, H.R. (2019), *Intermediate Microeconomics: A Modern Approach*, W.W. Norton.

Wackerly, Dennis, William Mendenhall, and Richard L. Scheaffer (2008), *Mathematical Statistics with Applications*, 7th ed., Duxbury Press.